일본 근세 도시사

아키치明地와 다이치代地를 통해 본 에도江戸

일본 근세 도시사

아키치明地와 다이치代地를 통해 본 에도江戸

제8회 심원건축학술상 수상작

심원문화사업회가 주최하는 〈심원건축학술상〉은 건축역사와 이론, 건축미학과 비평 분야의 신진학자 및 연구자의 완성된 연구 성과물 또는 저작물 중 학술적이며 논쟁적 가치가 높은 응모작을 선정하여 출판을 지원하는 프로그램으로서 2008년에 제정되었다. 이 책은 그 다섯 번째 결실이다.

일본 근세 도시사

아키치明地와 다이치代地를 통해 본 에도江戸

이 길 훈 지음

일러두기

1. 이 글은 필자의 박사학위 논문인『近世江戸の代地に関する都市史的研究』(도쿄대학, 2011)의 내용을 바탕으로 수정·보완하였다.

2. 본문에서 주요 용어는 일본어 발음을 한국어로 표기하는 것을 원칙으로 하고 필요한 경우 한자를 병기하였다. 한자는 일본에서 통용되는 글자꼴을 사용하였다.

3. 지명과 인명은 일본어 발음을 한국어로 표기하고 한자를 병기하였다.

4. 연대는 일본 천황의 연호를 일본어 발음으로 표기하는 것을 원칙으로 하고 서기를 병기하였다. 연도는 서기로 표기하고 연호를 병기하였다.

5. 사료는 일본어 한자를 음독하여 국문으로 표기하는 것을 원칙으로 하고 사료 속 주요 용어와 시대, 지명은 일본어 발음을 한국어로 표기하고 한자를 병기하였다.

6. 각주, 그림, 표 번호는 각 장을 구분하여 부여하였다.

7. 그림은 국문 명칭, 일본어 명칭, 시대 순으로 표기하였고, 출처와 소장처는 괄호() 안에 넣었다.

8. 출전 표기가 없는 그림, 도면 등은 필자가 직접 제작한 것이다.

9. 그림, 표의 출처 정보는 그림, 표 목차에 표시하였으나 필요에 따라 본문 내에 표시하였다.

10. 참고문헌은 단행본의 경우 '지은이,「논문제목」,『책제목』, 발행처, 출판년'의 순으로 표기하였고, 옛 문헌, 단행본, 전집, 정기간행물에는 겹낫쇠(『』)를, 고지도, 학회지 논문에는 홑낫쇠(「」)를 사용하였다.

11. 한자를 병기한 경우, 매 장에 한 번씩 병기하였다.

00

서문: 에도의 도시공간과 사회구조의 형성

서문: 에도의 도시공간과 사회구조의 형성

중세 이후 일본의 시대구분에 있어서 흥미로운 점은, 막부가 설립된 지명에서 막부의 명칭이 기원하며 이것이 곧 시대를 지칭하는 용어로도 사용된다는 것이다. 이 사실은 가마쿠라막부鎌倉幕府를 시작으로 무로마치막부室町幕府, 에도막부江戸幕府에 이르기까지 무사정권이 일본 정치에서 차지하는 역할을 가늠케 한다. 이러한 막부와 천황을 필두로 하는 조정의 관계도 일본 사회의 특징 중 하나이다.

세계사적으로 도시사 연구에서 고대, 전근대, 근대 3개로 시기를 구분하는 것과 달리 일본 도시사의 경우 고대, 중세, 근세, 근대 4개로 시기를 구분하고 있다. 일본 도시사에서 특별히 전근대를 세분하여 근세를 설정한 까닭은 교토京都와 에도江戸라는 두 도시가 수도로서 균형적으로 양립했던 특수한 시기였기 때문이다.

일본 도시사가 특별히 강조하는 근세는, 도쿠가와 이에야스德川家康가 세키가하라関ヶ原 전투의 승리로 얻어낸 압도적인 권력을 기반으로 막번체제를 확립한 시기이다. 그리고 그 정치체제의 변화는 새로운 중심지, 에도의 탄생과 관련된다. 막번체제란 중앙통일 정권인 에도 '막부幕府'와 그 지배하에 있으면서 독립된 영국領國을 가지고 있는 '번藩'을 통치기관으로 하는 정치체제이다. 천황의 도시인 교토와 정치의 새로운 중심지인 에도가 균형적으로 양립했던 이 시기의 특징은 일본 도시사에서 근세를 가르는 주요한 지표가 된다.

중국의 장안성을 모범으로 한 도성제가 동아시아의 각 도시로 전파되던 7세기 무렵 일본에도 이를 표방한 헤이안쿄平安京가 현재의 교토에 건설된다. 헤이안쿄를 근간으로 하는 교토는 794년부터 1868년까지 천 년간 일본의 수도였다. 이와는 다르게 1603년 도쿠가와 막부가 정치 수도로 설정한 에도는 기존에 존재했던 에도성을 근간으로 하여 건설되었다. 따라서 중국의 도성제를 모범으로 하여 건설하기 보다는 도쿠가와 이에야스의 이데아가 반영된 새로운 도시 형태인 죠카마치城下町를 건설하였다.

에도의 죠카마치는 에도성을 중심으로 부케치武家地[1], 지샤치寺社地[2], 쵸닝치町人地[3]로 구성된 도시이다. 1603년 천하를 호령하던 영주 도쿠가와가 건설한 에도는, 1868년 천황의 도쿄행행東京行幸[4]을 통해 에도성이 황거가 되기 전까지 명실상부 일본 근세의 정치적 수도였다.

일본 근세의 정치적 수도이자 현재 수도이기도 한 도쿄의 전신인 에도의 도시 역사를 살펴보는 일은 동아시아 속에서 독특한 수도의 공간과 사회를 검토한다는 점에서 중요한 의미를 갖는다.

에도에는 거주자의 계층 구분에 따라 부케치, 지샤치, 쵸닝치라는 토지유형이 있었으며 이 밖에도 세稅를 부과하면 이용이 가능하기도 했던 코우기치公儀地[5]가 있었다. 이러한 토지의 구분은 소유 혹은 신분과 깊은 관련 속에서 성립되었다. 그러나 에도에는 신분과 소유 관계를 넘어서는 공간인 '아키치明地[6]'가 존재하였다. 아키치는 원래부터 비어있는 공간이 아니라 쵸닝치, 부케치 등과 같이 본래의 용도를 가지고 있었던 토지에 화재가 발생하여 방화구역 설정을 위해 비워진 공간이다. 이처럼 사용하고 있던 토지가 아키치로 결정되면 토지의 주인에게는 원래의 토지에 상응하는 땅이 주어진다. 이런 토지를 다이치代地[7]라고 한다.

[1]
부케치(武家地)는 무사가 소유한 저택지를 의미한다.

[2]
지샤치(寺社地)는 사원과 신사가 지배하는 토지로 사사가 집중하는 구역에 해당한다.

[3]
쵸닝치(町人地)는 상인, 직인, 수공업자 등이 거주 혹은 영업을 하는 곳으로 쵸공동체가 모여 쵸닝치를 형성한다.

[4]
도쿄행행(東京行幸, 도쿄교코우)이란 1868년(明治元年)과 1869년(明治2)의 2차례에 걸쳐 행해진 메이지 천황의 도쿄 행차이다. 동행이라고도 한다. 1868년 9월 3일에 메이지 천황은 에도를 도쿄로 개칭하는 조서를 발표하고 같은 해 11월 26일에 에도로 입성하였다. 1869년 5월 9일에 다시 도쿄로 돌아왔다.

[5]
코우기치(公儀地)란 에도 막부 소지의 토지를 칭한다.

[6]
아키치(明地)란 비어있는 땅으로 공지를 의미한다.

[7]
다이치(代地)란 쵸닝치가 화재로 유소되면 히요케치로 설정되고 그에 대신하여 주어지는 토지이다.

아키치는 거주자의 계층에 따른 토지 구분을 초월한다. 부케치, 지샤치, 쵸닝치라는 토지유형은 모두 아키치로 전환될 수 있었으며 반대로 아키치는 모든 토지유형으로 변화할 수 있는 가능성을 가지고 있는 토지였다. 이런 가능성을 가지고 있는 아키치와 그 변화 과정으로부터 발생한 다이치가 에도의 도시공간의 변용에 어떻게 관계하고 있는지를 고찰하는 것이 본 연구의 첫 번째 목적이다.

한편 아키치와 다이치가 전개되어 가는 배경에는 도시계획을 실행하는 측의 논리와 그 영향을 직접적으로 받는 토지소유자나 거주자의 논리가 존재한다. 이런 아키치와 다이치의 설정을 둘러싼 계획한 측과 계획을 따라야 하는 측의 논리를 정리하는 것이 두 번째 목적이다.

에도의 도시계획: 개발론, 확대론

1) 에도의 도시계획 연구

1960년대에 나이토 아키라内藤昌는 도시계획의 관점에서 에도를 다각적으로 고찰하여 에도 전체상을 제시하였고, 에도에 대한 세부 연구가 시작되었다.[8] 이후 타마이 테츠오玉井哲夫는 겐록기元禄期, 1688~1704와 쿄호기享保期, 1716~1735에 이루어진 에도의 쵸町 계획의 변화와 막부의 도시정책에 관한 연구를 진행하였다.[9]

쵸의 계획은 시기별로 수로의 매립, 신도新道[10]의 개발, 아키치의 설정과 필지화로 나타났고, 도시정책이 지주인 쵸닝町人[11]의 이해에 따라 전환되었다. 그러나 도시계획의 측면에서 아키치의 설정 후 아키치의 존재 기간이 대부분 10년 정도이며, 설정 시기도 달라 아키치 설정의 계획성을 부정하고 있으며, 막부의 히요케치 조성 계획은 실패했다고 판단했다.

한편 도시계획의 관점에서 막부의 방화계획을 살펴 본 쿠로키 타카시黒木喬의 연구가 있다.[12] 막부는 1657년의 대화재 이후에 사원을 외측수로의 밖 혹은 신개발지로 이전하는 방침을 정했으며, 내측수로에 산재해 있던 사원은 아사쿠사浅草로 이전되었다.[13] 또한 부케치는 대부분의 필지를 교환하여 에도의 외연부로 이전되었다.[14] 그러나 쿠로키의 연구는 지샤치와 부케치를 집중적으로 고찰하고 부케치, 지샤치, 쵸닝치 간의 토지 이동에 대한 상황을 고려하지 않았다. 본 연구에서는 쵸닝치를 중심으로 다루되, 부케치, 지샤치에서도 발생한 아키치와 다이치의 이동을 함께 살펴 에도 전체에서 발생한 토지의 이동을 파악하고자 한다.

이상과 같이 에도의 쵸닝치를 도시계획적인 관점으로부터 재검토 하여, '제3장 에도의 아키치', '제4장 에도의 다이치'에서 본 연

[8]
内藤昌,『江戸と江戸城』, 鹿島研究所出版会, 1966

[9]
玉井哲雄,『江戸町人地に関する研究』, 近世風俗研究会, 1977
玉井哲雄,『江戸~失われた都市空間を読む~』, 平凡社, 1986

[10]
신도(新道, 신미치)란 새롭게 만들어진 도로를 칭한다.

[11]
쵸닝(町人)이란 에도시대에 도시에 거주하던 직인과 상인의 총칭이다.

[12]
黒木喬, 『江戸の火事』, 同成社, 1999

[13]
黒木喬, 『江戸の火事』, 同成社, 1999, 193~194쪽

[14]
黒木喬, 『江戸の火事』, 同成社, 1999, 192~193쪽

구의 대상인 아키치와 다이치의 설정을 둘러싼 도시계획 측과 그 계획을 이행하는 측의 논리를 규명하고자 한다.

2) 에도의 개발론, 확대론 연구

에도는 근세에 건설된 대표적인 죠카마치이다. 죠카마치는 중앙에 영주의 성을 중심으로 주변에 부케치와 지샤치, 쵸닝치라는 공간으로 이루어진 근세의 대표적인 도시유형이다. 죠카마치는 완결된 구조를 가지고 있었으나 그 경계가 명확하지 않았고, 에도의 도시역都市域은 끊임없이 확장되었다.

초창기 도시사연구는 지리학 분야에서의 연구가 두드러졌다. 1920년대에 에도에 관한 연구가 지질학자인 오가와 타쿠지小川琢治에 의해 시작된다. 에도는 에도성이라는 중심핵 이외에 다이묘大名[15] 저택이 핵으로 존재하여 다수의 핵을 가지는 죠카마치이며, 다이묘 저택 주위에는 시가市街가 형성되었다.[16]

죠카마치인 에도가 도시역을 확대하는 방법에 관해서 다양한 연구들이 존재한다. 인문지리학자인 야모리 카즈히코矢守一彦는 다이묘 저택뿐 아니라 쵸닝치, 지샤치, 부케치라는 지역 분할의 존재 형태에 주목하여 이들이 곽내郭內로부터 곽외郭外로 이동하여 지샤치와 부케치 및 가도 주변에 마치야町屋가 모이며 도시역이 외연부로 전개되는 과정을 설명하였다.[17] 또 에도의 도시역이 확대된 장소에는 다이묘 저택지, 가도와 하천변, 지샤몬젠社寺門前, 막부시설, 배령지, 백성지, 막부에 의한 조성지가 있으며, 각각의 지역에 따라 쵸의 성립배경이 달랐다.[18] 이런 연구를 바탕으로 다카야마 케이코高山慶子는 후카가와深川猟師町라는 개별 지역의 분석을 통해 에도의 도시역이 확대되는 과정에서 나타나는 사회 변화 양상을 밝혔다.[19]

근세 에도의 도시사에 관한 선행연구로 부케치, 지샤치, 쵸닝치 등 각각을 대상으로 도시공간의 변용을 고찰하는 연구는 존재한

[15] 다이묘(大名)란 에도시대에 봉록이 1만석 이상 주어진 번주를 칭한다. 혹은 1만석 미만의 무사 중 막부 직속의 무사도 다이묘라 한다.

[16] 小川琢治, 『人文地理学研究』, 古今書院, 1928

[17] 矢守一彦, 『都市プランの研究~変容系列と都市空間』, 大明堂, 1970

[18] 松本四郎, 『日本近世都市論』, 東京大学出版会, 1957
北島正元, 『近世の民衆と都市-幕藩制国家の構造』, 名著出版, 1984

[19] 高山慶子, 『江戸深川猟師町の成立と展開』, 名著刊行会, 2007

[20] 교토의 신지(新地)개발을 통한 확장은 17세기 전반에 이루어졌다. 신지개발은 1614년(慶長19)의 타카세가와(高瀬川)의 개삭과 1669년(寛文9)의 카모가와(鴨川) 제방 축조, 1708년(宝永5)의 대화재에 의하여 이루어졌다. 호우에이기(宝永期)의 대화재로 유소한 쵸가 카모가와(鴨川) 동측으로 이전한 것과 함께 이전한 사원의 구토지가 쵸닝치로 변화하여 테라마치가 해체되었다. 교토의 신지개발의 목적은 다른 도시와는 다르게 인구 급증에 따른 것이 아니었다. 카와라(河原) 등의 불량경작지를 쵸닝치로 전환하여 지대를 증수하는 것이 목적이었다. 개발의 수법으로 '지면지배인'이라는 직업 개발자에 의하여 신지개발이 이루어졌음이 휴가스스무(日向進)의 연구에서 밝혀졌다. 오사카의 신지개발을 통한 도시역의 확장은 17세기에 진행되었다. 오사카에서의 신지란 집단이주

다. 그러나 아키치와 다이치를 통한 토지유형 간의 횡단적 전개와 그로 인한 작용이 도시공간에 미친 영향에 관해서 주목한 연구는 없다.
한편 17세기부터 18세기 중반에 걸쳐 일어난 근세 삼도三都, 즉 에도 · 교토 · 오사카大阪의 거대화와 도시역의 확대를 신지개발과 재개발로부터 설명하는 연구가 있다.[20] 이중 이토 타케시伊藤毅는 에도의 재개발은 단순히 시가지를 교외로까지 확대시킨 것이 아니라 기존 시가지의 고밀화를 촉진시켰다고 설명하고 있다.[21] 지금까지의 연구에서는 이러한 '교외로의 확대와 내부로의 고밀화'를 서로 다른 계획과 정책으로 이해하였으나, 본 연구에서는 아키치와 다이치의 설정 과정을 통해 동일 선상에서 논하고자 한다.
'제4장 에도의 다이치'에서는 위에서 언급한 과제들을 염두에 두고, 막부에 의한 계획적인 도시 개발이라는 관점에서 에도 전체에서 발생한 아키치와 다이치의 동향을 추적하여 에도 도시공간의 변용과 전개를 파악해 보려고 한다. 또 아키치와 다이치의 설정에 따라 에도가 교외로 확대되는 과정과 내부의 고밀화가 상호 연동하여 거대도시에 이르렀음을 밝히고자 한다.

쵸닝치의 지배구조: 나누시名主 연구

에도의 쵸카마치는 부케치, 지샤치, 쵸닝치로 이루어져 있다고 앞서 언급하였다. 부케치는 무사의 거주지, 지샤치는 사원과 신사가 지배하는 지역, 쵸닝치는 에도의 직인職人[22]과 상인商人에 해당하는 계층인 쵸닝의 거주지이다. 이중에 본 연구의 중심이 되는 쵸닝치 지배에 관한 연구 동향을 살펴보겠다.
에도의 쵸에는 쵸를 관리하는 나누시가 존재한다. 나누시란 쵸의 대표이자 쵸닝치를 관할하는 막부 행정조직인 마치부교町奉行[23]의 말단이라는 이중성을 가진다.[24] 나누시는 막부의 법령이나 전

자에 의해 재개발된 후시미(伏見)의 기존 쵸 혹은 농촌이 쵸로 전환되거나, 유력 쵸닝의 청부에 의해 새로운 개발이 진행되며 만들어졌다. (小出祐子, 「都市の拡大-寺社領地開発による鴨東の発展」, 『京・まちづくり史』, 昭和堂, 2003. 日向進, 「近世京都における新地開発」, 『京都市歴史資料館紀要』4号, 1987. 日向進, 「近世京都における新地開発と「地面支配人」-鴨東,川原の開発をめぐって」, 『日本建築学会計画系論文報告集』407, 1990. 高橋康夫 · 吉田伸之 · 宮本雅明 · 伊藤毅, 『図集日本都市史』, 東京大学出版会, ·1993. 松尾信裕,「近世大坂の町屋~発掘調査の事例から」, 『近世大坂の都市空と社会構造』, 山川出版社, 2001)

[21]
高橋康夫 · 吉田伸之 · 宮本雅明 · 伊藤毅, 『図集日本都市史』, 東京大学出版会, 1993, 214~215쪽. 본 연구에 따르면 내부로부터의 재개발로, 카시치(河岸地)의 이용, '신도' 개설에 의한 카이쇼치(会所地)의 개인 필지화, 수로의 매립에 의한 쵸닝치화, 히요케치(火除地)의 쵸닝치화가 언급되었다. 겐록기(元禄期)에서 쿄호기(享保期)에 걸친 에도 내부로부터의 고밀화는 타마이 테츠오玉井哲雄, 『江戸町人地に関する研究』, 近世風俗研究会, 1977 연구에서도 일부 다루었다.

[22]
직인(職人, 쇼쿠닝)이란 스스로의 숙련된 기술을 바탕으로 물건을 만드는 직업을 말한다. 에도시대의 사농공상의 공에 해당한다.

[23]
마치부교(町奉行)는 에도시대의 직명으로 영내 쵸닝치의 행정, 사법을 담당하였다.

달 사항을 배포하는 일, 쵸의 중요한 사항을 결정하고 조세를 징수하며, 역을 관리하는 일 등을 담당하였다. 에도 초기에는 한 명의 나누시가 하나의 쵸를 관리하였다. 그러나 쵸가 점점 증가하고 토지 소유자의 부재가 증가함에 따라 나누시를 담당할 쵸닝이 부족하게 되면서 한 명의 나누시가 여러 쵸를 관리하였다.

에도의 나누시에 관한 연구는 두 가지 방향으로 진행되었다. 하나는 나누시가 바뀌어 가는 과정의 제도적인 부분을 지적한 코우다 시게모토幸田成友의 연구이다.[25] 그러나 텐뽀기天保期, 1830~1844 이후의 사료만을 다루고 있어 에도 초기부터 중기 나누시의 양상은 거의 규명하지 못하였다. 또 다이칸代官[26]이 지배하는 촌락村落이 마치부교의 지배로 전환됨에 따라 에도 도시역이 확대되는 과정에 관한 나누시의 특징을 살피는 연구도 결여되어 있다. 한편, 특정 나누시에 주목하여 에도 나누시의 실태를 규명한 연구가 있다.[27] 개별 나누시의 존재 형태에 관한 연구는 에도 중심부의 나누시가 주된 연구 대상이었으나 점차 에도 주변부에 있던 나누시의 실태에 관한 연구로 확대되었다.[28]

요시다 노부유키吉田伸之는 에도 초기와 중기에 걸쳐 나누시의 성격 변화를 제도와 기관의 변화와 관련시켜 '쵸나누시町名主'로부터 '지배나누시支配名主'의 변화로 설명하였다.[29] 또 직인으로 구성된 직인쵸職人町 공동체가 해체되는 흐름 속에서 '지배나누시'가 발생하였다고 보았다. 본래 직인쵸에 있어서 모든 직인은 지주이며, 직인의 우두머리는 쵸의 나누시였다. 하지만 지주地主가 부재하는 경우가 늘어나면서 직인이 곧 지주라는 형태 구조가 해체된다. 본래 '쵸'란 직인조직과 쵸공동체의 결합이 전제되었으나, 직인의 우두머리가 곧 쵸의 나누시인 형태가 해체되면서 한 명의 나누시가 여러 쵸를 관리하는 '지배나누시'로 변화되어 간다. 여기서 주목할 점은 '지배나누시'가 막부의 요구와 쵸의 상황에 따라 발생한 것이 아니라 '쵸나누시' 자신에 의한 자기 변혁으로부터 발생

[24]
加藤貴,「寛政期江戸名主の経済状況」,『日本史攷究』, 文献出版, 1981. 加藤貴,「江戸の家屋敷売買と名主」,『日本史攷究と歴史教育の視座』, 日本史攷究, 2004

[25]
幸田成友,「江戸の名主について」,『幸田成友著作集』1권, 中央公論社, 1971. 水江漣子,「町名主」, 西山松之助編『江戸町人の研究』第四巻, 吉川弘文館,1975. 南和男,「江戸名主の代替りについて」,『国学院雑誌』80-11, 1979. 中村静夫,「江戸名主の住居」,『古地図研究』11-4, 1980

[26]
다이칸(代官)은 에도시대 막부 직할 토지를 관할하고 지배하던 지방관이다.

[27]
西山松之助,「江戸の町名主斉藤月岑」,『江戸町人の研究』4, 吉川弘文館, 1975. 吉原健一郎,『江戸の町役人』, 吉川弘文館, 1980. 片倉比佐子,『元禄の町』,『都市紀要』28, 東京都, 1981

[28]
小国喜弘,「幕末江戸周縁部の町・町名主に関する一考察-『辻氏御用留』の分析を中心に-」,『論集きんせい』12, 1990.10. 高山慶子,『江戸深川猟師町の成立と展開』, 名著刊行会, 2007

[29]
吉田伸之,「江戸南伝馬町二丁目他三丁目の町制機構と住民」,『論集きんせい』2, 1979. 吉田伸之,『近世巨大都市の社会構造』, 東京大学出版会, 1991. 吉田伸之,「名主」,『日本都市史入門』キーワード, 東京大学出版会, 1990

했다는 점이다.

이와 같은 요시다의 연구 성과를 계승한 오노 쇼코大野祥子는 1722년享保7에 실시된 나누시 조직名主番組 편성에 관하여 고찰하며 1722년 전후의 나누시 성격의 변화에 주목하였다.[30]

코바야시 신야小林信也는 나누시 조직의 동향에 주목하여 텐뽀기1830~1844의 개혁이 도시행정에 준 영향을 밝혔다.[31] 텐뽀기 개혁에서 나누시는 스스로 개혁하여 다양한 역할을 수행하며 이전보다 적극적으로 도시행정에 편입하였다. 이전 도시사연구에서 나누시는 자율성을 가지지 않은 직분으로 평가되었으므로,[32] 나누시가 능동적으로 도시정책을 제안하였다는 점은 흥미롭다.[33]

최근에 가타쿠라 히사코片倉比佐子는 나누시가 창설기 에도의 도시건설에 기여한 역할을 높이 평가하며 에도 지배의 존재 형태에 주목하여 나누시의 다양한 측면을 규명하였다.[34]

본 서에서는 연구의 대상인 다이치의 나누시 지배는 어떻게 변용하였는가를 주목하고, 다이치를 이용한 나누시 지배지역의 확대로부터 나누시의 자율성을 검토한다. '제5장 쵸닝치의 지배구조'에서는 나누시 지배의 존재 형태, 더 나아가 도시 지배의 실태를 도시 확대라는 측면에서 검증하고자 한다.

역役 체계 연구

막부는 쵸닝에게 역을 부과하였다. 역의 종류는 쵸의 특성에 따라 국역國役[35]과 공역公役[36]으로 나뉜다. 역부과를 둘러싼 문제는 1980년 신분제 연구와 함께 주목되었다. 에도에서 역은 영주가 마치야시키町屋敷[37] 소지자 즉, 쵸닝에게 부과하면서 성립되었다.[38] 근세 초기에 도쿠가와는 직인과 상인에게 필지를 부여하는 대신에 국역과 공역을 부과하였다.[39]

에도 초기 도쿠가와는 에도를 지배하는 수단의 하나로 필지소지

[30] 大野祥子, 「江戸における名主の性格とその意義-名主組合を中心にして-」, 『論集きんせい』14, 1992.5

[31] 小林信也, 「天保改革と江戸の名主」『江戸の民衆世界と近代化』, 山川出版社, 2002

[32] 原田伴彦, 『日本封建都市研究』, 東京大学出版会, 1957

[33] 小林信也, 「天保改革と江戸の名主」, 『江戸の民衆世界と近代化』, 山川出版社, 2002

[34] 片倉比佐子, 『大江戸八百八町と町名主』, 吉川弘文館, 2009

[35] 국역(国役, 쿠니야꾸)이란 막부가 일국 규모로 부과한 중요한 과역 일반을 지칭한다. 국역은 농민과 직인을 대상으로 부과하였다.

[36] 공역(公役, 쿠야꾸)이란 에도의 쵸에 부과된 역으로 막부 어용의 부역을 부담하는 의무를 말한다. 쵸카마치에 집주하는 쵸닝의 신분은 연공을 면제받는 대신 가옥소지를 기준으로 공역부담자로 파악되었다.

[37] 마치야시키(町屋敷)란 에도시대 쵸닝이 살던 필지이다. 마치부교의 지배하에 있었다.

[38] 吉田伸之, 「公儀と町人身分」, 『歴史学研究』別冊, 青木書店, 1980. 吉田伸之, 『近世都市社会の身分構造』에 수록

자에게 역을 부담시켰다. 그러나 이러한 역부과의 방법에 변화가 일어났다. 막부는 칸분기寬文期, 1661~1673에서 쿄호기1716~1735에 걸쳐 처음에는 쵸의 필지 소지자를 파악하였으나 점차 주민, 즉 실거주자를 파악하는 것으로 바뀌었다.[40] 이는 막부의 도시민에 대한 지배 방법이 시대에 따라 바뀐 것을 증거한다. 또 요시다의 연구에서는 새로운 신분의 유형이 등장한다. 새로운 신분의 등장으로 필지를 매개로 역을 부과하는 쵸닝 신분과 필지와는 무관하게 역을 부과하는 그 외의 신분으로 나뉜다.[41]

요시다는 나누시의 일기를 토대로 모토치元地와 다이치의 역부담을 검토하였다.[42] 다이치의 쵸닝은 기존 모토치에 대한 역을 부담한다. 그러나 1722년 이후 다이치의 공역은 모토치가 아닌 다이치가 독립적으로 부과하도록 변화한다. 법령과 달리, 다이치의 쵸닝이 지속적으로 모토치에 역을 부담하는 예가 존재하였다. 역부담을 둘러싼 모토치와 다이치의 관계는 갑작스럽게 단절되지 않았으며 지속되었다.

본 연구에서는 쵸닝의 시점으로 역부과를 고찰한다. 에도 쵸닝치에서는 아키치와 다이치의 설정으로 이전보다 복잡한 역부과의 양상이 나타난다. '제7장 쵸닝치의 사회구조'에서는 이러한 다양한 역부과의 존재 형태를 고찰한다.

[39] 三浦俊明, 「江戸城下町の成立過程-国役負担関係を通してみた町の成立について-」, 『日本歷史』172, 1962.9

[40] 朝尾直弘, 「深谷・吉田報告批判」, 『歴史学研究』488, 1981

[41] 吉田伸之, 「役と町-江戸南伝馬町二丁目他三町を例として-」, 『歴史学研究』471, 1979, 후에 동명의 『近世巨大都市の社会構造』, 東京大学出版会, 1991에 수록

[42] 吉田伸之, 『近世巨大都市の社会構造』, 東京大学出版会, 1991

쵸의 공간과 사회

각 도시의 쵸에 대한 분석이 활발하게 이루어진 것은 1980년에 들어서면서 이다.[43] 쵸에 대한 고찰은 크게, 공간적인 분석, 쵸닝의 계층에 의한 사회적 분석이 있고 최근에는 개별 쵸에 관한 연구도 진행되었다.

쵸의 공간과 사회를 고찰한 키타지마 마사모토北島正元는 근세 전기를 중심으로 에도 마치야시키 매매 실태를 검증하고, 지주층 ·

[43] 朝尾直弘, 『近世都市論』, 『朝尾直弘著作集』6, 岩波書店, 2004

[44] 北島正元, 「近世都市の社会問題-江戸の地代・店賃問題を中心として-」, 東京都立大学都市研究会編『都市構造と都市計画』, 東京大学出版会, 1968, 이후 『近世の民衆と都-幕藩制国家の構造』, 名著出版, 1984에 수록

토지임대차층 · 점포임차자층에 관하여 논하였다.[44] 이후 타마이 테츠오는 쵸닝치의 중심부인 니혼바시日本橋, 쿄바시京橋 일대의 쵸를 대상으로 필지 내부 구조를 밝혔다.[45]

칸분기1661~1673를 전후로 하여 신흥도매상인 미츠이가三井家는 에도에 토지를 임차하여 점포를 열었다. 이들은 겐록기1688~1704에 필지를 구입하였으며, 쿄호기1716~1735부터 분카기文化期, 1804~1818에는 주민의 계층분화를 촉진시켰다. 그 결과 오모테다나表店[46]의 토지 임차자층地借層과 우라다나裏店[47]에 거주하는 점포임차자층店借層이 형성되었다.

근세 초기에 쵸닝치 중심부의 가옥소지층은 막부와 관련이 있는 사람이었으나 이후 신흥도매상인으로 바뀐다. 또 근세 초기에는 토지 소지의 유무에 따라 주민 계층이 형성되었던 것이 근세 중후기에 걸쳐 오모테다나와 뒤쪽 상점으로 주민의 계층분화가 진행되었다.[48]

쵸에 관한 개별 연구는 형성 과정과 그 구조, 주민 구성의 특징을 다루는 연구가 진행되었다. 쵸 개별 사례 분석을 통하여 드러나는 공간과 사회적인 특징을 분석한 연구로는 잡어장이었던 시바카네스기쵸芝金杉町의 사회와 공간구조를 규명한 연구,[49] 혼후나쵸本船町를 통한 도매시장의 구조와 특징에 관한 연구,[50] 미나미텐마쵸南伝馬町를 예로 들며 쵸의 특징과 쵸의 공동체적 성격을 검토한 연구,[51] 코바야시의 신키바新肴場 카시치河岸地를 선례로 한 카시치의 이용 형태와 형성된 권리관계에 관한 연구,[52] 키타하라 케이코北原系子의 우시고메사이쿠쵸牛込細工町의 배령지拝領地가 쵸닝의 임대지로 변화되는 과정을 고찰한 연구[53] 등이 있다.

본 연구에서는 '제8장 다이치로의 필지 이동'에서 미나미핫쵸보리南八丁堀지역과 미나미텐마쵸지역을 대상으로 모토치元地와 다이치의 실제 이동을 추적하여 다이치가 가지는 쵸의 성격을 해명하고자 한다.

[45] 玉井哲雄, 『江戸町人地に関する研究』, 近世風俗研究会, 1977. 玉井哲雄, 『江戸-失われた都市空間を読む-』, 平凡社, 1986

[46] 오모테다나(表店)란 도로에 면하여 지어진 점포를 의미한다.

[47] 우라다나(裏店)란 상점의 뒤편 골목에 위치한 점포를 의미한다.

[48] 吉田伸之, 「表店と裏店~商人の社会,民衆の世界」, 『巨大城下町江戸の分節構造』, 山川出版社, 1999

[49] 吉田伸之, 「芝金杉町組魚問屋仲間と雑魚場」, 『巨大城下町江戸の分節構造』,山川出版社, 1999

[50] 吉田伸之, 「肴納屋と板舟~日本橋魚市場の構造的特質」, 『巨大城下町江戸の分節構造』, 山川出版社, 1991

[51] 吉田伸之, 「江戸南伝馬町二丁目他三町の町制機構と住民」, 『近世巨大都市の社会構造』, 山川出版社, 1999

[52] 小林信也, 「近世江戸町方の河岸地について-新肴場河岸地を事例に-」, 『江戸の民衆世界と近代化』, 山川出版社, 2002

[53] 北原系子, 「牛込細工町-拝領屋敷と町会所貸付金-」, 『都市と貧困び社会史-江戸から東京へ-」, 吉川弘文館, 1995

연구의 대상과 구성

연구의 대상

1) 아키치

아키치란 밝을 명明, 땅 지地를 써 밝은 땅, 즉 공지를 칭하는 근세 용어이다. 에도에는 다양한 위치에 다양한 기능을 가지는 아키치가 존재한다. 『쿄호선요유집享保撰要類集』에는 「아키치부明地之部」[54]가 존재할 정도로 에도의 지배층인 막부에게 '아키치'는 중요한 존재였다. 이토 코우이치伊藤好一는 에도에는 카이쇼치会所地, 카시치, 히로코우지広小路, 히요케치火除地, 나미요케치波除地의 다섯 종류의 아키치가 있다고 지적한다.[55] 그러나 막부가 아키치의 관리를 위해 작성한 서류인 「아키치부」에는 이상의 다섯 종류의 아키치 이외에도 지샤몬젠 아키치, 연못 아키치, 언덕 위 아키치, 수로 아키치 등 다양한 아키치가 등장한다. 또 아키치에는 막부가 목적을 가지고 조성한 아키치와 도시계획町割 중 자연적으로 생긴 아키치가 존재한다. 본 연구에서는 막부가 소지하고 있는 아키치를 대상으로 한다.

[54]
『구막부인계서旧幕府引継書』에는 「아키치부明地之部」가 있으며 시기는 쿄호선요享保撰要, 메이와선요明和撰要, 안에이선요安永撰要, 텐뽀선요天保撰要가 존재한다(1716~1867). 쿄호기의 「아키치부」는 상상, 상하, 하의 세 권으로 구성된다. 「아키치부」에는 아키치의 성립배경, 시기, 이용형태, 금지내용, 경계 장치, 경비, 지배주체 등이 기입되어 있다. 「아키치부」에는 연대순으로 아키치에 관한 명령과 출원서, 그에 대한 답신이 기록되어 1740년(元文5)에는 에도 전체의 아키치의 조사가 이루어졌다. 이를 통해 아키치의 대상지를 상정할 수 있다.(国会図書館藏)

[55]
伊藤好一, 『江戸の町かど』, 平凡社, 1987

2) 다이치

다이치의 일반적인 이해는 '수용收用,[56] 혹은 영주에게 반환된 토지를 대신하여 주어진 토지'이다.[57] 다이치는 대신할 대代, 땅 지地를 써 영주가 대신 부여한 토지를 칭하는 근세 에도에서 쓰인 특별한 용어이다. 교토에서도 에도와 마찬가지로 토지 수용이 일어났으나 이 때는 다이치가 아닌 카에치替地라 불렀다.[58]

에도에서는 다른 도시보다 빈번하게 토지 수용이 일어났다. 그리고 몰수한 토지 대신에 다이치가 주어지는 특유의 토지 시스템이 존재했다. 그리고 다이치는 근세의 토지 이용을 구분하는 말인

[56]
수용(收用)이란 막부가 개인의 사유지를 공공의 목적으로 강제로 몰수하는 행위를 말한다.

[57]
日本国語大辞典, ジャパンナレッジ (オンラインデータベース), 입수처<http://www.jkn21.com>

[58]
登谷伸宏, 「公家の替地拝領過程に関する研究」, 日本建築学会学術講演梗概集, 2004.8.

부케치, 지샤치, 쵸닝치 중에서 쵸닝치에 존재하는 토지에 한정하여 사용되었다. 부케치의 경우, 수용의 의미로 '상지上地'가 사용되나 대신 주어지는 토지는 다이치가 아닌 '배령지'라 칭했다. 본 연구에서는 쵸닝치가 수용되어 주어지는 토지인 다이치를 대상으로 다룬다.

[59] 『安永三年小間附北方南方町鑑』, 東京都公文書館, 1990

『에도쵸감安永三年小間附北方南方町鑑』[59]은 1774년安永3에 작성된 에도 시정명감으로, 여기에는 당시 에도 전역의 쵸의 개수는 1,708개소로 그 중 다이치는 137개소라 기입되어 있다. 이는 나누시 조직별로 조사한 수치이나 다이치가 주어질 때 쵸명이 바뀐 경우와 여러 쵸의 다이치가 합쳐서 새로운 쵸가 성립된 경우 등이 포함되어 있지 않아 실제 다이치는 137개소가 넘을 것으로 추측된다. 또한 다이치가 137개소라 가정하면 총 쵸의 8%이며, 이 8%의 다이치를 부여하기 위해 부케치나 지샤치 등을 이전시킨 점을 고려할 때, 다이치를 부여하기 위하여 이동한 토지의 수는 그 수배에 달할 것으로 추정된다.

본 연구에서는 다이치 이외에 같은 개념의 '카에치'가 등장하기도 하는데, '다이치'는 쵸 단위의 이동을 지칭하며, '카에치'는 필지의 이동을 지칭한다.

연구의 사료군

1) 막부관아기록

『구막부인계서旧幕府引継書』는 에도 막부 관아의 각 기록으로, 막부가 붕괴될 때 도쿄부청으로 이관되었다가 지금은 국립국회도서관에 소장되어 있다. 막부의 행정 전반에 관련된 서류로 원호별로 정리되어 있다. 본 사료군 중「아키치부」,「쵸닝청원부町人諸願之部」,「나누시역료서名主役料書上」를 인용하였다.

(1)『교호선요유집』「아키치부」에는 효우죠쇼評定所[60] · 지샤부교寺社奉行[61] · 사쿠지부교作事奉行[62]의 기록이 포함되어 있으나 대부분이 마치부교 관련 기록이다.[63]『교호선요유집』「아키치부」는 교호기1716~1735 아키치에 관련된 서류로 마치부교가 아키치를 관리하기 위하여 작성한 것으로 추측된다. 아키치와 다이치가 설정된 경위가 기록되어져 있지는 않으나 설정된 아키치와 다이치의 위치 확인이 가능하다.

(2)『교호선요유집』·『텐뽀선요유집天保撰要類集』의「쵸닝청원부」는 쵸닝 간의 소송 혹은 청원에 관련된 기록이다. 본 기록을 통하여 아키치의 설정과 다이치의 이동 속에서 발생된 소송 혹은 청원을 검토하여 당시의 상황을 확인할 수 있다.

(3)「나누시역료서」[64]는 쵸 별 나누시의 역료役料[65]가 쓰여 있으며, 나누시가 지배하고 있는 쵸에서 징수한 역료의 기록이다. 상권에는 1번조에서 9번조까지와 번외의 신요시하라조新吉原組, 그리고 하권에는 10번조에서 21번조까지와 번외의 시나가와조品川組가 기재되어 있다.『구막부인계서』의 목차에는 안세이기安政期, 1854~1860 이후 것으로 기록되어 있고,「나누시역료서」에 묘년卯年이라 기록되어 있는 것으로부터 본 사료는 1855년安政2의 것으로 추정된다.

2) 에도 마치부레집성

(1)『에도마치부레집성江戸町触集成』은 1964년~1966년까지 간행된『정보사록正宝事録』日本学術振興会刊을 기본으로 하여『도쇼궁마치부레東照宮本町触』,『선요영구록撰要永久録』,『쵸닝일기町方日記』등을 보충하여 새롭게 교정한 사료로, 에도의 쵸에 포고된 마치부레집성이다. 1648년正保5에서 1868년慶応4까지 쵸닝에게 포고된 마치부레

[60] 효우죠쇼(評定所)는 에도 막부의 최고 재판소이다.

[61] 지샤부교(寺社奉行)는 에도시대에 사원과 신사에 관한 인사, 잡무, 소송의 일을 관장하던 직명이다.

[62] 사쿠지부교(作事奉行)는 에도시대 막부의 건축 토목을 담당하던 직명이다.

[63] 南和男,『江戸の社会構造』, 塙書房, 1969, 344~345쪽

[64]「名主役料書上」,『旧幕府引継書』, 国立国会図書館所蔵. 안세이기(安政期)의 기록이다.

[65] 역료(役料)란 에도 막부가 신하에게 지급한 역직 수당의 종류이다.

가 수록되어 있다. 본 연구에서는 역부담과 노관람의 상세한 분석을 위하여 인용하였다.

(2) 『정보사록』[66]은 1648년正保5에서 1755년宝暦5까지 108년 간의 쵸닝치 관련 에도의 마치부레町触[67]를 집성한 책이다.

[66]
1778년(安永7)에 편찬된 에도의 마치부레집성(町触)에 해당한다. 1648년(天保5)부터 1755년(宝暦5年)까지의 108년간의 마치부교(町奉行,에도 막부의 직명으로 시중의 행정 사법 소방 경찰 직무를 맡아보았음)가 마치도시요리(町年寄,마치부교의 하급 관리로 쵸닝에게 포고문의 전달 및 세금의 징수등을 처리하던 관리)를 통해서 실제로 쵸닝(町方,町人)에게 내린 고시문으로 약 3,100건의 문서를 모은 사료이다.

[67]
에도시대에 쵸닝(町人)에게 포고된 법령집이다.

3) 에도 나누시 기록

『선요영구록』은 미나미텐마쵸의 나누시인 다카노 신에몬高野新右衛門이 기록한 도쿠가와 막부의 마치부레御觸, 어용御用, 공무公用로 각각「마치부레서御觸書」79권,「어용류御用留」27권,「공무류公用留」59권으로 이루어져있다. 본 연구에서는 『선요영구록』을 참고하여 도오리3쵸메 다이치通三町目代地가 새로운 쵸에 속하게 되는 과정을 검토하였다.

4) 에도 쵸 기록

『에도쵸감江戸町鑑』은 에도의 시정 명부, 혹은 시정 요람과 같은 성격을 가지며, 무사 명부인 『무감武鑑』[68]과 같이 매년 개정되어 간행되었다. 내용은 마치도시요리町年寄를 포함한 마치부교 명부, 나누시의 이름과 지배쵸의 명칭, 쵸의 소방, 쵸의 관할지[69] 등에 관한 것이다. 『에도쵸감』의 원형은 1689년元禄2 간행된 『에도총녹자江戸惣鹿子』[70]에 수록된 나누시지배부에서 찾을 수 있다. 나누시지배부에 마치부교 관계의 명부를 덧붙여 시정명감市政名鑑으로 1729년享保14 『만세쵸감万世町鑑』이 간행된 것이 최초의 『에도쵸감』이다. 1747년延享4에 쵸의 소방과 관할 목록을 추가하고 대폭적으로 개정하여 시정편람, 쵸명 안내의 기능을 갖는 『만세에도쵸감万世江戸町鑑』이 간행되었다. 이후 1804년文化4에 『증보개정만세에도쵸감増補改正万世江戸町鑑』이 간행되어 막부 말에 이르렀다.[71]
본 연구에서는 1774년에 마치부교가 작성한 『에도쵸감』을 중심으

[68]
무감(武鑑)은 에도시대 다이묘 등의 성명, 봉록, 계보 등을 적은 연감식 책자이다.

[69]
쵸의 관할 목록에는 정명, 다리, 언덕, 수로 등이 있다.

[70]
奥村玉華子,『名主惣鹿子名所大全』, 渡辺書店, 1973

[71]
加藤貴,『江戸町鑑集成第一巻』, 東京堂出版, 1989

로 인용하였다. 당시에 에도 전체의 과세 내용, 쵸의 연혁, 나누시 등을 판명할 수 있는 유일한 자료이며[72] 본 장에서 주목한 교호기1716~1735에 근접한 시기의 자료이기도 하다. 본 연구에서는 다이치를 목록화 하고 각 쵸의 과세 내용을 정리하는데 『에도쵸감』의 쵸 연혁을 인용하였다.

[72]
『安永三年小間附北方南方町鑑』下, 東京都公文書館, 1990, 1~2쪽

5) 기타 편찬 사료

(1) 『에도비고御府内備考』는 막부가 편집한 에도의 지리지이다. 1826년文政9 막부가 편찬한 『에도풍토기御府内風土記』의 편찬 비고로서 정리된 자료집이다. 편찬된 자료라는 약점이 있으나 본 사료는 다른 사료에 없는 쵸의 연혁이 기록되어 있어 검토 후 인용하였다.

(2) 『도쿄시사고 시가편東京市史稿市街篇』은 1911년明治44에 편찬되었으나 각 사료에 출전이 명기되어 있어 일차 사료를 확인할 수 있다. 비록 시가지 이동의 결과만 기록되어 있으나 아키치의 설정, 다이치의 설정, 설정된 다이치를 비우기 위하여 이전지를 준비하는 세 단계의 결과를 연결함으로써 다이치를 부여한 경위를 밝혔다.

6) 지도 및 도면 자료

(1) 「고켄즈沽券図」란 에도시대에 마치부교의 명으로 나누시가 작성한 에도 쵸의 필지 분할을 표시한 도면이다. 「고켄즈」에는 각 필지의 규모, 지가, 지주명, 야모리명 이외에 도로, 상하수도, 쵸의 경계에 설치한 문木戸 등 도시 기반 시설이 표시되어 있다. 본 연구에서는 1744년寛保4에 그려진 「칸뽀고켄즈寛保沽券図」,[73] 「연향원년3월교바시미즈타니쵸동소킨로쿠쵸미나미핫쵸보리4쵸의 도면延享元年三月京橋水谷町同所金六町南八町堀四町分絵図」[74]을 이용하여 수용된 토지가 다이치로 편입되는 과정을 살펴본다.

[73]
「寛保沽券図」, 1744, 国立国会図書館所蔵

[74]
「延享元年三月京橋水谷町同所金六町南八町堀四町分絵図」(이하, 「延享元年沽券図」)

[75]
東京都立中央図書館特別文庫室所蔵

(2) 「무주풍도군강호장도武州豊嶋郡江戸庄図」[75]는 1632년에 작성된 지도이다. 칸에이기寛永期, 1624~1645에 작성되어 「칸에이에도도寛永江戸図」로 표기한다.

[76]
이하 「明治沽券図」, 東京都公文書館所蔵로 기술

(3) 「제일대구고켄즈第壱大区沽券図」[76]는 1873년明治6에 작성된 「고켄즈」이다.

[77]
분카기(文化期, 1804~1819)에 막부의 건축토목공사직(幕府普請方)에 의해 작성되었다. 엔뽀기(延宝期, 1673~1681)에서 막부 말기에 이르기까지 도로계획 및 쵸닝치 계획 등의 변천(道路割,町割)을 여러 시기에 걸쳐 작성한 지도이다. 玉井哲雄, 『江戸,失われた都市空間を読む』, 平凡社, 1986, 21~22쪽

(4) 『에도연혁도서御府内沿革図書』[77]는 분카기1804~1817에 막부가 편찬한 사료이다. 본 사료는 타 사료에 서술되어 있지 않은 쵸의 연혁이 기록되어 있으며 1774년 이후의 다이치의 이동을 검토할 때 인용하였다.

연구의 구성

연구의 목적은 에도 시책 측의 도시계획에 대한 논리와 시책을 따르는 측의 논리 사이에서 에도가 어떻게 도시기능을 유지하고, 공간을 지속적으로 활용하였는지 살펴보는 것이다. 본문은 크게 두 부분으로 구성된다. 먼저 1장~2장에서는 일본 도시의 역사와 삼도 중 하나인 에도의 공간과 사회를 살펴보려고 한다. 다음으로 3장~10장에서는 아키치와 다이치를 통하여 에도가 어떤 논리에 따라 어떻게 변용되는지를 살필 예정이다.

[78]
복도제(複都制)란 국가에 복수의 도읍을 설치하는 제도로 도읍을 하나로 집중하는 단도제의 반대 개념이다.

제1장 일본의 수도에서는 고대부터 근대에 이르기까지 일본의 수도를 살펴본다. 예로부터 복도제複都制[78]를 운용하던 일본이 근대 에도의 전신인 도쿄를 하나의 수도로 설정하는 과정을 알아본다. 또한 수도로서 기능하기 위하여 도시는 어떻게 조성되고 변용되었는지 살펴본다.

제2장 에도의 공간과 사회에서는 에도가 만들어진 과정, 내부의 도시공간을 이루는 공간적 요소와 사회적 요소에 관하여 살펴본다.

제3장 에도의 아키치에서는 다이치가 발생하게 된 원인인 아키치에 관하여 고찰한다. 본 장에서는 아키치의 가변성에 주목하면서 아키치가 에도에서 어떠한 역할을 하는 공간이었는지 설명한다.

제4장 에도의 다이치에서는 막부가 쵸닝에게 대신의 토지인 다이치를 부여할 때, 장소 설정이 특정한 논리와 규칙에 따라 이루어졌을 것이라는 가설을 전제로 다이치가 언제, 어떤 목적으로 어떤 장소에 주어졌는지를 밝힌다. 이러한 화재방지를 목적으로 아키치를 비우고 다이치를 조성하기 위하여 또 다른 토지를 수용하는 다이치의 이동과 그 경위를 통하여 토지 수용의 배경에 존재하는 시책 측의 논리를 고찰한다.

제5장 쵸닝치의 지배구조에서는 쵸를 지배하고 있는 나누시의 쵸가 수용되고 다시 다이치가 주어지는 과정에서 나누시의 지배구조에는 어떤 변화가 보이는지 고찰한다. 나누시가 다이치라는 특수한 쵸를 지배함으로써 지배영역이 어떻게 확장되었는지 규명한다.

제6장 쵸닝치의 공간구성에서는 쵸가 화재로 인하여 히요케치防火明地로 설정되면서 발생하게 된 에도의 다양한 공간에 관하여 고찰한다.

제7장 쵸닝치의 사회구조에서는 다이치로 이동하게 된 시책을 따르는 측의 논리를 살펴본다. 모토다이쿠쵸元大工町의 다이치인 미나미다이쿠쵸南大工町의 역부담과 노관람御能拝見에서 보이는 모토치와 다이치의 관계를 분석하고, 도오리3쵸메 다이치通三丁目代地

의 각 역과 쵸의 경계에 설치한 문木戸의 위치로부터 다이치와 이전처의 쵸의 관계를 분석하였다. 모토치와 다이치가 공간적으로 분리되는 반면, 다이치의 쵸닝과 모토치의 쵸닝이 구축해가는 사회관계의 양상에 관하여 살펴본다.

제8장 다이치로의 필지의 이동, 제9장 카이쇼치 개발과 다이치, 제10장 청원서를 통해 본 다이치에 거주하는 쵸닝의 동향은 개별 쵸의 사례 검토로 미나미핫쵸보리와 미나미텐마쵸를 대상으로 다이치가 쵸로서 가지는 성격을 살펴본다. 1744년에 작성된 「고켄즈」가 모토치와 다이치 모두 남아있는 유일한 지역인 미나미핫쵸보리 지역을 대상으로 모토치와 다이치의 필지 이동을 추적하여 쵸로서 다이치의 성격을 규명하고, 쵸닝의 청원서를 바탕으로 당시 다이치로 이동하게 된 주민의 대응방식을 고찰한다.

01
일본의 수도

일본 근세 도시사
아키치明地와 다이치代地를 통해 본 에도江戸

일본의 수도

일본은 예로부터 수도를 복도제複都制로 운용하였다. 전근대 특히 에도시기의 수도 혹은 도읍은 소위 삼도三都라 불리며 천황이 거주하는 교토, 경제의 중심지인 오사카, 정치 거점인 에도로 분할되어 있었다. 막부의 직할 도시이기도 한 삼도는 각각 수도의 기능을 분담하였다. 이런 삼도는 메이지유신 이후 변화를 겪게 되는데, 에도 막부 제15대 장군이 1867년 11월 9일에 정권을 메이지 천황에게 되돌려주는 대정봉환大政奉還이 발생한다. 당시 수도의 선정에 있어 많은 논의들이 오갔으나 결국, 에도를 정무지로 삼고 도쿄라 선언한다. 이후 1868년 10월 2일 도쿄부를 개청한다. 그 뒤 1868년 11월 26일 메이지 천황이 일차적으로 도쿄에 행차한다. 1차 행차 이후 에도성은 도쿄성이라 개칭되었다. 1869년 5월 9일 2차 행차와 함께 도쿄는 실질적인 일본의 수도가 된다. 이런 과정을 거쳐 전근대 삼도로 분할되었던 수도는 근대 이후 '도쿄'로 집중되는 전개를 보인다.

일본의 수도는 각 시기마다, 시기에 따른 정치체계에 맞는 서로 다른 도시의 유형을 가진다. 본 장에서는 각 시기별 일본의 도시유형을 살펴보고, 전 시대를 거쳐 중요한 거점이었던 삼도의 전개와 각 위상을 살펴보고자 한다.

일본의 도시유형

7세기를 전후로 중국 장안성의 도시유형이 동아시아의 여타 국가들에 전파되었고, 각국은 나름의 고대 도성을 양산하였다. 이후 중국, 한국, 일본에서는 중세기를 거치며 각기 새로운 도시 모습이 나타나 근세에 이르렀다.[1]

일본의 경우 고대 도성은 장안성을 모범으로 한 후지와라쿄藤原京를 시작으로 헤이죠쿄平城京, 나가오카쿄長岡京, 헤이안쿄平安京에 이른다. 고대 도성의 완성인 헤이안쿄는 결국 율령제의 붕괴와 함께 해체되었다. 중세에는 균질한 구성요소인 쵸町로 이루어진 도시유형과 사사 혹은 영주의 성을 핵으로 하는 케이다이境內라는 도시유형이 나타났다. 근세에는 중세의 두 가지 도시유형인 쵸와 케이다이가 합해지며 죠카마치城下町가 탄생했다. 근세의 죠카마치는 메이지유신 이후 막부가 붕괴되기 전까지 일본의 대표적인 도시유형이었다.

전근대기 서로 다른 양상을 보이던 동아시아 각국 도시는 19세기 서양문물의 유입과 함께 세계 속의 근대 도시로 변모했다. 이러한 역사적 흐름 속에서 고대, 중세, 근세기 일본의 도시유형을 살펴보고자 한다.

[1] 일반적으로 수도란 국가의 중앙정부 즉 통치기관이 소재하는 도시이다. 전근대의 경우 수도란 왕도의 개념까지 포함하고 있어 수도는 곧 국왕의 소재지이기도 하였다.
수도capital의 개념은 19세기 서구 국민국가 도시의 자본성capital에서 유래한 것이나 동아시아의 전근대 도시에도 명백히 수도는 존재하였다. 중국에서는 예로부터 수도는 곧 도읍을 의미하였으며 경사京師, 경성京城, 도성都城, 왕도王都 등으로도 불리었다. 이와 유사하게 한국 역시 수도를 왕도, 왕경王京, 경사, 도읍都邑, 도성, 경성 등으로 불렀다. 일본의 경우는 경京, 도都, 낙落 등이 수도를 지칭하는 말이었으며, 근대 이후 제도帝都라는 용어를 사용하였다. 현재에는 이러한 다양한 용어는 사라지고 그 의미는 수도首都라는 말로 수렴되었다.

고대의 도성都城

1) 도시의 이념

유교의 이념법전인 『주례』「고공기」의 왕성계획을 보면 아래와 같은 기술이 있다.

장인이 도성을 건설하니, 사방이 9리요, 각 면에는 3개씩의 문을 두었다. 도성 가운데는 9개의 남북도로와 9개의 동서도로를 내고, 길의 폭은 9궤軌[2]로

[2] 궤(軌)란 수레바퀴 사이의 너비를 말한다. 수레 1량의 폭이 8척이므로 9궤는 7장 2척이다.

한다. 왕궁의 왕을 중심으로 왼쪽은 조묘이고 오른쪽은 사직이며 왕궁의 전면에는 조정이 있고 후면에는 시장이 있는데 시와 조는 사방이 각각 1부夫, 즉 100보이다.

> 匠人營國, 旁九里, 方三門, 國中九經九緯,
> 經涂 九軌, 左祖右社, 面朝後市, 市朝一夫.

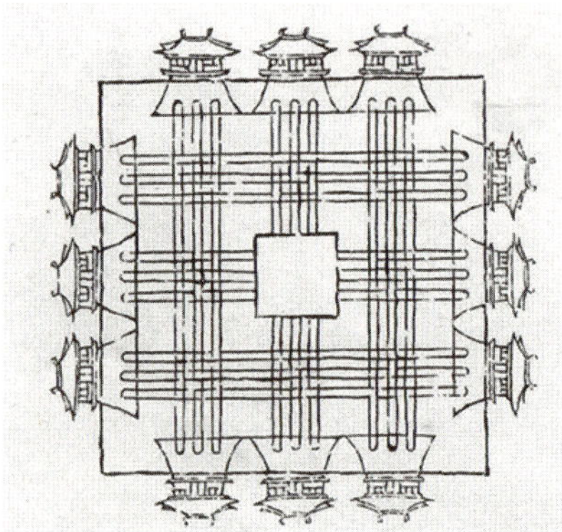

그림 1 주례 고공기의 왕성도

왕성계획안의 골자는 (1)도성의 규모, (2)문과 도로의 개수와 규모, (3)좌조우사, (4)면조후시로 정리할 수 있다. 중국 도성은 남북과 동서의 도로, 격자의 도로망과 블록에 따른 토지의 구획, 그리고 중축선을 중심으로 좌우 대칭이 되는 공간구성의 특징을 갖는다.

도시를 둘러싸는 성곽은 방어와 도시주민의 지배를 목적으로 조성되었으며, 이는 중국 도성의 중요한 요소 중에 하나이다. 도성은 유교를 근간으로 도교, 불교 그리고 풍수설의 이상에 따라 조성되었으며, 도성의 외형은 중국의 고대 세계관을 상징하게 되었다.

2) 도성의 공간구조

도성은 궁과 다양한 도시 기능을 분담하는 블록 즉 방坊으로 이루어진다. 조방제条坊制는 도성의 도시계획 시스템이며 동시에 행정 시스템으로 작용하였다. 직교하는 도로로 구획된 도시공간이 조방제 도시의 큰 특징이다.

헤이안쿄를 예로 들어 고대 도성의 공간구조를 설명하면, 도로체계는 남북의 스자쿠대로朱雀大路[3]와 동서의 니죠대로二条大路[4]를 주축으로 하여 동서, 남북의 직교하는 대로와 소로가 개설된다. 공간 체계는 스자쿠대로가 전체 도성을 좌경左京과 우경右京으로 나누었으며, 동서대로를 '조条'라 칭하였다. 고대 도성의 좌경과 우경은 왕의 거소인 궁성에서 도시를 보았을 때, 왼편이 좌경, 오른편이 우경에 해당한다. 또 각 조를 남북의 대로로 4분할하여 '방'이라 했다. 방은 동서, 남북 각 3개의 소로에 의해 16분할되었

[3] 스자쿠대로(朱雀大路)는 궁성 앞 남북대로로, 규모는 28丈, 즉 84m이다. 1丈=10尺=3m이다.

[4] 니죠대로(二条大路)는 궁성에 면한 동서대로로, 규모는 17丈, 즉 51m이다.

으며, 이를 '쵸'라 하였다.

일본의 방은 중국의 방과 마찬가지로 폐쇄적이어서 방의 주변에 담이 설치되었다. 헤이안쿄에서는 방의 1/4, 즉 4개의 '쵸'를 '보'라 칭하였다. 당시 일본은 율령제에 따라 좌우 양경에 경직京職을 설치하고 좌경, 우경 각 조의 4방 마다 방령이, 방 마다 방장이 설치되었다. 경京-조条-방坊은 도성의 행정조직으로 국國-군郡-리里로 이루어지는 지방제도와 짝을 이루며 국토 지배 시스템을 이루었다.

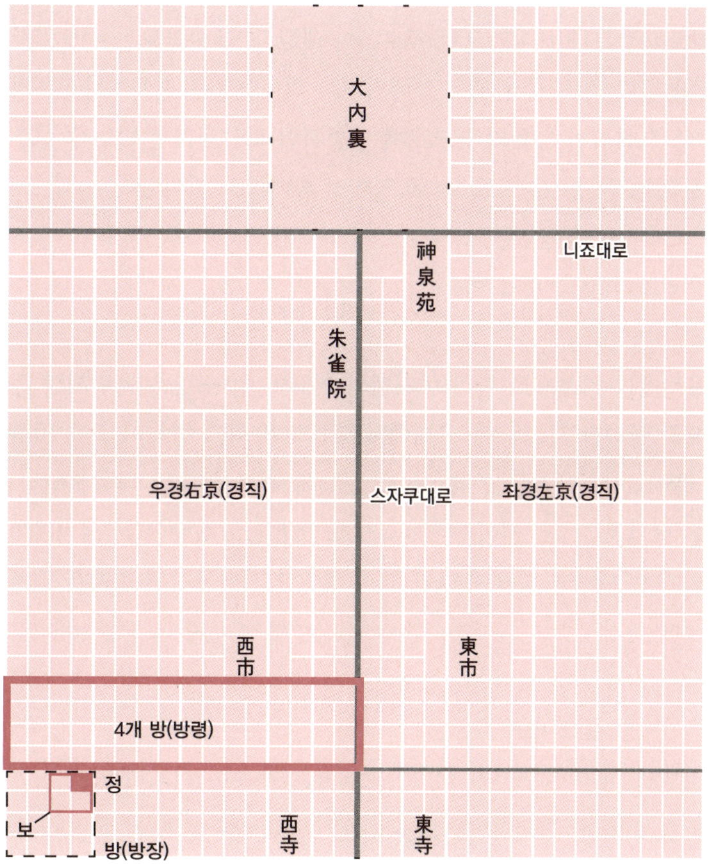

그림 2 고대도성의 도로체계와 공간체계 및 행정조직

3) 고대 도성의 해체

후지와라쿄 이후 조성된 헤이죠쿄, 나가오카쿄, 헤이안쿄는 율령제를 근간으로 하여 건설된 도시이다. 후지와라쿄694에서 헤이죠쿄710, 나가오카쿄784, 헤이안쿄794로 이어지는 천도는 짧은 시간 간격을 두고 일어난다. 이는 당시 부왕이 서거하면 다음 천황은 다른 곳에서 도읍을 조영하던 관성이 있었기 때문이다. 정치적 상황이 변하면 새로운 도성으로 천도가 이루어지고 구 도성은 폐도가 된다.

9세기 초기 정변을 통해 헤이죠쿄 천도론과 헤이안쿄 정도론이 대립하였으나 헤이죠쿄의 천도론이 패했고, 헤이안쿄는 수도로서 존속된다. 천도의 관행이 없어지면서 헤이안쿄는 정치 · 사회 · 경제 · 문화적인 활동의 장으로서 집중적이며 안정적인 발전을 이루게 된다. 이는 일본 도시사에 있어서 획기적인 일이었다.

중세의 '케이다이'와 '쵸'

율령제를 기본으로 한 일국지배의 거점이 된 도성은 율령제의 동요로 변화를 일으킨다. 고대에서 중세로 사회의 변동이 크게 이행되면서 각지에서는 중세로부터 근세에 걸쳐 중요한 의미를 가지는 도시적 요소, '케이다이'와 '쵸'가 발생하고 성장한다. 케이다이와 쵸의 발생과 파생에 따라 결국 헤이안쿄의 공간 시스템은 해체된다.

1) 쵸의 발생

고대의 마지막 도성인 헤이안쿄에서는 우경이 쇠퇴하였고, 남은 좌경은 북동, 그리고 경외京外로 시가지가 확대되었다. 경내京內의 대로大路와 소로小路 일부는 경작지 혹은 택지로 사용되었다. 또 방의 사방을 감싸고 있던 담이 붕괴되었고 조방제의 대로와 소로의 위계질서는 소멸되었다. 담이 붕괴되면서 택지는 도로에 면하게 되었고, 쵸의 동서로만 입구가 조성되었던 택지가 동서남북으로 입구를 갖는 택지로 변화하며 고밀화되었다.

고대부터 존재하였던 동시東市, 서시西市 이외에 쵸를 중심으로 도로에 면한 시장이 생기며 새로운 도시 모습이 전개되었다. 이와 같이 율령제를 기반으로 계획되었던 도성의 공간과 질서는 해체되었고, 과거 방이라는 '면'으로 구성되었던 도시는 도로의 양측을 따라 마치야가 '선'으로 발전하는 중세적인 도시공간 형태인 '쵸'로 변용되었다.

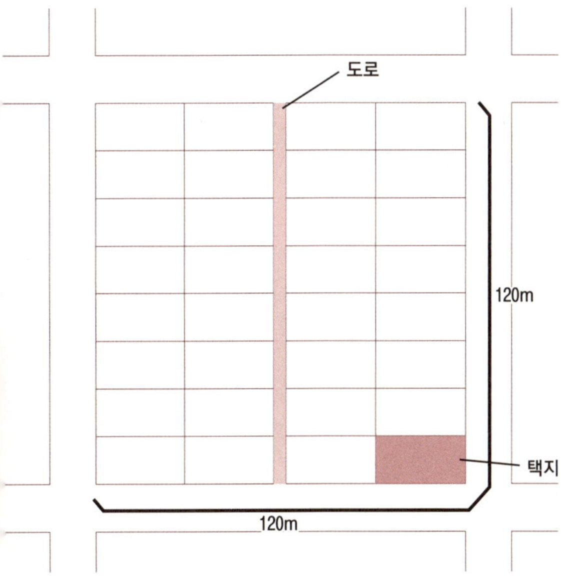

그림 3 고대 쵸의 택지

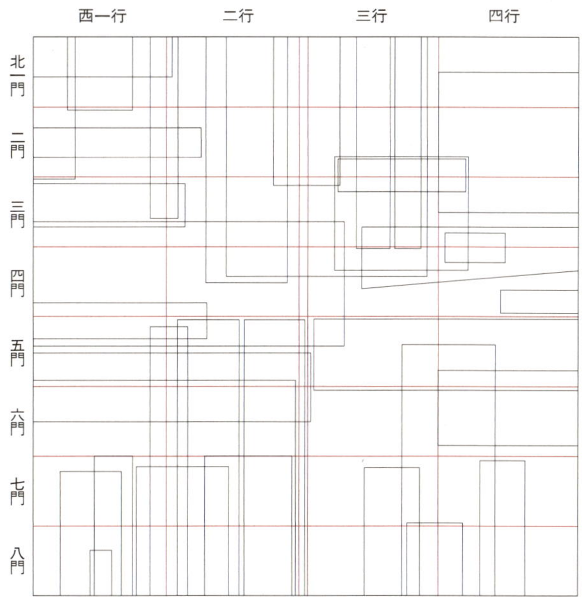

그림 4 중세 쵸의 택지분할 변용

그림 5 중세 교토 쵸의 택지와 가로, 「一遍上人伝絵巻」 巻第七 (東京國立博物館蔵)

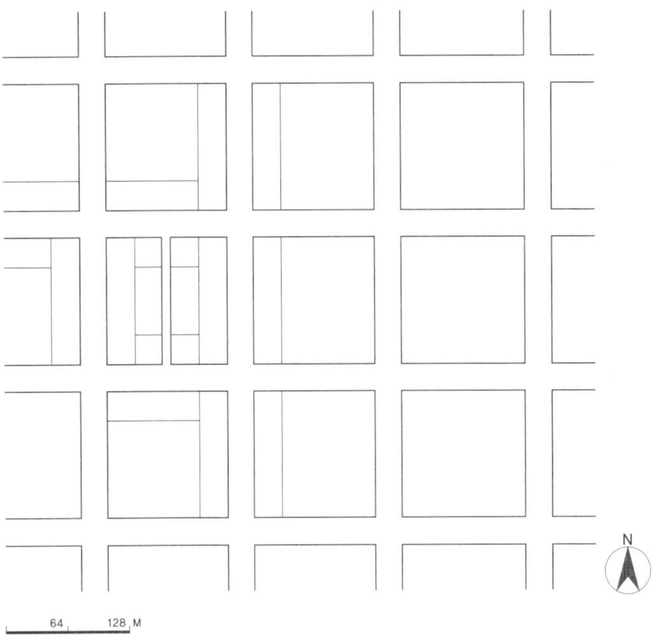

그림 6 도시유형인 쵸

2) 케이다이의 형성

율령국가를 지탱하던 권문귀족도 사회의 변화에 따라 주거 형태를 바꾸었다. 중세 영주의 성이나 사원을 중심으로 하는 '케이다이'라는 새로운 완결된 도시형태가 등장하였다. '케이다이'는 영주의 '관館'을 핵으로 하며 주변으로 가신들이 집주하여 공간적으로 동심원 구조를 이루는 형태의 도시이다. 그 외곽으로 수공업자들이 거주하였으며 주변 농촌과의 사이에 사람과 물자가 교류하는 접점을 형성하였다.

'쵸'는 핵이 존재하지 않으며 도로를 축으로 한 선형의 집합이자 균등한 단위의 연속이며 유동성, 개방적이라는 특징을 가진다. 반면 '케이다이'는 중핵이 존재하며, 핵을 중심으로 한 동심원상의 면 집합이자 중층적 위계를 갖춘 구조로, 폐쇄적인 특징을 가진다.

중세 전반의 가마쿠라시대鎌倉期, 1185~1333와 남북조시대南北朝期, 1336~1392에 걸쳐 성장한 중세 도시의 두 가지 도시유형인 '케이다이'와 '쵸'는 중세 후반의 무로마치시대室町期, 1336~1573에 들어서면 성숙과 동시에 다양한 관계를 보여준다. 또 전국시대戦国期, 1467~1590 특히 16세기가 되면 많은 지방 도시에 지역적 특색을 갖춘 도시유형이 자리 잡기 시작한다.

3) '케이다이'와 '쵸'의 재편

중세 도시유형인 케이다이와 쵸는 중세 말기의 전국시대에 양적으로나 질적으로 도시영역이라 불릴 수 있게 된다. 처음에는 도시적 요소를 가지고 있던 케이다이와 쵸가 도시의 유형으로 확립된다. '케이다이'는 사사권문寺社権門 등의 영주의 거성을 중핵으로 하여 영역의 중층, 복합화가 진전되어 케이다이 영역을 가시화하였다. 더불어 케이다이는 영주에 의하여 일원화 되었다.

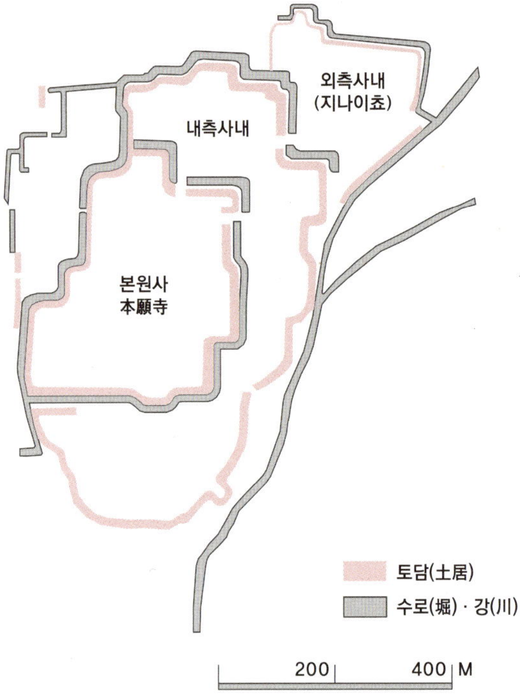

그림 7 중세 도시유형인 케이다이(혼간지사원本願寺 지나이쵸寺内町)

쵸는 쵸를 구성하는 상인, 직인職人 등 도시민이 성장하여 케이다이와 자치적인 결합을 하기도 하고, 케이다이에 포함되어있던 쵸는 자율적인 성장을 이루어 케이다이의 틀을 넘어서 전개되기도 하였다. 이렇게 케이다이와 쵸의 성숙과 양자의 다양한 유기적인 관계는 일본 중세 도시의 완성을 표상한다.

케이다이와 쵸로 이루어진 다핵 분산적인 전국시대를 지나 천하를 통일하는 권력이 확립되는 시기는, 중세 도시로부터 근세 도시로 발전하는 일대 변혁기에 해당한다. 일본의 근세 도시는 대부분 죠카마치의 형태로 조영되었다. 근세의 죠카마치는 중세의 도시유형인 케이다이와 쵸가 다이묘大名 권력의 위계 아래에서 일정 영역 내에 결집, 재편되어 만들어졌다.

병농분리兵農分離에 따라서 무사와 쵸닝 그리고 사사寺社는 각각 구역이 나누어졌고, 부케치武士地, 쵸닝치町人地, 지샤치寺社地라는 거주지가 새롭게 성립된다. 특히 근세 이전까지 복합적인 케이다이를 형성하고 있던 사사가 근세 권력에 의하여 해체, 재편되어 성립된 테라마치寺町는 도시가 중세로부터 근세로 변화하는 것을 상징한다.

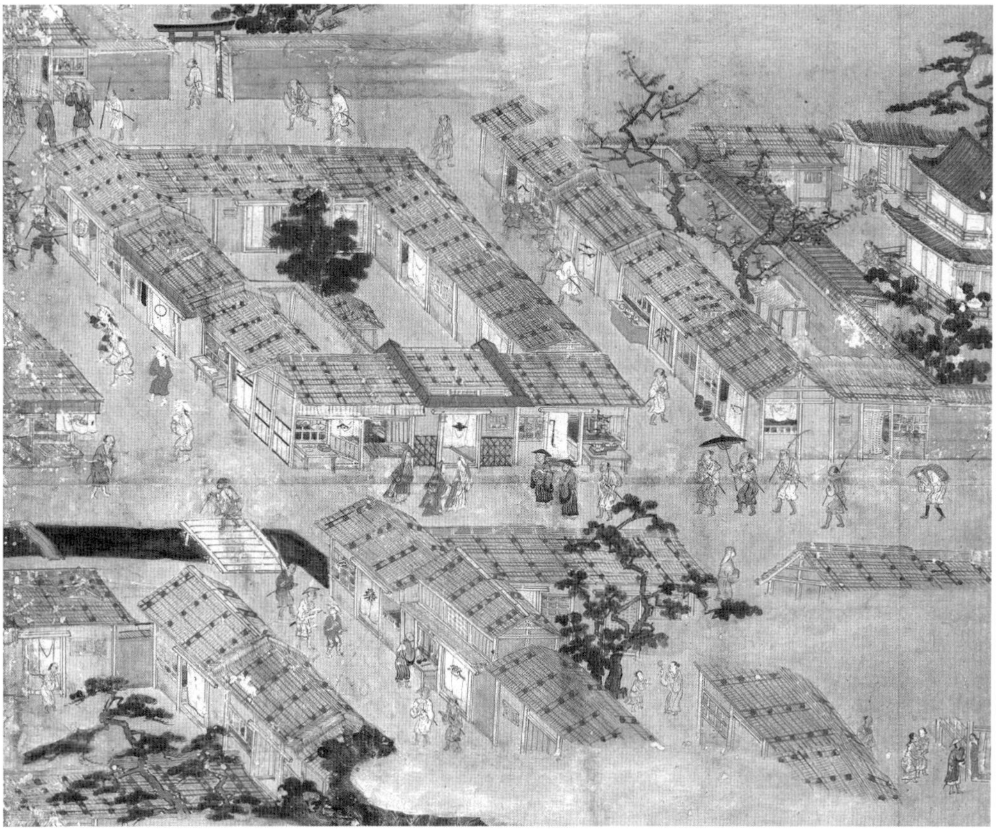

그림 8 중세 교토 하경 4条의 쵸와 가로, 「洛中洛外図屛風下京集」(國立歷史民俗博物館蔵)

1) 전국시대형 죠카마치

중세의 도시유형인 '케이다이'와 '쵸'가 존재하다가 근세에 접어들어 갑자기 '죠카마치'의 도시유형이 등장한 것은 아니다. 죠카마치가 완성되기 전의 형태들이 존재한다.

'케이다이'는 영주의 관을 중핵으로 가신의 거주지와 상공업자의 거주지가 핵을 감싸며 중층적으로 구성되어 있다. 이때 영주의 '관' 대신에 사사 혹은 공가公家가 핵으로 존재하는 경우도 '케이다이'라 불린다. 이러한 케이다이와 지리적으로 분리되어 있으면서도 일정한 관계를 가지고 있는 쵸가 통합되며 전국기형 죠카마치를 이룬다.

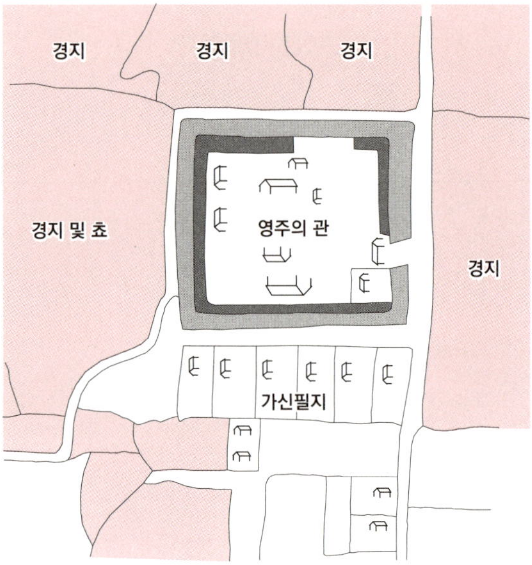

그림 9 전국시대 죠카마치

전국기형 죠카마치는 성하, 즉 성아래에 신분에 의한 거주지 구분이 철저하지 않으며, 지역 경제활동의 중심인 쵸의 도시적 기능을 흡수하지는 못한 단계로 성하城下와 쵸町가 이원적인 구조를 이룬다.

2) 죠카마치의 탄생

15세기 이후 사회경제적 변화는 고대에 성립되었던 율령제와 중세의 장원제莊園制를 해체시키며 시장경제를 전제로 한 새로운 사회경제 시스템을 견인하였다. 즉 토지에 대한 중층적인 지배가 지양되고 영주가 토지를 일원적으로 지배하게 된다.

사회적으로 병농분리, 상공농분리의 추진에 따라 무사, 사사, 농민, 상인, 직인 등의 신분의 역할은 분명해졌다. 무사, 상인, 직

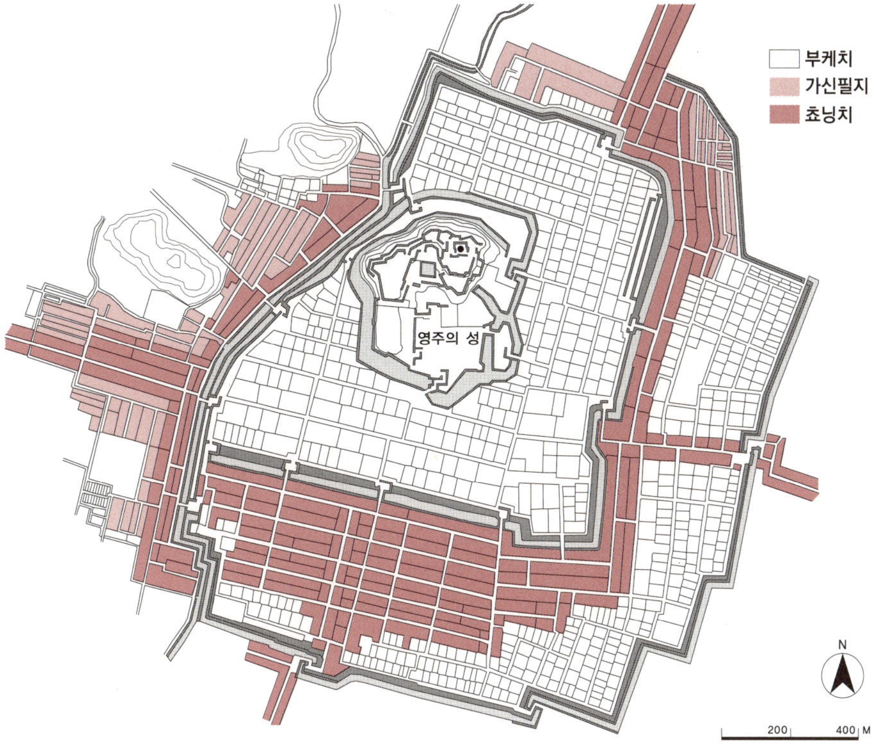

그림 10 근세의 죠카마치(히메지성姬路城)

인은 도시로, 농민은 농촌으로 거주 구분이 분명하게 결정되면서 농촌과 도시의 구분이 명확해졌다. 이러한 새로운 사회제도의 틀이 막번체제에 대응하도록 만들어진 도시공간이 죠카마치이다. 죠카마치는 영주의 거성인 '성'과 그 '성하'로 이루어진 도시로 다이묘大名 각국의 영지 내에서 발생한 '케이다이'와 '쵸'로 이루어진 도시유형을 결합하여 형성되었다. 즉 다이묘 각국의 영지 내의 거성을 중심으로 가신을 성하에 집주시키고 쵸에 상공업자를 거주시켰다. 다양한 특권을 부여받은 쵸를 성하에 이주시키기도 하였다.

중세의 도시유형인 케이다이와 쵸는 각각 다른 구성 원리로 발생하였다. 케이다이는 주종관계를 기초로 한 권력 기반의 사회 구성이었고, 쵸는 균질한 사회 구성으로 이루어졌다. 이러한 두 개의 도시요소가 부케치와 쵸닝치로 구분되며 영주가 거주하는 성을 중심으로 하나의 도시로 재편된 것이 바로 죠카마치이다.

죠카마치 내부의 공간구성도 이러한 두 가지 구성 원리를 반영한다. 부케치는 영주가 거주하는 성 주위에 유력 가신단의 거주지를 배치하고 그 주위로 하급 무사의 거주지를 배치하여 위계가 있는 케이다이의 공간구조를 이룬다.

이에 반하여 쵸닝치는 성하에 가설된 도로를 따라 쵸가 전개되어 명확한 중심이 없는 균일한 공간구조를 이룬다.

지샤치는 쵸닝치와 부케치와 구분되어 사사를 중심으로 하며 주변에 쵸를 형성하고 죠카마치의 주변부에 배치되었다.

죠카마치를 중핵으로 하는 막번체제의 성립은 시장경제의 발전을 촉진하는 도시 사회를 형성하였다. 무사武士는 군사, 경찰, 행정으로 그 직분이 세분화되었고, 농민農民은 농경, 쵸닝町人은 공상으로 분업 체계가 성립되었다. 이는 상품 유통, 화폐 유통의 발전을 촉진시키는 결과를 가져왔다.

특히 지연 공동체인 쵸를 기반으로 한 도시의 상공업 활동을 장악한 유력 쵸닝은 국내 시장을 장악하고 자유 경제 활동을 전개하였다. 또 국내외의 시장과 삼도를 결합한 전국 규모의 유통 네트워크를 형성하여 시장경제를 담당하였다.

고대의 헤이안쿄에서 근세의 교토로[5]

[5]
高橋康夫 · 吉田伸之編, 『日本都市史入門, 空間』, 東京大學出版會, 1989

1) 후지와라쿄에서 헤이안쿄

고대 일본의 수도는 천황이 바뀔 때마다 궁을 이전하는 역대천궁

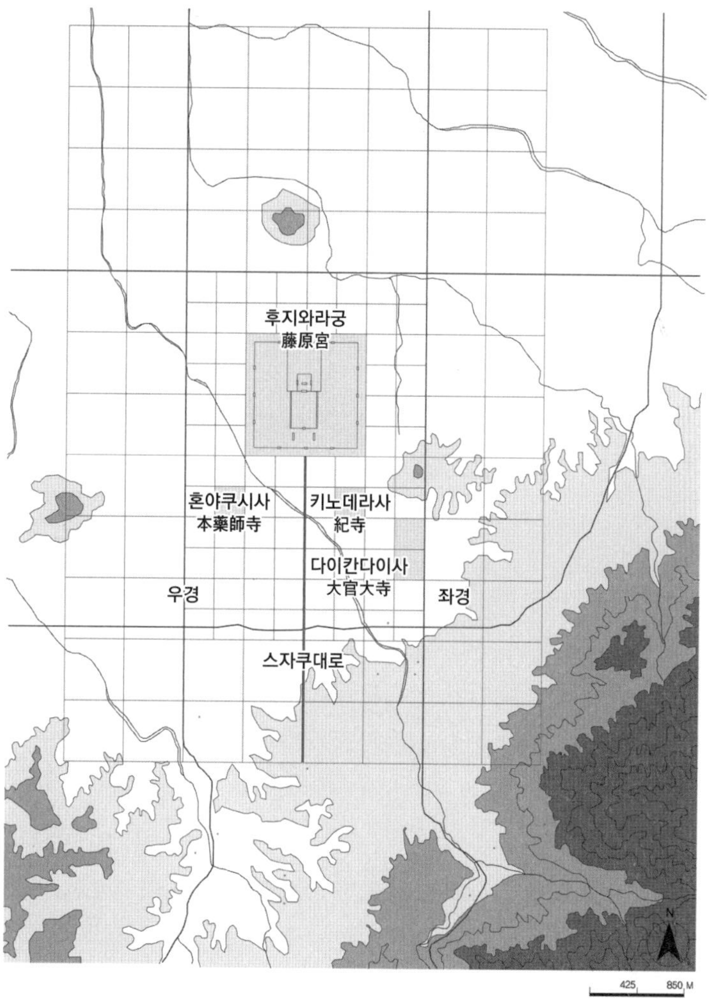

그림 11 후지와라쿄

歷代遷宮의 시대를 시작으로, 7세기 말 중국으로부터 도성제를 도입하여 복수의 수도를 운영하던 시대를 거쳤다. 그 뒤 9세기부터는 헤이안쿄를 유일한 수도로 정착시킨다.

(1) 후지와라쿄

아스카 후지와라藤原지역에는 씨족 지배로 약 120년간 궁도가 지속되었다. 이후 중국으로부터 문화와 정치제도가 도입되어, 천황전제의 율령국가를 확립하는 시기가 도래한다.
694년에 완성된 후지와라쿄의 범위는 당초 동서 1.1㎞ 남북 3.2㎞로 상정되었으나, 1990년대의 발굴에서 후지와라쿄의 동서측에 도성 끝자락에 해당하는 대로가 발견되어 현재 그 규모를 사방 5.3㎞로 추정한다.
후지와라쿄의 경우 다른 도성과 달리 후지와라궁이 전체 도성의 중앙에 위치한다. 후지와라궁으로부터 남북 방향으로 메인 도로인 스자쿠대로가 있고, 이를 경계로 동측을 좌경, 서측을 우경이라 하였다.

(2) 헤이죠쿄

후지와라쿄가 완성되고 7년 후인 701년부터 천도가 논의되었다. 결국 708년에 헤이죠에 새로운 도성 건설이 본격적으로 이루어지고 710년에 헤이죠로 천도한다. 당시 헤이죠쿄는 서측의 나니와쿄難波京와 복도제로 운영되었다.
헤이죠쿄는 풍수사상에 입각하여 삼면이 산으로 둘러싸이고 남측으로는 평야와 강이 흐르는, 지형적으로 이상적인 곳에 입지했다.
헤이죠쿄는 당의 장안성을 따르면서도 국가 기관과 주요한 사원 등을 기존의 후지와라쿄에서 그대로 이전시켜 후지와라쿄와 연장선상에서 계획된 도성이다.
도성의 규모는 동서 4.3㎞, 남북 4.8㎞이고, 동부에 외경外京이 존

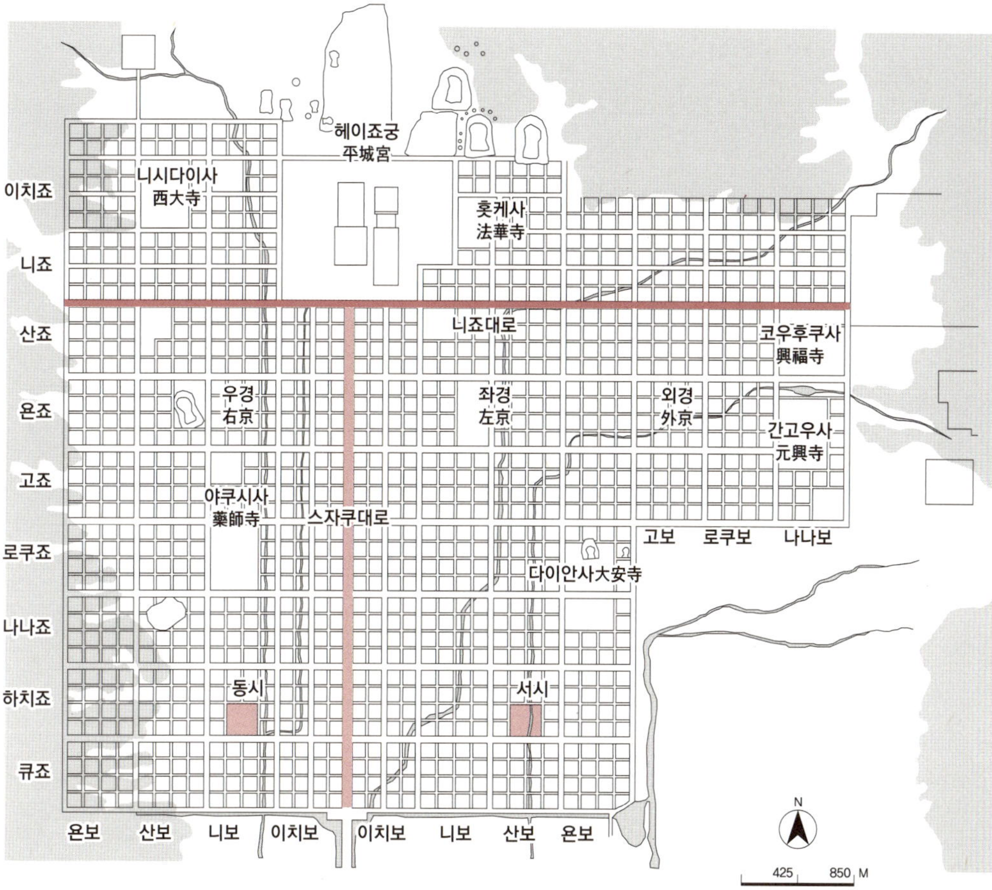

그림 12 헤이죠쿄

재하였다. 헤이죠쿄는 외경을 포함하면 동서 5.5㎞에 이른다. 도성은 우경 · 좌경 모두 남북 9조, 동서 4방을 기본으로 하여 1방은 다시 16개의 쵸로 분할되었다. 헤이죠쿄의 조방계획은 1방에 1500대척[6]약 532m으로 계획되었다.

[6] 일반적으로 척尺=30.3㎝이나, 대척大尺=35.6㎝은 고려척에서 유래하며 토지 측량에 쓰였다.

헤이죠쿄의 도성에는 궁성을 시작으로 황족, 귀족의 주택, 사원, 시장과 서민의 주거가 건설되었다. 도성 내의 관리체계를 살펴보면 4개의 방을 하나의 구區로 하여 방령을 두고, 하나의 방마다 방장을 두어 도성을 관리하였다. 또한 관에서 운영하는 동서시장을 설치하고, 시사市司에서 관리 통제하였다.

헤이죠쿄는 784년의 나가오카長岡 천도와 함께 수도로서의 지위를 상실하나, 다른 수도였던 도시들과는 다른 전개를 보인다. 다른 수도였던 도성들은 천도 후 농경지로 전락했지만, 헤이죠쿄의 경우 대사원을 중심으로 새로운 중세 도시로 변모한다.

(3) 나가오카쿄

784년에 나가오카 천도가 이루어진다. 나가오카쿄는 후기 나니와쿄의 건물을 이축하여 완성하였다. 나가오카 천도는 헤이죠뿐만 아니라 나니와에서 이뤄진 천도였다. 당시 부도副都였던 나니와쿄의 기능은 정지되고, 복도제는 폐지된다.

나가오카가 새로운 도읍지로 선정된 가장 큰 이유는 수계水系 때문이다. 수운과 육운을 이용한 도성을 만들기 위해, 수계를 정비하는 일을 하였다. 나가오카는 서쪽에는 산이, 남동으로 하천이 흐르는 지역이다. 도성의 중앙

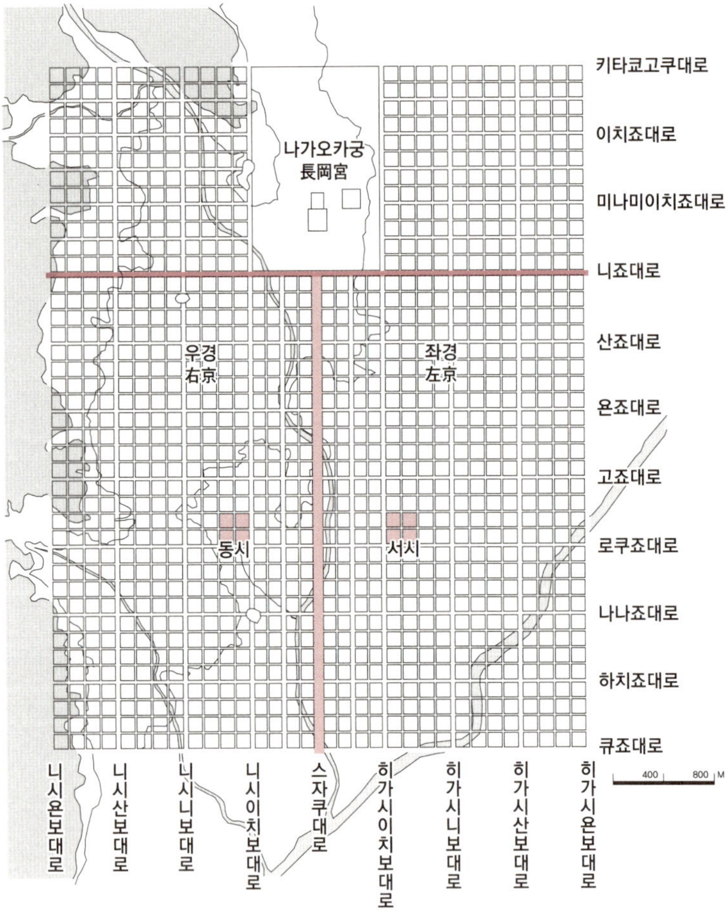

그림 13 나가오카쿄

에는 스자쿠대로와 평행하게 하천이 지나가며 동남부에도 하천이 존재한다.

도성의 규모는 동서 4.3㎞, 남북 5.4㎞ 이다. 도성은 우경 · 좌경 모두 남북 9조, 동서 4방을 기본으로 하여 1방은 다시 16개의 쵸로 분할되었다. 조방계획은 1방에 1500대척약 532m으로 계획되었다.

나가오카쿄는 헤이죠쿄의 도시계획 방법을 기본으로 하면서도 헤이안쿄까지 계승되는 새로운 도시계획 방법을 도입하였다. 나가오카쿄의 한 쵸의 크기는 헤이안쿄와 마찬가지로 사방 40장丈[7]으로 통일된다. 또한 스자쿠대로를 중심으로 동시와 서시가 대칭적으로 구성되었다.

[7]
1장丈=10척
40장=400척, 즉120m

(4) 헤이안쿄

8세기 말, 고대 율령국가는 야마시로쿠니山城国 가도노군葛野郡에 헤이안쿄를 건설했다. 새로운 도읍은 남북 약 5.2㎞, 동서 약 4.5㎞의

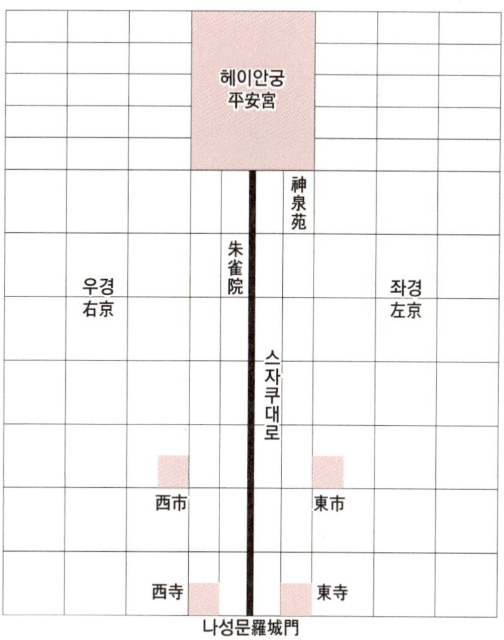

그림 14 헤이안쿄

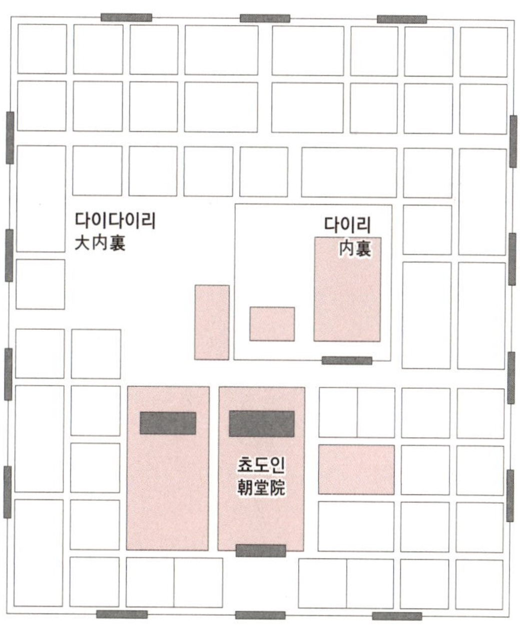

그림 15 헤이안쿄의 궁성도

거대도시로 중앙 북부에는 율령정치의 중심인 궁성, 다이다이리大内裏가 있었다. 궁성과 나성문을 연결하는 스자쿠대로의 양측에는 좌경, 우경이 존재하고 귀족관인, 호위무사衛士, 시정仕丁,[8] 잡색인雑色人,[9] 백성의 주택 등이 있고 특히 궁성 부근에는 관청省寮司의 부속 숙소厨町가 위치한다. 이외에 관사官寺와 칸에이시장 등도 설치되었다.

헤이안쿄는 남북 9조, 동서 각 4방이라는 조방에 의해 구획되었고, 하나의 방은 동서남북으로 통하는 소로에 따라 16쵸로 나뉘어졌다. 하나의 쵸는 택지를 나누는 기본 단위로 32분할되어 1호가 서민의 기준택지였다.

그러나 10세기가 되면 습지라 거주가 적합하지 않았던 우경은 논밭으로 바뀌고 주택, 사원 등은 좌경에 집중되었다. 또 연속적인 화재로 천황의 거소, 다이리内裏 재건을 단념하고 동쪽으로 이동하여 만들었다. 이러한 과정 속에서 고대의 마지막 도성인 헤이안쿄의 토지는 점차 사유화되었다.

[8] 시정(仕丁)은 율령제 속에서 50호마다 2명씩 할당되었으며, 3년간 중앙관청 및 왕가, 대신가 등의 잡역을 복역하였다.

[9] 잡색인(雑色人)이란 정규 관인에 대한 준 관인, 공예민, 각사에 속한 전문기술 종사자를 의미한다.

일본의 고대 도성은 중국의 도성으로부터 많은 영향을 받아 계획되었지만 이른 시기부터 독자적인 계획이념이 확립되어, 일본만의 새로운 도성 형태를 구축해나갔다. 동아시아 안에서 일본 도성만의 독자성은 지형의 이용, 도성의 형태, 방의 형태, 궁성의 위치에 잘 드러나 있다.

지형에 있어서 당의 장안성은 남쪽에서 북쪽으로 낮아지는 지형이지만, 일본의 고대 도성의 경우 헤이죠쿄부터 높은 지역에 입지한다.

도성의 형태를 보자면, 당의 장안성은 동서로 긴 형태를 띠나, 일본의 고대 도성은 남북으로 긴 형태이다. 이에 비해 장안성은 도성 전체가 방리제이며, 방의 형태는 동서로 긴 형태이나, 일본의 고대 도성은 조방제를 따르며, 방은 정방형이다. 궁성의 위치는 장안성의 경우 궁성이 북으로 치우친 북궐형에 해당하며, 일본의 고대 도성은 북궐형도 존재하나, 북쪽에 방 또는 조가 존재하는 도성도 있다는 점에서 특징을 찾을 수 있다.

2) 중세 교토의 전개

고대 도성인 헤이안쿄는 헤이안 말기부터 가마쿠라시대에 걸쳐 도시역이 확대되었으나 도시의 부활로 연결되지 못하였다. 고대 율령 도시로 출발한 헤이안쿄는 점차 중세 도시로 탈바꿈하였다. 좌경 이치죠의 북쪽이 개발되어 귀족의 저택이 들어서고 사원 집락이 확대되었다. 좌경은 니죠대로 주변을 경계로 상하 두 부분으로 나뉘어 분리되었다. 니죠대로 윗부분의 쵸가 관인의 거주지였다면 니죠대로 아랫부분의 쵸는 보다 서민적인 상업공간으로 편성되었다. 각각의 집락은 남북을 가르는 도로에 의해 전개되었으며, 양쪽 집락의 범위는 낙중洛中[10]이라고 불렸다.

[10] 낙중(洛中)이란 경내, 즉 도성 내이다.

헤이안쿄의 쵸는 방을 16분할 한 하나의 정방형에 해당하였다. 그러나 점점 쵸의 형태는 변화한다. 낙중은 헤이안쿄의 조방제를 바탕으로 한 정방형의 쵸로 구성되어 있다. 쵸의 규모는 40장丈으로 사방 120m이다. 각 택지는 사방의 가로 측에 입구를 내고 세장형 필지로 형성된다. 정방형이 하나의 쵸를 이루던 형태가 정방형의 각 변을 면한 필지들이 하나의 쵸를 이루는 형태로 변화하였다.

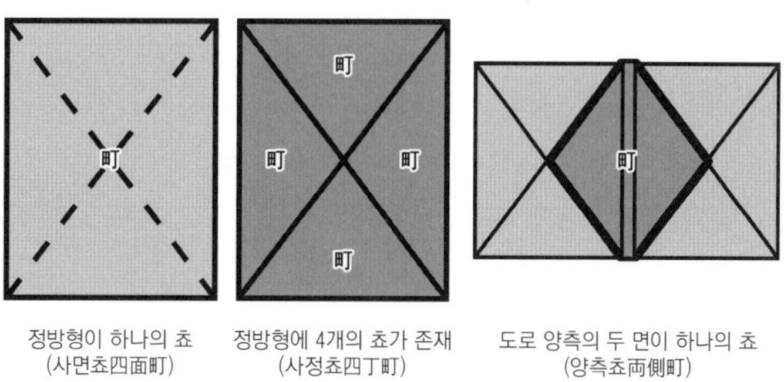

그림 16 중세 쵸의 변화

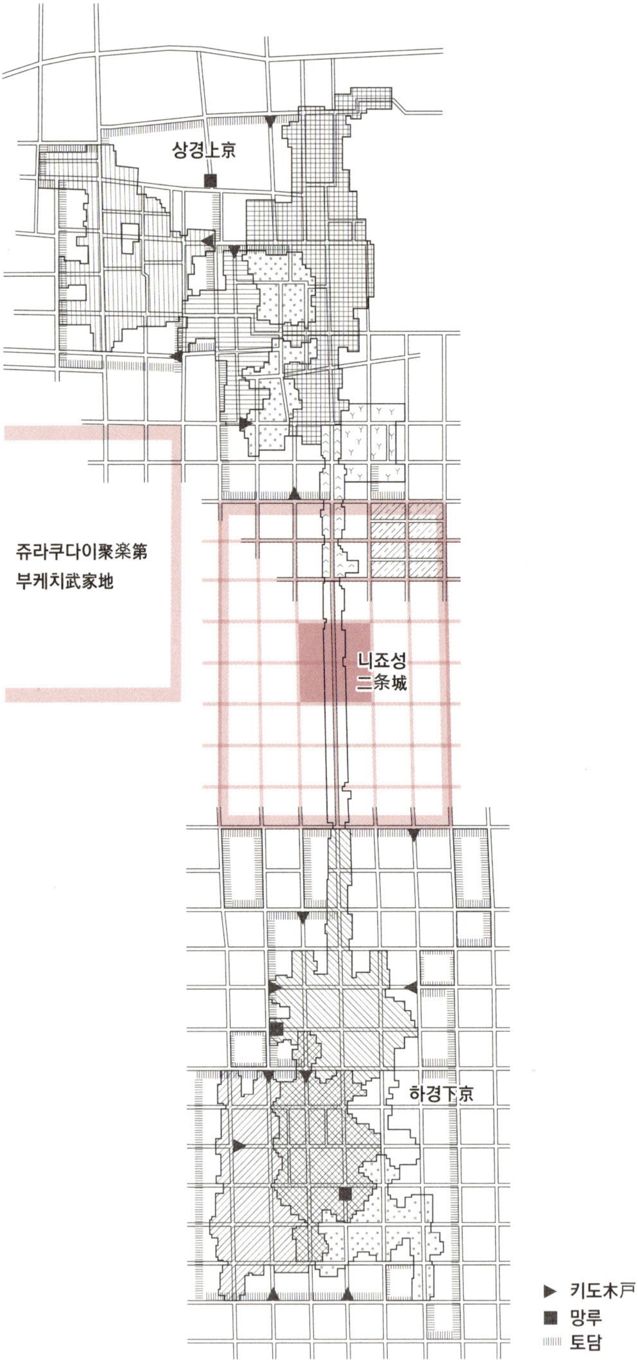

그림 17 노부나가의 교토 개조

결국 정방형 전체는 네 개의 쵸로 구성된다. 또 도로를 중심으로 양측의 필지가 하나의 쵸를 형성하는 형태로 변화한다.

또한 장소의 표시에 있어서도 조방이 아닌 동서, 남북 도로의 위치 관계로 표시하는 경우가 많아진다.

낙중은 이러한 하나의 블록, 네 개의 쵸 그리고 각각의 필지 단위로 분할되었으며, 이에 따라 권문의 사유화도 진행되었다. 또 조정의 규제가 약화되며 가로가 택지 또는 논밭으로 변했다. 한편 정방형 블록의 필지 안쪽에는 공지가 확대되었다. 공지에는 밭이 만들어지고 공동의 우물 혹은 화장실이 있었으며 앞부분의 가로에 면한 공간과는 다른 뒷공간의 무대가 전개 되었다.

15세기 후반 무로마치시대에 교토의 절정기가 찾아온다. 기존의 헤이안쿄가 궁성과 스자쿠대로를 중심으로 좌경과 우경으로 이루어졌다면, 중세의 교토는 우경은 쇠퇴하고 좌경만 남은 상태에서 윗부분인 상경上京과 아랫부분인 하경下京으로 구성되는 도시구조를 갖추었다.

교토에서 술집과 창고는 상경과 하경의 일각을 중심으로 하면서도 낙중 전역에 퍼져있었으며 낙외洛外[11]의 테라마치에도 분포하였다. 당시 상업지구인 술집과 창고가 있는 곳이 도시로 불렸으며, 예능과 관련된 일에 종사하는 사람들의 주거지도 도시에 포함되었다. 상공업의 안정화에 따라 도시민의 정주가 진행되면서, 또 도시민들의 필지에 대한 소유권이 높아질수록 자연스럽게 쵸공동체가 강화되었다. 교토의 낙중, 낙외의 범위는 명확하지 않으나 카모가와鴨川 보다 동쪽, 센모토도로千本通り 보다 서쪽, 서사西寺 · 동사東寺 보다 남쪽이 낙외였을 것으로 추측되고 있다.

오닝의 난應仁之亂[12]은 교토가 도시로서 발전하는 큰 전환점이 된다. 오닝의 난으로 낙중의 대부분과 낙외의 지샤몬젠 대부분이 불탔다. 이후 동서양군은 성 주위에 거주하고, 공가 · 도시민의 일부는 낙중에 주거하였으나 이를 계기로 낙외와 먼 타국으로 이전한 이도 많았다.

[11] 낙외(洛外)는 경외, 즉 도성 밖을 칭한다.

[12] 오닝의 난(応仁の乱)은 1467년(무로마치시대室町時代)에 발생하여 약 10년간 계속된 내란이다. 이는 8대 쇼군인 아시카가 요시마사(足利義正)의 후계 문제로 발생되어 전국적으로 확대되었다. 이 난의 영향으로 무로마치 막부의 쇠퇴가 가속화 되었고 결국 전국시대로 돌입하는 계기가 되었다. 교토는 이 사건으로 인하여 거의 전역이 피해를 입었다.

오닝의 난 이후의 복구는 서서히 이루어졌다. 낙중은 공가 · 무사의 저택과 사원이 중심을 이루는 상경과 상공업자가 중심을 이루는 하경으로 구성되었고, 상경과 하경에는 무로마치대로室町通り를 따라 약간의 마치야町屋가 늘어섰다. 이외의 토지는 논밭이 대부분이었다.

오닝의 난 전후를 비교하였을 때 도시역의 총면적은 확연히 감소하였다. 다만 가옥의 밀집도와 토지이용도는 상승하였다고 추측된다. 따라서 도시 자체가 쇠퇴한 것은 아니며, 지샤몬젠을 중심으로 도시화가 진행되거나, 직공職工관계자가 집주한 지역으로 발전했다.

이와 같이 당시의 교토는 상경과 하경이라는 두 개의 집락과 낙외의 지샤몬젠으로 이루어진 복합도시로 전개되었다.

3) 근세 도시로의 변용

오다 노부나가織田信長는 교토를 새롭게 개발하기 위하여 상경의 택지와 건물을 불태워 교토의 개조에 열정을 표했으나 실질적으로 많이 실천하지는 못하였다.

노부나가 이후 집권자인 도요토미 히데요시豊臣秀吉는 교토를 대대적으로 개조하였다.

첫째, 그는 먼저 낙중을 지키기 위해 교토 외곽에 보루를 건설하였다.

둘째, 낙중에 산재해 있던 사원을 카모가와鴨川의 보루 내측과 상경의 도시형 주거지의 북측으로 이전시켰다. 이는 각 사원과 도시민의 연결고리를 끊고, 동시에 낙중의 외곽에 사원을 배치함으로써 방어의 효과를 꾀한 것이다. 또 귀족을 궁성 주변에 이동 및 집주시키고, 통일정권에 무엇보다 위협요소인 오사카大阪의 이시야마혼간지와 테라마치寺院町를 하경 남측으로 이전시켜 직접 감시하였다.

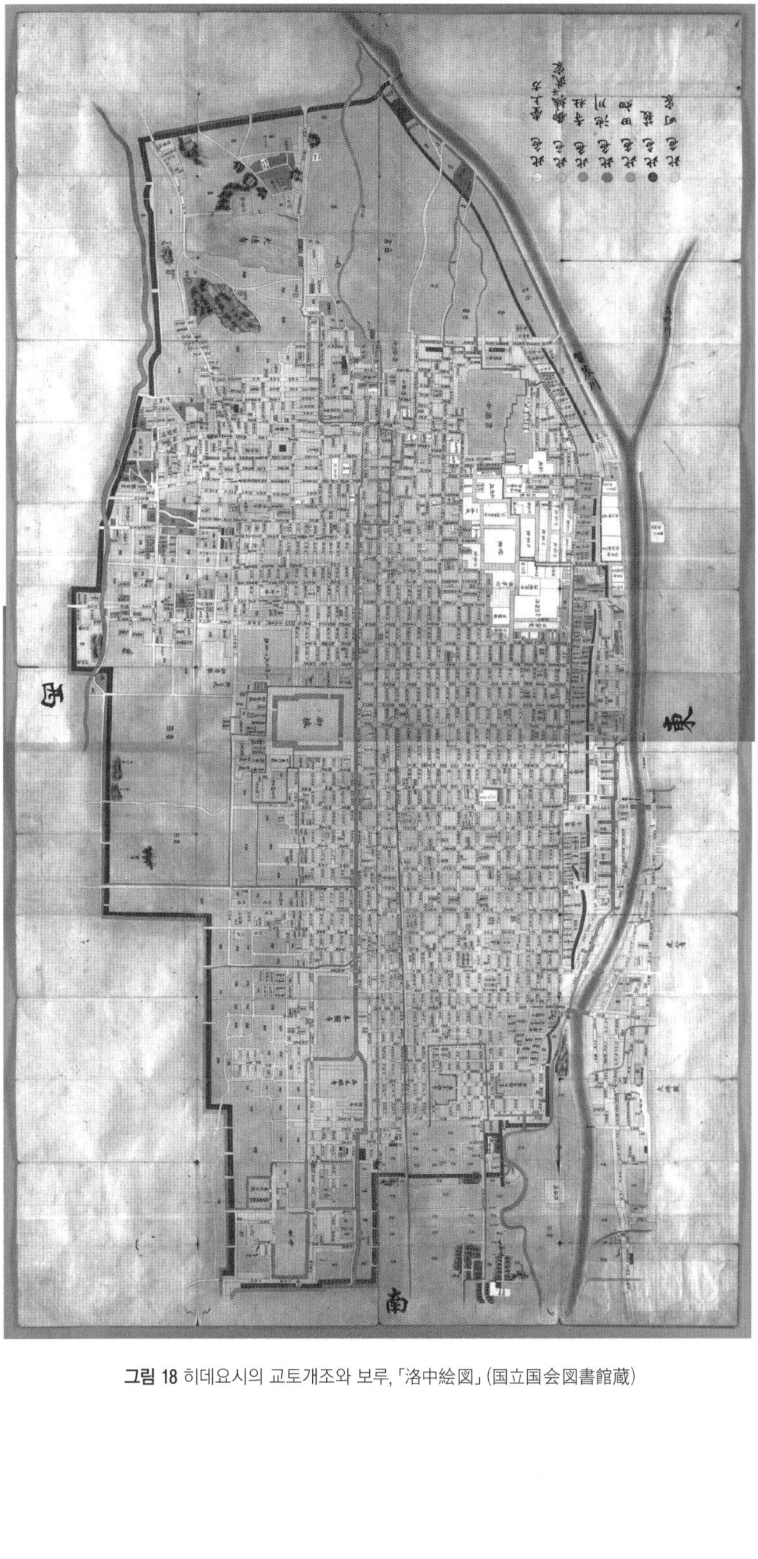

그림 18 히데요시의 교토개조와 보루, 「洛中絵図」(国立国会図書館蔵)

셋째, 정방형의 한쪽 면이 하나의 쵸를 이루었던 정방형 택지분할이 처음으로 본격적으로 파괴된다. 그러나 택지의 변용에는 도시민의 반발도 있어 상경과 하경의 중심부는 이루지 못하였다.

넷째, 쥬라쿠다이聚楽第[13]의 건설로 주변에는 무사 필지가 다수 만들어졌다. 히데요시의 일련의 교토 개조는 쥬라쿠다이를 중심으로 하는 교토의 죠카마치의 성립이라고 평가받는다.

이후 새롭게 천하를 통일한 도쿠가와 막부는 니죠성二条城을 건설하고 주변에 행정기구와 무사필지를 배치했으며, 새로운 남북교통로를 조성하였다. 통일정권에 의한 교토의 도시 개조는 이렇게 종료된다.

이후 근세사회의 성숙을 기반으로 한 교토의 도시역은 중세기의 경계인 보루를 넘어 확장되었다. 특히 동쪽으로 두드러지게 확장되었으며, 카모가와 쪽이 번영하였다. 낙중은 지샤몬젠과 완전히 일체화되어 후시미伏見[14]를 향하여 확대되었다. 이때 처음으로 현재 교토라 부르는 도시의 형태가 완성된다.

[13]
쥬라쿠다이(聚楽第)는 1586년에 도요토미 히데요시(豊臣秀吉)가 지은 정청 겸 저택, 성곽으로 준공 후 8년 만에 파괴되어 명확하지 않은 점들이 많다.

[14]
후시미(伏見)는 교토 주변의 지역으로 도요토미 히데요시(豊臣秀吉)가 후시미성(伏見城)을 죠카마치으로 구축하였다.

중세 도시 오사카의 전개[15]

오사카는 고대 조방제 도시인 나니와쿄, 중세 지나이쵸寺内町[16]를 포함한 이시야마혼간지石山本願寺, 중세 몬젠쵸門前町[17]를 포함한 시텐노우지四天王寺, 근세 죠카마치인 오사카大坂로 각 시대별 고유의 도시가 단절되면서도 적층되는 특징이 있다. 게다가 그 주요한 무대가 된 것은 일관되게 땅이 높고 건조하며 안정적인 지반인 우에마치다이치上町台地이다. 본 절에서는 지형과 물리적인 도시 형성이라는 관점으로 오사카가 중세 후기에서 근세를 거치는 과정을 개관하고 근세에 완성된 오사카의 도시 평면이 가지는 의미를 살펴본다.

[15]
高橋康夫 · 吉田伸之編, 『日本都市史入門, 空間』, 東京大學出版會,1989

[16]
지나이쵸(寺内町)란 무로마치시대에 정토진종 등의 불교 사원, 도장을 중심으로 형성된 자치 집락을 칭한다. 신자, 상공업자가 집주한다.

[17]
몬젠쵸(門前町)란 유력 사원, 신사의 주변에 형성된 쵸를 말한다. 사원 관계자와 참배객을 대상으로 하는 상공업자가 모여 형성되었다.

1) 점点의 중세 도시

우에마치다이치에 나니와쿄가 건설되어 수도의 역할을 한 시기는 652~793년으로 굉장히 짧다.

이후 중세에 들어와 우에마치다이치에는 지나이쵸를 포함한 이시야마혼간지, 고대 이래 유력 사원인 시텐노우지를 핵으로 하는 몬젠쵸 등의 중세 유력 중·소도시군이 오사카에 점으로 존재하였다. 그중에서도 이시야마혼간지를 중심으로 하는 지나이쵸와 시텐노우지를 중심으로 하는 몬젠쵸는 도시적 규모나 활성도에 있어서 중심 도시였다. 이들 도시는 사원이 도시의 핵을 이루고 쵸와 촌락이 주위를 둘러싸는 구심적 구조를 가지며 각각 점을 이루며 존재했다. 이는 개별적, 분산적, 자기 완결적인 중세의 도시 유형인 케이다이의 한 형태라 볼 수 있다.

1583년 오사카에 들어온 도요토미 히데요시는 오사카에 죠카마치를 건설하였다. 히데요시의 초기 도시계획은 명확하게 중세말의 오사카 상황을 계승하였다. 이시야마혼간지를 교토로 이전시킨 후, 이시야마혼간지를 재이용하여 오사카성을 건설하였다. 그리고 오사카성과 시텐노우지를 쵸라는 선으로 연결하였다. 이러한 일련의 계획을 통하여 점으로 존재하던 중세 도시는 해체되고 오사카는 근세 도시로 재편되었다.

히데요시는 이와 함께 동서 60칸, 남북 20~30칸을 기본으로 하는 쵸를 구획하였으며, 성 주위에 부케치를 배치하여 죠카마치로서의 기본적인 요소를 갖추었다.

이후 오사카는 이시야마혼간지에 건설한 오사카성과 남측의 시텐노우지라는 두 핵, 텐만天満지역과 센바船場지역의 쵸닝치 건설을 통하여 도시공간이 면으로 전개된다.

2) 근세 오사카의 세 지역大坂三郷의 성립과 발전

히데요시는 우에마치上町, 텐만, 센바지역을 조성하였고 오사카의

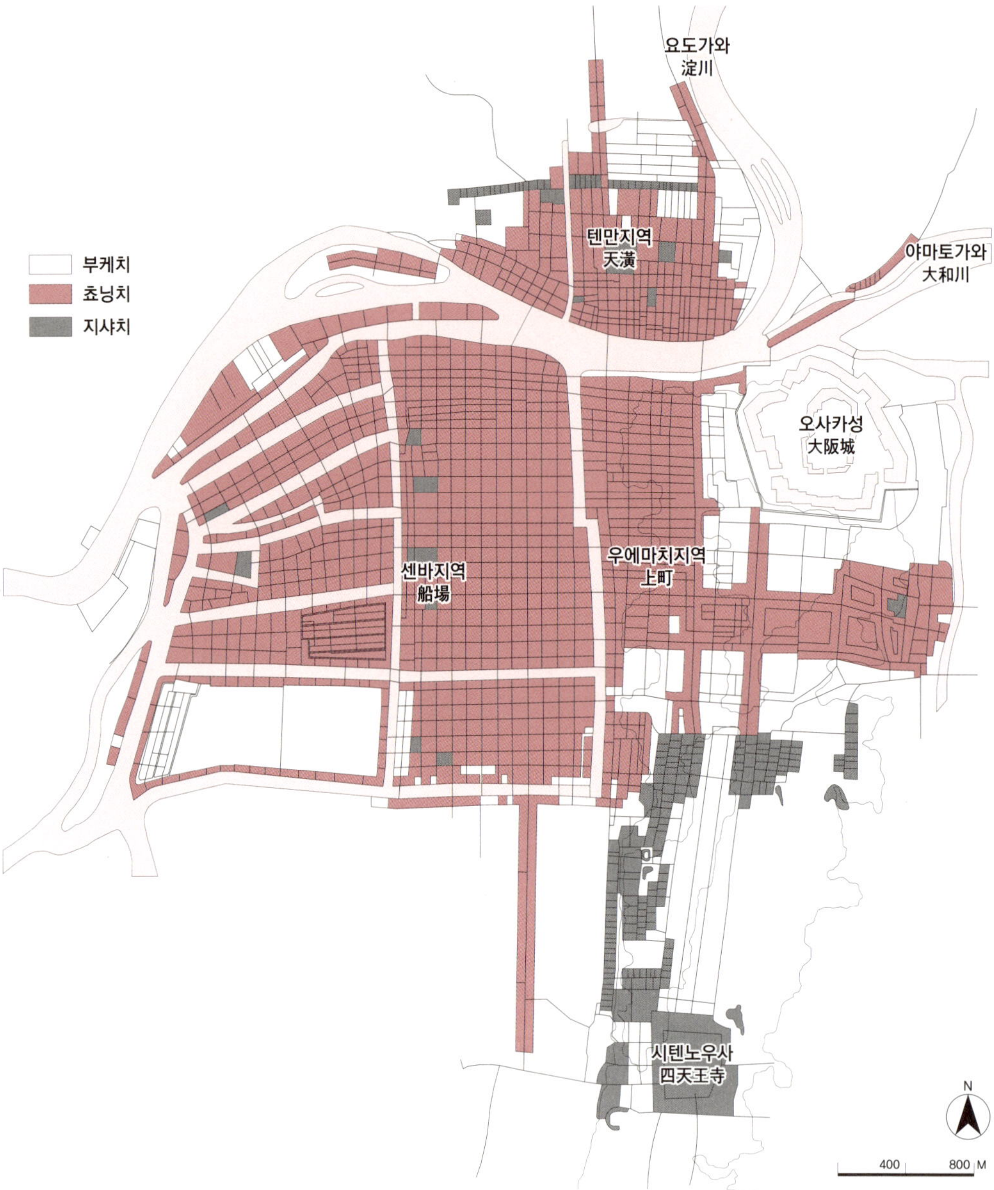

그림 19 근세 오사카의 쵸카마치

중요한 골격을 완성하였다. 1603년 이후 도쿠가와德川 막부기에 들어서면서 더욱 '면'적으로 확대됨에 따라 오사카는 텐만지역, 북측지역, 남측지역의 세 중심 지역으로 구분할 수 있게 되었다.

도쿠가와기의 오사카 도시역 확대는 도요토미기의 오사카를 계승하면서도 전혀 다른 양상을 보인다.

도쿠가와 막부는 강가의 습지에 근세 특유의 대규모 토목기술인 매립을 통하여 쵸닝치를 건설했다. 오사카는 일본의 중심시장이라는 지위를 확립해가는 과정에서 거대도시화의 길을 걷게 된다. 또한 오사카 주변부에는 신도시인 신지新地가 성립되었다.

근세 도시 에도

에도는 옛 무사시국武藏國의 일부였다. 오타 스케나가太田資長가 무로마치시대 중기인 1457년에 에도성江戶城을 구축하며 에도의 전신이 만들어진다. 이후, 1590년 도쿠가와 이에야스가 에도에 입성하고 1603년 막번체제를 확립함에 따라 에도는 일본의 정치적 중심지로 부상한다. 그리고 에도는 메이지유신 이전까지 일본의 정치와 문화의 중심지로 번영하면서 거대도시를 이룬다.

1) 에도의 범위[18]

도쿄의 전신인 근세 에도는 세계적으로 보아도 거대도시에 해당한다. 당시 에도의 인구는 쵸닝과 무사를 합쳐 100만 명 이상이었다. 에도의 도시공간은 규모와 영역에 있어서 유럽과 중국 대륙의 각 도시와는 다르게 명확하지 않다.

「에도도江戶図」라 총칭되는 에도시대에 작성된 지도를 보면, 에도와 외부를 연결하는 각 가도街道에 요츠야 오오키도四谷大木戶와 같이 에도의 안팎을 표시하는 '점'으로 된 경계가 있다. 그러나 에도 외연부의 대부분을 차지하는 부케치와 바깥쪽의 논밭 혹은 전원

[18] 高橋康夫 · 吉田伸之編, 『日本都市史入門, 空間』, 東京大學出版會, 1989

지대 사이를 명확하게 구분하고 있지 않다. 다른 국가의 도시가 그 영역을 하천, 수로 혹은 성벽 등으로 구분하는 것과는 사뭇 다른 모습이다.

명확하지 않은 시역은 에도 막부가 도시를 지배하는 데에서도 문제가 되었다. 1818년 메츠케目付[19]인 마키노牧野助左衛門는 에도의 경계를 효우죠쇼評定所와 의논하여 결정하고, 「에도주인도江戸朱引圖」를 완성했다.그림20

[19]
메츠케(目付)는 장군의 직속 가신의 감독을 관장하였다.

「에도주인도」는 붉은 선과 검은 선으로 에도의 범위를 표시한 지도이다. 검은 선은 마치부교의 지배 경계를 표시한 것이다. 붉은 선은 지샤부교寺社奉行가 에도부 내에서 사사건립을 허가한 범위 경계를 표시한 것이다. 이 붉은 선은 주로 강[20]을 경계로 주변부의 농촌까지 포함하고 있다. 붉은 선이 검은 선보다 영역이 넓어 공식적인 에도의 범위를 붉은 선으로 정하였다.

[20]
에도 시역은 동쪽으로는 나까가와(中川), 북쪽으로는 아라카와(荒川) · 샤쿠지이가와(石神井川) 하류, 서측은 칸다가와(神田) 상수, 남측으로 메구로가와(目黒川)와 시나가와(品川) 남측을 경계로 하였다.

실제로 에도 시역의 기준이 되는 선은 마치부교의 지배지이다. 이러한 마치부교 지배지의 외연부가 최종적으로 정해진 것은 1713년正德3이다. 이 시점에 다이칸代官[21]의 지배영역이었던 혼죠本所 · 후카가와深川 및 아사쿠사浅草 · 코이시가와小石川 · 우시고메牛込 이치가야市谷 · 요츠야四谷 · 아카사카赤坂 · 아자부麻布 주변이 마치부교 지배하에 포함되었다. 또한 1745년延享2에 지샤부교의 지배하에 있던 지샤몬젠이 마치부교 지배하에 포함되었다. 이러한 기본적인 에도의 지배 영역은 1657년에 일어난 대화재[22] 발생 이후 도시개조 사업과 함께 점차적으로 성립되었다.

[21]
다이칸(代官)은 군대(郡代)와 함께 칸죠부교(勘定奉行)의 지배하에 놓여 막부령을 지배하였다. 다이칸은 징세, 사법, 군사 등의 직무를 담당하는 지방 행정관에 해당한다.

[22]
1657년(明暦3년)에 일어난 대화재로, 일명 메이레키의 대화재라 부른다.

2) 에도의 공간구조

에도에는 에도성을 중심으로 두 개의 수로가 있다. 첫 번째 수로를 내측수로内堀, 두 번째 수로를 외측수로外堀라 한다. 에도성을 둘러싸고 내측수로가 있고, 내측수로 주위로 부케치가 배치되었다. 그 주변을 다시 외측수로가 감싸며, 그 주위로 쵸닝치가 배치되어있다.

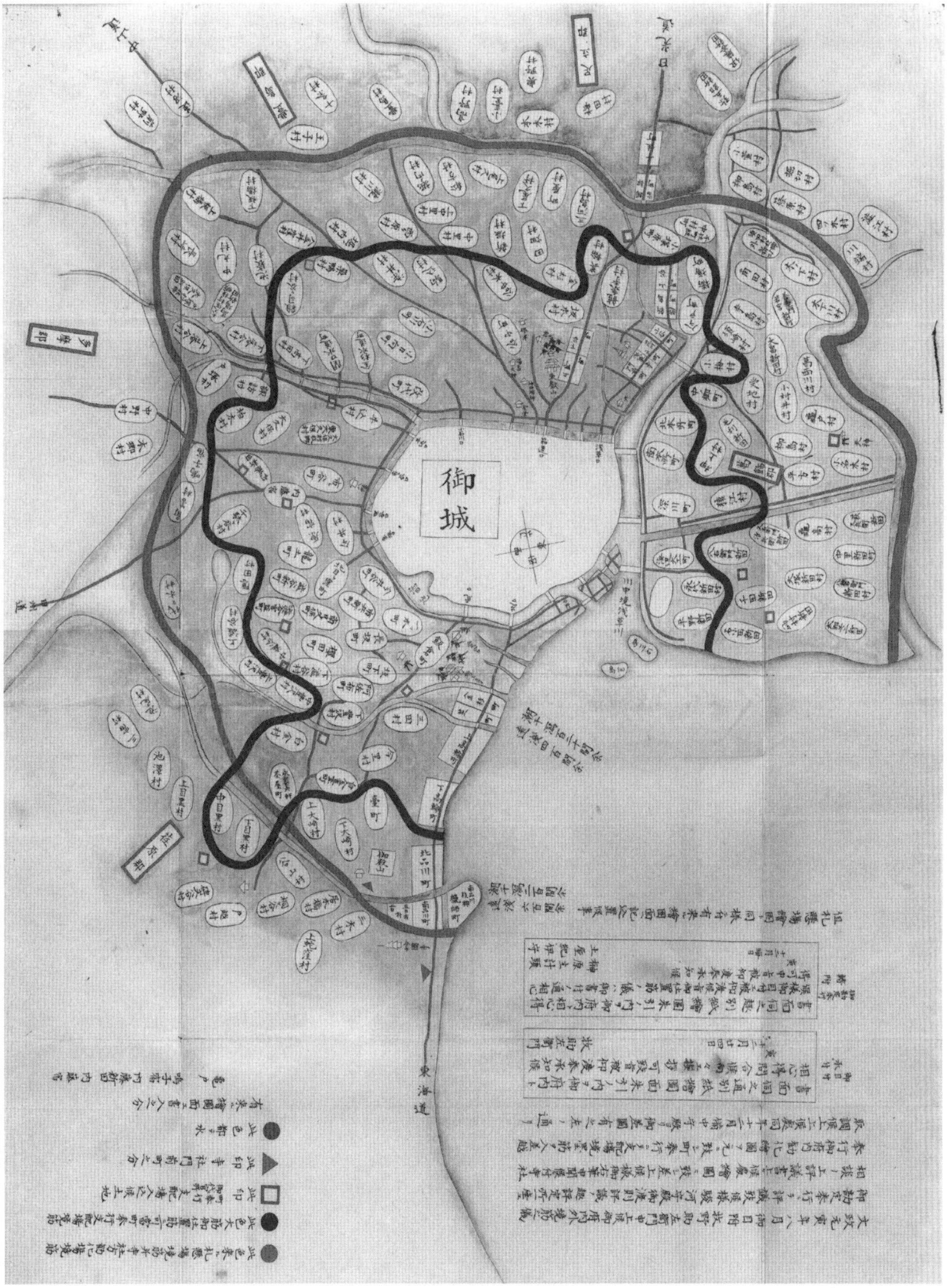

그림 20 에도주인도, 「江戸朱引内図」(東京都公文書館蔵)

에도에는 거주자의 계층구분에 따라 부케치, 지샤치, 쵸닝치라는 토지유형이 있었으며 그 이외에도 세 부과에 따라 이용이 가능하기도 했던 코우기치公儀地가 있었다. 이러한 토지 구분은 소유나 신분을 근거로 형성되었다.

기본적으로 지배구조는 부케치, 쵸닝치, 지샤치에 따라 다르다. 부케치는 효우죠쇼, 쵸닝치는 마치부교, 지샤치는 지샤부교의 지배하에 관할되었다. 따라서 에도의 죠카마치는 지배구조가 다른 부케치, 쵸닝치, 지샤치를 한 영역으로 포함하기 위해 도시구조가 복잡하였을 것으로 추정된다.

3) 에도의 확대

에도는 두 차례의 계기로 거대화의 길을 걷기 시작한다.

첫째, 칸에이기寬永期, 1624~1645에 정착된 다이묘의 참근교대參勤交代 제도이다. 이 제도를 통하여 다수의 가신단과 무가 봉공인奉公人[23] 이 에도에 거주하게 되면서 인구가 급속도로 증가하였다. 참근교대란 각 번의 다이묘가 정기적으로 에도를 왕래하게 함으로써 각

[23] 봉공인(奉公人)은 에도시대의 고용인에 해당한다.

그림 21 참근교대 행렬도, 「園部藩参勤交代行列図」(南丹市文化博物館蔵)

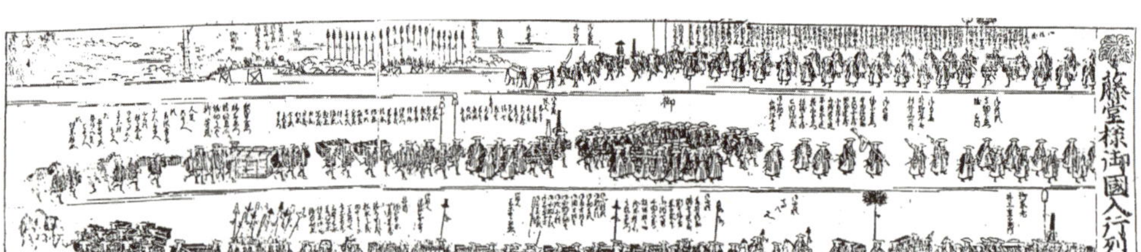

그림 22 참근교대 행렬도, 「藤堂様御国入行列附版画」(伊賀文化産業協会蔵)

번에 재정적 부담을 가하고, 다이묘의 인질을 에도에 볼모로 잡아두기 위한 에도 막부의 제도이다. 이 제도에 따라 각 번은 도쿠가와가에 반기를 들기가 어려워졌으며 도쿠가와가가 15대에 걸쳐 번영을 누릴 수 있었던 요인으로 작용하였다. 참근교대 제도로 인구가 증가한 에도에는 이러한 소비 인구를 지탱하기 위하여 방대한 수의 상공업자가 필요하게 되었다.

둘째, 1657년의 에도대화재이다. 목조건축물을 기본으로 했던 전근대 동아시아 국가의 도시는 항상 화재 위험에 노출되어 있었다. 도시의 대부분이 목조건축물로 이루어져 있으며 특히 인구밀도가 높았던 에도는 잦은 화재로 많은 피해를 보았다. 1657년에 발생한 화재로 에도성은 물론 부케치, 쵸닝치의 대부분이 불탔다. 이 화재를 계기로 에도는 대규모의 도시개조가 이루어진다. 우선

그림 23 텐뽀에도도, 「天保図改正御江戸大絵図」(人文社에 의한 복각판)

외측수로의 안쪽에 있던 부케치와 지샤치를 교외로 이전시켜 에도의 도시역을 확대하였고, 주변부에 택지 조성을 실현시켰다. 또, 외측수로 안팎으로 쵸닝치를 확대하였다. 매립지를 조성하여 츠키지, 혼죠, 후카가와를 개발하여 시가지를 증설하였다. 이와 함께 방화 공지인 히요케치火除地[24]를 설치하였다.

이러한 일련의 도시 개조는 에도의 도시공간을 빠르게 확대시켰다.

[24]
히요케치(火除地)란 에도 막부가 1657년 메이레키의 대화재를 계기로 에도에 설치한 공지이다.

일본 수도의 역사

고대 일본의 수도는 후지와라쿄를 시작으로 헤이죠쿄, 나가오카쿄로 천도를 거듭하며 종국에 헤이안쿄에 정착한다.

중세 일본은 1185년경 미나모토노 요리토모源頼朝가 사가미 지방 가마쿠라鎌倉에 무사정권을 수립하며 시작된다. 또한 1192년 미나모토노가 정이대장군征夷大将軍으로 임명되며, 확고한 가마쿠라막부가 성립되었고 무사정치가 시작되었다. 교토에는 천황의 거주지와 조정이 있었으며, 조정은 막부를 견제하였으나 실질적인 권력은 가마쿠라막부에 있었다.

이후 1392년 아시카가 요시미츠足利義満는 남북조南北朝를 통합하여 교토에 무로마치室町 막부를 설립하였다. 이 시기 교토는 명실상부한 수도였으며 특히 상경에는 공무 · 사사 등 각 권문이 집주하였다.

중세 수도인 교토를 살펴보면, 막부와 궁성 주변에는 공가와 무가의 저택이 있었다. 그러나 중세 수도는 근세처럼 신분에 따라 거주지를 규제하지 않았기 때문에 케이다이의 근린에는 다양한 신분, 직능인이 혼재하여 거주하였다.

한편, 도쿠가와 이에야스는 1603년 천하통일을 이루고 에도막부를 성립한다. 국가의 중심에는 에도의 죠카마치가 있었으며, 각 도시에 건설된 죠카마치는 다이묘의 도시이자 국내의 상인, 직인이 다양한 경제, 생산 활동을 유지하는 중심 시장이었다. 동시에 교통의 요충지로 막번체제의 근간이 되었다. 이러한 근세 도시 중 교토, 오사카, 에도는 다른 도시와는 차별화되는 발전을 이뤘으며 이를 삼도라 불렀다.

고대 도성으로부터 중세 도시가 된 교토, 이시야마혼간지와 시텐노우지 케이다이를 두 개의 핵으로 죠카마치가 된 오사카, 기존의 전국기 성하를 기반으로 근세 죠카마치가 된 에도는 인구, 도시 규모와 함께 다른 도시를 초월하는 거대도시로 성장하였다.

동아시아의 중심, 중국이 장안성을 표본으로 한 도성제를 동아시아의 각 도시로 전파하던 7세기 이후 일본의 도시에도 이를 모범으로 한 헤이안쿄가 건설된다. 헤이안쿄를 근간으로 하는 교토는 사실상 794년부터 1868년까지 천 년간 일본의 수도였다. 에도는 1603년 도쿠가와 막부가 정치적 수도로 설정하며, 중국의 도성제를 모범으로 하기보다는 기존에 존재했던 에도성을 근간으로 근세의 새로운 도시유형을 창출하였다. 이에 에도는 도쿠가와 이에야스의 이데아를 나타내는 새로운 형태로 건설되었다.

그림 24 일본의 수도와 도시

1603년 천하를 호령하던 영주 도쿠가와가 건설한 에도는 도쿄로 개칭되었고 천황의 두 차례에 걸친 도쿄행행을 통해 에도성이 도쿄의 황거가 되는 시기인 1868년까지 명실상부 일본 도시사 속에서 근세의 정치적 수도였다.

02
에도의 공간과 사회

일본 근세 도시사
아키치明地와 다이치代地를 통해 본 에도江戸

에도의 공간과 사회

일본 근세의 대표적인 도시유형은 죠카마치城下町이다. 죠카마치는 영주의 거성인 '성城'과 그 '성하城下'로 이루어진 도시를 일컫는다. 중세의 도시유형인 '케이다이境內'와 '쵸町'는 도시적 특성을 가지고 있는데, 죠카마치는 두 유형을 결합하며 형성되었다. 죠카마치는 성의 방어적 기능을 포함하며 행정도시, 상업도시로서의 기능을 가진다. 근세 이후 본격적인 병농분리에 따라, 무사를 성하, 즉 성 아래에 집주시킴과 동시에 시가에 상공업자의 거주지를 배치하여 상업 발달을 꾀하였다. 에도는 근세의 대표적인 죠카마치로 중심에 에도성을 두고, 에도성의 주변에 부케치를, 그 바깥쪽으로 쵸닝치와 지샤치를 배치하여 완성하였다.

에도는 전국을 통일한 도쿠가와 이에야스德川家康의 수도인 만큼 전국을 통제하기 위하여 행정기구와 공간구조를 어떤 방식으로 전개해 나갔는지 살펴보고자 한다.

에도의 성립

에도는 한 번에 완성된 것이 아니라 여러 차례의 도시계획에 의하여 완성되었다. 에도 시역 또한 여러 차례에 걸쳐 확장되었다. 에도의 도시계획은 4단계에 걸쳐 이루어졌다. 1단계의 도시계획은 1590년天正18 도쿠가와 이에야스가 관동에 입국하며 이뤄졌으며, 2단계의 도시계획은 1603년慶長8 이에야스가 에도에 막부를 열면서 시작되었다. 3단계의 도시계획은 에도가 확장됨에 따라 칸에이기寬永期, 1624~1645에 시행되었으며, 4단계의 도시계획은 1657년明曆3 에도 대화재로 도시의 개조가 불가피해짐에 따라 이루어졌다.

도쿠가와 이에야스의 관동 입국에 따른 도시계획1590년

1590년 이에야스는 호조北条의 영지를 계승하였으면서도, 호조씨의 본거지인 오다하라小田原가 아닌 에도를 새로운 거성으로 결정했다. 관동 입국 후 이에야스는 성곽의 건설에 착수하는데 이는 새로운 성을 지은 것이 아닌 기존의 에도성을 이용하여 재건하였다. 그리고 방어 기능의 강화를 위하여 외측수로를 조성하고 그 안쪽에 직속 가신단旗本의 거주지를 설정한다. 동시에 이에야스는 내륙교통과 연안교통을 유기적으로 연결하는 사업을 추진하였다. 또한 칸다상수와 에도상수를 설비하여 상하수를 정비하였고, 도삼수로道三堀를 따라 최초의 쵸닝치인 자이모쿠쵸材木町, 후나쵸舟町, 요카이치쵸四日市町, 야나기쵸柳町 등 4개의 쵸를 조성하였다. 이와 같이 이에야스에 의한 최초의 에도 죠카마치의 건설은 최소한의 도시기반 정비에 방점을 둔 도시계획으로 평가된다.

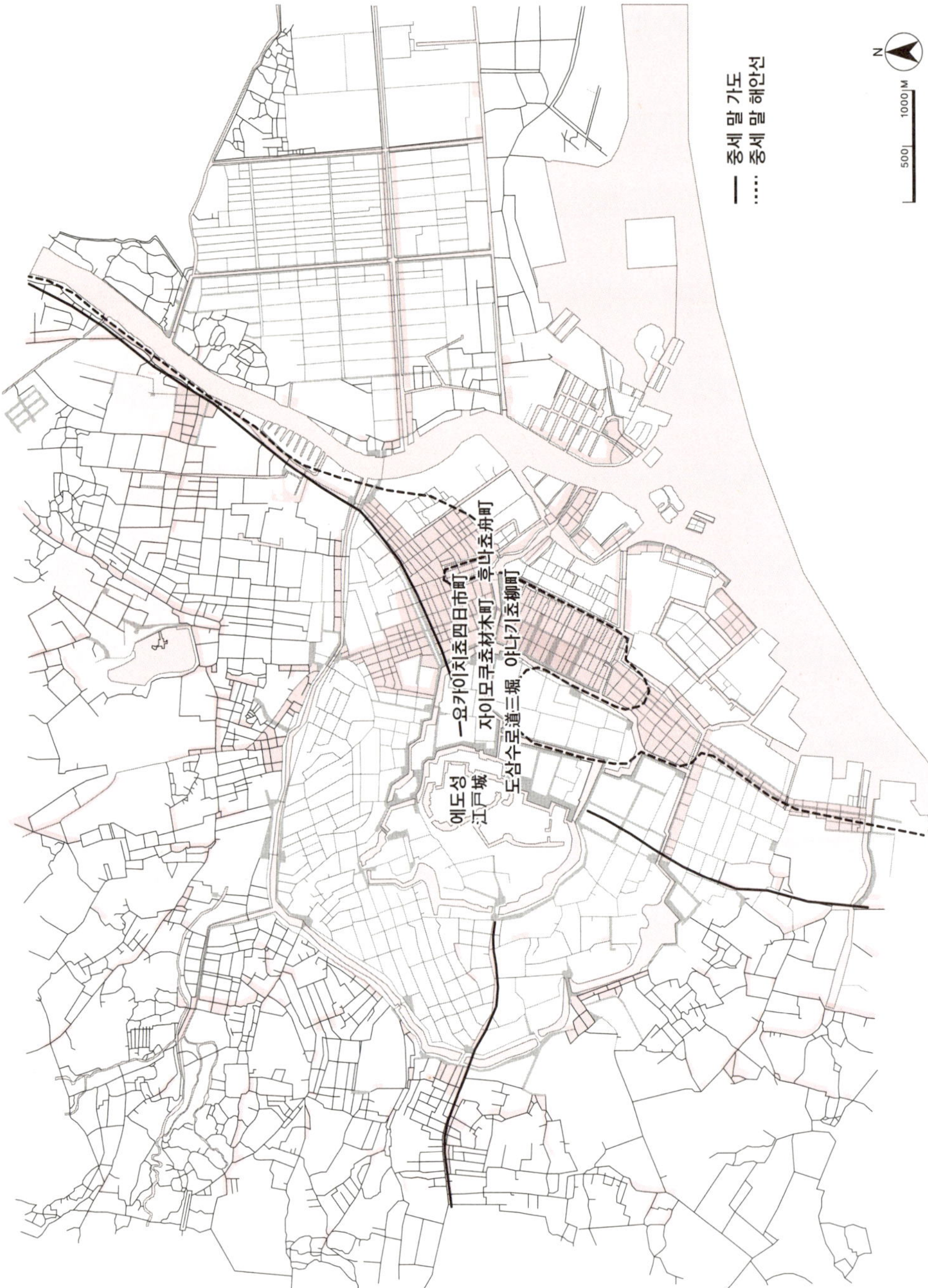

그림 1 에도의 성립과 초기의 죠닌지

에도 막부 설립 초기의 도시계획1603년

1600년 이에야스는 세키가하라關ヶ原 전투에서 승리를 거머쥐고 정이대장군으로 임명되면서 에도에 새로운 막부를 열었다. 그는 에도를 전국 통일에 걸맞는 수도로 만들기 위해 도시의 규모와 기능을 확충하기 시작하였다.

이 시기에는 주로 대규모의 토목 공사가 이루어지는데 칸다야마神田山의 토사로 쵸닝치를 확충하기 위한 대규모 매립 공사가 진행되었다. 에도의 쵸닝치는 이 매립지를 중심으로 완성되었다.

발전기 에도의 도시계획1624~1645년

관동 입국 초기부터 진행되었던 에도성의 개축공사는 30년 후인 1637년寬永14에 완공되었다. 또한 1635년寬永12 3대 쇼군將軍인 이에미츠家光에 의해 참근교대 제도가 정착했다.

참근교대란 모든 다이묘大名가 1년 주기로 에도와 다이묘의 영지를 번갈아 왕래하는 제도이다. 영지로 돌아갈 때에는 에도에 가족을 상주시켜야 했다. 다이묘는 영지로부터 에도까지의 여비뿐만 아니라 에도에서의 체재비도 부담해야 했다. 이는 각 번의 군사력을 저하시키는 요인으로 작용하였으며, 동시에 쇼군은 약 260여년간 장기집권이 가능하였다. 또한 참근교대는 쇼군과 다이묘의 주종관계를 나타낼 수 있는 군사의례에 해당했다.

에도는 참근교대를 통하여 부케치의 증가와 무사의 생활을 유지시키기 위한 쵸닝치의 증가 또한 불가피하였다. 따라서 에도의 도시역이 확대되었으며, 전체적으로는 에도의 인구가 증가하는 결과를 낳았다.

에도대화재와 도시개조1657년

혼고本郷 마루야마丸山 인근의 화재를 시작으로 에도 전체가 불타는 대화재가 발생한다. 이 화재를 계기로 대규모의 도시개조가 이루어졌다. 첫째, 부케치, 지샤치가 외연부로 이전했다. 외측수로의 안쪽에 있던 부케치와 지샤치를 에도의 외연부로 이전시켜 건물을 분산시킴과 동시에 기존의 에도 시역을 확장시켰다. 둘째, 쵸닝치가 확대되었다. 수로를 매립하거나, 츠키지築地와 혼죠本所, 후카가와深川의 저습지를 매립하여 개발하는 등 새로운 시가지를 조성하여 쵸닝치를 확대하였다. 셋째, 히요케치를 설치하였다. 거듭되는 화재를 방지하기 위하여 도시 곳곳에 히요케치를 조성하였다. 넷째, 도로의 확장, 새로운 도로인 신도新道의 설치, 건축규제를 포함하는 도시계획을 개정하였다.

그림 2 칸에이기의 에도

1657년의 대화재와 이후의 도시개조로 에도의 쵸는 933쵸에 달하였으며 인구는 100만인에 달하는 세계에서도 보기 드문 거대도시, 에도가 성립되었다.

에도의 행정조직

이에야스의 거점이자, 전국 통일의 정치적 수도인 에도를 중심으로 전국을 통제할 수 있는 행정 조직이 구성된다.

쇼군의 정부인 막부幕府, 쇼군将軍과 주종관계를 맺은 다이묘의 정부인 번藩이 합쳐진 권력의 체제를 막번체제라 한다. 직접 정치를 행한 쇼군도 존재하나, 기본적으로 정치는 로쥬老中를 시작으로 하는 막부 내각에서 결정하였다.

권력의 집중을 막기 위하여 중요한 직무는 여러 명이 담당하게 하고, 중요한 결정은 합의를 원칙으로 하였다. 상설직인 로쥬老中 외에 임시로 설치되는 타이로大老가 있었다. 또 그 보좌역으로 와카도시요리若年寄가 있었으며, 오오메츠케大目付, 삼봉행三奉行[1] 등은 행정에 관한 실무를 담당하는 요직에 해당되었다.

[1] 삼봉행(三奉行)이란, 지샤부교(寺社奉行), 마치부교(町奉行), 칸죠부교(勘定奉行)를 일컫는다.

오오메츠케는 로쥬의 하부 기관으로 다이묘, 고가 및 조정을 감시하여 이들로부터 막부를 지키기 위한 감찰관 역할을 담당한다. 삼봉행 중 하나인 지샤부교寺社奉行는

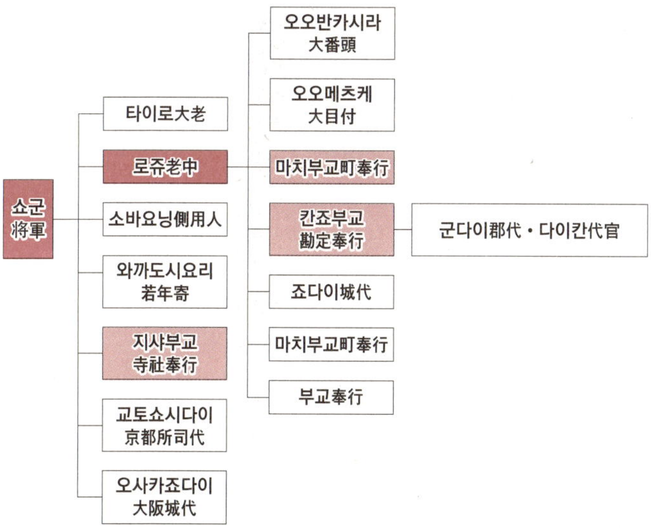

그림 3 에도의 행정조직

영지, 건물, 승려 및 신관을 담당하였다. 마치부교町奉行는 에도 영내의 도시부의 행정, 사법을 담당하였다. 칸죠부교勘定奉行는 막부의 재정과 막부직할령의 지배를 담당하였다.
에도 막부는 쇼군을 중심으로 구성된 행정조직을 기반으로 전국을 통제하였다.

에도의 도시공간

에도의 중심에는 에도성이 있으며 에도성을 이중으로 감싸는 내측수로와 외측수로가 위치한다. 에도의 도시공간은 부케치, 지샤치, 쵸닝치로 이루어진다. 에도 시역의 경계는 명확하지 않으나, 「에도주인도」에 1818년의 경계가 표시되어있다. 에도의 도시공간을 이루고 있는 부케치, 지샤치, 쵸닝치에 관하여 살펴보자.

에도의 부케치

에도에 처음으로 부케치가 배치된 것은 1590년 이에야스가 관동에 입국해서 최소한의 도시기반시설을 정비할 때이다. 이후 칸에이기1624~1645에 걸쳐 다이묘의 가족을 인질로 에도에 거주시키고, 다이묘의 참근교대가 일반화되며, 모든 계층의 다이묘의 택지가 에도에 조성된다.
1632년寬永9 작성된 「에도도」에 의하면 에도성을 위요하며 다이묘의 택지가 배치되어 있는 것을 확인할 수 있다. 당시의 다이묘 저택은 화려한 건축으로 지어졌으나 1657년의 대화재로 대부분이 소실된다. 이후 막부가 칸수를 제한하면서 건물의 규모는 물론, 장식도 소박해진다.
대화재로 인하여 에도 전역에서 도시개조가 이루어지는데 부케치도 이때 재배치된다. 에도의 부케치는 교외로 확대되고 다이묘의 카미야시키·나까야시키·시모야시키 소지가 일반화된다.

1) 부케치의 비율 및 인구

거대도시 에도에서 가장 넓은 면적을 차지한 것은 부케치였다. 이에야스가 시작한 참근교대와 처자를 인질로 에도에 거주시키던 것이 1635년에 제도화되며, 에도에 각 번의 저택들이 건설되었다. 또한 1657년의 화재로 곽내의 부케치는 에도의 교외로 이전되며 에도의 도시역이 확대된다. 1869년明治2의 조사에 따르면 에도 전체에서 부케치 면적은 68.6%에 달하였으며, 18세기 전반의 무사 인구는 50만 명에 달하였다.

2) 부케치의 종류

부케치는 기본적으로 카미야시키·나까야시키·시모야시키가 존재한다. 카미야시키上屋敷는 번주의 거소이며, 나까야시키中屋敷에는 은퇴한 번주와 그의 가족이 거주하였다. 시모야시키下屋敷는 교외의 별장, 유원 혹은 카미야시키·나까야시키가 화재로 소실되었을 때 피난소로 사용되었다. 이외에 쿠라야시키蔵屋敷가 존재하기도 하는데, 이는 수운의 결절점에 놓여 본국으로부터 온 물자를 저장하고 관리하는 역할을 하였다.

3) 부케치의 변질

무사신분의 거주지라는 원칙하에 성립된 부케치는 근세 중기 이후 급속도로 변질된다. 부케치는 기본적으로 배령지에 해당하며 매매가 금지되었다. 매매가 금지된 배령지는 아이타이카에相対替라는 방법으로 배령지 간의 필지 교환이 빈번하게 이루어졌다. 아이타에카에란 막부에게 배령한 택지를 막부의 허가 아래 교환하되, 택지의 규모 차이만큼 화폐로 지급할 수 있는 방법이다. 이외

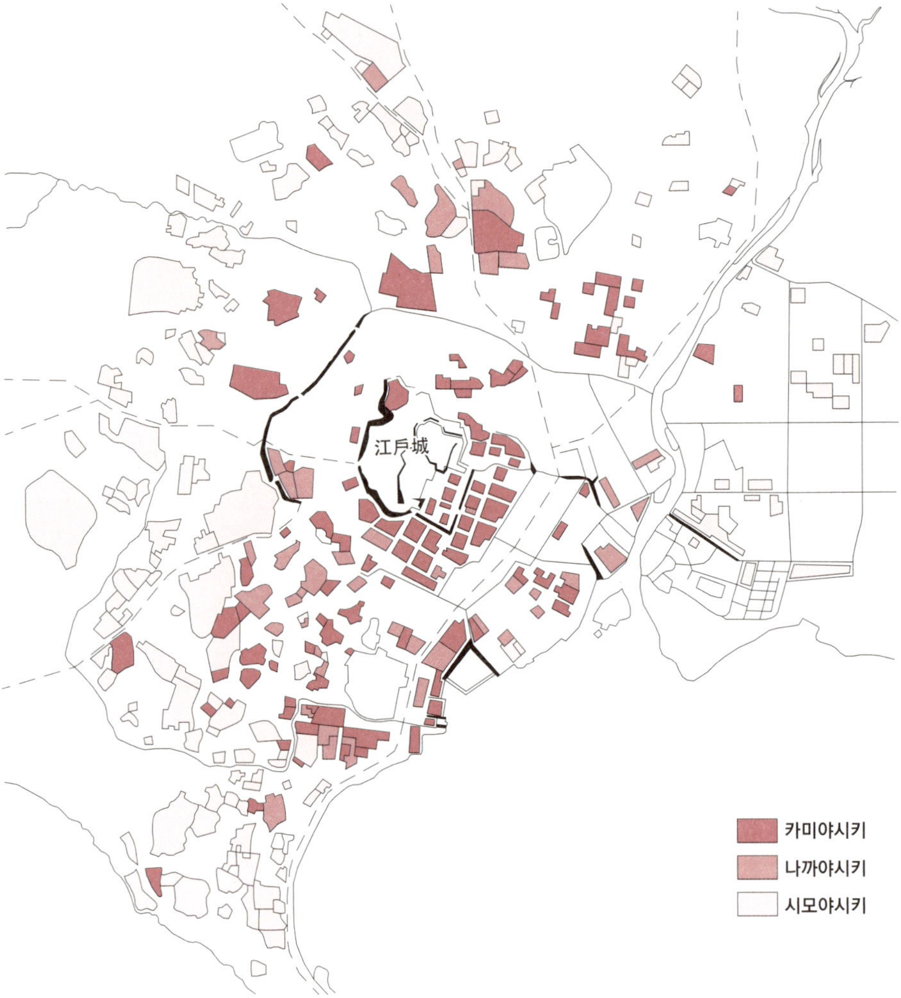

그림 4 에도 부케치의 분포도

에 배령택지의 일부를 쵸닝에게 임대하여 지대를 받는 행위가 인정되었다. 한편, 무사가 직접 쵸닝으로부터 쵸닝치를 구입하여 소지하는 것도 가능하였다. 또한 에도 주변의 백성지도 구입하여 집적하기도 하였다.

이렇게 무사는 쵸닝치 혹은 백성지로 현금수입을 올리거나 토지를 집적하는 양상을 보였다. 따라서 근세 초기 에도가 계획되었을 때 신분에 따른 거주지가 다소 명확히 구분되었던 반면 근세 중기 이후로 갈수록 부케치와 쵸닝치의 경계는 불분명해진다.

에도의 지샤치

이에야스가 입국하기 이전의 에도에는 이미 약 70개소의 사원이 존재하였다. 막부 성립 이전에 에도의 사원은 에도성 곽내에 집중적으로 분포하였다. 막부 성립 후에도 중세에 설립된 사원이 지속되다가, 칸에이기1624~1645에 걸쳐 사원의 수는 급증한다. 막부 성립 후 에도가 수도가 되면서 이에야스는 몇 번의 도시계획을 실천하게 되는데 이때마다 중세에 설립된 사원은 점점 외부로 이전을 거듭하게 된다. 결정적으로 1657년의 대화재 이후 도시계획에 따라 사원은 기존의 위치에서 동심원 방향으로 더욱더 에도의 외연부의 미개발지로 이전하게 된다. 이러한 지샤치의 이전을 통하여 에도의 시역은 한층 확대되었다.

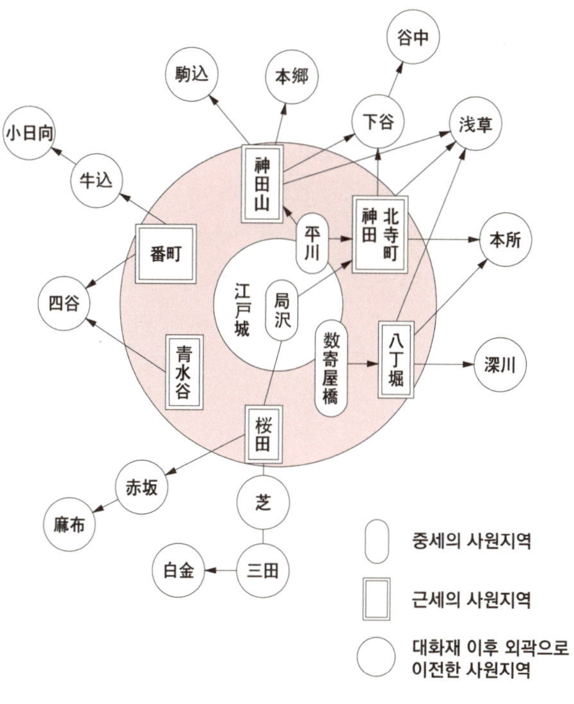

그림 5 에도 지샤치의 이동

당시 사원은 케이다이에 부속되어 소규모의 지샤몬젠쵸寺社門前町를 형성하게 되는데 이를 시작으로 쵸닝치를 형성하는 경우가 많았다. 지샤몬젠쵸란 유력한 사원과 신사 앞에 사사관계자 및 참배자를 대상으로 하는 상공업자가 모이며 형성된 쵸를 가리킨다. 처음에는 지샤치를 포함하여 지샤몬젠쵸도 지샤부교에서 관리하였으나, 그 수가 550여 개소에 달하게 되면서, 1745년延享2 지샤몬젠쵸의 관리가 마치부교로 이관되었다.

에도의 쵸닝치

근세의 도시유형인 죠카마치의 공간 구성 요소 중 하나인 쵸닝치는 쵸닝町人이 거주하는 지역이다. 근세 일본의 쵸닝이란 도시에 거주하는 직인과 상인을 칭한다. 쵸닝은 필지를 소유하거나 점포를 소유한 신분으로 쵸의 행정과 공사에도 참가하였다. 또한 마치부교 밑에 3명의 마치도시요리町年寄를 뽑는 선거권을 가졌다. 동시에 세금을 납부하고 역을 부담하는 등의 의무를 갖는 계층이었다. 쵸닝이 소유하고 있는 쵸닝치의 필지는 에도의 토지 중 유일하게 매매가 가능하였다. 에도의 쵸닝치 개발은 1590년 도쿠가와 이에야스가 도삼수로를 따라 계획한 4개의 쵸, 자이모쿠쵸, 후나쵸, 요카이치쵸, 야나기쵸로 출발하였다. 에도에 쵸닝치를 본격적으로 설립한 것은 막부가 시작된 1603년으로 니혼바시日本橋 지역을 중심으로 쵸닝치의 도시계획이 이루어졌다.

1) 근세 초기 쵸의 성립

근세 초기에 에도에는 아래와 같은 네 가지 방법을 통하여 쵸가 형성되었다.

첫째, 중세 말에 성립된 쵸를 계승하는 경우이다.
둘째, 중세 말에 형성된 기존의 쵸가 집단 이주하여 성립하는 경우이다.
셋째, 쵸닝에게 일정 지역의 개발권을 부여하여 신규 개발한 경우이다.
넷째, 기존 촌락을 쵸로 재개발한 경우이다.

에도는 타 지역에서 쵸를 집단 이주시키거나, 쵸닝에게 개발권을 부여하여 일정 지역을 신규 개발하는 두 가지 방법을 통하여 쵸닝치를 완성해갔다.

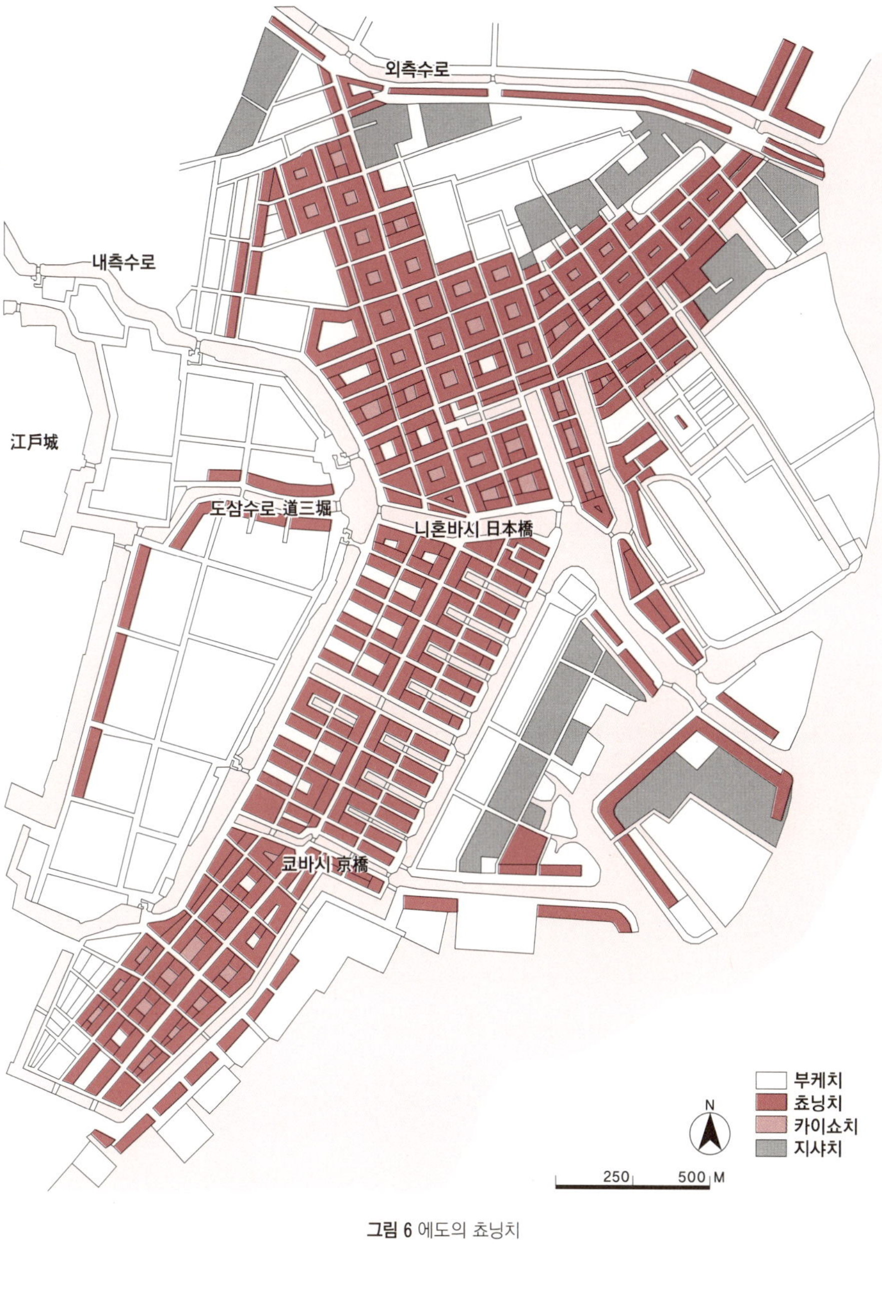
외측수로
내측수로
江戸城
도삼수로 道三堀
니혼바시 日本橋
쿄바시 京橋
부케치
쵸닝치
카이쇼치
지샤치
N
250
500 M

그림 6 에도의 쵸닝치

2) 쵸닝치의 계획

에도의 쵸닝치는 쿄마京間[2] 60칸120m의 정방형 블록으로 중앙에는 20칸 사방의 카이쇼치会所地라 불리는 공지를 두고, 가로변에 면한 사방에는 안길이가 20칸40m인 필지를 배치하였다.

[2]
건축에 있어서의 수치 기준인 쿄마(京間)는 기둥과 기둥 사이의 중심선 간격인 한 칸의 길이가 6.5척(약 1.97m)으로 교토를 중심으로 넓게 사용되었다. 한편 한 칸의 길이를 6척(약1.81m)으로 하는 이나카마(田舎間)가 존재하였으며 에도 초기에는 쿄마로 쵸닝치가 계획되었으나 점차 이나까마를 사용하였다. 여기서 쵸닝치의 기본 단위인 한 블록은 사방 60칸 즉 약 사방 120m로 계획되었다.

에도는 어떤 도시를 근거로 만들어졌을까? 사방 60칸의 정방형 블록은 교토와 같으나 안길이 20칸의 필지가 정연하게 배치된 것은 오사카와 같다. 한편, 중앙에 카이쇼치를 조성하는 방법은, 이에야스가 1585년에 축조한 순부성駿府城과 1610년에 축조한 나고야성名古屋城에서 보인다. 에도는 기존 도시들을 참고로 하면서, 에도의 지형 조건에 대응하며 독자적으로 계획되었다.

60칸 정방형 블록에서 가로에 면한 안길이 20칸의 필지들은 어떤 방식으로 하나의 쵸를 이룰까? 하나의 쵸는 가로를 중심으로 한 양측의 필지를 포함한다. 이러한 쵸의 배치 형식을 양측쵸両側町라 부른다. 이는 에도뿐 아니라 근세 도시에서 일반적으로 나타난다. 따라서 60칸의 정방형 블록에는 북측과 남측, 동측과 서측의 4개의 쵸가 존재한다. 하나의 필지의 표준 규모는 정면 폭이 5칸10m 안길이 20칸40m 정도였다. 필지 중 5칸의 좁은 쪽이 필지의 정면에 해당하였다.

그러면 60칸 정방형 블록의 중앙에 위치한 사방 20칸 정방형의 카이쇼치는 어떠한 존재였을까? 카이쇼치는 에도의 도시계획이 이루어질 당시부터 조성된 공간으로 방화를 목적으로 만들어졌을 것이라 추측된다. 대부분의 카이쇼치는 공지로 비워진 공간으로 사용되었으나, 일부 카이쇼치는 배령拝領[3]한 경우도 있었다. 이러한 수법은 교토에서도 발견되며, 교토의 사방 60칸의 정방형 블록의 중앙은 사원이 배령하기도 하였다.

[3]
배령(拜領)이란 공경하는 마음으로 삼가 받음이란 뜻으로, 본서에서는 막부로부터 토지를 하사받는 것을 의미한다.

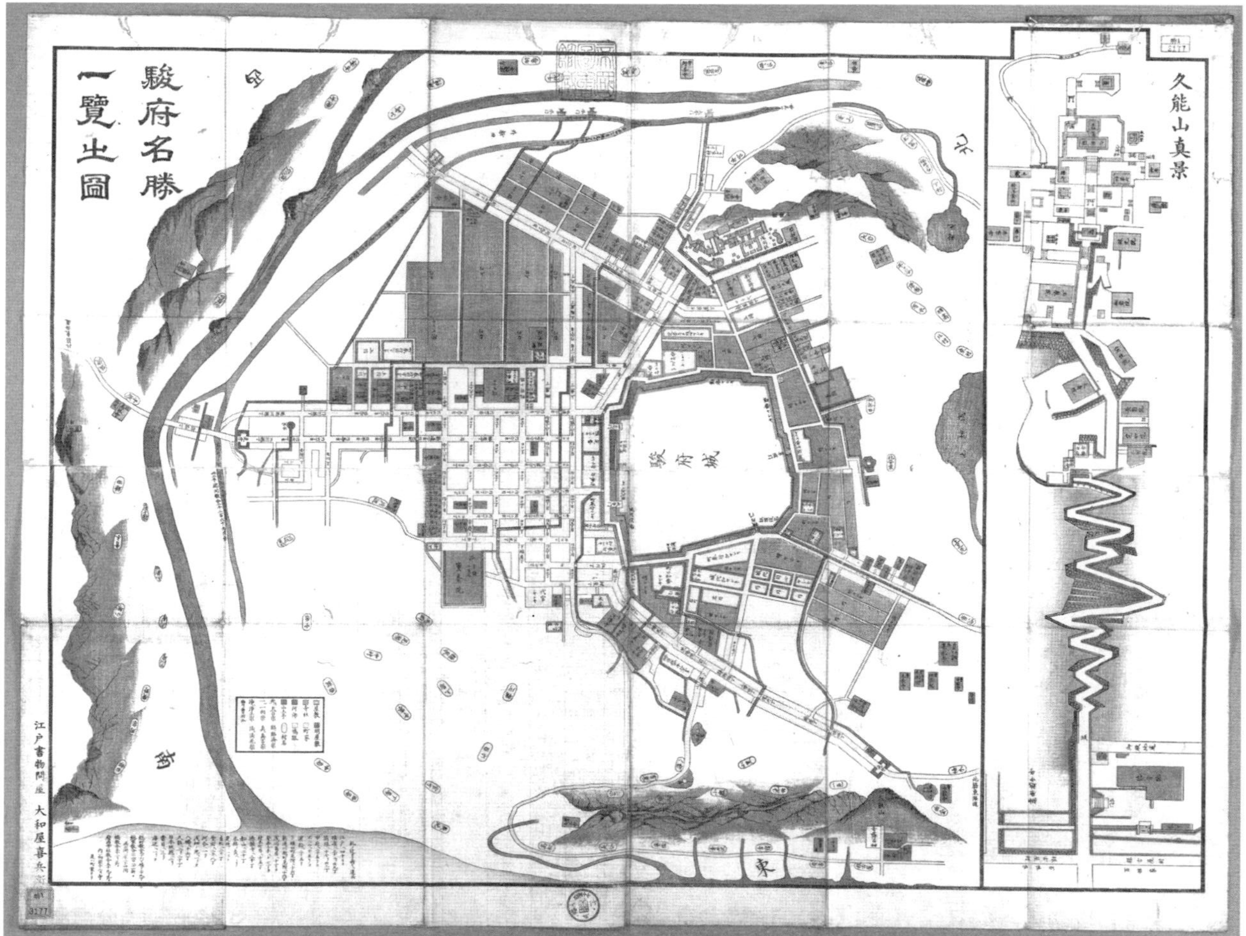

그림 7 순부명승일람도, 「駿府名勝一覧之図」(国立国会図書館蔵)

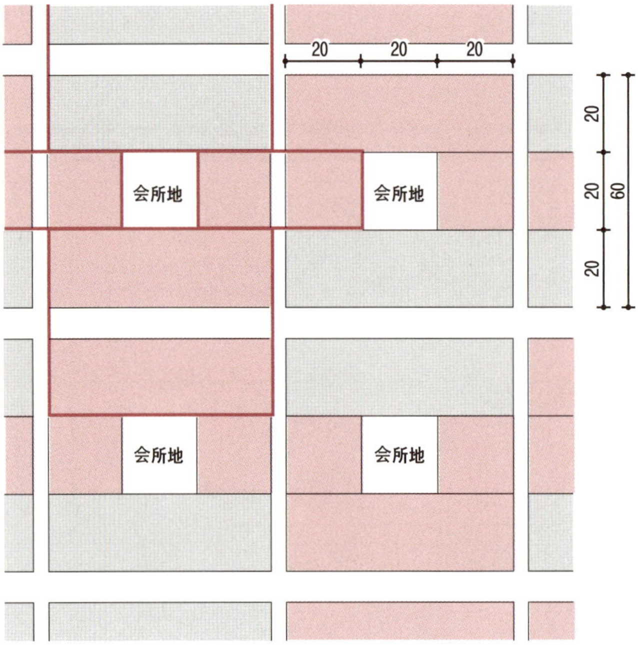

그림 8 쵸닝치의 계획

3)「고켄즈沽券圖」를 통해 본 쵸

「고켄즈」란 쵸의 나누시名主가 본인의 지배지역을 몇 개의 쵸 단위로 작성한 도면으로 18세기 전반 쇼토쿠기正德期, 1711~1716 및 칸뽀기寬保期, 1741~1744에 에도 마치부교의 명에 의해 작성되었다. 기재내용을 살펴보면 우선, 가로를 중심으로 양측에 면한 필지가 그려져 있으며, 도로 폭이 명시되어 있다. 그리고 쵸의 상하수도와 각 쵸의 방범을 위하여 통금시간에 열고 닫았던 문인 키도木戶가 표시되어 있다. 각 필지마다 규모정면 폭과 안길이, 매매가격인 고켄킨沽券金, 소유주명 그리고 실제로 필지를 관리하는 야모리家守 명이 기입되어 있다.

이러한「고켄즈」는 18세기 초기와 중기 두 차례에 걸쳐 그려졌으나, 현재 몇 장 남아 있지 않다. 남아있는「고켄즈」는 당시의 도시계획을 추정할 수 있는 좋은 증거가 된다.

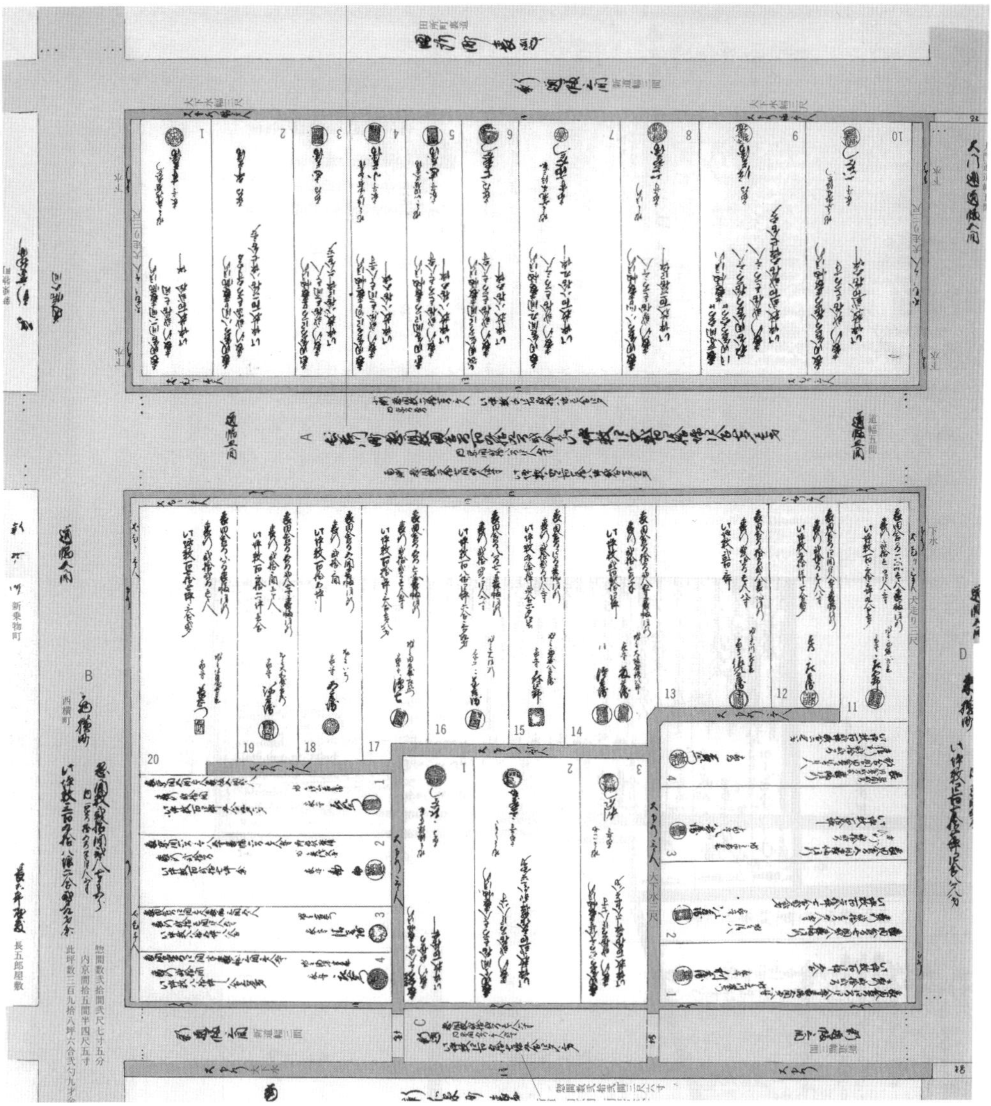

그림 9 하세가와쵸長谷川町의 고켄즈, 「寛保沽券図」(中央区立図書館蔵)

4) 쵸의 행정조직

에도 시역의 모든 쵸닝치를 관할하던 기관은 마치부교이다. 마치부교는 미나미마치부교소南町奉行所와 키타마치부교소北町奉行所 두 개소가 존재하지만, 1700년대 초반에 잠시 쵸가 확대되면서 나까마치부교소中町奉行所가 있었던 적이 있다. 우선 마치부교 밑에는 3명의 마치도시요리가 있었으며, 각 마치부교소에는 25명의 요리키与力, 100명의 도신同心이 배치되어 에도의 사법, 행정, 경찰의 임무를 수행하였다. 또한 마치부교는 쵸닝치 전 지역을 23개의 구역으로 나누어 관리하였는데, 이를 나누시조직名主番組이라 칭하였다.

마치부교라는 쵸닝치를 관할하는 조직이 존재하나 실질적으로 쵸의 행정를 담당했던 것은 마치부교의 말단직이자 쵸의 대표이기도 한 나누시였다. 에도 초기에는 한 명의 나누시가 하나의 쵸를 관리하였다. 그러나 쵸가 급증하고, 토지 소유주인 쵸닝이 다수 부재하게 되면서 쵸에는 대표할 만한 쵸닝이 없어지게 된다. 과거 쵸닝이 관리하던 각 필지는 쵸닝을 대신하는 야모리에 의해 관리되며 에도의 쵸닝치는 야모리들만이 남게 된다. 따라서 한명의 나누시가 여러 쵸를 관리하게 된다. 이를 '지배나누시'라 부른다. 나누시는 관리하는 쵸의 중요한 사항을 결정하는 일, 세금과 역을 관리하는 일, 마치부교에서 내려온 법령 및 아키치를 전달하는 일 등을 담당하였다.

에도는 마치부교 아래, 23개 구역의 나누시조직과 각 나누시를 이용하여 933쵸에 이르는 에도 전역의 쵸닝치를 관리하였다.

5) 쵸의 건축

에도 성립 초기에 쵸는 막부의 어용물품을 국역으로 부담하며, 일정 구역을 배령한 국역부담자가 다시 쵸 내의 필지를 나누어 개발하는 방식으로 형성되었다. 이때 최초로 선정된 국역부담자는 에도 초기 쵸의 지배자 즉, 나누시이다. 칸에이기의 에도의 모습을 그린 「에도도병풍」에 등장하는 화려한 카도야시키角屋敷에 나누시가 거주하였다고 추정된다. 당시 이러한 대규모의 건축 이외에는 영세한 판자지붕의 마치야가 대부분이었다.

에도가 완성된 이후에는 다른 지역에서도 많은 상공업자가 이주해 온다. 근세 중기 이후 에도의 방대한 도시수요로 부를 축적한 거대 상인들이 등장하였고 이들은 거대 상점을 갖추게 된다. 거상들은 보통 앞 정면 폭이 5칸10m이며 안길이 20칸40m의 표준 필지를 합필하여 건축하고, 에도의 쵸닝치에는 거대 상점들이 즐비한 가로 풍경이 형성된다.

[그림 10]은 니혼바시와 도오리1쵸메通一丁目의 풍경이다. 니혼바시를 건너면 도오리1쵸메의 경계에 설치한 키도와 키도를 지키는 초소가 존재한다. 도오리1쵸메의 입면을 보면, 2층으로 회를 바른 내화구조 건물에 카도야시키는 3층의 건물이 들어서 도시의 랜드마크 역할을 하였다. 모든 점포에는 상호명이 그려진 포렴이

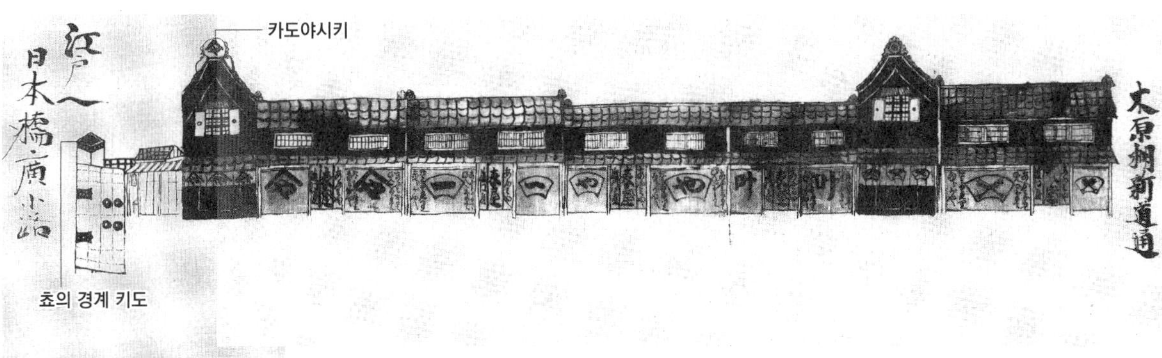

그림 10 니혼바시 도오리1쵸메 입면, 「日本橋通一丁目 写生図」(図集　日本都市史)

걸려있고, 포렴을 걷고 상점으로 진입하는 구조이다. 실내는 합필한 거대 공간이 펼쳐지며 내부에는 상품을 진열하고 물건을 사고파는 상행위가 일어나는 곳과 점원들이 생활하는 공간으로 나누어졌다.

1720년享保5에는 에도 특유의 마치야町屋 형식인 흙과 회로 두껍게 바른 내화구조의 건축물이 화재의 대책으로 성행하였다.

그림 11 미츠이상점 내부, 「三井越後屋江戸本店店内図」(図集 日本都市史)

그림 12 스루가쵸駿河町의 미츠이본점, 「熈代勝覧」(베를린국립아시아미술관소장)

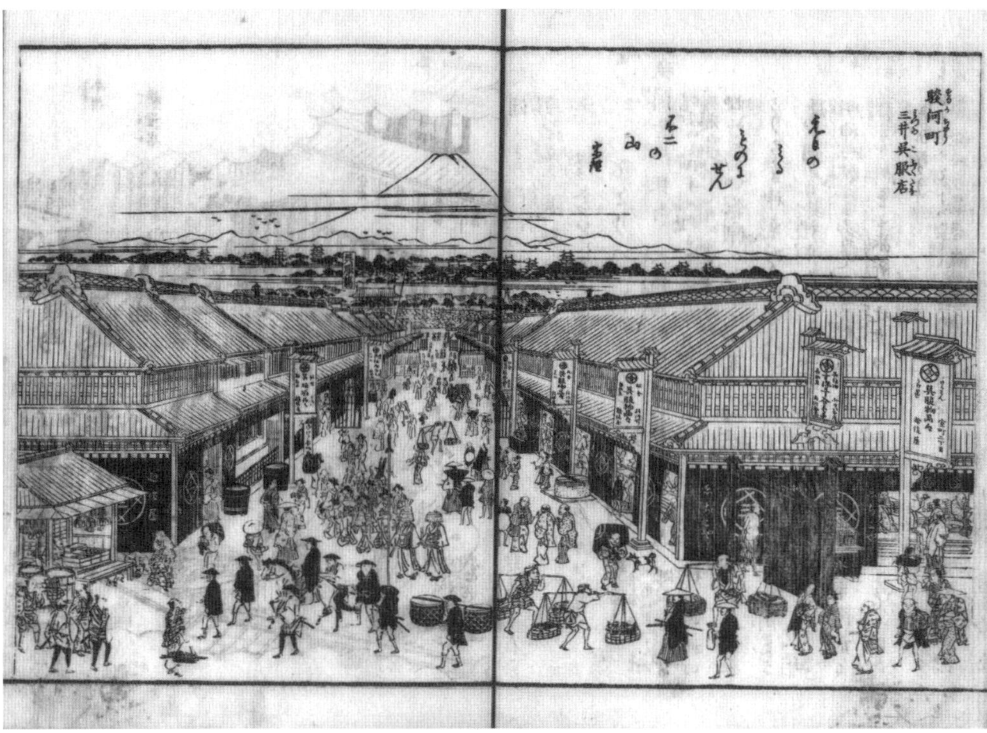

그림 13 스루가쵸의 미츠이본점, 「江戸名所図会」(国文学研究史料館蔵)

6) 필지 뒤쪽의 생활 공간

쵸닝치에는 다양한 계층의 주민이 거주하고 있다. 우선 토지를 소유한 지주地主가 있다. 그리고 지주로부터 관리를 위임받은 야모리가 있었다. 야모리는 쵸닝의 신분은 아니었지만 쵸의 행정에도 참여하였다. 이외에 가옥임차자借家, 점포임차자店借, 토지임차자地借가가 있었는데 이들은 쵸닝으로 인정받지는 못했으나 도시민의 80% 이상을 차지하였다.

가옥임대자는 도로에 면한 오모테다나 임차자表借家와 우라다나 임차자裏借家가 있었다. 오모테다나에는 소상인 혹은 소직인이 거주하며 상공업 활동을 했다. 반면 우라다나에는 가난한 서민이 살았다. 필지의 앞쪽 상점과 뒤쪽 상점은 골목길로 이어져 있으며, 골목길에는 공동의 우물, 화장실, 쓰레기장, 아궁이 등이 설치되어 공동생활 공간으로 사용되었다.

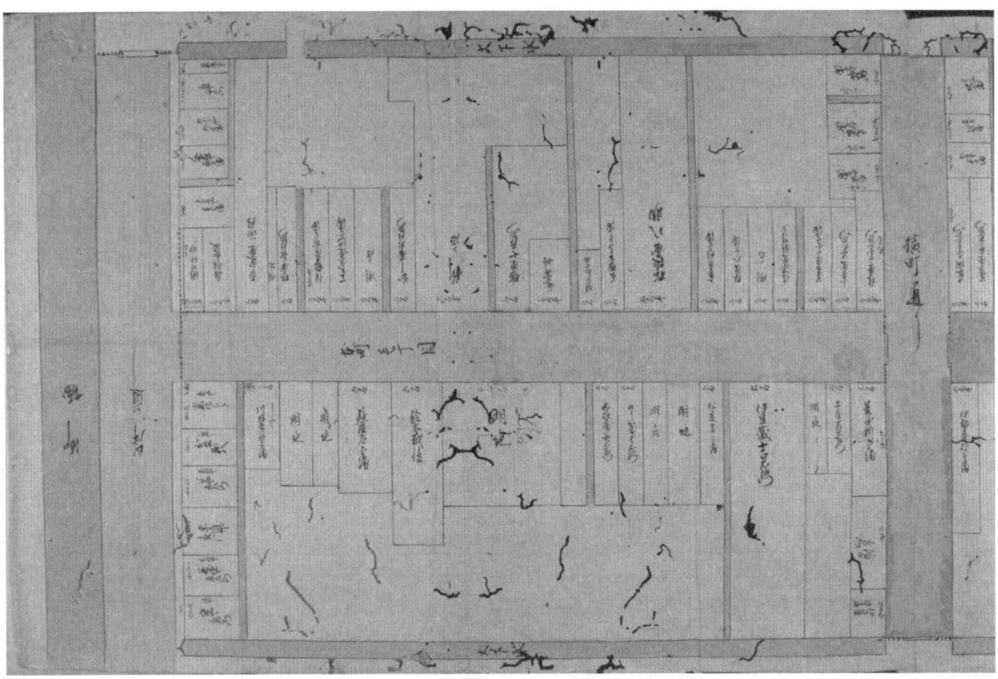

그림 14 혼쵸1쵸메本町一丁目 도면, 『富山家文書』(国文学研究史料館蔵)

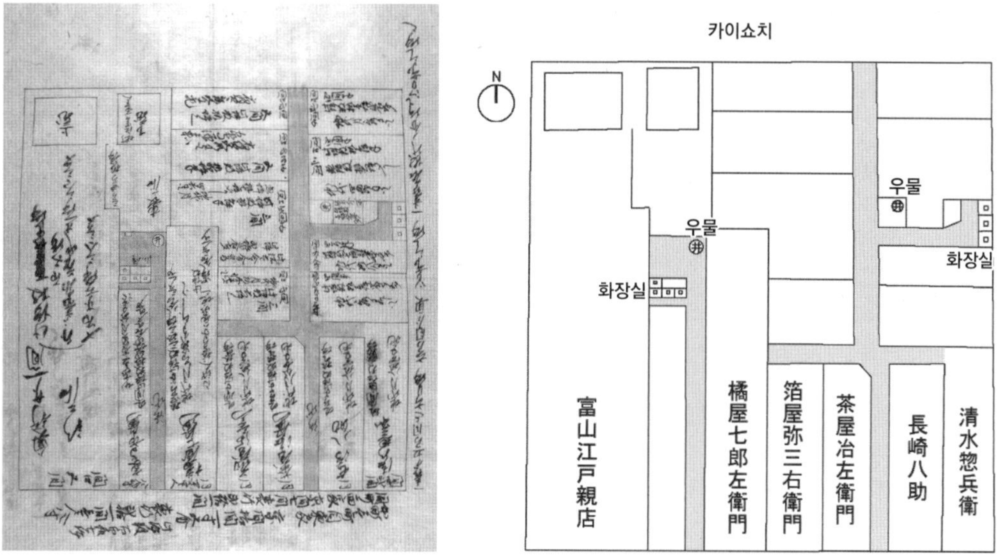

그림 15 혼쵸1쵸메의 토야마필지『富山家文書』(国文学研究史料館蔵)

에도의 아키치

에도의 쵸에는 다다르는 곳마다 아키치가 있었다. 번화한 쵸의 한 중간이나, 수로 옆 둔덕, 길이 교차하는 곳, 다리 옆 등에 다양한 크기의 아키치가 있었다. 이러한 아키치는 에도의 도처에 존재했으나 어떤 시설도 만들지 않았다. 문자 그대로 비워두는 땅이었다. 이 아무것도 없는 아키치는 에도 쵸의 일부로서 도시 생활의 장을 제공하였다. 따라서 아키치를 조성하는 것과, 이를 관리하는 것은 에도 시정市政에서 가볍지 않은 위상을 차지하였다.

공적인 성격을 갖는 아키치뿐 아니라, 사적인 필지 속에도, 번화가의 중심부에도 사람들이 모여 생활하는 곳에는 아키치가 만들어졌다.

여기서는 에도의 대표적인 공적인 아키치를 살펴보겠다. 에도에서 공적인 아키치는 카이쇼치, 카시치河岸地, 히로코우지広小路, 히요케치火除地 등이 있다.

1) 카이쇼치

카이쇼치는 에도에 쵸가 만들어질 때부터 조성되었으며, 사방이 쵸로 둘러싸인 아키치이다.

카이쇼치는 사방이 쵸로 둘러싸여 있기 때문에 외부와 통하지 않는 공간이었다. 그러나 주변의 필지 대부분에는 카이쇼치까지 다다르는 골목길이 존재하였다. 카이쇼치는 하수 처리나 쓰레기장으로 사용되었다고 기록되어있다. 이후 카이쇼치는 신도라는 새로운 도로를 조성하며 필지로 분할된다.

그림 16 카이쇼치와 카이쇼치에 이르는 골목길

2) 카시치

수로와 하천을 따라 생긴 기슭은 카시치라 불리는 아키치였다. 이곳은 활 연습이나 염색집에서 옷감을 말리고, 배로부터 내린 물건을 쌓아두는 용도로 사용되었다. 수로 및 하천변에 자연스럽게 조성되었던 막부 소유의 카시치는 소유권에는 변화가 없으나 사실상 쵸닝의 사용권을 인정한 토지로 성격이 변화하게 된다.

그림 17 니혼바시 인근의 카시치, 「江戸図屏風」(國立歷史民俗博物館藏)

3) 히로코우지

히로코우지는 폭이 넓은 도로이다. 가로가 교차하거나 다리 끝단에 생기는 아키치도 있었고 처음부터 화재 방지를 위하여 조성된 히로코우지도 존재하였다. 막부는 히로코우지의 일부를 쵸닝에게 임대하고 가설 건물을 설치하는 행위를 허가하기도 하였다. 히로코우지는 에도의 번화가 중 하나로 항상 사람들이 모여 독특한 에도 문화를 형성하였다.

그림 18 니혼바시 인근의 히로코우지, 「江戸図屛風」(國立歷史民俗博物館藏)

4) 히요케치

히요케치는 화재 방지를 목적으로 지정된 아키치이다. 카이쇼치와 히로코우지도 일종의 히요케치이지만 엄격한 의미의 히요케치는 화재로 이미 연소된 범위를 가리킨다는 점에서 차별된다. 막부가 일부를 임대하고 가설물을 설치하도록 허가하기도 하였다. 쵸닝은 창고, 마장, 가설 상점 등을 조성하여 사용하기도 하였다. 히요케치 또한 에도의 번화가 중 하나로 사람들이 모여 다양한 문화활동을 영위하던 곳이었다.

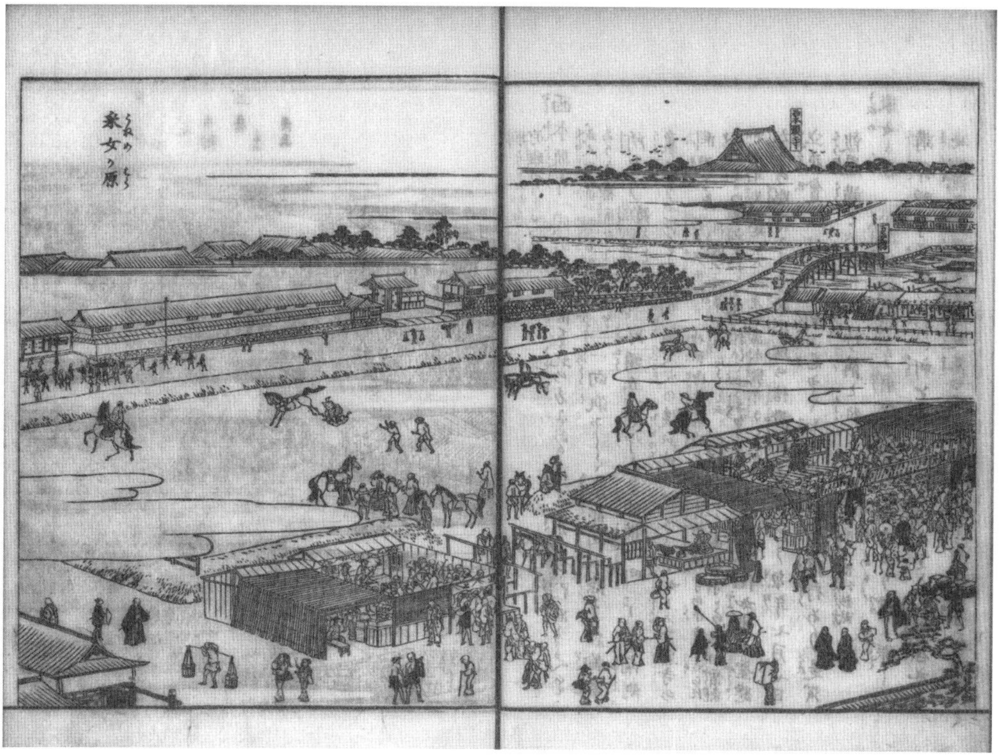

그림 19 히요케치, 「江戸名所図会」(国文学研究史料館蔵)

1) 쵸 내 시설

근세 도시의 기본적인 단위를 이루는 쵸의 요소는 다음과 같다.

택지와 건물: 마치야町屋敷

쵸 내 기반시설: 길, 상하수도, 우물, 쓰레기장, 화장실 등

유지관리시설: 키도木戸, 초소番屋, 회소会所, 소방도구, 다카사츠高札

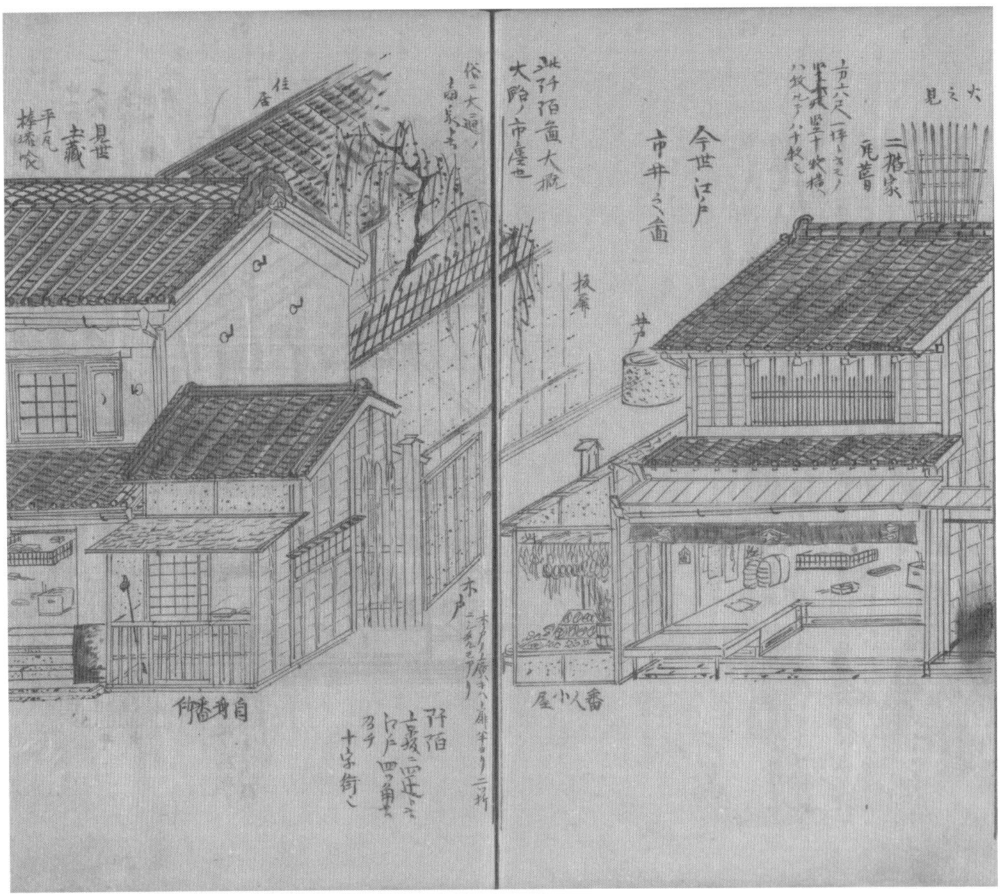

그림 20 쵸의 시설, 『守貞漫稿』(国立国会図書館蔵)

이들 시설은 쵸의 공동체 생활에 밀접하게 관련이 있어 유지관리는 쵸의 구성원이 다같이 담당하였다. 근세 중기 이후 부재 지주가 증가하면서 이들의 유지 관리와 노동을 대신할 수 있는 전문업자가 출현하였고 유지관리 시스템은 직접적인 노동에서 화폐로 대체되었다. 그러나 유지관리 비용은 여전히 쵸 전체의 공동 부담이라는 원칙은 변하지 않았다.

(1) 키도

키도는 쵸의 양단에 설치된 문으로 밤 10시에 문을 닫아 출입을 막았다. 키도는 중세 말기에 도시의 자위방어시설로 만들어졌는데 근세에는 막부의 치안유지시설로 활용되었다.

(2) 초소

키도의 개폐나 경비하는 반인의 초소가 있었다. 에도에서는 경비 초소를 쵸 내에 인보조직五人組의 집회 시설로 사용하였다. 경비는 쵸닝이 교대로 담당하였다.

(3) 회소

쵸 내 모임의 장소로 쵸에 설치된 건물을 회소라 한다. 쵸의 행정 관리인이 주민을 모아 마치부교소의 마치부레가나 규칙을 전달하거나 반대로 주민이 제출한 청원서를 작성하는 사무를 보는 곳이었다.

(4) 다카사츠

거주민의 왕래가 잦은 곳에 법령을 게시하는 장소였다.

2) 에도의 상하수시설

이에야스는 입국 초기에 칸다가와神田川와 에도가와江戶川의 상수를 정비한다. 에도의 급격한 확대에 따라 1653년에 타마가와多摩川 상수 조성에 착수한다. 상수로부터 급수된 물은 송수관을 통해 부케치와 쵸닝치에 공급되었다. 쵸닝치의 상수는 음용 이외의 사용이 금지되어 일반 이용에는 우물을 사용하였다. 보통 하나의 필지에 하나의 우물이 설치되어 있었다. 상수를 이용하는 쵸닝은 필지 규모에 따라 물값을 지불하였다.

쵸닝치에서 하수는 필지 정면의 우수 하수와 필지 후면의 오수 하수로 나누고 각각 도로와 필지 후면의 경계를 이루었다.

에도의 상하수는 도시계획이 된 초기부터 굉장히 철저하게 정비되었으며, 도시를 지탱해주는 기반시설로 작용하였다.

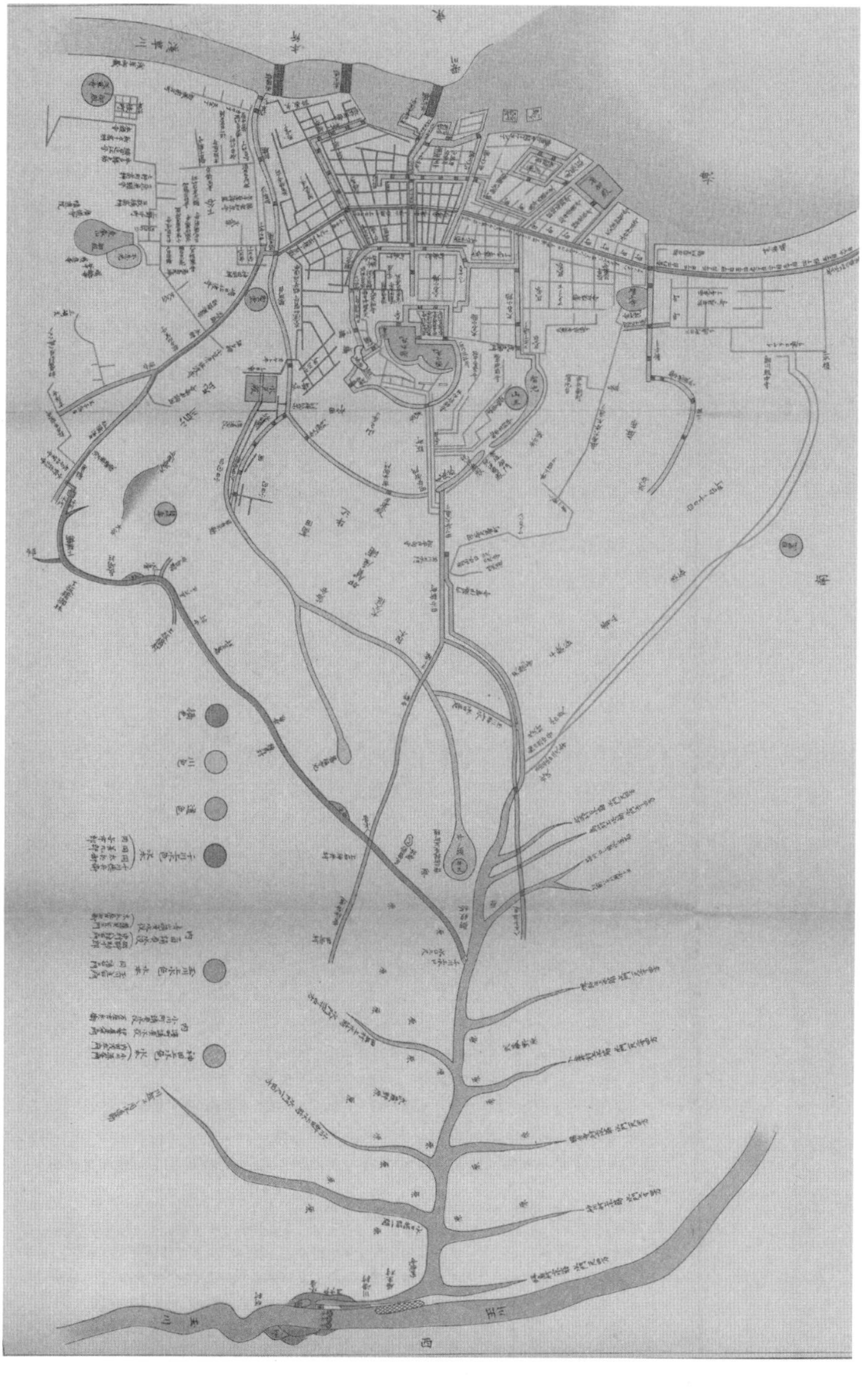

그림 21 에도의 상수도,『東京府史, 行政篇』

3) 화재감시시설火之見

에도에는 당초 10개의 쵸마다 화재를 감시하는 망루가 설치되었다. 망루가 없는 쵸에는 쵸마다 설치되었던 초소 위에 화재 감시를 위한 설치물을 두었다. 망루는 지면으로부터 3장 1척3.3m의 높이로, 간이 설치물일 경우는 지붕으로부터 9척2.7m의 높이로 각각 정해져 있었다. 에도는 곳곳에 설치된 화재감시시설을 통하여 화재에 상시 대비하였다.

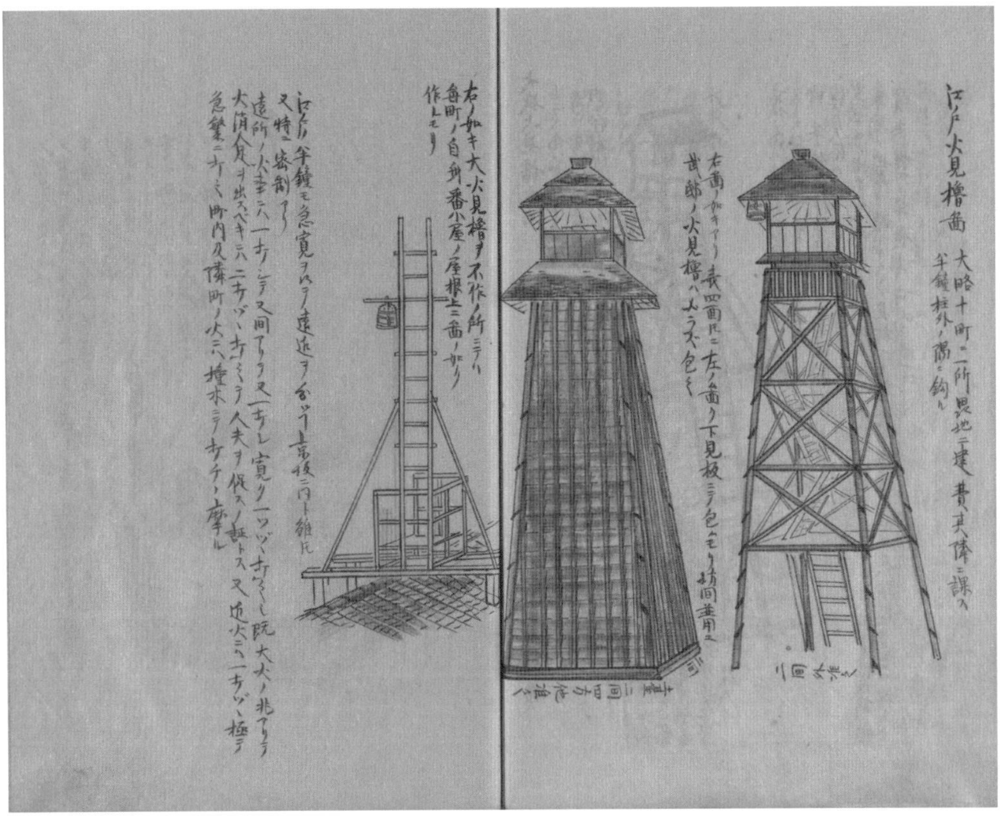

그림 22 화재감시시설, 『守貞漫稿』(国立国会図書館蔵)

03
에도의 아키치

일본 근세 도시사
아키치明地와 다이치代地를 통해 본 에도江戸

에도의 아키치

에도의 도시공간, 특히 다이치代地를 본격적으로 논하기 전에 다이치가 발생하게 된 원인인 아키치부터 설명하지 않을 수 없다.

아키치는 에도의 도시공간을 설명할 때 빠지지 않고 등장한다. 아키치가 에도 도시공간의 주요 키워드가 된 까닭은 무엇일까? 우선 에도의 쵸에는 다다르는 곳마다 아키치가 있었다. 근세 에도의 아키치는 단순한 신분에 따른 거주지를 넘어서는 토지였으며 부케치, 지샤치, 쵸닝치라는 다른 용도의 토지유형으로 전환될 가능성을 지닌 공간이었다.

이처럼 도시공간에서 아키치가 가지는 위상을 검토하기 위해서는 어떤 토지로든 전환될 수 있었던 아키치의 가변성에 주목해야 한다. 이에 본 장에서는 막부가 어떻게 아키치를 관리하였고, 그 관리에 따라 아키치가 어떻게 변모되었는지 고찰하고자 한다.

아키치의 발생과 유형

에도에는 여러 종류의 아키치가 존재했고, 이들은 모두 다른 양상으로 나타났다. 아키치에는 계획적으로 조성된 아키치, 지형에 의해 생겨난 아키치가 있다. 본 장에서는 에도의 아키치를 개괄하고 교호기享保期, 1716~1735에 방화 대책의 일환으로 토지를 비우는 과정에 대하여 검토하여 보자.

계획된 아키치

계획된 아키치란 막부에 의해 목적을 가지고 의도적으로 조성된 아키치로, 카이쇼치会所地, 히로코우지広小路, 히요케치火除地, 몬젠아키치門前明地, 지샤아키치寺社明地 등이 있다. 카이쇼치란 에도 죠카마치城下町의 도시계획 초기부터 쵸닝치에 조성된 공지이다. 쵸닝치는 사방 60칸 정방형 블록으로 계획되었으며 카이쇼치는 블록의 중심부에 구획된 사방 20칸의 공지를 말한다. 히로코우지는 넓은 도로로, 다리 끝단에 조성된 공터와 도로가 교차하는 곳에 존재하였다. 히요케치는 방화를 목적으로 지정된 공지로, 대부분은 화재로 소실된 지역을 히요케치로 설정하였다.[1] 『에도연혁도서御府内沿革図書』에 의하면 히로코우지와 히요케치를 구별하여 기록하고 있다. 에도의 계획된 아키치인 카이쇼치, 히로코우지, 히요케치에 관하여 자세히 알아보자.

[1] 伊藤好一, 『江戸の町かど』, 平凡社, 1987, 21쪽

1) 카이쇼치

에도 쵸닝치의 계획町割은 1603년慶長8 도쿠가와 이에야스徳川家康에 의해 매립공사가 실행되면서 본격적으로 이루어졌다. 니혼바시日本橋 이남부터 쿄바시京橋를 걸쳐 신바시新橋까지 쵸닝치가 성립되었다. 이 시기의 쵸닝치는 니혼바시도오리日本橋通り와 혼쵸도

오리本町通り라는 주요 도로와 평행하거나 직교하는 도로를 따라 질서정연한 격자형 도로가 구획되었고 쵸닝치의 기본 단위인 한 블록은 사방 60칸의 정방형으로 구획되었다. 한 블록의 사방으로 도로에 면한 부분에는 20칸의 필지를 조성하고, 중심부에는 사방 20칸의 계획된 공지를 두었는데 이를 카이쇼치라고 한다.

카이쇼치는 상층쵸닝上層町人, 의원, 화가, 예능자能役者에게 배령되어진 경우도 있었으나[2] 대부분은 막부의 계획에 따라 비어진 공간이었다. 이러한 계획된 공지인 카이쇼치는 점차 마치야시키町屋敷가 되어 소유할 수 있는 토지가 되어간다. 에도 후기까지 카이쇼치가 공지로 남아있던 곳은 혼쵸本町 · 혼고쿠쵸本石町 주변 및 칸다가와神田川 내측 공간 등으로 극소수이다.그림1

[2] 茨志麻氏, 「近世前期における江戸の会所地拝領者について」, 「建築史学」23, 1994

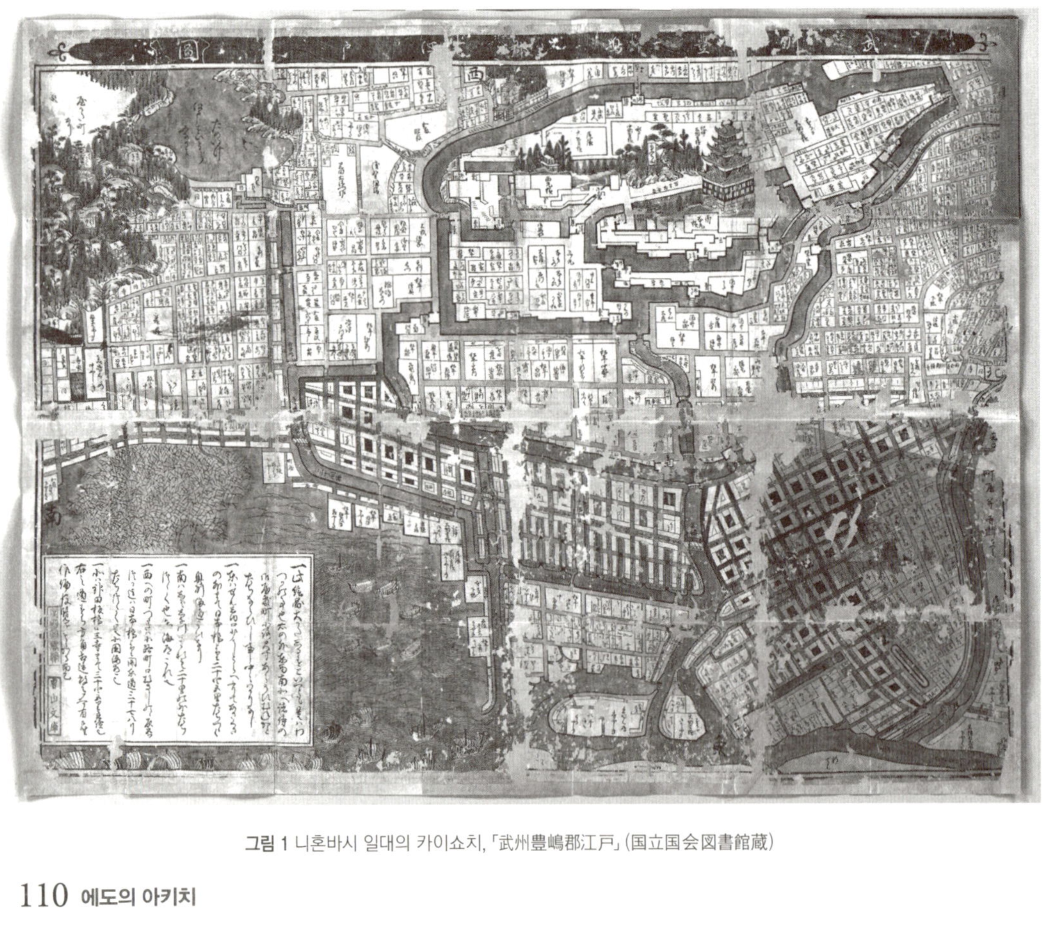

그림 1 니혼바시 일대의 카이쇼치, 「武州豊嶋郡江戸」(国立国会図書館蔵)

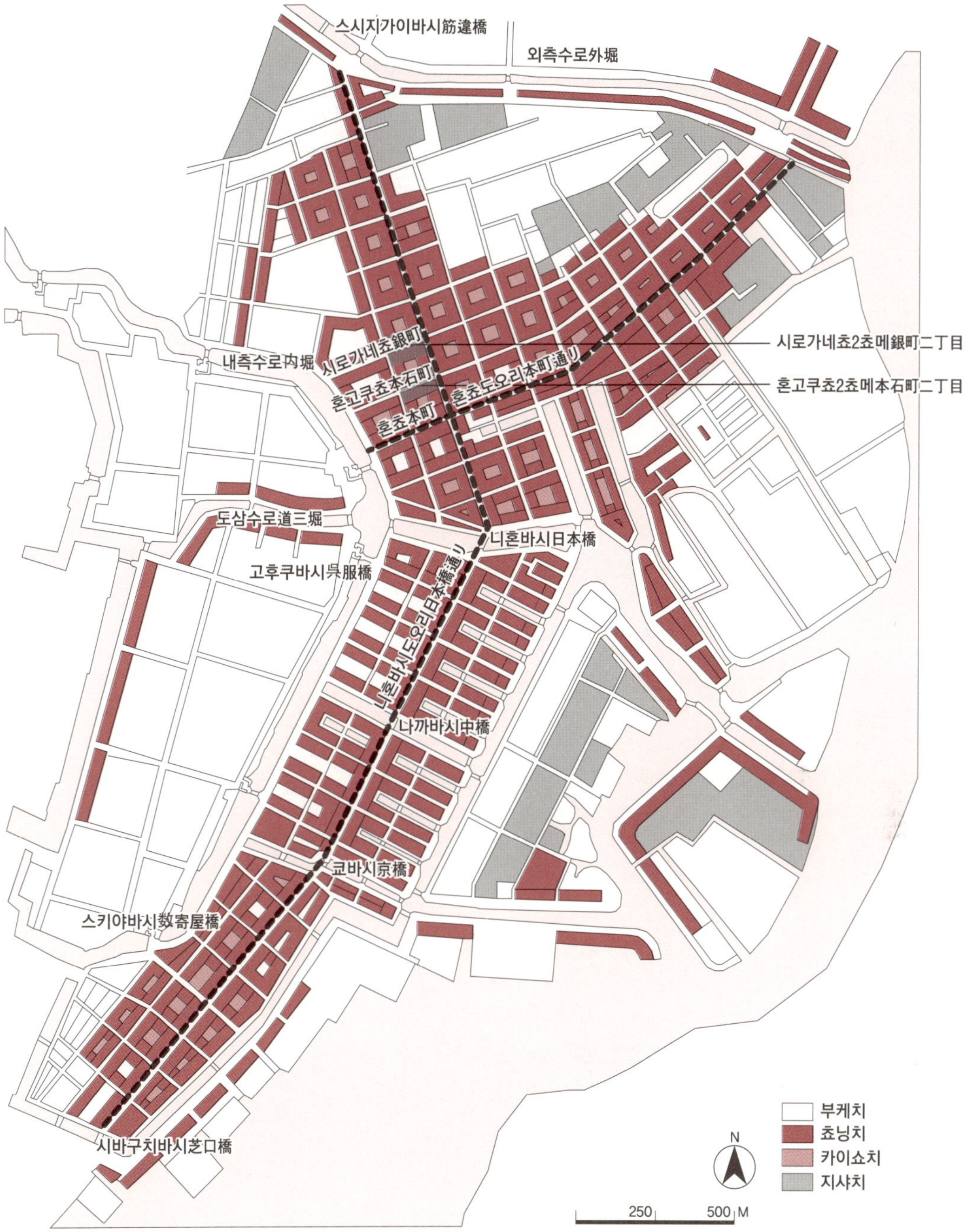

그림 2 쵸닝치와 카이쇼치의 계획

선행연구에 의하면 카이쇼치는 막부 소유의 땅인 코우기치公儀地였지만 실질적으로는 카이쇼치를 둘러싸고 있는 4개 마을의 하수, 우물이 있었으며 쓰레기를 버리는 곳인 공용공간으로 사용되었다.[3] 18세기에 들어서서 에도의 인구가 급증함에 따라 카이쇼치에서는 유력상인에 의한 차가借家[4] 경영이 일반화되었다.[5] 니혼바시, 쿄바시 등의 중심지에서는 카이쇼치를 효율적으로 이용하기 위해서 신도新道를 가설하는 방법으로 카이쇼치를 개발하였다. 결국 니혼바시 일대의 카이쇼치를 제외하고서는 1706년까지 점차적으로 개인 소유의 필지가 되었다.[6]

그러면 사방 60칸의 정방형 블록에 신도가 어떻게 조성되었는지 살펴보자. 쵸에 포고된 마치부레町触[7]에 따르면 신도는 도죠土蔵,[8] 즉 건물이 있는 부분에 건축물을 철거하면서까지 조성되었다.[9] 또

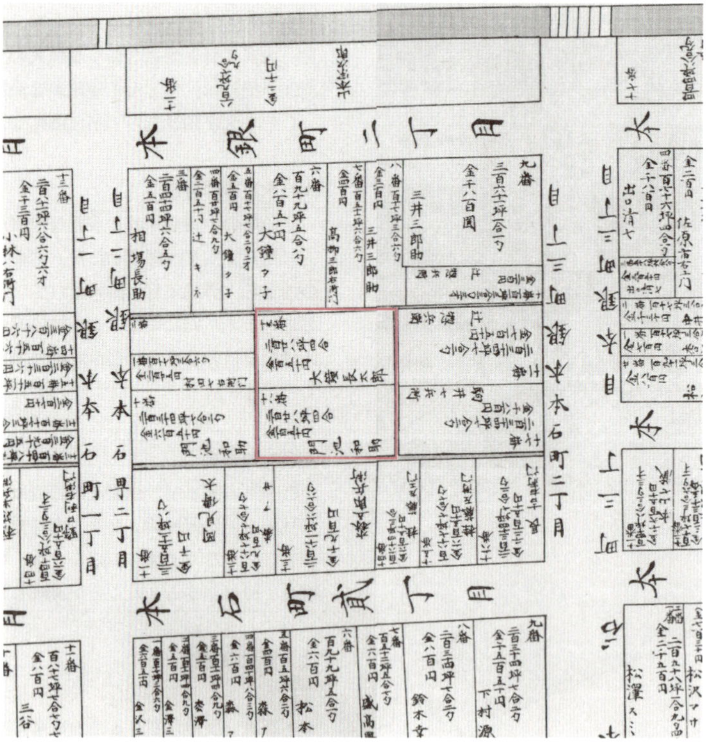

그림 3 제일대구고켄즈, 「第壱大区沽券図」, 1874년 작성(東京都公文書館蔵)

[3] 玉井哲雄, 『江戸町人地に関する研究』, 近世風俗研究会, 1977, 30쪽

[4] 차가(借家, 카리야)란 빌린 상태의 주택으로 가옥소지자에게 임대료를 지불한다.

[5] 이길훈, 「에도 카이쇼치의 토지소유에 관한 연구江戸会所地の土地所有に関する研究」, 『일본건축학회계획계논문집』 73권 633호, 2527~2532쪽, 2008.11.

[6] 伊藤 毅, 『図集日本都市史』, 東京大学出版会, 1993, 22쪽. 玉井哲雄, 『江戸, 失われた都市空間を読む』, 平凡社, 1986, 120~122쪽

[7] 마치부레(町触)란 에도시대 쵸닝 대상으로 포고된 법령이다.

[8] 도죠(土蔵)란 방화를 목적으로 벽에 흙이나 회반죽을 발라 만든 창고 건축물을 말한다.

[9] 원문: 「一,新道ニ当り切申候土蔵之分, 壱町之内ニ何ヶ所有之候由, 或何尺或何寸ツヽ新道ニ当り申候旨銘々ニ書付, 明早朝奈良屋所江持参加被申候, 少シも油断有間敷候, 以上, 卯十月三日　町年寄三人」『정보사록正宝事録』 346

신도 조성시 양측의 지주가 토지를 반씩 내어, 즉 신도가 3칸이므로 양측에서 1.5칸씩을 내어 조성되었다.[10] 신도는 기본적으로 조성할 신도의 양측 토지의 지주가 토지를 반씩 내어 건물이 존재하는 부분에도 가설되었다.

[10]
원문: 「一, 新道作り候儀は, 其所道は > 半分宛向輪と出合, 道作り可申事, 卯十一月廿三日」『정보사록』349

[그림3]은 니혼바시에서 북쪽에 위치한 시로가네쵸2쵸메本銀町二丁目와 혼고쿠쵸2쵸메本石町二丁目 일대에 있는 막부 소유의 공지인 카이쇼치가 개인 소유의 필지가 된 지도이다.

2) 히로코우지

히로코우지는 폭이 넓은 도로로 도로가 교차하는 곳이나 다리의 끝단에 조성된 경우도 있고 방화를 목적으로 설치되기도 하였다. 히로코우지는 에도의 번화가로 서양의 광장広場과 같은 역할을 담당하였다. 에도에는 다수의 히로코우지가 존재하였는데, 이러한 히로코우지는 마장馬場, 활 연습장大的場, 약초밭薬草場 혹은 가설물

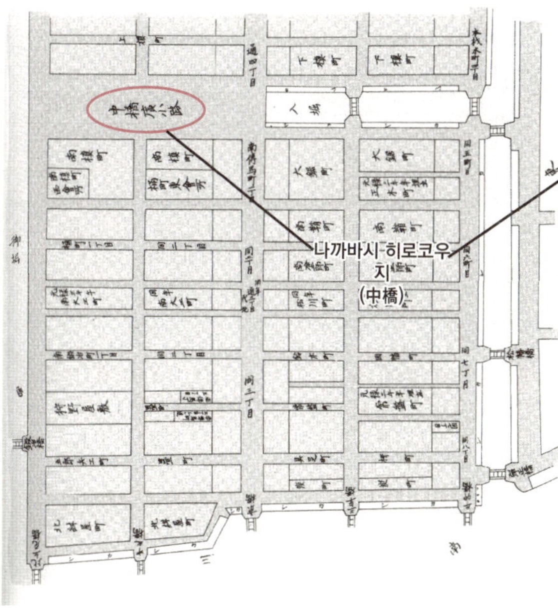

그림 4 나까바시 히로코우지(中橋), 1688~1704년 작성

그림 5 나까바시광소도, 1859년 작성

을 세워 상업 활동商番屋,[11] 水茶屋,[12] 床見世[13]을 하는데 사용되었다. 칸에이기寛永期, 1624~1645의 지도를 보면 니혼바시와 쿄바시 사이에 수로가 있었고 그 사이에 나까바시中橋가 걸쳐져 있었다. 그러나 겐록기元禄期, 1688~1704의 지도를 살펴보면 수로가 매립되어 나까바시 히로코우지中橋広小路가 되었다.그림4 1859년安正6의 지도에 따르면 나까바시 히로코우지는 쵸닝치町人地로 변용되었다.그림5

3) 히요케치

히요케치는 방화를 목적으로 특별히 지정된 공지이다. 카이쇼치나 히로코우지도 히요케치와 같은 방화의 목적을 일정 부분 가지고 있었다. 하지만 히요케치는 화재로 인하여 소실된 지역을 광범위하게 설정했다는 점에서 다른 공지들과 차별성을 가진다. 사료에는 아키치라고도 기술되는데 이와 같은 히요케치는 쿄호기1716~1735에 가장 빈번히 설정되었다. 가장 대대적으로 히요케치를 조성한 1718~1719년享保3,4에 설정된 히요케치의 분포도에 따르면, 히요케치의 설정은 화재로 인하여 소실된 지역에 광범위하게 설정되었다. 그러나 방화를 목적으로 조성된 공지를 쵸닝이 창고지蔵地[14]로 사용하려고 청원하여 점차적으로 창고지로 사용하게 된다.[15]

코비키쵸4쵸메木挽町4丁目 그림6② 뒤쪽에 위치한 우네메가하라采女ヶ原 마장을 예로 히요케치의 이용 실태를 살펴보자. 원래 이곳은 1724년享保9까지 다이묘인 마츠다이라松平采女正定基, 1687~1759의 택지, 즉 부케치였으나 같은 해 화재로 택지가 코우지마치麹町로 이동하고 히요케치로 설정되었다. 이후 1727년享保12에 히요케치에 마장이 계획되었다. 쵸닝은 막부에게 마장을 세우고 관리하는 명목으로 조성지助成地를 청원하여 인가를 받고, 조성지에는 가설의 사방 2칸의 아키나이도꼬商床[16] 4개소, 같은 크기의 도꼬반床番[17] 4개소, 9척×1칸의 타다미도꼬畳床[18] 25개소, 2칸×10칸의 양궁장揚弓場 1개소를 청원하였다.[19]

[11] 아키나이반야(商番屋)란 쵸의 방범을 위해 설치된 키도(쵸의 사방을 막았던 문)를 지키는 처소에서 장사를 하던 곳이다.

[12] 미즈차야(水茶屋)란 엽차 따위를 대접하며 나그네를 쉬게 하던 길가의 가게를 의미한다.

[13] 도코미세(床見世)란 현재의 노점상의 일종으로 에도 각지의 히로코우지(広小路)나 지샤치(寺社参道)에서 가설적으로 영업하였다.

[14] 창고지(蔵地)란 수로 주변에 막부로부터 토지를 임대하여 창고를 지어 사용 혹은 다른 사람에게 임대하였다. 창고지에는 방화 대책을 한 건물에 한하여 허가되었다.

[15] 사료1 참조

[16] 아키나이도꼬(商床)란 물건을 팔 수 있는 가설물이다.

[17] 도꼬반(床番)이란 가설 점포의 한 종류이다.

[18] 타다미도꼬(畳床)란 가설 점포의 한 종류이다.

[19] 사료3 참조

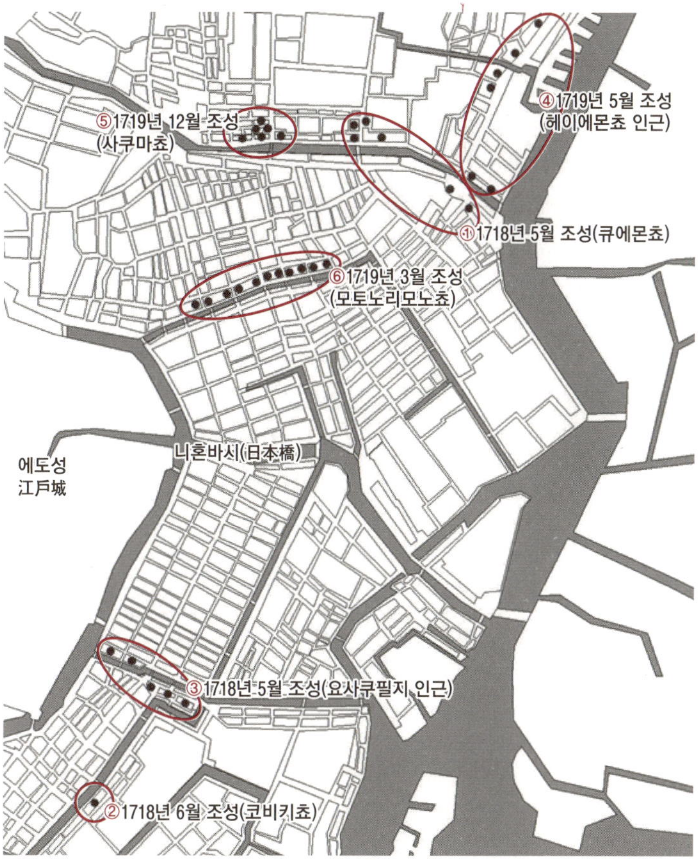

그림 6 1718~1719년에 설정된 히요케치의 분포(사료1)

지형에 의한 아키치

한편, 자연적으로 생겨난 아키치가 있다. 대표적으로 카시치河岸地는 수로나 하천을 따라 자연적으로 생겨난 공지였으며 막부 소지의 토지로 그에 따른 규제를 받았다. 언덕 위 아키치坂上明地는 언덕 지형에 따라 생겨난 아키치로 막부 소지의 위탁지로 관리되었다. 그 이외에 수로를 따라 생기는 아키치堀端, 다리 양 끝단에 생기는 아키치橋詰地, 연못 주변에 생기는 아키치池詰地, 방파제 주변에 생기는 아키치波除地 등도 자연 지형에 의해 생겨난 아키치이다.

1) 카시치

카시치는 수로나 하천을 따라 생겨난 공간으로 주로 활 연습, 염색한 물건을 말리는 장소 혹은 코야小屋[20]가 설치되어 배에서 하역하는 물건을 쌓아두는 장소로 사용되곤 하였다.[21] 이와 같은 카시치의 점유 행위는 원칙적으로 금지되었으나, 쵸에 포고된 마치부레町触에 금지령이 지속적으로 고지되는 것을 보면 점유행위가 그치지 않고 일어났다는 것을 알 수 있다. 카시치는 카시치와 길을 사이에 둔 쵸의 지주에게 점유권, 즉 이용할 권리가 부여되었다. 지주는 카시치 점유권을 기반으로 카시치에 창고納屋를 세워 이를 다른 상인들에게 임대하여 수익을 올렸다.[22]

[20] 코야(小屋)는 임시로 세운 작은 건축물, 가가(假屋)에 해당한다.

[21] 伊藤好一, 『江戸の町かど』, 平凡社, 1987, 19쪽

[22] 小林信也, 『江戸の民衆世界と近代化』, 山川出版社, 2002, 186쪽

그림 7 니혼바시 인근의 카시치, 「熙代勝覧」(베를린국립아시아미술관소장)

쿄호기1716~1735의 아키치

텐나기의 대화재[23] 후에 설정된 히요케치는 불과 6년 후인 1689년에 대부분 개인 소유의 필지로 전용되었다.[24] 쿄호기에는 겐록기보다 더 뚜렷한 화재 대책이 시행된다. 화재 대책으로 첫째, 불연화 소재가 보급되었고, 둘째, 히요케치가 조성되었다. 우선 불연화 소재로 벽에 회를 바른 도죠와 지붕을 기와로 처리하는 방법이 보급되었다. 또 겐록기에 조성되었다가 사라진 히요케치를 다시 대규모로 조성하였다.

[23]
텐나기(天和期)의 대화재란 1683년 1월 25일에 발생한 에도의 화재이다.

[24]
黒木喬, 『江戸の火事』, 同成社, 1999, 209쪽

[25]
『쿄호선요유집』「아키치부」(上ノ上) 1건

[사료1] 곳곳의 아키치에 세워진 다카사츠의 문구와 세울 장소를 적은 문건.[25]
(번호는 필자 작성, 이하 동일)

①하나, 큐에몬쵸1쵸메, 2쵸메
이는 수로변에 입지한 쵸닝이 창고지로 청원하여, 1719년 12월 청원과 같이 허가한다.
사쿠마쵸4쵸메
토미마츠쵸
야나가와쵸
요코야마쵸1쵸메 자투리 토지
모토야나기하라6쵸메
위의 쵸는 1718년 5월에 어용지로 수용되어 아키치가 된다.
②하나, 코비키쵸4쵸메
이는 1718년 6월에 어용지로 수용되어 아키치가 된다.
이 아키치는 동쪽 및 마츠다이라우네메노쇼의 수용지에 걸쳐있다.
정면길이 42칸 5척
안길이 2칸에서 4칸
위의 코비키쵸4쵸메가 있던 곳의 쵸닝은 이 곳에 창고지를 청원하여, 1718년 12월에 창고지로 허가한다.
동소 마치야가 입지했던 자리에,
정면길이 54칸

안길이 8칸 외에 처마 5척
동소 수로변에,
정면길이 63칸
안길이 5칸 외에 처마 5척
위와 같이 쵸닝이 창고지를 청원하여, 1719년 12월에 이를 허가한다.
③하나, 요사쿠필지
키타곤야쵸
미즈타니쵸1쵸메, 2쵸메
킨로쿠쵸
위의 쵸는 1718년 5월 어용지로 수용되어 위 아키치에 쵸닝이 창고지를 청원하여, 1719년 4월에 허가한다.
④하나, 헤이에몬쵸
카야쵸1쵸메
텐노우쵸
오쿠라마에카타쵸
모리타쵸
하타고쵸 1쵸메, 2쵸메
위의 쵸는 1719년 5월 어용지로 수용되어 위 쵸 중,
텐노우쵸
오쿠라마에카타쵸
모리타쵸
이 세 개의 쵸는 8칸 창고지에 남은 부분을 청원하여, 다이치의 평수 8칸의 창고지 분을 차감하고 받는다.
헤이에몬쵸
이 쵸는 수로변에 창고지를 청원하여 1719년 12월에 이를 허가한다.
하타고쵸1쵸메, 2쵸메
이 두 쵸의 쵸닝은 8칸의 창고지를 청원하여, 1719년 12월에 이를 허가한다.
⑤하나, 칸다 사쿠마쵸1쵸메
칸다 사쿠마쵸2쵸메
마츠나가쵸
우에노쵸 다이치
이 쵸는 1719년 12월에 어용지로 수용되어 아키치가 된다.
⑥하나, 모토노리모노쵸
효고필지

칸다 곤야쵸1쵸메
동 2쵸메
요코쵸
칸다 사에키쵸
혼시로가네쵸4쵸메 회소
위의 쵸는 1719년 3월에 어용지로 수용되어 아키치가 된다.
1720년 1월

나카야마 이즈모노카미
오오오카 에치젠노카미

1월 5일 이와 같이 적어 다카사츠에 고지하였고, 아리마 효고토우도노에게 전달되어 당일 숙직인 나카야마 이즈모노카미에게 반환된다.
다카사츠는 봉행이라는 문자를 제외하고, 창고지가 된 곳곳에 먼저 설치한다.

所々明地二被建候札文言札立場所書付之
①一, 久右衛門町 壱町目弐町目　此ハ河岸通り立地之町人蔵地二相願, 享保四年亥十二月願之通被仰付
佐久間町四丁目
富松町
八名川町
横山町壱町目切レ地
元柳原六町目
右之通町々享保三年戌五月御用地二被召上, 明キ地二罷成候,
②一, 木挽町四丁目
右者享保三年戌六月御用地二被　召上候
右明地東方并松平采女正上ヶ地江掛ヶ
長 四拾弐間五尺
横 弐間より四間迄不同御座候
右之通木挽町四町目立テ地之町人共蔵地二相願, 享保三年戌十二月願之通被 仰付候,
同所町屋立テ地跡二而
長 五拾四間
横 八間外二庇分ン五尺
同所河岸二而
長 六拾三間

横 五間外庇分ン五尺

右之通町人蔵地二相願享保四年亥十二月願之通被　仰付候,

③一, 与作屋鋪

北紺屋町

水谷町 壱町目弐町目

金六町

右之町々享保三戊年五月御用地二被　召上候, 右明キ地町人蔵地二相願, 享保四年亥四月願之通被　仰付候,

④一, 平右衛門町

芽町壱丁目

天王町

御蔵前片町

森田町

旅籠町 壱町目弐町目

右町々享保四年亥五月御用地二被 召上候

右之内

天王町

御蔵前片町

森田町

此三町ハ八間通り蔵地二御残被下候様二相願, 願之通被　仰付, 代地坪数八間通蔵地分二減し相渡申候,

平右衛門町

右者河岸蔵地二相願, 享保四年亥十二月願之通被　仰付候,

旅篭町 壱町目弐町目

此弐町八間通り町人蔵地二相願, 享保四年亥十二月願之通被　仰付候,

⑤一, 神田佐久間町壱町目

同弐町目

松永町

上野町代地

右之町々享保四年亥十二月御用地二被召上, 明キ地二罷成候,

⑥一, 元乗物町

兵庫屋鋪

神田紺屋町壱町目
同弐町目
横町
神田佐柄木町
本銀町四丁目会所
右之町々享保四年亥三月御用地二被召上明キ地二罷成候,
右之通二御座候以上,
享保五年子正月

中山出雲守
大岡越前守

右者子正月五日右書上二御高札下書相済, 有馬兵庫頭殿江上候控, 但此書付同日詰番中山出雲守江御返,
高札ハ奉行ト申字除之, 蔵地済候所々斗り先建候様被仰渡候事,

[사료1]은 1720년의 기록으로 다카사츠高札에 기입된 내용이다. 1718~1719년享保3,4에 히요케치가 설정된 경위와 아키치의 용도가 쵸닝의 청원으로 어떻게 바뀌었는지 살펴볼 수 있다. 이 시기는 히요케치가 가장 많이 설정된 시기이기도 하다.

이 사료와 관련하여 ①큐에몬쵸久右衛門町 부근에 관하여 "23년 전 유소類焼[26] 후 히요케치로 설정하며 부케치, 쵸닝치가 몰수되어 아키치가 되었다"[27]라는 1736년의 기록을 찾아볼 수 있다. 이 기록은 1718년에 큐에몬쵸, 사쿠마쵸4쵸메佐久間町四丁目, 토미마츠쵸富松町, 야나가와쵸八名川町이 화재로 불타자 막부가 이 지역을 히요케치로 설정하고 해당 쵸의 토지를 수용하여 아키치로 삼은 사건을 기술한 것이다. 막부는 화재가 나면 모든 쵸를 대상으로 히요케치를 구상한 것이 아니라 연소된 쵸 중에서도 수로에 접하고 있는 쵸를 우선적으로 히요케치로 설정한다. 또한 수로의 양측을 히요케치로 설정하여 에도 전체에 방화구획을 구상하여 화재에 대비하였다.

[26]
유소(類焼)란 타소에서 일어난 화재가 옮겨 불타는 것을 말한다.

[27]
원문: 「右弐拾三年以前類焼之上為火除武士方町屋被召上明地罷成候」『쿄호선요유집』「아키치부」(下)50건(『旧幕府引継書』,国立国会図書館所蔵)

[그림6]은 1718~1719년에 설정된 히요케치의 분포도이다. 이 히요케치는 설정 후 1년을 전후로 하여 쵸닝들이 창고지로 사용하고자 막부에 청원하여 허가를 받는다. 창고지로 허가하는 데에는 몇 가지 규제가 있는데 그 중 하나가 창고지에 건물을 지을 때 "외벽에 흙을 발라 마감"[28]해야 한다는 기준이다. 당초 수로 주변의 히요케치에는 이와 같은 창고지를 허가하였으나, 1728년享保13에서 1732년享保17 사이의 『에도연혁도서』의 도면에는 쵸닝치로 변화된 모습도 눈에 띈다.표1 히요케치가 창고지 혹은 마치야지로 변용되는 지역도 존재하는 한편, 지역①의 요코야마쵸1쵸메와 모토야나기하라6쵸메, 지역⑥의 칸다神田 지역과 같이 1829년文政12까지 아키치를 유지하고 있는 지역도 존재한다.

1683년의 텐나기 대화재 이후에 조성된 히요케치와는 다르게 쿄호기에 시행된 히요케치의 설정은 쿄호기 전반에 유지된 시책이었다.

[28] 원문: 「塗屋造りニ仕候」,『쿄호선요유집』「아키치부」(上ノ上) 9건

아키치의 이용과 관리

쿄호기1716~1735에 방화를 목적으로 조성된 히요케치를 쵸닝들은 어떻게 이용하였고, 막부는 어떻게 관리하였는지 알아보자.

아키치에 대한 막부의 원칙

[사료2] 곳곳에 방화를 위해 비워진 아키치에 대해 청원자가 있어도 용도전환 불가함.[29]

문서

곳곳에 화재방지를 위해 비워둔 아키치를 다이치로도 부여하고, 청원자가 있어 그 이외의 용도로도 전환하였다. 그러나 이후 히요케치는 다이치로도(불가하며) 청원자가 있어도 용도전환은 불가하다.

[29] 『쿄호선요유집』「아키치부」(上ノ下) 25건

7월

오오오카 에치젠노카미

이노우 시모츠케노카미

위 서류에 아래 서류가 첨부됨. 1732년 7월 5일 마츠다이라 사콘에쇼겐노도노에 올림.

(답변서) 아키치는 서면과 같이 정해 놓아야 한다. 가옥 건설은 불가하나, 지면만을 빌리고자 청원하는 경우, 청원자를 조사하여 허락한다.

7월 7일

오오오카 에치젠노카미

이노우 시모츠케노카미

所々為火除被明置候明地之分自今願人有之候共、不被下筈二相極候事

覚

所々火除之ため被明置候, 明地之内代地にも相渡, 願人有之候得共, 外江被下候儀も無御座候二付, 元地之者共も相願出候様二被存候, 自今者火除明地之儀者代地二も不被下, 何方より願出候共, 一切外江不被下置候様御定被遊候而者如何可有御座哉, 左候ハヽ御定御座候様二仕度奉存候, 依之奉伺候以上,

七月

大岡越前守

稲生下野守

右書付二左之書付相添, 享保十七年子七月五日松平左近将監殿江上ル(付紙)「明地之儀書面之通相定置可申候, 家作不仕地面斗拝借等相願候, 願者其節吟味之上被仰付義も可有之旨被仰渡奉畏候,

子七月九日

大岡越前守

稲生下野守」

[표1] 아키치의 변용(『교호선요유집』, 「아키치부」, 『에도연혁도서』로 작성)

번호	쵸명	변용 시기	용도 변화
①	큐에몬쵸 久右衛門町	1732년(享保17)	마장 및 조성금을 위한 쵸닝치
	사쿠마쵸4쵸메 佐久間町四丁目	1719년(享保4)	창고지(수로변 8칸), 아키치
	토미마츠쵸 富松町	1719년(享保4)	창고지(수로변 8칸), 아키치
	야나가와쵸 八名川町	1732년(享保17)	마장 및 조성금을 위한 쵸닝치
	요코야마쵸1쵸메 자투리 토지 横山町壱町目切レ地	–	아키치
	모토야나기하라6쵸메 元柳原六町目	–	아키치
②	코비키쵸4쵸메木挽町四丁目	1719년(享保4)	창고지
		1727년(享保12)	마장
③	요사쿠필지 与作屋鋪	1728년(享保13)	쵸닝치(모토치로 돌아감)
	키타곤야쵸 北紺屋町	1728년(享保13)	쵸닝치(모토치로 돌아감, 다른 쵸의 다이치)
	미즈타니쵸1쵸메, 2쵸메 水谷町壱町目弐町目	1728년(享保13)	쵸닝치(모토치로 돌아감, 다른 쵸의 다이치)
	킨로쿠쵸 金六町	1728년(享保13)	쵸닝치(모토치로 돌아감, 다른 쵸의 다이치)
④	헤이에몬쵸 平右衛門町	1719년(享保4)	수로변 창고지
		1732년(享保17)	배차창고지拝借蔵地
	카야쵸1쵸메 芽町壱丁目	1732년(享保17)	배차창고지
	텐노우쵸 天王町	1727년(享保12)	창고지, 다이치
	오쿠라마에카타쵸 御蔵前片町	1727년(享保12)	창고지, 다이치
	모리타쵸 森田町	1727년(享保12)	창고지, 다이치
	하타고쵸1쵸메, 2쵸메 旅籠町壱町目弐町目	1719년(享保4)	창고지
⑤	칸다 사쿠마쵸1쵸메, 2쵸메 神田佐久間町壱町目・同弐町目	1732년(享保17)	다이치 및 배령필지拝借屋敷 (平川町壱丁目代地芝新馬場同朋町代地其外御弓師拝領屋鋪等)
	마츠나가쵸 松永町		
	우에노쵸 다이치上野町代地		
⑥	모토노리모노쵸 元乗物町	교호기(1716~1735)	창고지
		1829년(文政12)	상납지上納地[30]
	효고필지 兵庫屋鋪	교호기(1716~1735)	창고지
		1829년(文政12)	상납지
	칸다 곤야쵸 1쵸메, 2쵸메 神田紺屋町壱町目同弐町目・横町	교호기(1716~1735)	창고지
		1732년(享保17)	약초장
		1829년(文政12)	상납지
	칸다 사에기쵸 神田佐柄木町	교호기(1716~1735)	창고지
		1829년(文政12)	상납지
	혼시로가네쵸4쵸메 회소 本銀町四町目会所	교호기(1716~1735)	창고지
		1732년(享保17)	약초장
		1829년(文政12)	상납지

위 사료는 아키치를 도시 곳곳에 설정한 후 조금 시간이 지난 자료이지만 아키치의 이용에 관한 기본적인 기준을 검토할 수 있다. 이 기록은 마치부교가 로쥬老中[31]인 마츠다이라 사콘에노쇼겐松平左近将監에게 올린 문서이다. 마치부교는 과거에는 히요케치를 다이치로서 쵸닝에게 넘기기도 하였으나 이후 절대 금지하고자 청하고 있다. 그러나 로쥬는 건물을 세우지 않고 지면만을 빌리는 청원이라면 조사 후 허가하도록 지시한다. 당시 아키치 이용의 원칙을 정리하면 아래와 같다.

(1)1732년享保17 이전에는 히요케치로 지정된 곳을 주로 다이치로 쵸닝에게 넘겨주었다. 원래 용도였던 거주지로 변환되는 경우도 있었다.

(2)1732년 이후, 히요케치로 지정된 곳은 방화를 위한 용도로 유지한다. 거주지로 변환되지 않는다.

(3)1732년 이후, 건물을 세우지 않고 이용하는 것은 조사 후 허가하였다.

아키치의 이용

앞에서 살펴본 1732년의 원칙을 염두에 두며 [사료1]에서 조성된 아키치가 그 후 어떻게 변화하였는지 『쿄호선요유집』과 『에도연혁도서』를 토대로 정리하였다.

1718~1719년에 설정된 아키치 중 6개소가 설정 직후인 1720년에 쵸닝의 청원에 의해 일부분이 창고지로 전환되었다. 수로 주변河岸에 위치한 아키치 중 창고지로 허가한 토지의 청원 이유는 "모토치元地[32]와 떨어져 쵸닝 모두 생업에 종사하기 곤란하기"[33] 때문이다. 수로 주변에서 생업에 종사하던 쵸닝이 히요케치 설정에 따라 다른 지역으로 이동한 후 수로변의 지역에서 멀어져 생업의 운영이 힘들다고 주장하고 있다. 마치부교는 허가의 조건으로

[30] 상납지(上納地, 죠노우치)란 에도시대에 일정의 지대를 상납하고 막부령지를 임대하여 그 토지를 다시 다른 사람에게 지대를 받고 임대하는 토지를 말한다.

[31] 로쥬(老中)란 에도막부의 직명으로 도쿠가와장군의 직속으로 국정을 통괄하였다.

[32] 모토치(元地)는 쵸닝이 본래 소유하던 토지이다.

[33] 『安永三年小間附北方南方町鑑』 上, 東京都公文書館, 1990, 154쪽

"다이치의 10칸을 반환하고 본래의 토지인 수로변에 10칸의 누리야塗家[34]로 지을 것"[35]을 들고 있다. 누리야란 방화대책을 위하여 외벽에 흙이나 회반죽으로 칠한 건물로 누리야로 지을 경우 사용을 허가하였다.

6개소 이외에도 요사쿠필지与作屋敷 외 3개소의 히요케치 또한 1728년에 다른 쵸의 다이치로 부여되었다. 이와 같은 움직임은 1732년 이전에는 아키치가 다이치로도 변환되었다는 [사료2]의 기록과도 일치한다.

[34] 누리야(塗家)는 방화를 위하여 건물 외부를 회로 바른 건축물을 칭한다.

[35] 『교호선요유집』「아키치부」(上ノ上) 9건

1) 히요케치의 사용자

기본적으로 쵸닝이 히요케치를 이용하였다. 사쿠마쵸 창고지의 경우, 히요케치로 수용되기 전 거주하던 쵸닝이 청원자願人이다. 혹은 다른 쵸에 거주하는 쵸닝이 히요케치를 이용하고 싶다고 청원서를 내는 경우도 있었다. [사료2]에 1732년까지는 히요케치를 다이치의 경우에만 용도 전환을 해주었다는 기록처럼 창고지는 다이치의 쵸닝에게만 허가하였으며, 다른 쵸의 쵸닝에게는 가설물을 설치해 이용하는 것을 허가하였다.

[그림8]은 코비키쵸4쵸메 아키치, 우네메가하라采女ヶ原[36]의 풍경으로 아키치의 이용 실태를 알 수 있다. 1724년까지 다이묘인 마츠다이라 우네메 사다모토1687~1759의 소유지였으나, 같은 해 1월 31일 화재 후 택지는 코비키쵸로 이전하고 1727년에 해당 아키치에 마장을 설치한다. 청원자는 하시쵸4쵸메橋町四丁目[37] 하치로베점八郎兵衛店의 츄베忠兵衛라는 쵸닝이다. 해당 아키치에 500평의 누리야로 마치야를 허가해 주면 그 조성금을 가지고 아키치에 마장을 세워 수리 및 청소 등의 관리를 하겠다고 청원하였으나 이는 기각된다. 결국 "2칸 사방의 아키나이도꼬 4개소, 2칸 사방의 도꼬반 4개소, 9척에 1칸의 타다미도꼬 25칸, 2칸에 10칸의 양궁장 1개소"를 신청하였으며, 마치부교는 이 청원과 이해관계가 있

[36] 마츠다이라 우네메 소지의 토지였으나 화재 이후 아키치로 설정되었다.

[37] 하시쵸4쵸메는 장소를 비정할 수 없다.

는 코비키쵸 쵸닝에게 의견을 묻고 그 의견을 존중하며 허가한다. 1727년의 시점에 해당 쵸가 아닌 다른 쵸에 거주하는 쵸닝에게도 가설점포의 설치를 인정하기도 하였다.

[38]
『쿄호선요유집』「아키치부」(上ノ上) 10건

[사료3] 코비키쵸 아키치 내 마장 청원서.[38]

문서

하시쵸4쵸메
하치로베 상점
츄베

위의 사람은 예전에 코비키쵸 아키치 내에 500평 규모의 누리야로 마치야를 짓게 허가하면, 그 조성금을 가지고 같은 장소에 신규 마장을 설립하고 영구 수리와 청소까지 본인의 비용으로 수행하겠다고 청원하였다. 그러나 신규 마치야의 건설은 허가가 어려우므로 가설점포를 설치하여 그 조성금으로 마장을 설립하고자 청원하였다. 별지 도면과 같이 2칸 사방의 아키나이도꼬 4개소, 동 도꼬반 4개소, 9척에 1칸씩의 타다미도꼬 25칸, 2칸에 10칸의 양궁장 1개소를 허가해 주면 신규 마장을 설치하고 싶다고 하는데 허가해도 되는지 질의한다. 또한 코비키쵸 쵸닝 모두 지장이 없으므로 도면 1장을 제출한다. 이상.

4월

오오오카 에치젠노카미
스와 미노노카미

위의 질문 서류와 도면을 첨부하여 4월 10일에 미즈노 이즈미노카미도노에게 올림.

(답변서) 청원대로 허가함. 이상.

4월 20일

오오오카 에치젠노카미

木挽町明キ地之内馬場願之儀申上候書付
覚

橋町四丁目
八郎兵衛店
忠兵衛

右之者先達而相願候木挽町明キ地之内, 五百坪塗家造り町家ニ被下置候ハヽ, 其助成を以同所新規馬場仕立, 永々修復掃除迄自分入用ニ而諸事可相勤旨相願候処, 新規町屋者難被 仰付候間, 商床差置其助成ニ而馬場仕立候ハヽ可申付旨被 仰渡候ニ付其段申聞候処, 別紙絵図之通弐間四方之商床四ヶ所同床番四ヶ所九尺ニ壱間宛之畳床廿五間并弐間ニ拾間之揚弓場壱ヶ所右之通被 仰付候ハヽ, 新規馬場取立可申旨相願申候, 弥願之通可被 仰付候哉奉伺候, 尤木挽町町人共方ニも相障儀無御座候, 則絵図壱枚差上申候以上,
四月

大岡越前守
諏訪美濃守

右伺書并絵図差添未四月十日水野和泉守殿江上ル
(付紙)「願之通可申渡旨被 仰渡奉存候以上,
未四月廿日

大岡越前守」

[사료3]은 1727년의 청원이며 [그림8]은 1836년天保7의 우네메가하라 풍경으로 두 사료는 100년 이상의 차이가 있으나 같은 장소이다. 칸다 유츠키神田由築의 연구[39]에서 『시중단속유집市中取締類集』을 바탕으로 작성한 우네메가하라의 약식 도면을 살펴보면 조성지의 규모가 [그림8]의 마장의 남측에 위치한 가설 점포들의 규모와 대부분 일치한다. 칸다의 연구에 의하면 코비키쵸와 관계없는 하시4쵸메의 하치로베 상점의 츄베가 마장의 설치와 관리를 위하여 조성지를 빌리길 청원하고 있는 것이 확인된다.

1853년嘉永6 4월에 조성지를 빌리고자 하는 청원자, 가설점포의 관리자 등이 코비키쵸4쵸메의 쵸닝들에게 제출한 서류를 보면 모든 결정 및 관리는 코비키쵸4쵸메를 통해서 이루어지고 있음을 알 수 있다. 최초에 조성지를 청원한 출원자는 쵸 밖의 인물이었으나, 결국 어느 시점에서부터 아키치의 인근인 코비키쵸4쵸메로 관리의 권한이 이동한 것으로 추측된다.

[39] 神田由築, 「歌舞伎の周縁」, 『歴史を読みなおす』 19, 朝日新聞社, 1994

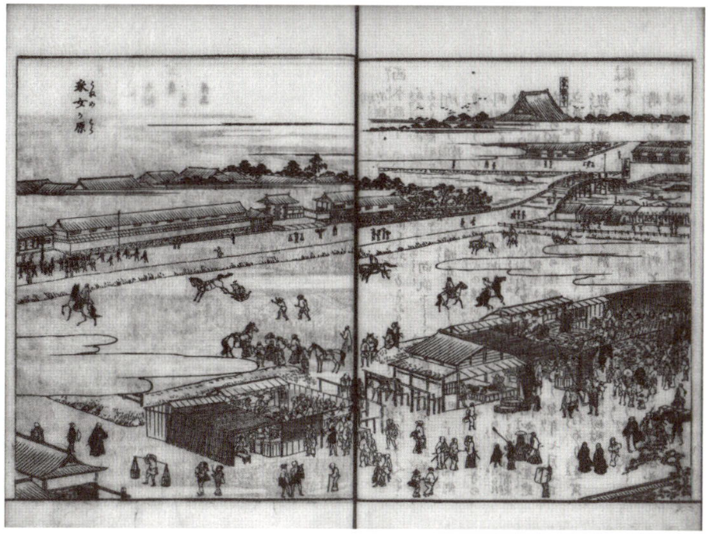

그림 8 우네메가하라 마장 풍경, 「江戸名所図会」(国文学研究史料館蔵)

2) 히요케치의 이용 방법

[40]
『교호선요유집』「아키치부」(上ノ下) 26건

[사료4] 곳곳의 히요케치가 다른 용도로 변환된 문건.[40]

①1718년 아키치가 된 야나기하라의 아타라시바시 밖,
큐에몬쵸1쵸메
야나가와쵸 아키치
사카이사에몬의 자투리 토지
위 아키치 내에 청부인이 신마장 조성을 위한 마치야를 청원하여 이를 허가한다.
⑤1719~1720년에 아키치가 된 야나기하라 이즈미바시 다리 밖,
사쿠마쵸1쵸메
사쿠마쵸2쵸메
마츠나가쵸
우에노쵸 내의 아키치
위 아키치는 히라가와쵸1쵸메 다이치, 시바지역 신마장, 도보쵸 다이치, 그 외에 궁사의 배령필지 등으로 전환된다.
⑥1720년 아키치가 된,

혼시로가네쵸 수로변 둔덕
곤야쵸2쵸메 요코쵸
곤야쵸3쵸메 남측 아키치
위 아키치 내에 아베토모노신 약초장이 설치된다.(후략)

所々火除之明地外江相渡候書付
①享保三戌年明地二被　仰付候柳原新シ橋外
久右衛門町壱丁目
八名川町 明キ地
酒井左衛門尉 切レ地
右明地之内二餌鳥請負人共新馬場取立并右為助成町屋相願, 願之通被 仰付候,
⑤享保四亥年同五子年明地二被 仰付候柳原和泉橋外
佐久間町壱町目
同弐丁目
松永町
上野町之内 明地
右明地内二平川町壱丁目代地芝新馬場同朋町代地其外御弓師拝領屋鋪等被 仰付候,
⑥享保五子年明地二被 仰付候
本銀町土手川通り
紺屋町弐丁目横町
同三町目南側 明地
右明地内二阿部友之進薬草植場被仰付候, (後略)

[사료4]에는 창고지 이외에 히요케치에서 일어난 다양한 이용 형태가 나타난다. 히요케치에서는 마장, 약초장과 같이 지면만을 이용한 경우는 물론 조성금을 위한 건축물을 허가하기도 하였다. ①지역인 큐에몬쵸1쵸메 아키치, 야나기쵸 아키치, 사카이사에몬酒井左衛門尉 자투리 토지에는 마장이 설치되고, 마장 설치금의 조성을 위해 마치야町屋의 건설이 허용된다. 또 사쿠마쵸1쵸메, 사쿠마쵸2쵸메, 마츠나가쵸, 우에노쵸 다이치代地의 아키치에는 다른 쵸

의 다이치가 주어진다. 혼시로가네쵸 수로변 둔덕, 곤야쵸2쵸메 요코쵸, 곤야쵸3쵸메 남측의 아키치는 약초 재배장으로 허가된다. [사료1]에 대응하는 지역의 이용은 이와 같지만, 이외에도 마장, 과녁장, 약초장, 수목재배지, 아키나이반야, 미즈차야, 도꼬미세, 타다미도꼬, 배차지拝借地, 창고지 등으로도 이용되었다. 이용형태를 구분하여 보면 마장, 과녁장, 약초장, 수목재배지와 같이 아키치를 빈 공간으로 유지하며 이용하는 유형, 아키나이반야, 미즈차야, 가설상점과 같이 아키치 일부분에 가설물을 설치하여 이용하는 유형, 창고지와 배차지와 같이 아키치 일부분에 방화대책을 한 건물을 지어 이용하는 유형으로 나뉜다.

아키치의 관리

1) 아키치의 관리 방법

[41]
『쿄호선요유집』「아키치부」(上ノ下) 21건

[사료5] 모토이와이쵸 쵸닝들이 왕복도로조성을 청원함.[41]

모토이와이쵸
쵸닝이 왕복도로 개설을 청원한 서류
문서

칸다 모토이와이쵸 쵸닝 일동

과거 모토이와이쵸1쵸메와 이와모토쵸가 있던 자리 사이에 있는 왕복도로가 좋지 않아 왕래가 힘들다. 길의 좌우에 있던 쵸닝치는 과거에 아키치 조성을 위해 수용되어 길을 정비할 사람이 없다. 길의 좌우의 아키치는 모토이와이쵸의 쵸닝들이 관리를 맡고 있으나, 쓰레기를 비롯하여 임시로 물건이 많이 놓여있다. 청원자는 과거에 아키치 내 좌우에 도꼬반 2개소, 아키나이도꼬 5개소의 설치를 청원하여 아키치를 관리하고 있는데 이번에 같은 곳에 2칸 사방의 아키나이도꼬 4개소의 설치를 청원한다. 설치를 허가하면 왕복 도로를 폭 5칸 서측으로 28칸 동측으로 36칸으로 새롭게 조성하여 영구히 왕래에 지장 없이 관리하겠다. 왕복도로의 상태가 좋지 않아 아키나이반야는 지장 없으므로 설치를 허가하여 영구히 도로를 관리하도록 한다. 과거 9월 모토노리모노쵸 아키치 앞 도로도 질의 하여 아키나이도꼬를 허가하여 그 조성으로 도로를 만들었다.

선례도 있으므로 질의 후 도면을 첨부한다.

10월

오오오카 에치젠노카미

이노우 시모츠케노카미

위 서류를 11월 3일 사카이 사누키노카미도노에게 올린다.

(답변서)「질의와 같이 허가한다. 이상.

11월 12일

오오오카 에치젠노카미

이노우 시모츠케노카미」

동 11월 13일 도면과 서류는 오오오카 에치젠노카미로부터 보내옴.

元岩井町

町人共往還道造相願候儀申上候書付

覚

神田元岩井町

町人共

右相願候者, 岩井町壱丁目立跡岩本町立跡之間往還道, 殊之外悪敷往来之者難儀仕候, 道之左右町家為火除先年被召上明地ニ罷成候間, 道造り可申者無御座候, 右左右之明地者元岩井町之町人共預り罷在候, 捨物・倒者其外右明地ニ付臨時物入多ク相掛候ニ付, 明地之内左右ニ先年相願床番弐ヶ所・商床五ヶ所差置, 明地見守り申候, 今度別段ニ同所ニ弐間四方之商床四ヶ所被　仰付候ハヽ, 往還道幅五間ニ西之方ニ而弐拾八間, 東之方ニ而三拾六間道造り直し, 永々往来之障ニ不罷成候様ニ可仕旨相願申候, 右往還之道, 殊之外悪敷御座候, 商番屋之儀相障事無御座候, 願之通申付, 永々道造らせ候方可然奉存候, 去戌九月元乗物町明地前通も伺之上商床差免, 道造申付候,

例も御座候間, 奉伺候, 則絵図壱枚差上申候,

十月

大岡越前守

稲生下野守

右書付亥十一月三日酒井讃岐守殿江上ル

(付紙)「伺之通可申付旨被仰渡奉畏候以上

> 亥十一月十二日
>
> 大岡越前守
>
> 稲生下野守」
>
> 同十一月十三日右扣絵図書付承付共二大岡越前守より来ル

[사료5]의 해당 지역인 모토이와이쵸元岩井町 아키치의 형성과정에 관해서 『에도쵸감』[42]의 기록을 검토해 보자. 모토이와이쵸는 수로에 면하고 있는 토지로 수로변에 카시치의 사용권을 가지고 있었다. 그러나 1721년享保6에 쵸 영역의 반이 히요케치로 설정된 후, 북측 수로변에 대신의 토지인 다이치가 주어졌다. 물론 주어진 다이치 앞 수로변에도 카시치가 주어졌으나 원래 토지와 거리가 멀어 아키치로 설정된 모토치元地를 상납지로 사용하고자 하였다. 상납지란 막부 소지의 토지를 일정한 지대를 지불하고 임차하여, 다시 다른 사람들에게 임대하여 지대를 받을 수 있는 토지이다.그림9

[42] 『에도쵸감 安永三年小間附北方南方町鑑』上, 東京都公文書館, 1990

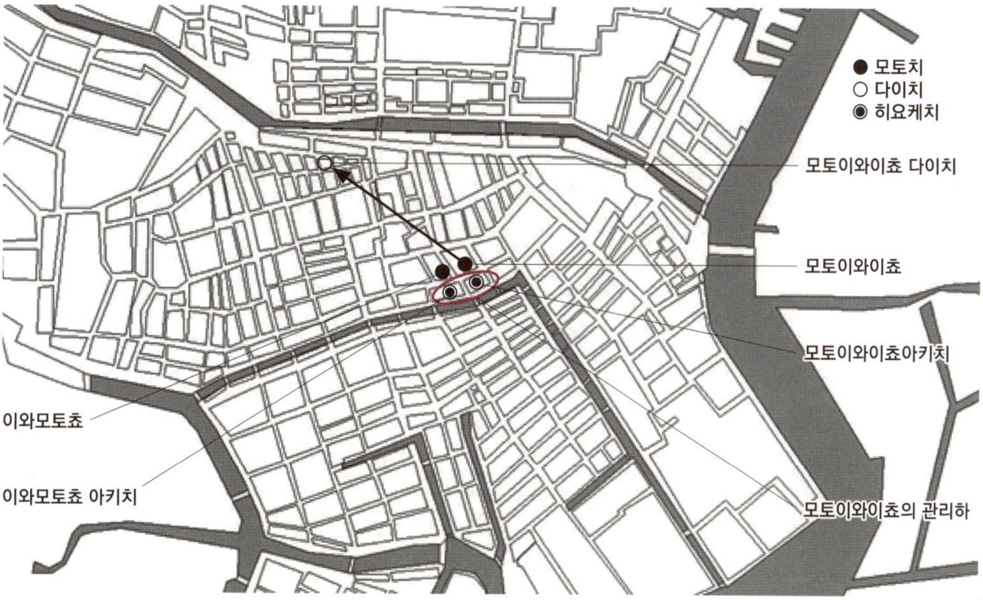

그림 9 모토이와이쵸의 히요케치

이상에서 보듯이 모토이와이쵸1쵸메와 이와모토쵸는 원래의 토지 즉, 히요케치로 수용된 아키치를 모토이와쵸의 쵸닝 일동이 맡고 있다. 모토이와이쵸의 쵸닝 일동이 맡고 있는 좌우 아키치가 [그림9]의 "◉"에 해당된다. 모토이와이쵸의 쵸닝은 맡고 있는 아키치에 쓰레기와 방치된 물건이 많다는 이유로 아키치의 관리를 자처한다. 아키치에 도꼬반 2개소, 아키나이도꼬 5개소의 설치를 청원하여 아키치를 관리하였다. 관리를 위해 가설점포도꼬반·아키나이도꼬가 필요했는지 가설점포를 점유하기 위하여 관리를 자청하였는지는 논의가 필요하겠으나 다른 지역의 예로 볼 때 가설점포를 설치하는 조건으로 관리를 맡은 것으로 보인다.

본 청원에서는 아키치 주변 지역의 관리에 관련한 내용으로 향후 2칸 사방의 가설점포 4개소를 허가해주면 아키치 앞의 왕복도로를 새로 부설하고 영구 관리할 것을 청하고 있다.

이를 통하여 아키치와 주변의 도로가 어떻게 관리되었는지 추측할 수 있다. 우선 쵸닝치 혹은 부케치가 히요케치로 설정되면 그 아키치를 누군가에게 맡긴다. 여기서 '맡기다'란 소유의 의미가 아니라 관리에 해당한다. 이때 아키치의 관리를 맡은 쵸닝은 아키치의 사용권을 막부 측에 청원한다. "과거 청원을 통하여 아키치 내 좌우에 도꼬반 2개소와 아키나이도꼬 5개소를 설치하여 아키치를 관리하였으나 이후 별도로 같은 곳에 사방 2칸의 아키나이도꼬 4개소를 허가해 주면 5칸 도로 폭으로 서쪽 28칸 동쪽 36칸의 도로를 새로 정비하여 왕래에 지장이 없도록 하겠다"라며 쵸닝이 아키치를 사용하겠다고 청원한다. 여기서 '사용권'은 쵸닝에게 굉장히 중요한 사안으로 처음에는 사방 두 칸의 점적인 공간에서 시작되나 점점 상납지나 창고지 등 아키치를 면적으로 사용하게 된다. 모토이와이쵸의 경우, 아키치는 막부 측에 수용되기 전의 소유주인 쵸닝이 관리하였다. 그러나 반드시 원래 토지의 쵸닝이 아키치를 관리한 것은 아니었다.

2) 아키치의 관리 주체

[43]

『쿄호선요유집』「아키치부」(上ノ上) 17건

[44]

정면 폭 약 2칸 1척, 안길이 12칸 뒷폭 7촌

[사료6] 핫쵸보리의 요사쿠필지 이전지 불하에 관한 문건.[43]

문서

핫쵸보리 카메지마 요사쿠필지를 수용하고 필지구획 후 남은 지면 약 13평[44]을 같은 장소의 코우다 슌지 배령필지의 야모리 쥬스케가 11년에 금 5량, 1년에 금 2분 씩 납입하고자 청원하였다. 남은 지면을 달리 사용할 방법이 없으므로 불하할 예정이다. 쥬스케가 처음으로 입찰하였고 명세는 아래와 같다.

낙찰 카메지마 요사쿠필지의 이전지 나가오 후미지카 배령필지의 야모리 고베, 금 13량 2분 은 5문.
2번찰 동소 고베점 지베, 금 5량 2분.
3번찰 동소 코우다의 야모리 쥬스케, 금 4량 2분.

위와 같은 낙찰가로 해당 토지를 불하한다. 질의에 한 장의 도면을 제출한다. 이상.
1729년 9월

오오오카 에치젠노카미

첨부 도면과 함께 같은 해 9월 22일 마츠다이라 사콘쇼겐노도노에게 올린다.
(답변서)「질의와 같이 낙찰 가격에 해당 토지를 불하한다. 10월 1일

오오오카 에치젠노카미」

八町掘与作屋敷残地御拂之儀申上候書付
覚
八町掘亀嶋与作屋鋪上ヶ地, 割残り地面拾三坪余ニ而間口弐間壱尺余, 奥行拾弐間裏幅漸七寸有之候, 右同所幸田春知拝領屋鋪家守重助与申者, 右地面拾壱ヶ年ニ金五両之積り壱ヶ年金弐分宛差上, 御預り地ニ相願申候, 右御用立候地面ニ無御座候間, 一向御拂之積り, 重助初入札為仕候処, 右之通ニ御座候
落札
亀嶋与作屋敷立跡 長尾文誓拝領屋敷家守 五兵衛
金拾三両弐分銀五匁

二番札
右同所五兵衛店　次兵衛
金五両弐分
三番札
右同所幸田春知家守 重助
金四両弐分
右之通御座候間, 落札値段を以御拂申付可然奉存候, 依之奉伺則絵図
壱枚差上申候以上
同九月 (享保14年)

大岡越前守

右書付絵図共ニ同九月廿二日松平左近将監殿江上ル
(付紙)「伺之通落札直段ニ而御拂可申付旨被 仰渡奉畏候以上,
酉十月朔日

大岡越前守」

[사료6]은 핫쵸보리 요사쿠필지의 자투리 토지를 처분하기 위한 입찰 내용이다. '맡은 토지' 즉, '사용권'을 둘러싸고 입찰을 벌인다. 요사쿠의 토지는 교바시에 위치했었으나 1718년에 히요케치로 설정되며, 츠키지築地에 다이치가 주어진다. 1722년享保7에 츠키지의 토지가 다시 한 번 수용되어 핫쵸보리에 다이치가 주어지나, 1728년에는 원래의 토지인 쿄바시로 돌아가게 된다.

[사료6]은 그 직후인 1729년享保14의 청원 내용이 담겨있다. 핫쵸보리 카메지마에 있는 요사쿠필지가 쿄바시로 이전하고 난 후, 남은 지면 13평을 같은 지역 배령지幸岡田春知拝領屋鋪의 야모리家守[45]인 쥬스케重助가 관리하고자 청원한다. 결국 해당 토지는 입찰을 통하여 불하를 결정한다. 입찰에 참가한 쵸닝은 모두 같은 장소, 즉 요사쿠 토지의 야모리이거나 토지를 소유하고 있는 지주로 이미 거주하고 있는 쵸닝에게 입찰의 우선권이 주어졌다고 추측된다.

[45] 야모리(家守)란 에도시대 지주를 대신하여 토지와 가옥을 관리하던 관리자이다.

[46]
「쿄호선요유집」「아키치부」(上ノ上) 14건

[사료7] 코우지마치 3쵸메 마츠다이라 우네메노쇼 뒷문지 아키치에 관한 청원서.[46]

문서

코우지마치3쵸메 가옥소지자
토자부로

코우지마치3쵸메 가옥소지자인 청원자는 동쪽 마츠다이라 우네메노쇼의 뒷문지 아키치, 정면 폭 3칸의 필지를 맡게 되면, 1년에 금 10량씩을 매년 상납하고 회벽구조로 가옥을 지어 역도 부담하고자 청원한다.

위와 같은 내용을 검토한 결과 청원대로 허가하여도 지장은 없다. 또한 아키치 및 3쵸메 뒤쪽 길이 넓어지면 화재시에도 아키치에 길이 있는 편이 좋다. 마침 청원자가 있으므로 배령필지를 부여하여 청원자에게 매해 금을 상납하게 시키기에 적합하다.
1728년 5월

오오오카 에치젠노카미

위의 내용을 5월 22일 마츠다이라 사콘에쇼겐노도노에 올림.
(답변서)「청원의 내용은 명하기 어렵다. 서면과 같이 이후에도 비워두도록 명한다.
5월 26일

오오오카 에치젠노카미」

26일 지시에 따라 27일 토자부로를 협의에 불러 불가함을 전함.

麹町三丁目松平采女正裏門跡明キ地願之儀申上候書付
覚

麹町三丁目家持
藤三郎

此者相願候ハ, 麹町三丁目所持之町屋鋪東隣松平采女正裏門跡明キ地, 間口三間余裏行町並之所御預り申度候, 願之通被仰付候ハヽ, 壱ヶ年ニ金拾両宛毎年上納可仕候, 普請之儀者土蔵造町屋ニ仕, 右役町並ニ急度相勤可申旨相願申候,
右吟味仕候処, 願之通被 仰付, 相障儀無御座候, 併右明キ地并三丁目裏通広道ニ罷成候得者, 火事等之為ニハ明地ニ而道之方宜御座候, 然共追而願人有之拝領町屋敷ニも被下置候儀ニ候ハヽ, 当願人江被 仰付, 年々金子上納為仕候, 方可然奉存候, 依之奉伺候以上,

五月（享保13年）

大岡越前守

右書付申五月廿二日松平左近将監殿江上ル,
(付紙)「願之趣難被 仰付候, 書面之通以後迄も明ヶ置可申由被 仰渡奉畏候以上,
申五月廿六日

大岡越前守」

右廿六日御下知相済翌廿
右廿六日御下知相済翌廿七日藤三郎内寄合江呼出し無取上旨申渡ス

[사료7]에서 코우지마치3쵸메의 가옥소지자 토자부로는 인근 마츠다이라松平采女正의 아키치를 '관리'하겠다고 청하는 내용이다. 대신 1년에 금 10량을 상납하겠다고 한다. 그러나 아키치를 맡으며 창고 건축물을 짓겠다하여 본 청원은 거부된다.

기본적으로 누구나 아키치를 관리지로 청원하는 일이 가능하였다. 그러나 실제로 청원이 가능했던 자는 아키치에 관한 정보를 파악할 수 있었던 모토치의 거주자 혹은 인근의 거주자였다.

막부는 아키치를 누군가에게 맡기는 것으로 관리와 수입 양측을 노렸다. 아키치는 방화를 위해 비워둬야 한다는 원칙을 지키면서도 아키치를 토지로서 최대한 이용하려 한 것이다. 한편, 쵸닝에게 있어서 아키치의 대부분은 본래 자신의 토지元地였거나 근처에 비어있던 토지로 허가를 받으면 사용할 수 있는 토지로 인식되었다. 이런 아키치의 '사용권'을 청하는 쵸닝은 끊임없이 등장한다. 막부와 쵸닝 양측의 이해관계로 에도 전역에 퍼져있던 아키치가 관리되었다.

시바 토미야마쵸芝富山町와 기타신몬젠쵸北新門前町의 아키치에 관한 기록[47]에는 마장馬場 주변을 두르는 3척 높이의 대나무 울타리와 두 개소의 키도木戸 설치를 허가해달라는 청원이 등장한다. 해

[47]
원문: 「馬場土手之下前通ニ高サ三尺之竹矢来仕入口弐ヶ所木戸ニ仕度奉願候」『코호선요유집』「아키치부明」(上ノ上) 4건

당 사료에는 울타리와 문을 설치하여 관리하고 있으나 이외에 가설점포를 설치하기도 하였다.

아키치 중에는 관람할 수 있는 자리 혹은 가설물을 설치하기도 하였다.[48] 이러한 관람을 위한 가설물을 설치하여 수입을 올리는 행위에 대하여 벌금 혹은 철거가 명해지기도 하였다.[49] 그러나 쵸닝이 마장을 본인의 비용으로 만들면서까지 아키치를 관리하고자 하는 것은 쵸닝 본인의 이익을 노렸기 때문인 것으로 추측된다. 쵸닝은 막부와의 이해관계 속에서 이익을 얻는 합법과 위법 사이를 오가며 아키치를 관리하였다.

[48] 원문: 「乗場稽古之節者歴々方ニ茂御出被成候得共腰掛ヶ無御座候間土手際馬見所三ヶ所仕度奉願候」『쿄호선요유집』「아키치부」(上ノ上) 4건

[49] 원문: 「腰懸をならへ置見物人立寄候得者茶代与名付少々宛鳥目取候」『쿄호선요유집』「아키치부」(上ノ上) 4건

아키치 내의 금지 사항

1732년의 [사료2]에 의하면 마치부교는 아키치가 다른 용도로 변경되는 것을 방지하려고 하나, 로쥬는 건조물 없이 지면만 빌리는 경우에는 용도변경이 가능하다며 아키치에 대한 용도변경의 여지를 주고 있다. [사료2]와 같이 쿄호기1716~1735에 조성된 아키치에는 방화를 위해 여러 가지 행위가 규제되었으나 반복적인 쵸닝의 청원으로 규제가 완화된다.

쿄호기 아키치의 금지내용과 그에 따른 쵸닝의 청원에 관해서 [표2]를 통해 살펴보겠다.

1) 창고지의 금지

1722년 이전에는 아키치에 창고를 건축할 수 있는 창고지의 청원이 불가능했으나 이후 조사하여 허가하였다.[50]

[50] 원문: 「江戸中所々明地ニ蔵建候儀自今ハ不申付筈ニ候、然共無拠訳も候ハヽ遂吟味可申候間、左様之類斗可申出猥りニ蔵地願出申間敷候事」『쿄호선요유집』「아키치부」(上ノ下) 4건

[표2] 아키치에서의 금지내용

사료시기	사료내용	금지내용
1720년	므라마츠쵸村松町 창고지를 청원하였으나, 히로코우지에 창고지 금지[51]	창고지
1722년	에도 곳곳의 아키치에 창고 건설 금지[52]	창고지
1726년	수로변 상업용 장작 쌓기 금지[53]	장작 쌓기
1727년	모닥불 정지[54]	모닥불
1728년	창고 건축 시 9척씩 띄워 건축할 것[55]	연속된 건축물
1732년	상업용 장작 쌓기 금지[56]	장작 쌓기
1732년	주거 금지[57]	주거
1732년	히요케치에 다이치로 청원하여도 불가[58]	용도변경

2) 대나무, 장작 쌓기 금지

1726년享保11에는 수로변에 상업용 대나무와 장작을 쌓아두는 것이 금지된다. 사료를 보면 대나무와 장작을 쌓아두는 행위가 금지되며 이와 관련된 생업을 하던 임대인들이 다른 장소로 이전하였다. 따라서 쵸닝은 과반의 임대지가 비어 궁핍함을 호소하며 상업 활동을 위한 대나무와 장작 쌓기를 허용해 달라고 청하고 있다.[59] 막부는 대나무와 장작 쌓기를 허용하되, 이들을 쌓는 높이를 3척90.99㎝으로 하고, 화재 시 대나무나 장작에 불이 옮겨 붙지 않게 할 것을 조건으로 제시하였다. 점차 대나무와 장작을 쌓는 행위에 대한 금지는 청원으로 완화되었다.

3) 모닥불의 금지

아사쿠사, 텐노쵸 일대의 아키치에서는 모닥불이 금지되었지만 1721년에 풍로風爐를 청원하여 허가받는다. 그러나 풍로만으로는 쌀장사, 창고, 숙소의 식사를 준비하는 것이 어려워 모닥불의 사용을 청원하였다.[60]

[51] 『쿄호선요유집』「아키치부」(上ノ上) 2건

[52] 『쿄호선요유집』「아키치부」(上ノ上) 4건

[53] 『쿄호선요유집』「아키치부」(上ノ上) 9건

[54] 『쿄호선요유집』「아키치부」(上ノ上) 13건

[55] 『쿄호선요유집』「아키치부」(上ノ上) 15건

[56] 『쿄호선요유집』「아키치부」(上ノ上) 22건

[57] 『쿄호선요유집』「아키치부」(上ノ下) 24건

[58] 『쿄호선요유집』「아키치부」(上ノ下) 25건

4) 건물의 연속 건축의 금지

사쿠마쵸의 기록에 의하면 창고를 건축할 때, 창고와 창고 사이를 9척272.97㎝씩 띄워 건축하도록 결정되어 있었다. 이는 화재 시 불이 옮겨 붙는 것을 방지하기 위한 방편이었다. 이후, 쵸닝은 9척씩 띄워 건축하는 것에 대하여 완화해 줄 것을 청원하고 이에 대하여 허가를 받는다.

5) 주거의 금지

[표2]의 7행은 칸다 미카와쵸로부터 동측의 이와이쵸까지 설정된 히요케치에 관한 사료로, 모토치에 돌아가고자 하는 청원에 대한 대답의 일부이다. 창고지로 청원한 경우 물품에 따라 허가하지만 주거는 강하게 금지한 사실을 확인할 수 있다.

6) 용도변경의 금지

[사료2]는 마치부교가 로쥬에게 보내는 문서로 아키치를 지금까지는 청원자가 있을 때에는 다이치로 변경하였으나 이후에는 아키치를 쵸닝치 혹은 부케치 등의 토지로 변경하는 것을 금지하고자 하는 내용을 질의하고 있다. 이에 로쥬는 아키치를 쵸닝치 혹은 부케치 등의 토지로 변경하는 것은 금지하여도, 건조물을 세우지 않고 지면만을 빌려 사용하는 청원인에게는 허가 한다고 회신하였다.

쿄호기의 금지내용으로부터 파악한 막부 측의 아키치 이용에 대한 방침은 아래와 같다.

(1) 아키치의 지면만 빌려 마장과 재배장 등으로 사용하는 경우는 권장한다.

(2) 아키치에 주거지는 허가를 금한다.

(3) 아키치에 창고지는 조사하여 허가한다.

[59]
원문: 「借地之もの共他所江引越過半明地ニ罷成、町役等も難相勤躰ニ而至極困窮仕候、依之此度右蔵地河岸通江商売之竹木薪少々宛差置候儀御免被成下候様相願申候、尤竹木者立置薪之儀ハ高サ三尺限り差置万一出火等御座候而茂、竹木薪江一切火移シ申間鋪旨相願之候」『쿄호선요유집』「아키치부」(上ノ上) 9건

[60]
원문: 「右場所焚火御停止ニ付、六年以前寅七月相願しちりん壱ッ宛是又願之通被仰付」、「右町々之者共ハ米商売蔵宿共ニ而御座候、然処右しちりん火鉢斗ニ而ハ朝夕之食事難調」、「只今有来候八間通之蔵之内ニ而焚火御免之儀も相願候、火之元之儀随分入念出火不仕候様ニ相互ニ申合吟味可仕候」『쿄호선요유집』「아키치부」(上ノ上) 13건

(4) 아키치에서는 항상 화재에 경계하고 모닥불, 대나무 혹은 장작을 쌓는 행위를 금한다.

위와 같은 막부의 방침에도 불구하고 쵸닝은 끊임없이 청원을 통하여 금지내용을 완화시켰고, 아키치는 용도변경의 여지를 가지고 있는 가변적인 공간으로 에도에 존재하였다.

아키치의 변용

쿄호기의 「아키치부」에 따르면 막부는 1718년, 1740년元文5, 1747년延享4 3회에 걸쳐 에도의 아키치를 조사하였다.
아키치는 시기별로 어떻게 변화하는가?

[사료8] 1747년 2월 9일 니시오 오키노카미도노가 전달한 문건.[61]

마치부교에게
곳곳의 아키치에 있는 가설점포를 5월 31일까지 철거할 것.
2월
1747년 2월 9일, 니시오 오키노카미도노가 전달한 문건
마치부교에게
곳곳의 아키치에 가설점포가 설치되어 있는데 이곳은 방화의 장소이므로 남김없이 철거한다.
하나, 가설점포를 철거하면 아키치는 주변에 만석 이상 혹은 만석 이하라도 무사필지에 맡겨 관리한다. 만석 이하라면 3~4인이 조를 이루어 관리하는 것이 적당하며, 아키치의 가까운 순서로 담당한다.
둘, 아키치가 쵸에 있으면, 그 쵸닝치 중에 맡겨 나누시에게 지배를 명한다.
셋, 지금까지 아키치 내 가설점포에서 상업 활동을 하다 점포 철거 이후 생계가 어려워진 자는 사사경내의 장소를 임대하여 이동할 것을 명한다.
넷, 료코쿠바시와 오오바시 앞 아키치는 가설점포를 지금과 같이 설치하여도 좋다.
사사경내를 임대하는 경우 지샤부교와 논의해야한다.

[61] 『쿄호선요유집』 「아키치부」(上ノ上) 58건

延享四卯年二月九日西尾隠岐守殿御渡候御書付
町奉行江
所々明地二有之床見世其外, 見世物賣物等囲店, 五月晦日限二引拂候様可被致候,
二月
延享四卯年二月九日, 西尾隠岐守殿御渡候御書付
町奉行江
所々明地床見世其外見世物賣物等囲店有之候, 火除之場所二候間, 不残取拂候様可申聞候
一, 右取拂候ハヽ跡明地之儀近辺之万石以上又者万石以下二而も, 武士屋敷江預ヶ支配致させ可申候, 万石以下二而候ハヽ三四人も組合候様二成共申付可然候間, 明地之向寄次第致了簡可被相伺候,
一, 町之中二候ハヽ其町中江預ヶ候而, 名主致支配候様可被申付候
一, 只今迄明地二居候而, 見世物売物等致候者, 渡世難成難儀候ハヽ, 前々之通寺社境内之中場所相対次第二借候而, 引移候様二可被申付候
一, 両国橋新大橋向前明地之儀ハ取拂候二不及, 只今迄之通二差置可申候
右之趣可被得其意候, 寺社境内之内借り候儀者寺社奉行江茂相達候間, 可被談候
二月 (後略)

1732년의 [사료2]에 따르면 쿄호기에는 쵸닝이 아키치를 빈 공간으로 유지하면서도 지면만 이용하는 경우라면 막부 측이 조사 후에 쵸닝에게 임대하였다. 실제 같은 해에 작성된 [사료3]에 의하면 사쿠마쵸1쵸메, 2쵸메, 마츠나가쵸, 우에노쵸 다이치의 경우 마치야로 변용되었다. 그러나 1747년 2월 9일에는 당시의 로쥬인 니시오 오키西尾隠岐守가 마치부교에게 에도 곳곳의 아키치에 있는 상업을 위한 가설물을 5월까지 철거하라 명하고 있다. [사료8]에는 지금까지 아키치에 있던 가설물을 철거하라는 명령과 이에 따라 아키치를 어떻게 관리해야 하는지를 제시하고 있다.

아키치를 관리하고 있었던 가설물이 철거되면 아키치의 관리는 어떻게 이관될까?

아키치의 관리는 아키치의 입지에 따라 좌우되는데, 우선 아키치가 부케치 사이에 있는 경우는 아키치에서 가깝고 편리한 순으로 주변의 무사필지에 맡겨 관리되었다. 아키치가 쵸닝치 사이에 있는 경우는 가까운 쵸에 맡겨져 해당 쵸의 나누시名主가 관리하였다. 아키치에 가설 상업시설을 설치하여 생업을 담당한 경우에는 철거 이후 생계가 곤란해지므로 막부는 사사경내의 토지를 빌려주는 대안을 제시하였다. 사사경내를 빌릴 때는 지샤부교에 신고하고, 상담할 것도 제시하고 있다. 이유는 상세하지는 않지만 료고쿠바시両国橋, 신오오바시新大橋 교량 앞의 아키치에 있던 가설 상업시설은 예외적으로 철거하지 않고 지금까지와 같이 상업시설을 통하여 아키치를 관리하여도 좋다고 기록되어 있다.사료8

1747년이 되면 료고쿠바시, 신오오바시 앞의 아키치를 제외한 모든 아키치에서 가설 상업시설이 철거된다. 1727년 6월 3일, 마치부교가 당시 로쥬인 혼다 호우키노카미本多伯耆守에게 보낸 문서에서 철거가 완료되었음을 확인할 수 있다.

[사료9] 1747년 6월 20일 이타쿠라 사도노카미도노가 전달한 문건.[62]

마치부교와 후신부교에 전달된 문서

하나, 한조몬 밖 수로변에서의 염색을 금지하고, 말뚝과 삼나무를 철거한다. 이외의 장소에서도 이와 같은 행위를 금지한다.

둘, 타야스몬 밖 인삼재배지 옆 삼나무를 제거하고 둑방만 남겨둔다. 특히 수목을 제거하여 둑방이 파손된 곳은 수선한다.

셋, 같은 곳 아키치 내 마장의 가로수, 벚꽃, 이나리신사는 그대로 두고 그 외에는 정리한다.

단, 사당은 최근에 생겼으므로 궁을 만들 때 철거한다.

넷, 죠죠지사원 앞 아키치의 소나무는 제거하고 마장도 철거한다. 둑방의 대나무 울타리도 철거 한다.

[62] 『교호선요유집』「아키치부」(下) 64건

다섯, 코비키쵸, 코우지쵸 아키치의 마장도 철거하고 대나무 울타리도 철거한다.

여섯, 곳곳에 있는 아키치는 위의 내용에 준해서 정리한다.

일곱, 곳곳에 있는 아키치에 쓰레기를 버리는데 향후 관리자가 이를 금지한다.

여덟, 아키치 내에 미리 도면을 제출하여 배차지에 창고 혹은 마치야를 건축한 것은 그대로 둔다.

아홉, 재배지 등에 초소라 하여 작은 건조물을 건축하는 것도 불가하다.

단, 혼돈되는 곳이 있다면 조사하거나 질의한다.

열, 곳곳에 있는 아키치의 향후 담당은 마치부교, 후신부교의 협의로 결정한다.

열하나, 약초재배 배차지 및 마치야지 등 배차지가 있다면 조사하여 보고한다.

延享四卯年六月廿日板倉佐渡守殿御渡候御書付

町奉行, 御普請奉行 江可達覚

一, 半蔵御門外御堀端藍作之儀相止, 杭木杉等取拂ハせ可申候, 此外ニ茂右請合之場所有之候ハヽ相止候積りニ可被伺候事

一, 田安御門外人参植溜之脇, 杉伐拂土手斗ニ致可置候, 尤土手等損候所者繕可申事

一, 同所明地馬場, 其侭差置並木ニ有之桜も差置可申候, 稲荷有之候間, 外江片付可申事

但祠ニッ近き頃出来候由, 左候ハヽ宮建候もの江引取らせ可申事

一, 増上寺前明地並松伐拂, 馬場も取拂等土手ニ竹矢来ニ而も可申付哉

一, 木挽町糀町明地馬場取拂, 竹矢来ニ而も可致哉

一, 所々明地右ニ准し片付之儀可有了簡事

一, 所々明地江塵芥捨候ニ付, 向後預り之者江急度申付相止候様ニ可致事

一, 明地之内先達而差図相済候拝借地ニ, 蔵又者町屋建候分者其侭差置候事

一, 植溜等ニ而も番屋と名付, 小家等建候様成場所ハ一向不相成事

但此類之中紛敷所も有之候ハヽ遂吟味猶又可被伺候

一, 所々明地向後持場之儀町奉行御普請奉行申談一紙ニ認可被伺候

一, 薬草植溜拝借地, 并右ニ付町屋敷等拝借之もの有之候ハヽ遂吟味不残可被書出事

[사료10] 1747년 7월 20일 이타쿠라 사도노카미도노에 올라간 문건.[63]

곳곳의 아키치에 관하여 보고함.
죠죠지사원 앞 아키치 가로수, 소나무 철거, 마장은 그대로 두고, 코비키쵸, 코우지쵸의 카가필지, 아카사카 야나기하라 마장도 지금과 마차가지로 두고, 그 이외에는 남기지 않고 철거한다.
4월 9일

마치부교, 후신부교

곳곳의 아키치에 대하여 전월 20일에 명한 정리의 건을 아래와 같이 보고한다.
하나, 한조몬 밖 코우지쵸1쵸메부터 7쵸메까지, 히라가와쵸 아키치, 미카와쵸부터 이와이쵸까지, 사쿠마쵸부터 신바시까지, 아사쿠사 텐노쵸부터 쿠로후나쵸까지의 아키치에 염색장 금지, 말뚝과 삼나무 등 철거, 염색장 도면 4장을 제출한다.
둘, 타야스몬 밖 인삼재배지 옆 삼나무를 철거하고 둑방만 남겨둔다. 수목 제거로 손상된 둑방을 수선하고 삼나무를 제거하는데 비용이 든다. 과거 아키치를 관리하던 청부인이 심은 삼나무도 있는데, 이것은 청부인이 제거하게 한다. 지금까지 입구의 키도를 청부인이 담당했는데 무익한 키도도 있으므로 이를 그만두고 청부인에게 둑방 수선 등을 명한다.
셋, 동소 아키치 마장 및 가로수로에 있는 벚꽃과 신사는 그대로 두고, 그 이외는 정리한다.
단, 사당은 두고, 궁을 조영할 때 철거한다.
넷, 죠죠지사원 앞 아키치에 있던 소나무와 마장은 철거하고 비워둔다.
다섯, 죠죠지사원 아키치 내 마장 1개소, 코우지쵸 아키치 내 마장 1개소, 카가필지 아키치 내 마장 1개소, 아카사카 이마이다이 아키치 내 마장 1개소, 야나기하라 신바시 마장 1개소, 도합 5개소도 철거한다. 관리자는 곳곳의 아키치에 악한 무리가 모이지 못하게 관리한다. 관리자가 출입 제한을 위하여 울타리를 설치할 수 있다.
여섯, 관리자는 곳곳의 아키치에 쓰레기를 버리지 않도록 관리한다.
일곱, 과거 아키치 내 허가한 배차지에 창고 혹은 가옥을 지은 경우 그대로 둔다. 도면 9장을 제출한다.
여덟, 이번에 철거한 아키치 내의 재배지 등에 있는 초소는 철거한다. 곳곳의 아키치 내에 이나리신사가 있어 히요케치로 수용되지 못했던 곳의 이나리신사는 그대로 둔다. 이후 신규로 생기는 이나리신사는 철거한다.
아홉, 모든 아키치를 나누어 마치부교, 후신부교는 각각의 담당 아키치를 인지하고, 별지로 제출한다.

[63]
『교호선요유집』「아키치부」(下) 67건

지시에 따르고 이외는 문의한다. 이상.

7월

노세 비고노카미

바바 사누키노카미

카토 비고노카미

미즈타니 시나노노카미

1747년 7월 20일 이타쿠라 사도노카미도노에 올림.

곳곳 히요케치 관리자 및 관리구역을 보고함.

지시에 따름.

4월 9일

마치부교, 후신부교

延享四卯年七月廿日, 板倉佐渡守殿江上ル

所々明地之儀二付申上候書付

増上寺前明地並木松伐拂, 馬場者其侭差置可申候, 木挽町, 麹町加賀屋敷, 赤坂柳原馬場も, 只今迄之通差置可申候, 其外者不残伺之通可仕旨被仰渡, 奉畏候

辰 四月九日

町奉行

御普請奉行

所々明地之儀二付, 先月廿日被 仰渡候趣奉承知, 片付之儀左二申上候,

一, 半蔵御門外, 麹町壱町目より七町目迄, 并平川町明地三河町より岩井町迄, 佐久間町より新シ橋迄, 浅草天王町より黒船町迄之明地, 藍作場御座候, 此分不残藍作為相止, 杭木杉等為取拂可申候, 則藍作場絵図四枚差上申候

一, 田安御門外人参植溜之脇, 杉伐拂, 土手斗二致し可申候, 尤土手損候所, 繕可申候, 杉伐拂候二付, 御入用茂相掛申候, 先達而明地請負人ともより植置候, 杉二御座候間, 右之もの共江為伐拂候様二可仕候哉, 只今迄入口木戸請負人より仕候得共, 無益之木戸二御座候間, 相止, 土手繕等も請負人江可申付候

一, 同所明地馬場其侭差置, 並木二有之桜者其侭差置可申候, 稲荷之社有之候間, 外江片付可申候,

但, 祠二ッ御座候間, 宮建候者江引取せ可申候

一, 増上寺前明地並木松伐拂馬場も取拂明地二致置可然奉存候

一, 木挽町明地之内馬場壱ヶ所, 麹町明地之内馬場壱ヶ所, 加賀屋敷明地之内馬場壱ヶ所, 赤坂今井台明地之内馬場壱ヶ所, 柳原新シ橋馬場一ヶ所, 都合五ヶ所共, 取拂ハせ可申候, 所々明地悪党者集不申様, 預り之者江急度可申付候, 預り之者方よりメり之ため矢来二而も仕度由申候ハヽ, 勝手次第たるへき旨挨拶可仕候,
一, 所々明地江塵芥等捨候儀仕間敷旨, 預り之もの江急度可申渡候, 塵芥等捨申間敷旨札立可申候
一, 明地之内先達而御下知相済候拝借地二, 蔵又者町屋建候分者, 其侭差置可申候, 則絵図九枚差上申候
一, 此度取拂被 仰付候明地之内植溜等二ても番屋等不残取拂申付候, 所々明地之内, 稲荷社御座候火除地二不被 召上候以前より有来候社者, 其侭差置可申候, 其以後新規二出来候社者取拂候様可申付候
一, 所々明地之分仕分ヶ候而町奉行御普請奉行持場相認, 并明地御預ヶ可被 仰付儀, 別紙相認奉伺候, 尤絵図一冊差上申候
右之通奉伺候, 右之外相窺候儀者追々可申上候, 以上
七月

能勢肥後守
馬場讃岐守
加藤備後守
水谷信濃守

延享四卯年七月廿日板倉佐渡守殿江上ル
所々火除場明地御預ヶ并私共持場之儀申上候書付
伺之通可仕旨被仰渡, 奉畏候
辰 四月九日

町奉行
御普請奉行

[사료9]는 1747년 6월에 로쥬 이타쿠라板倉佐渡守가 마치부교와 후신부교普請奉行[64]에 전달한 문서이다. [사료10]은 이에 대한 마치부교와 후신부교의 승부承付[65]와 그 내용을 정리한 것이다. [사료9]의 내용을 보면 로쥬가 곳곳의 아키치에 설치된 마장과 말뚝을

[64]
후신부교(御普請奉行)란 에도시대 역직의 하나로, 에도성 내외의 각 시설의 신축, 수리, 토목 공사, 정비 및 관리를 담당하였다.

[65]
로쥬의 명령에 '알겠다'는 승(承)을 넣어 승부(承付)라 한다.
藤田　覚, 「幕府行政論」, 『日本史講座』 6, 東京大学出版社, 2005

철거하라고 명하고 있다. 7번째 항목에 미리 도면을 제출하여 허가받은 아키치 내부 임대지에 창고 혹은 주거지를 세운 경우 사용을 허가하는 내용이 들어있다. 9번째 항목에는 아키치의 새로운 관리자를 마치부교와 후신부교가 협의하여 정하라고 적혀 있다. 이는 앞서 서술한 [사료8]과 연결되는 내용으로 1747년에는 아키치에 설치되었던 가설점포를 대대적으로 정리하였다. 1747년 이전에는 아키치에 가설점포를 허가하여 아키치를 관리했으나, 이 시기를 기점으로 새로운 관리자를 통해 아키치의 관리가 분담되기 시작한다.

[사료9]와 [사료10]에 따른 로쥬과 마치부교, 후신부교의 동향에는 쵸닝의 호소가 있었던 것으로 추측된다. 철거된 가설점포商番屋를 대신하여 우시고메에 있는 사원穴八幡放生寺의 임대지에 가설점포의 설치를 청원하였다.[66] 그러나 가설점포를 허가하면 이후 가설 상업시설을 설치하고자 하는 청원이 끊이지 않을 것이라 판단하고 일절 금지하였다.[67]

[66] 원문: 「所々明地之内ニ有之候商番屋等不残取拂申付候、然処牛込穴八幡放生寺拝借地之内番屋一ヶ所相建申度旨相願、寺社奉行より申上候ニ付」『쿄호선요유집』「아키치부」(下) 71건

[67] 원문: 「外々明地之内ニ番屋等一切差上申間敷旨被 仰渡候」『쿄호선요유집』「아키치부」(下) 71건

이토 요시이치伊藤好一는 연구서[68]에 아키치가 번화가가 되면서 그 성격이 변하였음을 지적하였다. 그 내용을 검토하면 가설상업시설의 부흥은 1859년安政6 10월에 칸죠부교勘定奉行 마츠다이라 시키부노쇼松平式部少輔近韶 등이 로쥬 마츠다이라 이즈미노카미松平和泉守에 건의하여 계획한 것으로, 이는 당시 아사쿠사, 혼죠의 창고 수리비 및 각 비용의 충당을 위하여 아키치를 가설상업시설로 빌려주고 임대금을 징수하려는 계획이었다. 이는 쿄호기1716~1735 에도 있었던 아키치의 형태로 에도의 도시공간 중에 아키치는 점유와 점유 금지를 반복해가며 변모하였음을 시사한다.

[68] 伊藤好一,『江戸の町かど』, 平凡社, 1987, 52쪽

이토가 언급하고 있는 안세이기安政期, 1854~1860의 가설상업시설의 부흥은 아키치의 변화가 막부 즉 지배계층의 주도로 이루어졌다는 부분도 주목된다. 더불어 아키치가 성격이 변한 것은 아키치가 가지는 가변성에 기인한다.

에도의 가변 공간인 아키치

본 장에서는 에도 막부가 조성한 히요케치를 쵸닝이 어떻게 이용했고, 막부가 어떻게 관리하였는지 검토하였다.

막부는 아키치를 누군가에게 맡기는 것으로 관리와 재정수입의 증대 모두를 꾀하였다. 막부는 아키치를 화재 대책으로 비워두면서도 아키치를 최대한 이용하였다. 또, 쵸닝에게 있어서 아키치는 관리를 조건으로 '사용권'을 획득할 수 있는 토지였다. 이 양자의 이해관계 속에서 에도 전역에 퍼져있었던 아키치가 관리되었다.

또한 양자의 이해관계의 변화는 아키치의 성격을 변화시켰다. [표1]은 [사료1]을 바탕으로 각 지역이 언제 어떻게 변용되었는지 작성한 것이다. [표1]에 의하면 막부 소지였던 아키치는 마장이나 약초재배지 등으로 지면을 임대하는 경우에서 창고지, 상납지와 같은 건물을 지을 수 있는 토지로도 변용되었다. 이는 막부의 소지임에는 변함없으며 이용만이 변화한 경우이다. 아키치가 지면 임대, 창고지, 상납지로 변용되면 쵸닝에게도 막부에게도 수입이 발생한다. 또 아키치가 다이치 등 쵸닝치가 될 경우 이용뿐 아니라 소유도 변용된다. 에도의 도시공간에서 아키치의 성격이 가장 많이 바뀌는 경우는 아키치가 개인의 소유가 되는 것이었다.

아키치의 가변성은 에도의 도시공간에서 왜 중요한 요인인가. 우선 도시계획 당시부터 아키치인 토지도 있었지만 대부분은 이후에 설정된 토지였다. 이와 같이 설정된 아키치는 본래 쵸닝치, 부케치였으나 아키치의 설정으로 쵸닝치와 부케치는 다른 지역으로 이전한다. 비워진 아키치는 변용을 반복하고 이전의 토지 대신 새롭게 주어진 다이치도 변용을 반복하며 에도의 도시공간은 재편성되어 갔다.

04
에도의 다이치

에도의 다이치

에도는 반복되는 화재를 막기 위한 대책으로 히요케치를 확보하려는 계획을 세웠다. 히요케치로 지정된 쵸의 쵸닝은 다른 지역에 대신하는 토지, 즉 다이치를 부여받고 이전한다. 『에도연혁도서』[1]를 보면 에도 전역에 굉장히 많은 수의 '다이치'가 존재한다. 다이치란 수용된 토지를 대신하여 주어진 토지를 이르는 말로 일단 다이치가 주어지면 그 토지는 '○○다이치'라 불리는 것이 일반적이다. 그리고 이전하기 전의 토지라는 의미로 모토치元地라는 개념이 생겨난다. 예를 들어 기존 모토치의 쵸명이 사쿠마쵸佐久間町이면 다이치명은 사쿠마쵸 다이치佐久間町代地가 된다.

토지 수용 배경에 존재하는 시책 측의 의도는 무엇일까. 히요케치火除地를 설정하고 다이치를 부여하기 위하여 이전지를 조성하는 과정 속에서 에도 중기의 도시 동향, 즉 에도의 확대 및 재편성에 관하여 논의하고자 한다.

다이치의 이동은 『에도쵸감』[2], 『에도연혁도서』, 『도쿄시사고 시가편』[3]을 참조하고 GIS를 이용하여 지도상에 나타내었다. 보다 많은 다이치의 이동을 조사하기 위하여 안에이기安永期, 1772~1780까지의 다이치는 『에도쵸감』을 기본 자료로 하였으며, 안에이기 이후의 다이치는 「에도도」인 『에도연혁도서』로부터 추출하고, 그 이외에는 『도쿄시사고 시가편』으로 보충하였다.

이상의 방법으로 나타낸 「에도의 다이치 이동도」로부터 모토치에서 다이치로 이동한 경향을 분석하고 문헌사료인 『도쿄시사고 시가편』을 이용하여 히요케치 설정부터 다이치 설정까지 그 경위를 규명하였다.

[1] 『에도연혁도서御府内沿革図書』, 原書房, 1986

[2] 『에도쵸감安永三年小間附北方南方町鑑』, 東京都公文書館, 1990

[3] 『도쿄시사고 시가편東京市史稿, 市街篇』, 東京市役所, 1911

다이치의 실태와 유형

다이치의 실태

1774년安永3『에도쵸감』에 따르면 에도 전역의 쵸의 수는 1,708개, 그 중 다이치는 137개로 기록되어 있다. 이는 안에이기1772~1780에 나누시조직名主番組[4] 별로 조사한 내용으로 당시 다이치 수로 추정되지만 계산 방법에 관해서는 확인되지 않는다. 이를 기초 자료로 하여『에도연혁도서』와『도쿄시사고』를 활용하여 다이치 개수를 보충한 결과 에도기에 다이치는 259개소가 있었던 것으로 추정된다. 세는 방법은 하나의 모토치에 복수의 다이치가 부여된 경우 모두 세었다. 하나의 모토치에 대하여 1개소부터 7개소의 다이치가 부여된 경우까지 있다. 또 다이치가 수회 이전한 경우도 존재한다.

[4] 에도의 쵸는 나누시(名主)라는 쵸의 대표가 지배했다. 다시 이 나누시는 마치부교(町奉行)의 말단으로 마치부교는 에도를 23개 지역으로 나누시 조직(名主番組)을 나누어 관리하였다.

다이치 유형은 다음 절에서 서술하며, 본 절에서는 이와 같은 자료를 바탕으로 다이치가 언제, 어떠한 목적으로 어떤 장소에 주어졌는지 살펴본다.

1) 쵸닝치가 수용된 시기

[표1]에서 시기별 수용 목적을 살펴보자. 쿄호기享保期, 1716~1735에 쵸닝치의 수용과 다이치의 부여가 가장 활발히 이루어졌다. 대화재가 유독 많았으며, 막부가 히요케치를 설정하고자 하는 의욕이 강했던 시기이기도 하다. 쿄호기 이전에는 겐록기元禄期, 1688~1704의 다이치 설정이 30%를 차지하며, 쿄호기 이후에는 대부분의 다이치가 칸세이기寬政期, 1789~1801에 주어졌으며 그 수는 많지 않다. 즉 에도시기의 다이치 이동은 대부분이 겐록기1688~1704와 쿄호기1716~1735에 이루어졌다.

[표1] 시기별 수용 목적

시기		겐록기 이전 1603~1687	겐록기 1688~1704	겐록기 이후 교호기 이전 1704~1715	쿄호기 1716~1735	쿄호기 이후 1736~	합계
코우기치公儀地	히요케치 火除地	2	19	9	76	9	115
	히로코우지広小路	0	13	0	3	0	16
	길道 · 수로堀	8	16	5	20	4	53
	기타 시설	4	6	0	0	1	11
부케치武家地		4	18	4	0	0	26
지샤치寺社地		0	9	0	0	0	9
쵸닝치町人地		0	1	0	1	0	2
불명		11	2	0	11	3	27
합계		29	84	18	111	17	259

2) 시기별 수용 목적

막부가 쵸닝치를 수용할 때, 그 목적은 무엇이었을까? 쵸닝치는 코우기치, 부케치, 지샤치 혹은 다른 쵸닝치에 부여하기 위하여 수용되었다. 코우기치에는 히요케치, 히로코우지, 길, 수로 등의 기반시설[5], 막부 소지 시설[6] 등이 포함된다. [표1]에서 수용된 시기와 수용된 목적을 겹쳐보면 시대별 수용의 목적을 알 수 있다. 또한 [표1]에 지역을 겹쳐보면 막부가 특정 시기에 특정 지역에 무엇을 계획하였는가를 추측할 수 있다.

[표1]에 의하면 우선 겐록기1688~1704는 아키치의 일종인 히로코우지, 부케치, 지샤치를 조성하기 위하여 수용이 이루어졌으며, 쿄호기1716~1735에는 히요케치와 기반시설 정비를 위하여 수용이 이루어졌다. 지역을 살펴보면 1690년元禄3 니혼바시日本橋 남측에 모토다이쿠쵸元大工町 히로코우지가 생겼고, 1698년元禄11에 시타야 근처의 대화재[7]로 불탄 이후 지샤치 조성을 위해 수용된 사실이 확인된다. 또 1697년~1700년元禄10~13 이후 아자부, 혼쵸, 후카가와를 중심으로 쵸닝치를 수용하여 이를 부케치로 전환하였다.

[5] 기반시설은 길, 수로, 둑방, 다리 등을 포함한다.

[6] 관청필지(御役屋敷), 성문(御門), 곡식창고(米蔵) 등을 포함한다.

[7] 斎藤月岑, 『武江年表 1』, 平凡社, 2002, 98~99쪽

쿄호기1716~1735 중 특히 1718~1719년享保3·4, 1721~1722년享保6·7에는 스시지가이고몬筋違御門 주변에서 신바시新橋 부근까지 다수의 히요케치가 조성되었다. [그림1]에 따르면 수로 주변에 다수의 히요케치가 조성된 것을 확인할 수 있다.

이를 종합하면 막부가 방화계획의 일환으로 수로를 따라 히로코우지와 히요케치를 조성하여 화재 시 피난 통로로 설정했으며,

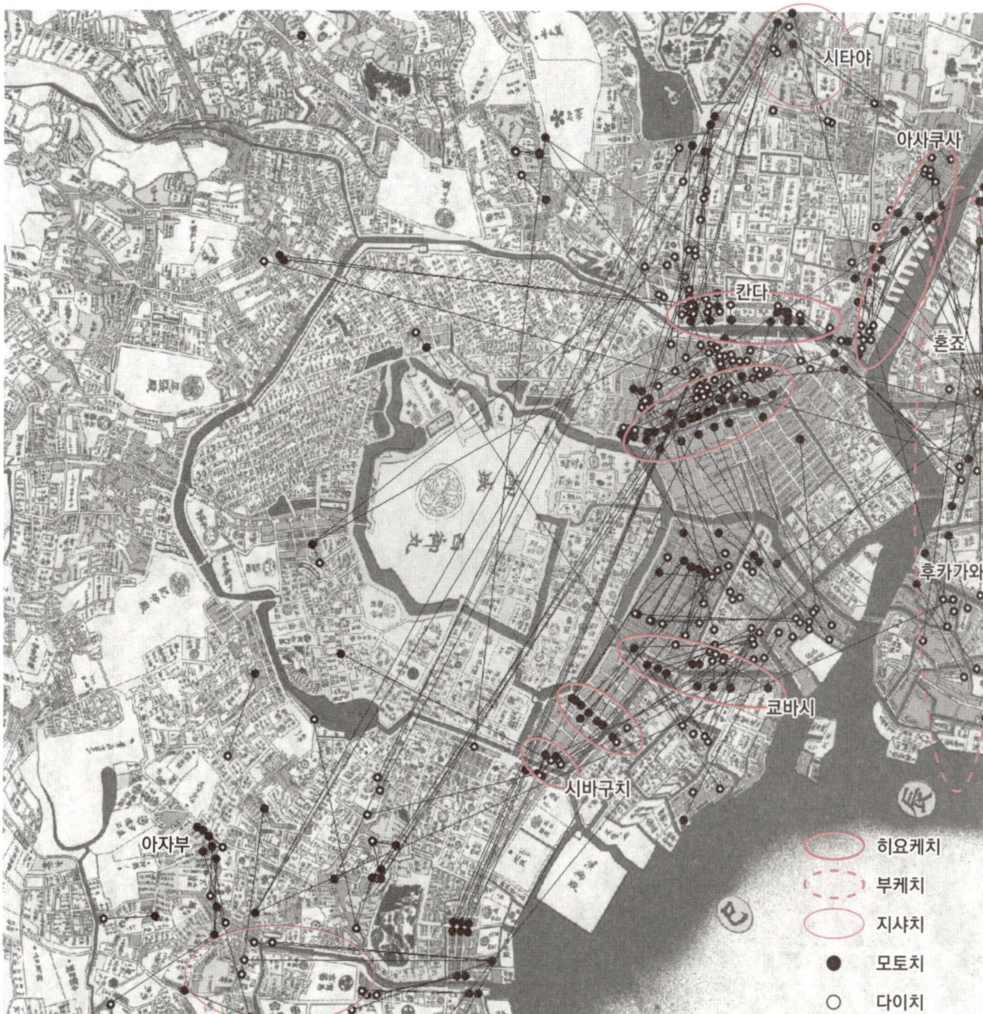

그림 1 수용 목적에 따른 모토치와 다이치의 분포

수로를 경계로 방화구획[8]을 계획했음을 알 수 있다. 또 쿄호기1716~1735에는 미나미핫쵸보리南八丁堀와 성문 주변 도로의 폭을 확장하였다.

[8] 黒木　喬, 『江戸の火事』, 同成社, 1999, 195~197쪽

3) 주어진 다이치의 위치

쿄호기1716~1735를 전후로 하여 세 시기로 나누어 다이치가 어느 곳에 주어졌는지를 검토하였다. [표2]에 따르면 겐록기1688~1704에 지샤치가 에도의 외곽으로 이전하였고 지샤치가 있었던 곳은 쵸닝치의 다이치로 채워졌다. 또 이 시기에는 수로의 매립이 활발히 일어났고 매립한 부분은 쵸닝치로 전환되었다.

쿄호기1716~1735에는 외측수로의 안측에 있었던 부케치를 외연부로 이전하고 그 빈 토지는 쵸닝치의 다이치로 치환되었다. 쿄호기 이후는 쿄호기에 조성된 수많은 히요케치가 쵸닝치로 치환되었다. 또 쵸닝치가 다른 쵸의 다이치로 주어지는 현상도 보인다. 이와 같이 다이치가 주어진 위치를 분석하여 다이치를 매개로 도시공간의 변화 및 시기별 특징을 파악하였다.

[표2] 수용의 시기와 주어진 다이치의 입지

시기		겐록기 이전 1603~1687	겐록기 1688~1704	겐록기 이후 쿄호기 이전 1704~1715	쿄호기 1716~1735	쿄호기 이후 1736~	합계
코우기치公儀地	히요케치	7	22	3	8	8	48
	길道 · 수로堀	1	17	1	0	0	19
부케치武家地		8	25	9	83	6	131
지샤치寺社地		1	0	2	1	0	4
쵸닝치町人地		8	5	0	15	2	30
불명		4	15	3	4	1	27
합계		29	84	18	111	17	259

다이치의 유형

1) 나누시 지배에 따른 유형

본 절에서는 에도 전역에 산재해 있던 다이치를 유형화하여 다이치의 성격을 규명한다. 일반적으로 알려져 있는 다이치의 기본 유형은 쵸의 일부가 수용되어, 일부는 그대로 있고 수용된 일부만 다른 지역에 대신하는 토지인 다이치가 주어지는 지배지속형이다. 다이치를 유형화하기 위해 다이치의 나누시名主[9] 지배 형태, 다이치의 이동 횟수, 수용 범위, 주어진 다이치의 개수 등을 고려하여 [표3]과 같이 정리하였다. 우선 다이치가 주어진 후 지배나누시의 변화에 따라 지배지속형, 지배변화형, 지배독립형으로 유형화하였다.

[9] 나누시(名主)란 에도시대 막부 직할지의 쵸의 대표로 신분은 쵸닝이다.

(1) 지배지속형(A-A'TYPE)

지배지속형은 다이치가 다른 지역에 주어져도 모토치와 같은 기존의 나누시가 다이치를 지배하는 유형이다. 기존 쵸의 수용 범위에 따라 다른 양상을 보인다. 또, 주어진 다이치가 다시 수용되어 다른 곳으로 이전하는 경우, 몇 개소로 나뉘어져 다이치가 주어지는 경우 등으로 다양하게 전개된다.

지배지속형은 모토치와 다이치가 공존하는 유형으로 가장 일반적인 유형이다. 이 유형은 기존의 쵸가 완전히 피해를 입은 경우와 부분적으로 피해를 입은 경우로 나뉜다. 기존의 쵸가 전소한 경우에는 히요케치로 설정된 모토치에 창고지가 허용되어 창고지와 다이치가 공존하는 경우가 많다.

한편 쵸의 일부분만 불탄 경우에는 불탄 부분만 히요케치로 설정되고 남은 부분은 모토치가 된다. 히요케치가 된 부분만이 다이치로 이전하여 쵸는 모토치와 다이치가 공존하는 형태가 된다. 전소한 경우는 막부직할령인 창고지와 쵸닝치로 구성되며, 일부분 불탄 경우는 모두 쵸닝치이다. 같은 공존이나 수용에 의해 토지의 소유가 달라지며 그에 따라 과세부담도 다른 양상을 보인다.

(2) 지배변화형(A-B'TYPE)

지배변화형은 다이치가 다른 장소에 주어지고 모토치를 지배하고 있던 나누시가 다른 나누시에게 다이치의 지배를 위임하는 유형이다. 그 중에는 다이치가 부여되는 시점에 지배를 분리하는 경우도 간혹 존재하나 대부분은 부여되는 시점에는 지배하다가 거리가 떨어져 있으므로 서서히 분리되는 유형이다.[10] 모토치와 다이치가 분리되는 유형을 하마마츠쵸浜松町의 예로 살펴보자. 하마마츠쵸는 1713년正徳3에 죠죠지사원増上寺의 앞 도로 정비를 위해 쵸 영역의 반이 수용되고 이에 대신하는 토지인 다이치가 칸다에 주어진다. 1774년 『에도쵸감』에 따르면 처음에는 쵸가 시바지역의 모토치와 칸다지역의 다이치로 분리되어도, 칸다의 다이치도 시바 하마마츠쵸芝浜松町의 나누시가 관리하였으나,[11] 1774년의 자료에 의하면 쵸명이 칸다 하마마츠쵸로 모토치인 시바 하마마츠쵸로부터 분리되었으며 그에 따라 나누시도 바뀐다.

(3) 지배독립형(ABC-D'TYPE)

지배독립형은 모토치의 일부분이 수용되어 다이치가 주어지는데 이때, 몇 개의 다이치가 모여 새로운 하나의 쵸를 형성하는 유형이다. 많이 존재하는 경우는 아니지만 주로 새롭게 쵸닝치가 된 지역新地에서 나타난다. 예를 들어 니혼바시와 쿄바시京橋 사이에 수로를 매립하며 새롭게 쵸닝치가 된 곳에 근린 쵸의 다이치가 들어서게 된다.[12] 또 아자부麻布, 혼죠本所, 후카가와深川와 같이 새롭게 개발된 지역에도 몇 개의 다이치가 모여 새로운 하나의 쵸를 형성하는 양상이 나타난다. 독립하여 새롭게 쵸를 만든 경우, 거리상의 문제로 인하여 나누시지배도 분리된다.

[10] 다이치의 유형은 『에도쵸감』으로 쵸의 형성 설명으로 분석하였다.

[11] 원문: 「右町内之儀切地ニ被召上、神田ニ而代地被下、当時者地所隔り在之候ニ付別段ニ諸事相勤候得共、元来者一町ニ而御座候、尤代地之儀名主仁左衛門支配ニ而神田浜松町与唱江申候」『에도쵸감』(下), 東京都公文書館, 1990, 75쪽

[12] 인근 쵸의 보충지가 수로를 매립한 곳에 주어지는데 오또와쵸(音羽町), 코마츠쵸(小松町), 마사키쵸(正木町), 마츠가와쵸(松川町), 죠반쵸(常盤町)가 보충지로 형성된 쵸에 해당한다.

[표3] 다이치의 유형(모토치, 다이치, 수용토지, 나누시 지배가 분리된 다이치)

나누시지배 형태	모토치	기본형	다이치가 수 차례 이동	다이치가 여러 장소로 이동
지배 지속형	유	A-A' 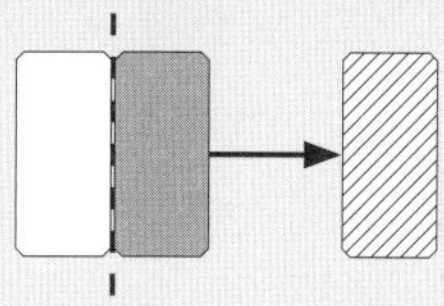	A-A'-A" 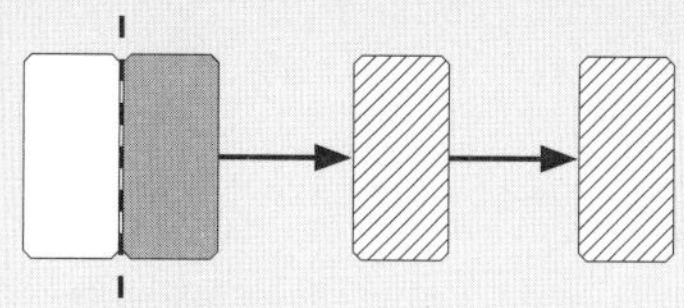	A-2A' 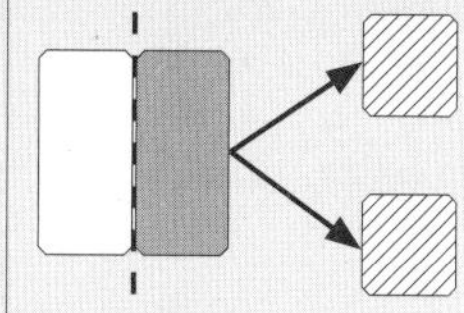
		기본적인 다이치의 유형. 모토치의 일부가 수용되어 해당 면적만큼 다이치가 주어짐.	수용된 모토치를 대신하여 주어지는 다이치가 다른 여러 가지 이유로 다시 수용되고 새로운 장소로 이전하는 유형.	다이치가 여러 장소에 나누어 주어진 경우, 3개소에서 7개소에 달함.
	무	A' 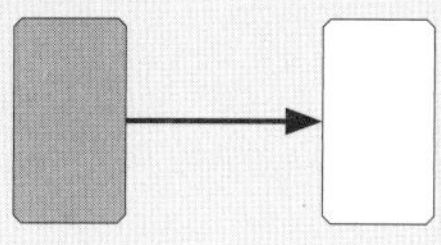	A'-A" 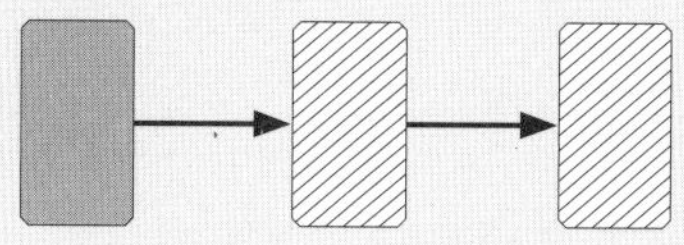	2A' 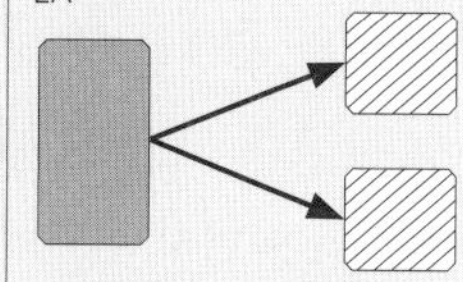
		모토치가 전부 수용되어 다이치만 존재하는 유형.	모토치가 전부 수용되어 다이치가 주어졌으나 다른 여러 가지 이유로 수용되어 다시 이전하는 경우. 양쪽의 다이치가 모두 남는 경우도 존재함.	모토치가 전부 수용되어 다이치가 주어질 때, 수개소로 나누어 주어지는 경우.
지배 변화형	유	A-B' 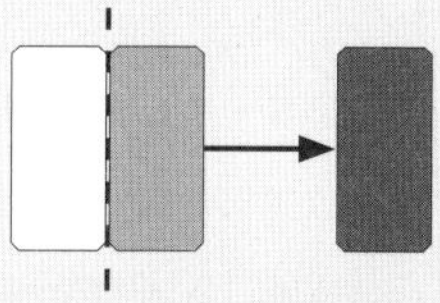	A-B'-B" 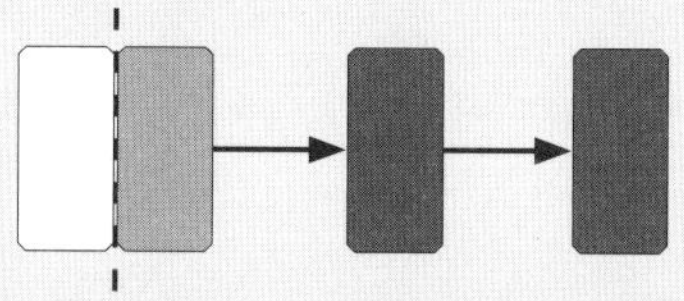	A-2B' 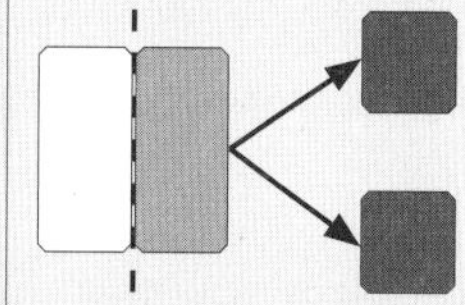
		모토치의 일부가 수용되어 타소에 다이치가 주어질 때, 나누시의 지배가 분리되는 경우.	수용되어 모토치 대신 주어진 다이치가 다양한 이유로 다시 이전하는 경우 나누시지배가 분리됨.	다이치가 여러 곳에 나누어져 주어지는 경우. 나누시의 지배가 분리됨.
	무	B' 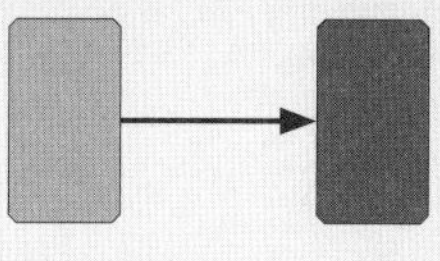	B'-B" 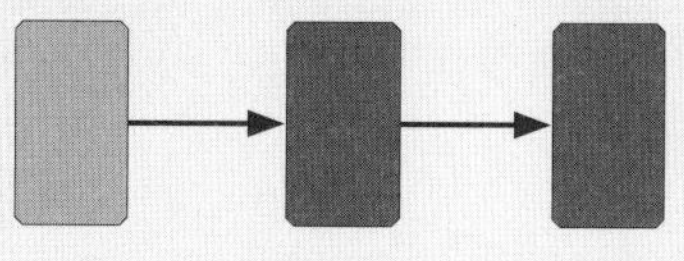	2B' 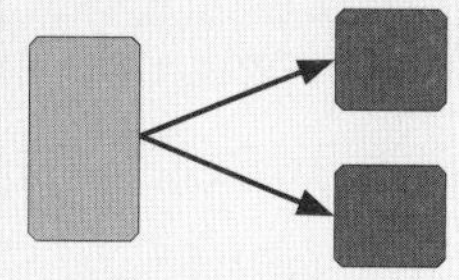
		모토치가 전부 수용되어, 다이치 만 존재하는 경우. 원래 모토치의 나누시가 지배를 다른 나누시에게 맡기는 유형.	모토치가 전부 수용되어, 다이치가 주어질 때, 다시 수용되어 이전하는 경우. 양쪽의 나누시가 남아있는 경우도 존재. 그때 모토치의 나누시가 다이치의 지배를 다른 나누시에게 맡기는 유형.	모토치가 전부 수용되어 다이치가 주어질 때 여러 곳으로 나누어 주어지는 경우. 이때 모토치의 나누시가 지배를 다른 나누시에게 맡김.
지배 독립형	유	ABC-D' 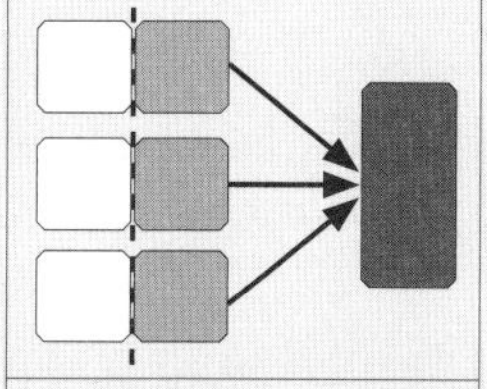		
		몇 개의 다이치가 모여 새로운 쵸를 형성하는 유형.		

이상과 같이 다이치를 나누시지배에 따라 유형화하는 것은 어떤 의미를 가지는가. 우선 모토치로부터 나누시지배를 분리하는 것은 다른 쵸가 되는 것을 의미한다. 이는 나누시지배 변화에 따른 결과이나 쵸닝의 입장에서 보면 역부담의 문제와 직결된다. 물론 역이 나누시의 지배 영역에 따라 명확하게 분리되지는 않는다. 나누시지배는 다이치의 성격을 변화시키는 중요한 요인으로 작용하기 때문에 다이치의 성격을 명확히 밝히기 위해서는 나누시지배를 면밀히 분석할 필요가 있다.

2) 다이치 변천에 따른 유형

이는 다이치가 주어진 후의 전개에 따른 유형이다. 이 유형화에 의해 다이치가 어떻게 변화하였는지 확인할 수 있다. 본 유형은 다이치에 정착하는 유형, 모토치로 돌아간 유형, 다이치가 제3의 지역으로 이전하는 유형으로 분류할 수 있다.

(1) 주어진 다이치에 정착한 유형

모토치와 다이치가 공간적으로 분화된 경우, 쵸공동체의 유지에 지장이 생기는 것은 당연한 결과이다. 실제 사료에도 모토치로 돌아가고자 하는 청원이 끊이지 않았다. 그럼에도 불구하고 주어진 다이치에 정착하는 유형이 가장 많았고 이러한 사실에서 히요케치를 유지하려고 했던 시책 측의 강한 의지가 엿보인다.

그림 2 마츠시타쵸1쵸메의 모토치와 다이치

마츠시타쵸1쵸메松下町一丁目는 모토치가 수용되고 쵸닝이 새로 주어진 다이치에 정착하는 대표적인 예이다. 마츠시타쵸

1쵸메의 모토치는 나가토미쵸永富町 부근에 있었던 것으로 확인된다. 모토치가 1721년 유소類燒되어 쵸닝에게 네 곳의 다이치가 주어지게 되고 쵸닝이 네 곳의 다이치에 나누어 정착한 형태이다.

히요케치가 된 마츠시타쵸1쵸메의 모토치는 1799년寬政11 도로 확폭을 위해 수용된 카마쿠라쵸鎌倉町의 다이치로 주어져 쵸닝치가 된다. 결국 마츠시타쵸1쵸메의 모토치가 다른 쵸의 다이치로 주어졌으며, 마츠시타쵸1쵸메 다이치松下町一丁目代地로 이전한 쵸닝은 주어진 곳에 정착한다.

(2) 모토치로 돌아간 유형

모토치에 완전히 돌아간 유형은 그리 많지 않지만 사료에 따르면 코비키쵸4쵸메木挽町四丁目의 쵸닝은 막부에 청원하여 모토치로 돌아갔다.[13] [사료1]에는 히요케치가 협소하여 방화의 기능을 하지 못할 경우 처분하였다고 기록되어 있다. 수용하기 이전의 용도가 부케치였던 경우 시모야시키下屋敷[14]로 반환하였고, 쵸닝치였던 경우 모토치에 반환하였다. 이때 모토치로 돌아가서 비게 되는 다이치의 토지를 불하하여도 되는지를 묻고 있다. 이 사료로부터 모토치를 다이치로 이전한 쵸닝에게 반환한 사실을 확인할 수 있다. 또 모토치로 돌아가 비게 된 다이치를 매매하기로 한 점에 주목해 보자. 히요케치는 대부분 인접 지역의 쵸닝이 관리하였으며, 정해진 나누시가 지배하였다.[15] 쵸닝치는 에도의 토지유형 중 유일하게 매매가 가능한 토지이다. 이러한 쵸닝치는 수용되어 매매가 불가능한 히요케치가 된 후, 다시 매매가

그림 3 코비키쵸4쵸메의 위치

[13] 원문: 「木挽町四丁目町人共儀, 去々巳年願之通, 元地江御返シ被下候処」『쿄호선요유집』「아키치부」(上ノ上) 9건

[14] 에도의 다이묘 필지는 카미야시키(上屋敷), 나까야시키(中屋敷), 시모야시키(下屋敷)가 존재한다. 시모야시키(下屋敷)란 상급무사의 변두리나 교외에 지은 별저에 해당한다.

[15] 『에도비고御府内備考』1「大日本地誌大系14」,雄山閣,1958, 195쪽

가능한 토지인 쵸닝치로 전환된다. 이때 토지를 판 주체가 막부측이었는지 명확하지 않으나 히요케치가 다이치로 전환되며 토지의 성격이 변한 것은 확실하다. 이와 같은 현상이 쵸닝의 청원에 의해 일어난 일임에 주목할 필요가 있다.

[사료1] 곳곳의 아키치에 관한 문건.[16]

곳곳 아키치에 대하여 협의하여 보고하고, 도면에 부표와 같이 지시대로 함.
4월 9일

노세 비고노카미
바바 사누키노카미
카토 비고노카미
미즈타니 시나노노카미

하나, 우시고메 오카치쵸에서 사이쿠쵸 근방까지, 이치가야 모토므라에서 요츠야 이가쵸 사메가바시까지 아키치 내 부케치, 쵸닝치, 지샤치의 사이에 있는 협소한 아키치는 기존에 부케치였던 곳은 부케치 중 시모야시키에, 쵸닝치였던 곳의 경우에는 모토치에 반환하고 다이치는 매수해도 되는지 도면을 첨부하여 질의한다.
하나, 아사쿠사 쿠라마에 도로의 염색장은 인근의 화재로 수용되어 아키치가 되었으나 청원하여 다시 염색장이 되었다. 그 외에 불타지 않은 창고 및 회벽칠한 건조물의 경우 지주는 물론 토지임대자, 점포임대자에게도 지면의 대소를 불문하고 그대로 두고 불탄 만큼 부케치 혹은 쵸닝치 모두 히요케치로 수용하여 도면과 같이 아키치, 마치야, 사원 등이 섞여 존재하게 되었다. 이번 화재로 염색장에서 아키치가 되었으나, 협소하여 방화의 기능을 하지 못할 경우와 마치야가 연속되어 방화의 기능을 하지 못하는 좁은 아키치는 팔아 처분하여도 되는지 여부를 질의한다. 그 이외에 넓은 아키치는 오쿠라 부근에도 존재하여 지금까지와 같이 히요케치로 사용하고자 도면을 첨부하여 질의한다.
하나, 사쿠마쵸 염색장은 당시 일대가 히요케치로도 사용되지 않고 협소한 아키치여서 불하하여도 되는지 도면을 첨부하여 질의한다.
하나, 아자부주반 아키치는 일대가 히요케치로 사용되지 않으므로 부케치로 전환하여도 되는지 도면을 첨부하여 질의한다.
위와 같이 협의 후 도면을 첨부한다, 이상.

[16] 『쿄호선요유집』「아키치부」(下) 73건

11월

노세 비고노카미

바바 사누키노카미

카토 비고노카미

미즈타니 시나노노카미

所々明地之儀ニ付評議仕申上候書付, 絵図面ニ有之御附札之通相心得, 其外者絵図面伺附札之通可仕旨被　仰渡奉畏候

辰四月九日

能勢肥後守

馬場讃岐守

加藤備後守

水谷信濃守

一, 牛込御徒町より御細工町辺迄・市谷本村より四谷伊賀町鮫ヶ橋辺迄, 明地之内組屋鋪町屋寺等之間ニ有之地狭成ル明地之武士上ヶ地之分者被下屋敷ニ被 仰付, 町屋立跡之分者元地江返被下, 代地者買請地ニ可被 仰付候哉, 則絵図ニ銘々附札を以奉伺候

一, 浅草御蔵前通り藍作場之儀者, 此辺類焼之節被 召上明地ニ罷成候処, 藍作場ニ相願, 去ル子年藍作場ニ申付候, 其外者蔵作り塗屋等ニ而焼残候分, 地主者勿論地借店借ニ而も地所之多少ニ不寄, 其侭被差置, 類焼之分, 武家町共火除之明地ニ被 召上候ニ付, 絵図面之通明地町屋寺院等入交りニ罷成候, 此度藍作相止明地ニ罷成候, 此度藍作相止明地ニ罷成候ニ付, 右之内地狭ニ而火除ニも不罷成, 又者町屋続等之少分明地買請地ニも可被 仰付候哉, 其外場広成分者御蔵近所ニ而茂御座候間, 只今迄之通火除之明地ニ而可 被差上候哉 絵図ニ銘々附札を以奉伺候

一, 佐久間町藍作場之内之儀, 当時者一円之火除け場ニ而も無御座, 地狭之明地ニ茂御座候間, 買請地ニ可被 仰付候哉, 則絵図ニ附札を以奉伺候

一, 麻布十番明地両所当時者, 一円之火除場にても無御座候間, 武士地ニ可被 仰付候哉, 則絵図ニ附札を以奉伺候

右之通評儀仕, 別紙抜絵図添差上候以上

卯十一月

能勢肥後守

馬場讃岐守
加藤備後守
水谷信濃守

(3) 다른 장소의 다이치로 이동한 유형

주어진 다이치가 다시 유소하거나 다른 이유로 수용되어 또 다른 장소로 이전한 유형이다. 첫 번째 다이치가 전부 두 번째 다이치로 이동한 경우도 많지만, 그 중에는 두 다이치가 공존한 경우도 있다.

지금까지 다이치의 변천에 따라 유형화하여 에도 전역에 걸쳐 이동하였던 다이치의 전개를 살펴보았다. 실질적으로 다이치로 이동한 쵸닝은 여러 형태로 모토치를 점유하고 있었다. 이동한 다이치가 수로변의 카시치河岸地와 떨어져 있으므로 히요케치가 된 모토치에 상납지나 창고지를 청원하여 점유하거나 아키치의 사용권을 획득하였다. 쵸닝이 모토치로 돌아가려고 한 움직임에 비하여 실질적으로 모토치를 반환받은 예는 많지 않으나, 쵸닝은 모토치에 설정된 히요케치를 다양한 방법으로 이용하였다.

다이치의 이동

나누시 조직별 다이치의 이동

에도기에 존재했던 259개소의 다이치는 어떻게 이동되었을까? 그렇다면 에도 전체의 다이치의 이동을 파악하기 위하여 우선, 나누시 조직별 특징을 고찰한다. 21번조와 시나가와, 신요시하라를 합쳐 에도에는 23개의 나누시 조직이 존재하였다. 이 중, 다이치가 존재하지 않았던 14번조, 19번조, 20번조, 21번조, 시나가와지역, 신요시하라지역을 제외한 17개의 나누시 조직의 이동 특징을 살펴보자.

나누시 조직별 다이치 이동의 특징

1번조의 토지가 막부에 수용되면, 쵸닝은 같은 1번조와 7번조에 다이치를 부여받았다. 다이치가 부여되는 시기는 쿄호기1716~1735에 집중되어 있으며 수용의 목적은 히요케치 조성 혹은 도로 정비

그림 4 1번조의 모토치와 다이치의 이동

였다. 대부분 기존에 부케치였던 곳에 다이치가 주어진다. 혼시로가네쵸1쵸메本銀町一丁目에서 4쵸메四町目까지는 메이레키明暦의 대화재 이후 방화대책으로 제방土堤을 쌓기 위해 수용되고, 7번조의 레이간지마霊厳島[17]에 대신의 토지인 다이치가 주어진다.[18] 이마가와바시今川橋 일대는 1721년 12월 나가토미쵸 화재로 인하여 유소되고 히요케치 조성을 위하여 수용된다.[19] 이에 따라 모토치의 북측에 다이치가 주어진다. 이때 부케치가 쵸닝치로 전환되며 1번조의 관리영역이 확대된다. 1번조 다이치는 이동장소가 크게 두 지역으로 나누어져 있는 게 특징이다. 첫 번째 그룹은 북측에 있는 부케치에 다이치가 주어지고, 다른 한 그룹은 7번조의 레이간지마의 매립지에 다이치가 주어진다. 1번조는 다이치가 주어진 지역이 주어진 시기와 관계가 있다.그림4

[17]
레이간지마(霊厳島)는 1624년(寛永元年)에 정토종 승려인 레이간(霊厳雄誉上人)이 배령하여 레이간지(霊厳寺)를 건립하였으나, 1657년 메이레키의 화재(明暦大火) 이후, 레이간지가 후카가와(深川)로 이전한 후 쵸닝치(町地)를 만들기 위해 매립되었다.(『江戸城下変遷絵図集7』, 原書房,1986, 60쪽)

[18]
「東京都の地名」, 『日本歴史地名大系13』,平凡社, 2002, 286쪽

[19]
『도쿄시사고 시가편』20권, 東京市役所, 1911, 306쪽

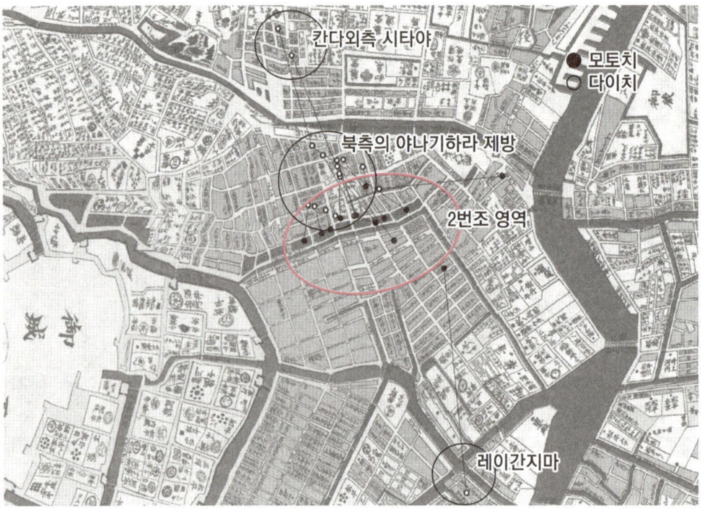

그림 5 2번조의 모토치와 다이치의 이동

2번조의 쵸닝치는 화재로 인하여 수용되어 2번조와 1번조, 7번조에 다이치가 주어진다. 2번조의 쵸닝치는 대부분 쿄호기1716~1735에 히요케치로 수용되어, 다이치가 주어진다. 다이치는 부케치였던

토지에 장소는 1번조와 같이 북측의 야나기하라 제방柳原土手 부근과 7번조의 레이간지마에 주어진다.그림5

1번조와 2번조의 다이치가 주어진 지역은 주어진 시기와 관계가 있다고 추측된다. 야나기하라 제방 주변은 교호기1716~1735에, 칸다 외측外神田, 시타야下谷 주변은 칸세이기1789~1800에, 핫쵸보리八丁堀, 레이간지마는 겐록기1688~1704 이전에 주어졌다.

3번조의 24개소의 다이치 중 23개소는 교호기1716~1735에 1개소는 1668년寬文8에 주어졌다. 교호기에 주어진 다이치 23개소 중 19개소는 부케치에 주어졌으며, 2개소는 쵸닝치에 주어졌다. 1668년에 주어진 다이치는 기존의 지샤치에 주어졌다. 24개소의 다이치는 모토치와 거리가 떨어져 주어졌으나 나누시는 바뀌지 않았으며 지속적으로 3번조에 속해 관리되었다는 특징이 있다. 3번조는 다이치가 주어진 시기에 의해 크게 두 지역으로 나누어져 다이치가 주어진다.그림6

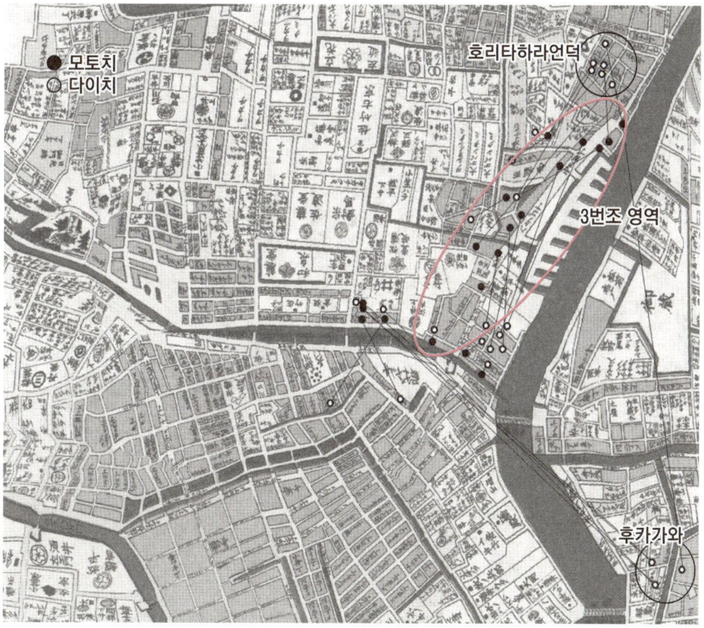

그림 6 3번조의 모토치와 다이치의 이동

첫 번째 지역은 1717년享保2 6월에 코덴마쵸小伝馬町의 화재로 시타야 아사쿠사下谷浅草까지 유소되어,[20] 1719년享保4 5월에 수용되어 히요케치가 된 지역이다.[21] 두 번째 지역은 1732년享保17 3월에 아사쿠사 혼간지 문앞浅草本願寺門前의 출화로 히요케치로 수용되어 호리타하라堀田原에 다이치가 주어진다.

[20]
『도쿄시사고 시가편』19권, 東京市役所, 1911, 22쪽

[21]
『쿄호선요유집』「아키치부」,(上ノ上) 1건

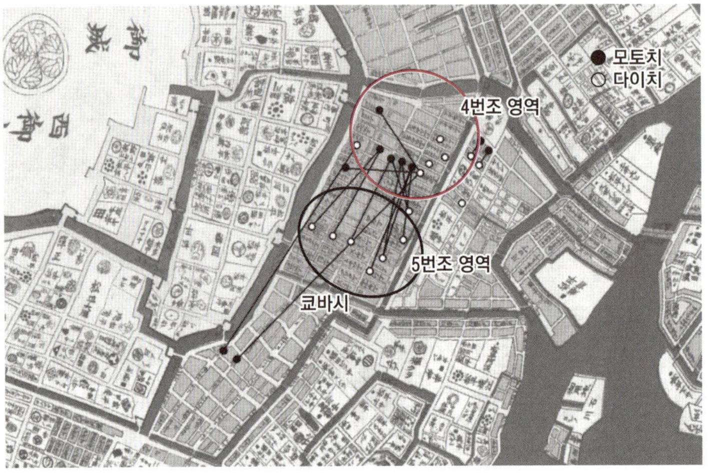

그림 7 4번조의 모토치와 다이치의 이동

4번조의 토지는 수용되어 쿄바시 남측에 있는 수로의 매립지와 히로코우지에 다이치가 주어진다. 4번조에 있었던 9개소의 토지가 수용되어 4번조와 5번조 16개소에 다이치로 주어진다.그림7 16개소 중 13개소는 겐록기1688~1704에 매립지 혹은 히로코우지가 존재했던 장소에 다이치가 주어진다. 다른 3개소는 쿄호기1716~1735에 부케치 혹은 쵸닝치였던 장소에 다이치가 주어진다. 4번조의 특징은 주변의 토지가 수용되어 다이치가 주어질 때, 다이치의 평수가 부족하여 '보충지足し地'가 주어진 곳이 많다는 점이다. 그 외에도 다른 나누시 조직을 모토치로 하고 있는 다이치가 몇 개소 존재한다. 즉 다른 나누시 조직의 토지에 다이치가 주어졌을 때, 거리가 멀어져 그 관리를 4번조 조직의 나누시에 위임한 경우이다.

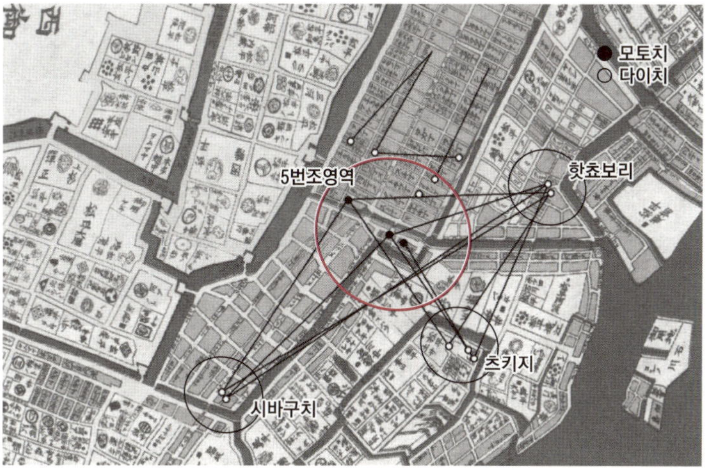

그림 8 5번조의 모토치와 다이치의 이동

5번조에 있는 키타곤야쵸北紺屋町, 미즈타니쵸水谷町, 킨로쿠쵸金六町는 1717년 1월에 코이시가와小石川 마장 부근의 출화로 유소되어,[22] 1718년享保3 5월에 수용된 후 히요케치가 된 지역이다.[23] 쿄바시에 있던 키타곤야쵸와 킨로쿠쵸는 1718년에 수용되어, 츠키지築地에 원래 평수보다 3할이 증가된 다이치가 주어진다.[24] 1721년에는 츠키지에 주어졌던 다이치가 핫쵸보리로 이전된 후, 츠키지에 있던 다이치는 부케치로 전환된다.[25]그림8

1724년에는 일부가 시바구치바시芝口橋 북측으로 이전하여,[26] 그 후 1728년享保13에 모토치인 쿄바시로 돌아가는 일련의 과정을 거쳐 츠키지 이외에 쿄바시, 핫쵸보리, 시바구치의 다이치가 공존하게 된다. 6번조에 있는 쵸의 다이치는 거리가 멀어지게 되어 다른 나누시에게 지배를 위임하는 경우가 많았다. 다이치의 거리에 따라 다른 나누시 조직의 관리하에 놓이는 경우는 아주 빈번히 일어났다.그림9 7번조에는 6번조와는 반대로 다른 나누시 조직1번조, 2번조, 5번조으로부터 위임받아 관리하고 있는 다이치가 많았다. 7번조의 경우, 쵸의 다이치는 대부분 그대로 7번조에 주어졌으며, 2개소만이

[22] 『도쿄시사고 시가편』18권, 東京市役所, 1911, 912쪽

[23] 『쿄호선요유집』「아키치부」,(上ノ上) 1건

[24] 『도쿄시사고 시가편』19권, 東京市役所, 1911, 328~330쪽

[25] 『도쿄시사고 시가편』,20권, 東京市役所, 1911, 340쪽

[26] 『도쿄시사고 시가편』,21권, 東京市役所, 1911, 183쪽

그 다이치가 16번조의 혼쵸에 주어졌다. 다이치가 주어진 시기는 1721년으로 히요케치와 도로 확폭을 위하여 수용되어 본래 부케치인 곳에 다이치가 주어졌다.그림10

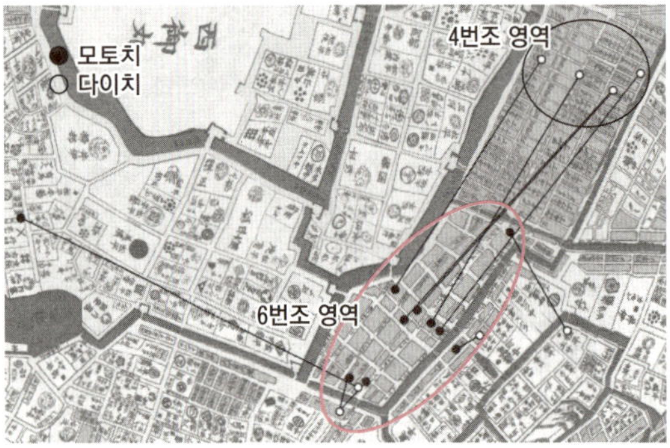

그림 9 6번조의 모토치와 다이치의 이동

그림 10 7번조의 모토치와 다이치의 이동

8번조에는 죠죠지사원 부근의 몬젠쵸門前町를 포함하는 쵸가 도로 확폭 및 히요케치로 수용되어, 죠죠지사원의 남서 측의 부케치와 칸다 부근에 다이치가 주어진다. 다이치의 이동을 검토하면, 죠죠지사원의 북측에 있는 시바 나가이쵸芝永井町와 시바 토미야마쵸芝富山町는 수회에 걸쳐서 다이치가 이전된다. 죠죠지사원의 동측에 있던 시바 나까몬젠쵸芝中門前町, 시바 카타몬젠쵸芝片門前町, 시바

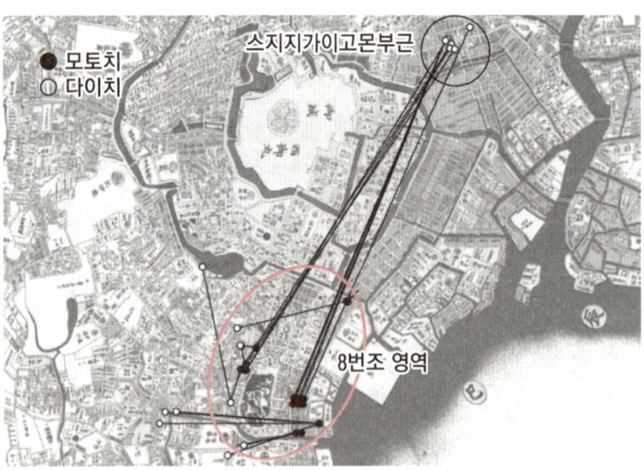

그림 11 8번조의 모토치와 다이치의 이동

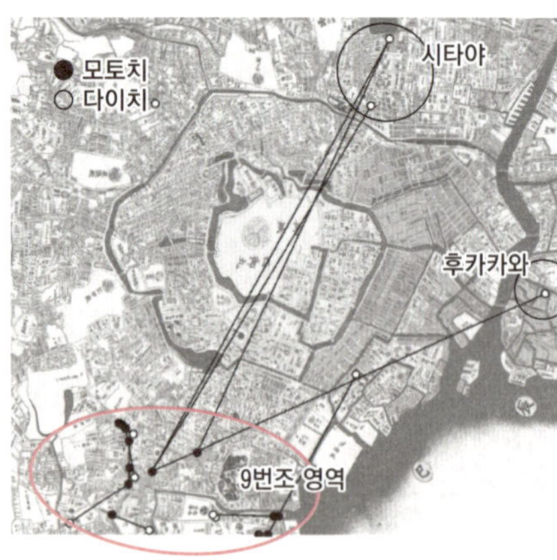

그림 12 9번조의 모토치와 다이치의 이동

나나켄쵸芝七軒町, 시바 하마마츠쵸芝浜松町, 신메이몬젠쵸神明門前町는 죠죠지사원 앞 도로 확폭을 위하여 1713년에 수용되어 칸다가와의 스지지가이고몬 부근에 다이치가 주어진다.그림11

9번조에 있던 쵸는 엔뽀기延宝期, 1673~1681와 겐록기1688~1704에 도로 정비를 위하여 수용되어, 아자부, 시타야, 후카가와 부근에 다이치가 주어진다. 이때에 시타야와 후카가와에 주어진 다이치는 모토치와 거리가 멀어져 13번조와 17번조의 나누시에게 위임되어 지배된다. 다이치가 주어진 장소는 기존에 비어있던 토지이다.그림12

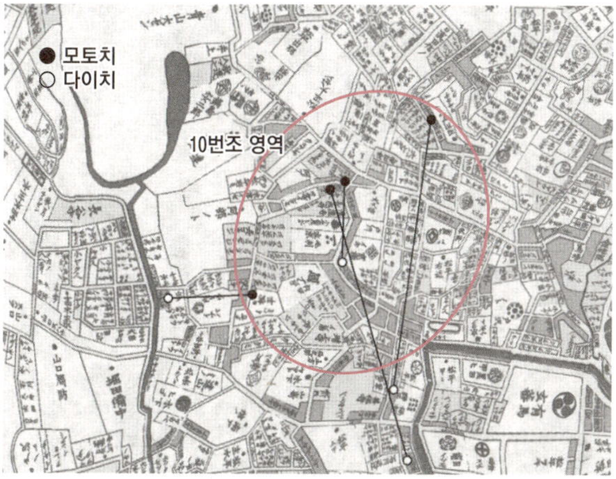

그림 13 10번조의 모토치와 다이치의 이동

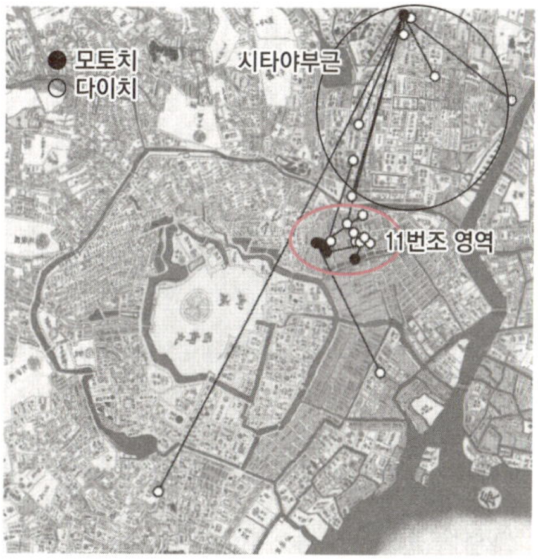

그림 14 11번조의 모토치와 다이치의 이동

10번조에는 아자부 부근의 쵸닝치가 겐록기1688~1704에 도로 확폭을 위하여 수용되어, 대신의 토지인 다이치가 근처에 사용되지 않던 토지로 주어진다.그림13

11번조는 칸다 부근과 시타야사원下谷寛永寺 부근의 쵸닝치가 수용되었다. 칸다 부근의 쵸는 목적이 분명하지는 않으나 쿄호기1716~1735에 유소된 후 수용되어, 부케치에 다이치가 주어진다. 한편 시타야사원 부근의 쵸는 지샤치로 전환되기 위하여 수용되어, 거리를 불문하고 다양한 장소의 부케치에 다이치가 주어진다. 11번조의 특징은 주로 지샤치 이전을 위하여 수용된 점이다.그림14

12번조에 있는 쵸는 1717년 6월 코덴마쵸의 출화로,[27] 히요케치로 수용되어,[28] 북측의 다른 쵸닝치와 남측의 부케치에 다이치가 주어진다. 12번조의 특징은 다이치가 비교적 가까운 곳에 부여되었으며, 12번조 내에서만 이동하였다. 모토치의 바로 북측의 쵸닝치에 다이치가 주어져, 기존의 쵸는 다시 북측에 다이치를 부여받는 연쇄 후퇴 현상이 보인다.그림15

13번조에 있는 쵸는 1697년元禄10 히로코우지, 도로 확폭, 히요케치 조성 등의 이유로 수용되어, 칸다·시타야 부근의 부케치에 다이치가 주어졌다. 후카가와와 니시쿠보西久保로 거리가 떨어진 지역에도 다이치가 주어지나 종전의 나누시가 관리하며 13번조 내에서 이동한다.그림16

[27] 『도쿄시사고 시가편』19권, 東京市役所, 1911, 22쪽

[28] 『도쿄시사고 시가편』19권, 東京市役所, 1911, 200쪽

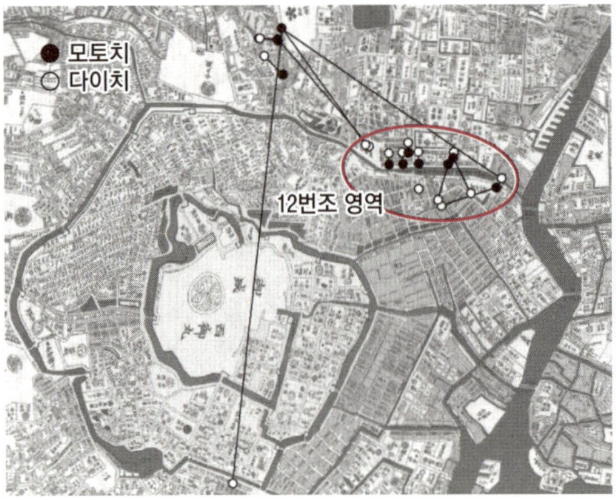

그림 15 12번조의 모토치와 다이치의 이동

그림 16 13번조의 모토치와 다이치의 이동

15번조에 있는 쵸는 히요케치 설정을 위하여 수용되어 다이치가 부케치에 주어졌으며, 거리가 멀어져도 같은 나누시가 관리하였다.그림17 16번조는 혼죠 부근으로 아사쿠사, 후카가와, 시바 부근에 있는 쵸의 다이치를 주로 관리하는 나누시 조직이다. 죠쿄우기貞享期, 16844~1688·겐록기1688~1704에 부케치와 히요케치를 조성하기 위하여 수용되어, 당시 비어있던 혼죠지역에 면적이 할증되어 다이치가 주어졌다는 특징이 있다.그림18

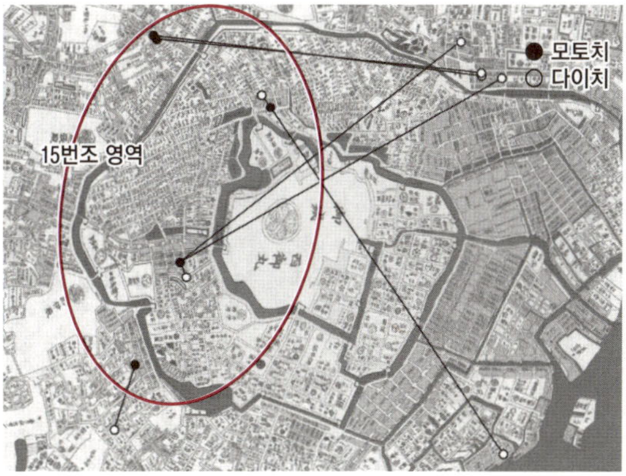

그림 17 15번조의 모토치와 다이치의 이동

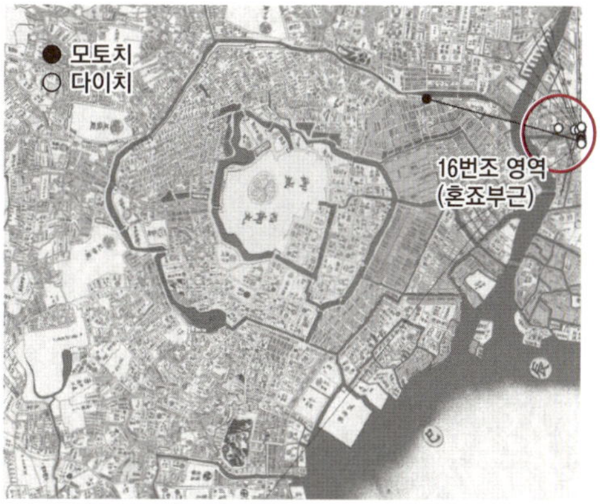

그림 18 16번조의 모토치와 다이치의 이동

17번조에 있는 쵸는 겐록기1688~1704에 관청, 부케치, 수로의 확폭을 위하여 수용되었다. 이후 같은 후카가와의 비어있었던 장소에 다이치가 주어졌다. 그 중에는 모토치가 수용되었을 때, 다이치 대신에 조세를 면제받은 쵸도 있다.그림19

18번조는 키타혼죠北本所 부근에 있는 쵸로 겐록기에 부케치를 조성하기 위하여 수용되어, 미나미혼죠南本所와 후카가와의 비어있는 토지에 다이치가 주어졌다.그림20

그림 19 17번조의 모토치와 다이치의 이동

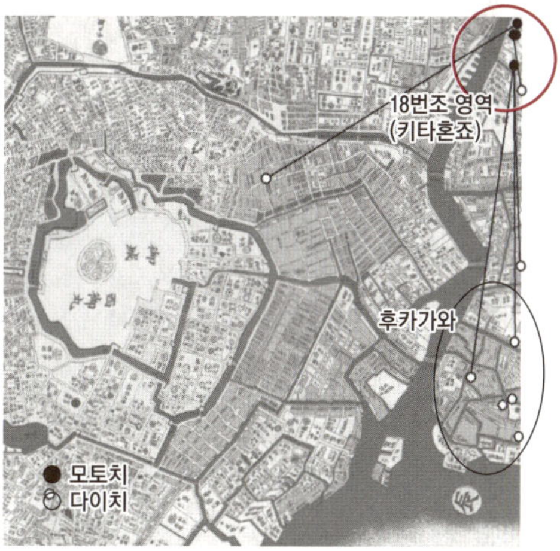

그림 20 18번조의 모토치와 다이치의 이동

다이치 설정의 경향

앞서 나누시 조직별 다이치의 이동을 검토하였다. 그렇다면 에도 전체에서 다이치가 어떻게 이동하였는지 살펴본다.

1) 주어진 다이치의 평수로 본 쵸닝치의 가치

기본적으로 주어진 다이치의 평수는 모토치와 같다. 그러나 다이치가 츠키지, 아자부, 혼죠, 후카가와에 주어진 경우에는 면적을 할증 받았다. 예를 들어 아사쿠사 텐노쵸天王町는 1688년元禄元年에 수용되고 혼죠 부근에 다이치가 주어졌다. 이때 면적은 본래의 평수보다 두 배로 주어졌다.[29] 쿄바시에 있던 키타곤야쵸와 가네로쿠쵸는 1718년에 수용되면서 본래의 면적보다 세 배 할증받아 츠키지에 다이치가 주어졌다.[30]

모토치가 수용되어 다이치가 주어질 때, 본래의 면적과 같게 주어지는 것이 일반적임에도 불구하고 이와 같은 현상이 일어나는 것은 왜 일까? 쵸닝치에는 등급이 있어, 겐록기1688~1704에는 이에 준하여 다이치가 주어졌던 것으로 추정된다. 모토치가 아사쿠사, 쿄바시 부근이었으나 다이치가 에도의 중심부에서 벗어난 츠키지, 아자부, 혼죠와 같이 등급이 떨어지는 지역에 주어진 경우, 면적을 할증하여 그 차이를 보상하였다.

[29] 『도쿄시사고 시가편』10권, 東京市役所, 1911, 829쪽

[30] 『도쿄시사고 시가편』19권, 東京市役所, 1911, 328~330쪽

2) 모토치의 조건과 주어진 다이치의 조건

다이치가 주어질 때, 기존의 쵸가 가지는 환경적 조건은 반영되었을까? 쵸에는 다양한 계층의 주민이 살고 있었으며, 생업을 유지하는데 있어 쵸의 입지 상황은 중요했다. 그렇다면 쵸가 수로변에 위치하여 수로河岸와 관련된 생업에 종사하는 쵸는 수로라는 조건에 합치하는 곳에 다이치가 주어졌을까?

다이치의 이동을 추적한 결과, 쵸의 환경적 조건과 관계없는 지역에 다이치가 주어진 곳이 많았다. 그 예로 사쿠마쵸1쵸메에서는 다이치가 수로에서 너무 떨어져 생업에 곤란하다는 이유로 다이치와 모토치의 10칸을 교환할 것을 청원했다.[31]

이처럼 다이치의 입지를 결정할 때 쵸의 기존 환경적 조건은 그다지 중시되지 않았다. 쵸의 기존 환경 조건이 고려되지 않은 곳에 다이치가 주어진 쵸닝이 청원에 의해 서서히 환경조건에 부합하는 곳을 획득해가는 상황은 다수의 사료에서 포착된다. 이러한 사례를 통해서 다이치의 입지 결정시 쵸닝의 기존의 생활조건은 고려의 대상이 아니었음을 알 수 있다.

[31] 원문: 「右元地ニ相離候儀町人共一同難儀仕候ニ付,有来間数右裏行之内河岸元地江拾間通御割替奉願候儀ニ御座候得者」『에도쵸감』(上), 東京都公文書館, 1990, 155쪽

3) 다이치가 주어진 시기 및 장소로 본 계획성그림1

나누시 조직별 다이치 이동의 검토로부터 같은 시기에 유소하여, 히요케치로 수용되고 다이치가 주어질 때 같은 지역으로 주어진 결과를 확인할 수 있었다. 또, 나누시 조직별 모토치의 수용 목적을 검토한 결과, 아사쿠사 일대와 칸다가와神田川로부터 시바구치芝口까지는 히요케치를, 혼쬬 부근에는 부케치를, 시타야 부근에는 지샤치를 조성하기 위하여 수용되었다. 그 외에도 쿄바시 남측, 시타야로부터 칸다, 아자부 부근은 길과 수로라는 에도의 인프라를 확보하기 위하여 수용되었다. 또, 주어진 다이치가 수용되기 이전의 용도를 검토한 결과, 아사쿠사 일대와 칸다가와부터 시바구치까지 혼재해 있던 부케치가 혼쬬, 후카가와로 재편성되며, 부케치가 이전하고 남은 토지는 다이치라는 쵸닝치로 치환되었다.

이와 같이 나누시 조직별로 모토치의 수용 목적과 주어진 다이치의 기존 용도로부터 막부의 의도적인 에도 전체의 재편성을 읽어낼 수 있다.

쵸닝치의 '바쇼가라場所柄'와 다이치

아키치를 조성하기 위하여 쵸닝치를 수용하고, 쵸닝에게 대신의 토지인 다이치를 부여하는 시책은 어떠한 기준에 의하여 일어났을까? 본 장에서는 가설로 에도 쵸닝치의 바쇼가라를 기준으로 하여 다이치가 선정되었음을 상정하였다.

『니혼바시구사日本橋区史』에 의하면 1722년享保7 쵸닝치는 '바쇼가라場所柄'[32]에 따라서 역을 부담했다.[33] '바쇼가라'란 쵸닝치의 등급으로 에도 쵸닝치는 바쇼가라에 의해 상·중·하의 세 지역으로 나누어졌다.[34] 쿄호기1716~1735 이후부터 막부 말기까지 쵸의 금전에 관련된 문제에 있어서도 상·중·하의 세 등급이 적용되었다. 쵸의 공역은公役銀[35] 이외에 임시수당,[36] 권진능勧進能의 좌석 배분[37]도 이 세 등급을 기준으로 결정하였다. 시기적으로 바쇼가라별 나누시 조직이 기록되어 있는 1826년文政9의 사료[38]에 의하면 세 등급의 지역은 아래와 같다.

상: 1번조, 2번조, 4번조, 5번조, 6번조, 7번조, 8번조, 11번조
중: 3번조, 9번조, 12번조, 15번조, 17번조, 번외 요시하라吉原
하: 10번조, 13번조, 14번조, 16번조, 18번조, 19번조, 20번조, 21번조, 번외 시나가와品川

[그림21]은 쵸의 상·중·하 바쇼가라와 다이치의 이동을 겹쳐본 결과, 모토치의 바쇼가라를 기준으로 하여 다이치가 주어졌음을 알 수 있다. 물론 다이치로 주어진 곳이 기본적으로 부케치였으므로 본래의 바쇼가라는 설정되지 않은 토지였으나 바쇼가라의 범위에는 들어오는 지역에 해당된다. 259개소의 다이치 중, 209개소가 같은 등급의 바쇼가라에 다이치가 주어졌다.

[32]
쵸의 바쇼가라(場所柄)란 에도 쵸지를 상중하의 세 등급으로 나누어 공역을 정하였다. 쿄호기 이후부터 막부말기까지 금전에 관련된 문제에는 이 쵸지의 등급이 적용되었음을 사료를 통해 알 수 있다.

[33]
『에도쵸감』(上), 東京都公文書館, 1990, 10쪽

[34]
『니혼바시구사』2, 東京市日本橋区役所編纂,1916, 62쪽

[35]
加藤貴, 「寛政期江戸名主の経済状況」, 『日本史攷究』, 文献出版, 1981.
吉田伸之, 『近世巨大都市の社会構造』, 東京大学出版会,1991

[36]
『니혼바시구사』2, 東京市日本橋区役所編纂,1916, 62쪽
『도쿄시사고 시가편』19권, 東京市役所, 1911, 944쪽

[37]
『도쿄시사고 시가편』36권, 東京市役所, 1911, 438~439쪽

[38]
『도쿄시사고 시가편』36권, 東京市役所, 1911, 438~439쪽

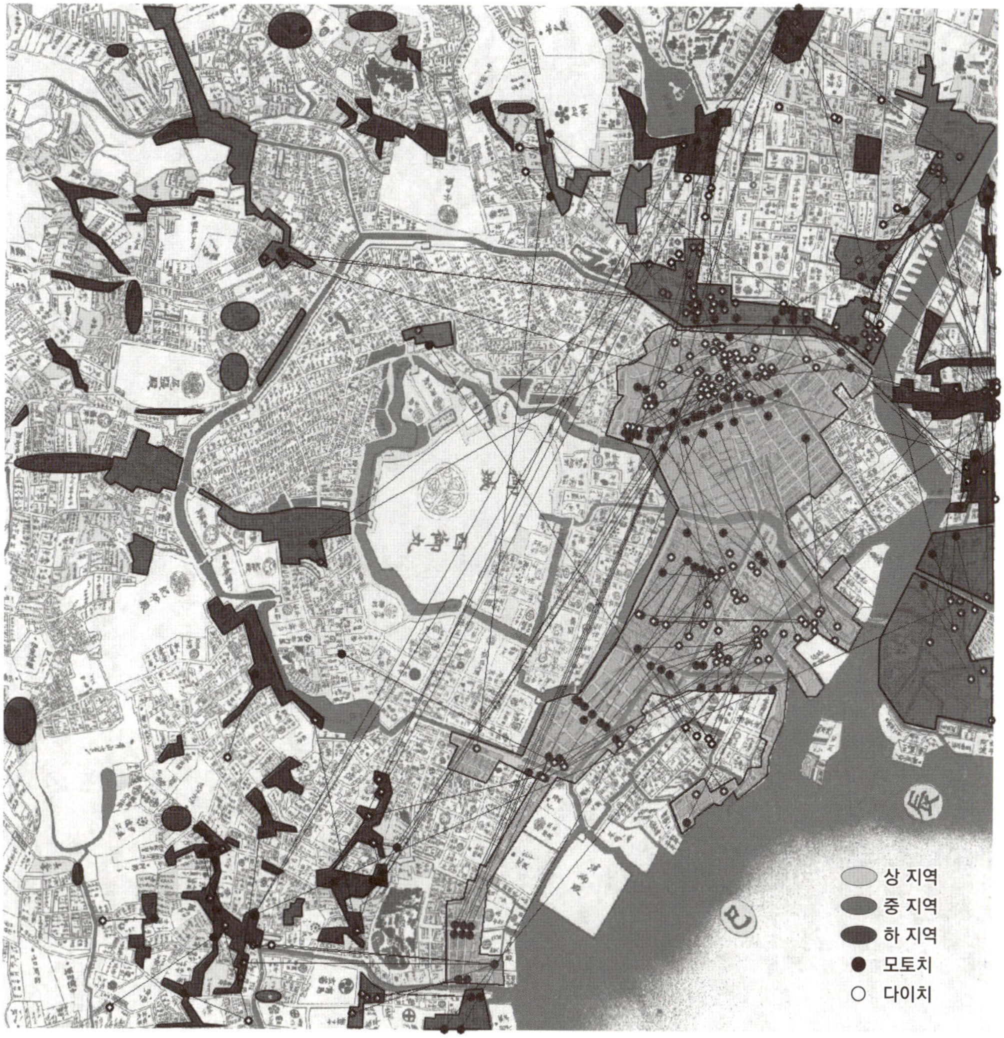

그림 21 에도의 바쇼가라와 모토치와 다이치의 이동

또 28개소는 모토치의 등급보다 아래 등급의 지역에 다이치가 주어졌으며, 22개소는 윗 등급의 지역에 다이치가 주어졌다. 모토치가 수용되어 다이치가 활발하게 주어진 시기는 겐록기1688~1704와 쿄호기1716~1735이나 바쇼가라가 설정된 것은 1722년享保7[39]으로 시기적으로 조금 늦은 감이 있다. 그러나 바쇼가라라는 에도 쵸

[39] 『도쿄시사고 시가편』36권, 東京市役所, 1911, 439쪽

닝치의 토지 등급이 쿄호기1716~1735에 갑자기 조성되었다고 생각하기는 어렵다. 에도 쵸닝치의 바쇼가라는 1722년까지의 쵸닝치의 등급을 나타내는 것으로 겐록기1688~1704로부터 시작된 다이치의 이동 또한 이와 같은 등급을 기준으로 하여 설정되었다는 가설을 제시할 수 있다.

다이치의 설정

『구막부인계서』「아키치부」와 『도쿄시사고』에는 다이치의 설정 과정은 기록되어 있지 않고, 결과만 기록되어 있다. 그러나 『도쿄시사고』에 의하면 히요케치 설정, 부케치의 수수受授, 시가의 이동을 통하여 히요케치의 설정에 따른 순차적인 도시공간의 재편성 과정을 살펴볼 수 있다. 다이치로 주어진 장소는 부케치, 쵸닝치, 아키치, 지샤치가 있으며, 그 중 부케치가 제일 많고, 지샤치는 4개소뿐이다.

여기서는 부케치와 쵸닝치에 다이치가 주어진 과정을 검토한다. 쵸닝치가 수용되어 히요케치로 설정되고 대신의 토지인 다이치가 주어진 경위를 고찰하여 다이치의 설정에 규칙성을 찾아 보고자 한다.

부케치에 주어진 다이치: 사쿠마쵸4쵸메佐久間町四丁目 주변을 중심으로

사쿠마쵸4쵸메와 큐에몬쵸久右衛門町 주변에 관한 사료로부터 아키치의 설정에서 다이치가 주어진 경위를 검토한 내용이다.

해당 지역은 1717년 1월 22일에 코이시가와小石川 마장 부근의 이데사부로우에몬井出三郎右衛門 토지의 화재[40]로 유소하였다. 이후

[40] 『도쿄시사고 시가편』18권, 東京市役所, 1911, 912쪽

1718년 5월에 당 지역을 어용지御用地로 몰수하여 히요케치로 설정하였다.사료2 1718년 6월 2일에 혼다 한우에몬本多半右衛門, 소가 켄지로曾我權次郎, 오바타 코스케小幡小助, 마츠우라 사케노스케松浦酒之丞, 요다 쿠라노스케依田内蔵助의 5개소의 부케치가 몰수되어 새롭게 미나미혼죠南本所와 신오오바시新大橋 옆의 토지를 배령하였다.사료3[41] [사료3]에 기록되어 있는 혼다 한우에몬의 하시모토쵸 마치야시키橋本町屋敷는 [사료4]에 큐에몬쵸1쵸메久右衛門町壱丁目와 토미마츠쵸富松町의 다이치가 주어진 지역이다. 세 사료를 통해 화재로 유소된 일부 지역을 히요케치로 설정하고 대신의 토지인 다이치를 지정했음을 알 수 있다.

[41] 『도쿄시사고 시가편』19권, 東京市役所, 1911, 207~210쪽

큐에몬쵸1쵸메와 토미마츠쵸의 경우, 지정된 곳에 이미 부케치가 있었으므로 이 부케치를 먼저 다른 곳으로 이동시킨다. 부케치를 먼저 이전시켜 다이치로 부여할 토지를 확보한 후, 1718년 6월 8일과 11일에 7개의 쵸에 다이치를 부여한다.그림22

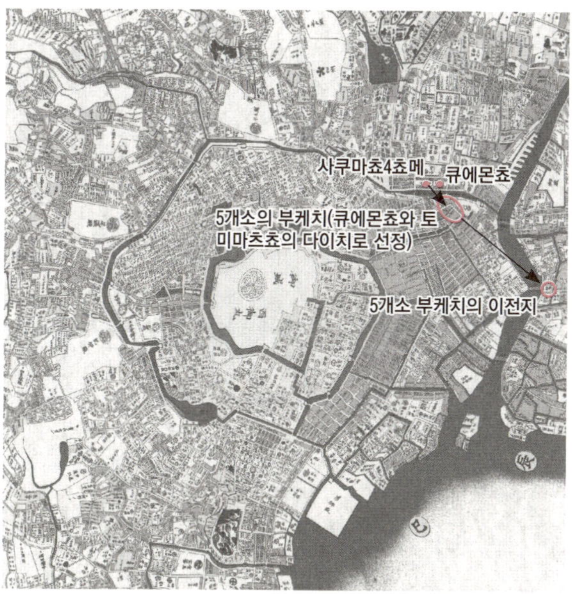

그림 22 사쿠마쵸 4쵸메 다이치의 이동

사쿠마쵸4쵸메 주변의 다이치 설정을 앞서 언급한 다이치 이동 경향과 접목시켜 이동의 규칙을 찾으면 우선, 같은 바쇼가라의 범위 내에서 될 수 있는 한 가까운 토지를 찾았다. 이때 다이치의 대상지가 부케치였던 이유는 쵸닝치와 같은 개인 소유권이 강한 토지보다는 배령지였던 부케치를 이전시키는 편이 막부로서는 용이했기 때문이다. 이와 같은 이동을 통하여 막부 측은 부케치를 점차적으로 에도의 외연부에 배치하였다.

[사료2] 큐에몬쵸, 사쿠마쵸4쵸메 일대 수용에 관한 문건.[42]

하나, 큐에몬쵸1쵸메, 2쵸메
이는 수로변에 입지한 쵸닝이 창고지로 청원하여, 1719년 12월 허가한다.
사쿠마쵸4쵸메
토미마츠쵸
야나가와쵸
요코야마쵸1쵸메 자투리 토지
모토야나기하라6쵸메
위의 쵸는 1718년 5월에 어용지로 수용되어 아키치가 된다.(후략)

一久右衛門町
壱町目弐町目此ハ河岸通り立地之町人蔵地ニ相願享保四年亥十二
月願之通被　仰付
佐久間町四丁目
富松町
八名川町
横山町壱町目切レ地
元柳原六町目
右之通町々享保三年戌五月御用地ニ被 召上明キ地ニ罷成候(後略)

[42]
『쿄호선요유집』「아키치부」(上ノ上) 1건

[사료3] 수용된 5개소의 부케치 가운데 혼다 한우에몬 필지에 관한 기록.[43]

부케치 교환 1718년 6월 교환한 곳의 필지를 나열함.
미나미혼죠 혼다 한우에몬 필지 493평.(중략)
위는 혼다 한우에몬의 하시모토쵸 마치야시키를 쵸닝치의 다이치로 부여하기 위하여, 미나미혼죠 신오오바시 옆에 원래 평수인 493평만큼을 부케치로 배령. 사방 칸수 평수, 말뚝이 표시된 도면과 같이 수령함.
1718년 6월 2일
혼다 한우에몬의 가신 니시므라 고우에몬
소네 겐조, 아마가타 슈메, 구츠키 단고노카미. 삼인에게 전달.(후략)

[43]
『도쿄시사고 시가편』19권, 東京市役所, 1911, 207~210쪽

屋鋪受授 享保三年六月受授する所ノ屋鋪ヲ擧グ.
南本所 本多半右衛門屋敷 坪数四百九拾三坪.(中略)
右者本多半右衛門橋本町屋敷為代地, 於南本所新大橋際元坪之通四百九十三坪御屋鋪拝領仕候, 四方間数坪数, 傍示杭之通, 御絵図之面,相違無御座請取申候.為後日仍如件.
享保三戌年六月二日 本多半右衛門家来 西村五右衛門
曾根源蔵, 天方主馬, 朽木丹後守.右三人立改相渡之.(後略)

[44] 『쿄호선요유집』「屋敷渡預絵図證文」(『旧幕府引継書』,国立国会図書館所蔵)

[사료4] 큐에몬쵸, 사쿠마쵸4쵸메 일대 다이치에 관한 문건.[44]

본래 세이간지사원 앞 하시모토쵸 부근 큐에몬쵸2쵸메 다이치 평수 1,462평
(중략)
동 요코야마쵸 다이치 평수 약 176평.
동 사쿠마쵸 다이치 평수 약 1,125평.
동 모토야나기하라 다이치 평수 406평 5합.
동 큐에몬쵸1쵸메 다이치 평수 1,560평.
이번에 아사쿠사문 밖 모토야나기하라6쵸메, 동소 요코야마쵸 내, 야나기하라 큐에몬쵸1쵸메, 2쵸메, 사쿠마쵸4쵸메, 토미마츠쵸의 6개소가 어용지로 수용되어 원래 세이간지사원 앞 무사의 몰수지 내에 6개소의 다이치가 원래 평수만큼 주어진다. 모토야나기하라6쵸메, 요코야마쵸 자투리 토지, 큐에몬쵸2쵸메, 사쿠마쵸의 4개소는 당월 8일, 큐에몬쵸1쵸메, 토미마츠쵸다이치는 11일, 양일에 걸쳐 6개소의 다이치, 원래 평수 사방 칸수만큼 도면과 같이 수령함.
1718년 6월 11일

나까야마 이즈모노카미조요리키 이시도 헤이타유
쯔보우치 노토노카미조요리키 이와모토 시치로베

元誓願寺前橋本町近所 久右衛門町弐丁目代地 坪数千四百六拾弐坪.(中略)
同 横山町代地 坪数百七拾六坪餘.
同 佐久間町代地 坪数千百弐拾五坪.
同 元柳原六町目代地 坪数四百六坪五合.

同 富松町代地 坪数千六百八拾坪.
同 久右衛門町壱丁目代地 坪数千五百六拾坪.
今度為御用地浅草御門外元柳原六町目, 同所横山町之内, 且又柳原久右衛門町壱町目・弐町目, 佐久間町四町目, 富松町, 右所々合六ヶ所, 被召上之元誓願寺前坪内惣兵衛門殿・坪内平左衛門殿上ケ地之内, 於橋本町通, 松浦酒之丞殿・小幡小助殿・本多半右衛門殿・曾我權次郎・依田内蔵助殿上ヶ地之内, 六ヶ所代地元坪之通被下之候, 元柳原六町目, 横山町切地久右衛門町弐町目, 佐久間町, 四ヶ所ハ当月八日, 久右衛門町壱町目富松町代地今十一日, 右両日迄ニ六ヶ所代地, 如元坪四方間数坪数, 右御絵図之面, 相違無御座請取申候, 為後日仍如件.
享保三戌年六月十一日

中山出雲守組与力 石堂平太夫
坪内能登守組与力 岩本七右郎衛

쵸닝치에 주어진 다이치: 사쿠마쵸1쵸메佐久間町一丁目 · 2쵸메二丁目 주변을 중심으로

이하는 사쿠마쵸1쵸메, 사쿠마쵸2쵸메, 마츠나가쵸松永町, 우에노쵸上野町 주변에 관한 사료로 히요케치의 설정에서 다이치가 주어지는 경위를 살펴볼 수 있다.그림23
해당 지역은 1719년 2월에 시타야下谷 스키야쵸御数寄屋町 부근의 출화로 유소되어, 같은 해 히요케치로 설정되었다.[45] 히요케치가 설정된 시기에 관해서는 1719년 3월 9일[46]과 같은 해 12월[47]로 사료마다 시기가 상이하다. 정확히 언제 히요케치로 설정되었는지 명확하지는 않으나 1719년 12월에 아키치로 설정된 것을 전제로 하여 히요케치의 설정과 다이치로의 이동 경위를 살펴본다. 사쿠마쵸 주변 지역이 다이치로 주어진 장소는 쵸닝치와 부케치가 혼재해 있던 곳이다. 이 지역을 히요케치로 설정하기 위하여

[45]
『도쿄시사고 시가편』19권, 東京市役所, 1911, 410쪽

[46]
『柳營日次記』国立公文書館所蔵
『徳川実紀』「国史大系第43 - 45」, 吉川弘文館, 1933

[47]
사료8 참조

[48]
『도쿄시사고 시가편』19권, 東京市役所, 1911, 424~426쪽

[49]
『도쿄시사고 시가편』19권, 東京市役所, 1911, 831~832쪽

[50]
『도쿄시사고 시가편』19권, 東京市役所, 1911, 501~514쪽

[51]
『쿄호선요유집』「아키치부」(上ノ上) 1건

우선 1719년 4월 16일 북측의 3개소의 부케치마츠다이라 이와마츠松平岩松·혼다 고로우에몬本多五郎右衛門·혼다 토노스케本多唐之를 타 지역으로 이동시킨다.[48] 이후 5월 28일에 당 지역의 쵸닝치였던 사쿠마쵸1쵸메, 사쿠마쵸2쵸메, 우에노쵸, 마츠나가쵸의 다이치가 북측 7개소 부케치혼다 토노스케本多唐之助·스기우라 나나노스케杉浦七之助·하토리 쇼자부로服部庄三郎·츠츠이 헤우에몬筒井平右衛門·마츠다이라 이와마츠松平岩松·키타므라 코헤이北村小兵衛·츠다 마타시로津田又四郎와 2개소 쵸닝치아이오이쵸相生町·마츠나가쵸松永町에 주어진다.[49] 이와 같은 다이치 설정에 의하여 7개소의 부케치는 같은 해 9월, 아자부, 기타혼죠, 하마쵸浜町 지역을 배령하여 이전한다.[50] 다이치로 설정할 토지에 존재했던 부케치와 쵸닝치가 이전할 장소를 먼저 정하고 부케치와 쵸닝치를 이전시킨 후, 12월 히요케치로 설정하였다.[51] 앞서 살펴본 사쿠마쵸4쵸메의 사례와는 전후가 다르나, 부케치든 쵸닝치든 미리 이전지를 준비한 후에 이전한 점, 그리고 비어있는 토지가 아닌 다이치를 부여하기 위하여 일부러 비웠다는 점이 유사하다.

그림 23 사쿠마쵸1쵸메, 2쵸메의 다이치 이동

[사료5] 수용된 부케치의 다이치에 관한 문건.[52]

(전략)스시지가이바시고몬 밖 혼다 토노스케 다이치 평수 1,396평 8합 (중략) 야나기하라 이즈미바시 도로 혼다 토노스케 나까야시키가 이번에 어용지로 몰수된다. 이에 대한 다이치로 스지지가이바시 밖 무사나가타 덴쥬로 · 하라 고로자에몬 · 사고 · 하토리 게키 · 오오바시 산다유 5인에게 토지를 몰수하여 원래의 평수만큼 토노스케가 배령하고 사방 칸수 평수, 도면과 같이 말뚝을 정하여 수령함.

1719년 4월 16일

혼다 토노스케 내 야마모토 헤이스케 인

야마다 시치로자에몬 인

쿠츠키 단고노카미 내 야마세 시로자에몬 · 나가오 모자에몬.

마루모 미노노카미 내 사토 시치로에몬.

입회하에 확인 후 전달.

(前略)筋違橋御門外 本多唐之助代地 坪数千三百九拾六坪八合.(中略)柳原和泉橋通り本多唐之助中屋鋪, 今度御用地二付而差上, 為代地筋違橋外長田傳十郎殿江, 原五郎左衛門殿・佐合益安老・服部外記殿・大橋三太夫殿, 右五人上り地之内二而, 元坪之通り唐之助拝領御渡被成, 四方間数坪数, 右御絵図之面, 御定杭之通, 相違無御座請取申候.為後日仍如件.

享保四已亥年四月十六日

本多唐之助内山本平助印

山田七郎左衛門印

朽木丹後守内山瀬四郎左衛門・長尾茂左衛門.

丸毛美濃守内佐藤七郎右衛門.右立会相改渡之.

[52] 『도쿄시사고 시가편』19권, 東京市役所, 1911, 424~426쪽

[사료6] 사쿠마쵸일대의 다이치 부여에 관한 문건.[53]

스지지가이바시 밖 히요케치에 대한 다이치 부여.

스지지가이바시고몬 밖 사쿠마쵸1쵸메 다이치 평수 1,355평.

스지지가이바시고몬 밖 우에노쵸 다이치 평수 270평.

스지지가이바시고몬 밖 사쿠마쵸1쵸메 다이치 평수 1,530평.

[53] 『도쿄시사고 시가편』19권, 東京市役所, 1911, 831~832쪽

스지지가이바시고몬 밖 사쿠마쵸2쵸메 다이치 평수 816평 8합.
스지지가이바시고몬 밖 사쿠마쵸2쵸메 세키모토 하쿠텐 다이치 평수 400평.
스지지가이바시고몬 밖 마츠나가쵸 자투리 토지 다이치 평수 1,633평 6합.
(중략)
이번에 어용지로 야나기하라 사쿠마쵸1쵸메 2개소, 동 2쵸메 2개소, 우에노쵸, 마츠나가쵸 2개소 내, 2,531평 3합 5작의 7개소가 수용된다. 이에 대한 다이치가 같은 장소 혼다 토노스케 도노 등 7개소의 부케치와 아이오이쵸 자투리 토지, 마츠나가쵸 자투리 토지 내에 주어진다. 사방 칸수 평수, 도면을 그려 정해진 곳에 말뚝을 박아 수령한다. 후일을 위해 이를 남겨둔다.
1719년 5월 28일

나까가와 이즈모노카미조 노다 토시스케 인

오오오카 에치젠노카미조 하라헤자에몬 인

쿠츠키 단고노카미 내 나가오 모자에몬, 입회하에 확인 후 전달.
마루모 미노노카미 내외 어용에 있어서 입회 없음.(후략)

筋違橋外 火除用地代地給附.
筋違橋御門外 佐久間町一丁目分代地 坪数千三百五十五坪.
筋違橋御門外 上野町代地 坪数弐百七十坪.
筋違橋御門外 佐久間町壱丁目分代地 坪数千五百三拾坪.
筋違橋御門外 佐久間町二丁目分代地 坪数百八十六坪八合.
筋違橋御門外 佐久間町二丁目分關本伯典代地 坪数四百坪.
筋違橋御門外 松永町切レ地代地 坪数千六百三十三坪六合.(中略)
今度為御用地柳原佐久間町壱丁目分弐ヶ所, 同弐町目分弐ヶ所, 上野町, 松永町弐ヶ所之内, 弐千五百三十壱坪三合五勺, 右七ヶ所被召上之, 為代地元坪之通, 同所本多唐之助殿・杉浦七之助殿・服部庄三郎殿・筒井平右衛門・松平岩松殿・北村小兵衛殿・津田又四郎殿七ヶ所上り地, 并相生町切レ地, 松永町切レ地内ニ而被下之, 四方間数坪数, 右御絵図之面, 御定杭之通, 相違無御座, 請取申候.為後日仍如件.
享保四已亥年五月廿八日

中川出雲守組 野田利助印

大岡越前守組 原兵左衛門印

朽木丹後守内長尾茂左衛門, 右立合改渡之,
丸毛美濃守内外御用ニ付立合無之.(後略)

[사료7] 부케치의 필지 이동에 관한 문건.[54]

아자부 핫토리 게키 필지 평수 560평(중략)
야나기하라 건너편 핫토리 게키 필지는 어용지로 몰수된다. 다이치가 아자부 아베 젠자에몬필지에 주어진다. 사방 칸수 평수, 도면을 그려 정해진 곳에 말뚝을 박아 수령한다. 후일을 위해 이를 남겨둔다.
1719년 9월 7일(후략)

麻布 服部外記屋敷 坪数五百六拾坪.(中略)
向柳原服部外記屋鋪就御用, 被召上, 為代地麻布阿部善左衛門殿上り屋敷, 外記拝領仕, 御渡被成, 四方間数坪数, 右御絵図之面, 御定杭之通, 相違無御座, 請取申候.為後日仍如件.
享保四巳亥年九月七日(後略)

[54] 『도쿄시사고 시가편』19권,東京市役所, 1911, 501~514쪽

[사료8] 사쿠마쵸 일대를 아키치로 설정하는 문건.[55]

하나, 칸다 사쿠마쵸1쵸메
칸다 사쿠마쵸2쵸메
마츠나가쵸
우에노쵸 다이치
위의 쵸는 1719년 12월에 어용지로 수용되어 아키치가 되었다.

一, 神田佐久間町壱町目
同弐町目
松永町
上野町代地
右之町々享保四年亥十二月御用地ニ被　召上, 明キ地ニ罷成候.

[55] 『쿄호선요유집』「아키치부」(上ノ上) 1건

다이치에 의한 도시계획

화재의 대책으로 히요케치가 설정되고, 그곳에 위치했던 쵸닝치에는 수용에 상응하는 토지인 다이치가 주어지게 된다. 다이치는 히요케치를 비우기 위해 주어진다. 그리고 다이치의 조성을 위하여 또 다른 수용 계획이 또 다른 다이치를 탄생시킨다. 본 장에서는 다이치의 이동과 경위를 검토함으로써 토지 수용의 배경에 존재한 시책 측의 의도를 살펴보았다.

앞서 다이치는 에도 전역에 존재하였던 쵸의 등급에 해당하는 '바쇼가라'를 기준으로 주어졌다고 제시하였다. 그중에 바쇼가라의 등급이 기존 쵸에 비하여 하향되는 곳에 다이치가 주어진 경우, 쵸의 면적을 할증하여 주어졌다. 또 같은 시기에 수용된 경우, 같은 지역으로 이동하여, 에도 전체를 검토하였을 때 지역별로 의도적인 도시 재편성이 읽혀졌다. 이러한 이동에는 모토치의 환경적 조건은 배려되지 않고 다이치가 주어졌으며, 이는 서서히 쵸닝의 청원으로 조정되었다.

또 히요케치의 설정에서 다이치가 주어진 경위로부터 부케치이든 쵸닝치이든 다이치를 미리 준비해 둔 후 이전시켰으며, 비어있는 토지에 주어진 경우도 있으나, 다이치를 부여하기 위하여 비운 경우가 더 많았다.

이상과 같이 부케치와 쵸닝치는 지배관할이 다름에도 불구하고 토지의 이동에 있어서 다이치를 매개로 그 지배영역을 넘나들고 있었다. 이것이 가능하였던 이유는 두 가지로 정리할 수 있다. 첫째, 다이치의 이동이 일어난 시기의 집중이다. 다이치의 이동은 쿄호기1716~1735에 집중되어 있는데 이는 이 시기의 가장 중요한 시책이 히요케치를 설정하는 것이었기 때문이다. 둘째, 다이치가 규모가 작은 부케치에 주어졌다. 다이치는 주로 소규모의 하급무사[56]가 배령한 부케치에 주어졌기 때문에 수용이 비교적 용이할 수 있었다.

[56] 본 장에서 검토한 부케치의 규모는 500~1000평 정도로, 1693년(元禄6)의 평수규정(무사의 녹봉의 액수인 로쿠다카(禄高)에 의해 결정된 배령지의 평수)을 조사한 결과 하급에 가깝다.(宮崎勝美, 「江戸の武家屋敷地」, 高橋 · 吉田編 『日本都市史研究入門』 I 空間, 東京大学出版会, 1989, 95쪽)

마지막으로 아키치와 다이치의 설정을 통하여 시책 측의 의도를 검토하자.

에도는 1662년寛文2에 아사쿠사浅草, 시바芝 등의 지샤몬젠寺社門前과 다이칸지배지代官支配地[57]가 마치부교로 편입되고, 1713년에 후카가와深川·혼죠本所·아사쿠사浅草·코이시가와小石川·우시고메牛込·이치가야市ヶ谷·요츠야四谷·아카사카赤坂·아자부麻布의 다이칸지배지가 시가지화되어 마치부교의 지배하에 놓인다. 또 1745년延享2 지샤몬젠, 경내의 쵸가 마치부교의 지배가 되고, 이후 외측수로外堀의 내측에 있었던 쵸닝치가 확장된다.[58]

에도의 확장과 다이치의 관계를 검토하기 위하여, 에도 도시영역의 확장시기와 다이치의 이동시기를 비교하여 보면, 혼죠·후카가와에 다이치가 주어지는 것은 죠쿄우기貞享期, 1684~1688·겐록기1688~1703이며, 혼죠·후카가와가 에도의 도시영역에 편입되는 것은 1713년이다. 즉, 다이치가 먼저 주어지고, 그 후 혼죠·후카가와가 마치부교의 지배지로 편입된다. 혼죠·후카가와 지역의 개발사를 보면, 메이레기 화재를 계기로 막부가 본격적으로 혼죠·후카가와를 개발하기 시작하였다.[59] 처음에는 다이칸의 지배지였던 혼죠·후카가와가 1713년에 마치부교와 다이칸 양측의 지배지가 된 것은 알려져 있다. 그러나 그 과정을 살펴보면, 1660년万治3에 혼죠부교本所奉行를 임명하였고,[60] 막부가 혼죠 지역을 수용한 것은 1713년이나, 막부는 이전부터 혼죠·후카가와에 깊게 관여하고 있었으며, 다이칸지배하의 겐록기1688~1704에도 다이치로 부여하는 것이 가능했다.[61]

막부가 에도의 반복되는 화재를 막기 위하여, 본격적으로 신지 개발에 힘을 쏟은 것을 생각하면, 혼죠·후카가와의 조성지가 거의 완성된 겐록기1688~1704에 아키치로 수용되었던 쵸의 다이치가 이 지역에 주어진 것은 어쩌면 당연한 결과이다. 겐록기1688~1704에는 후카가와·혼죠에 다수의 다이치가 주어졌으며, 쿄호기1716~1735에

[57]
다이칸지배지는 다이칸이 지배하는 지역으로 막부소지령을 다이칸이 대신하여 지배하는 곳이다.

[58]
内藤昌, 『江戸と江戸城』, 鹿島出版会, 1966
高山慶子, 『江戸深川猟師町の成立と展開』, 名著刊行会, 2007

[59]
菊池万雄, 「明暦の大火と江戸の開発」, 『近世都市の社会史』, 名著出版, 1987
高山慶子, 『江戸深川猟師町の成立と展開』, 名著刊行会, 2007

[60]
『柳営補任』18, 東京大学出版会第四巻, 1964, 327~328쪽

[61]
원문: 「本所一円御武家屋敷ニ相成候ニ付, 北本所邸之内, 田畑御用地ニ被召上」
『新編武蔵風土記稿』24, 雄山閣版第二巻, 1957, 39~50쪽

는 외측수로의 안쪽에 있었던 부케치를 외연부로 이동시키고 빈 토지를 다이치로 설정하는 수법으로 에도는 확장되었다. 나이토 아키라內藤昌의 연구[62]에 의하면 쵸닝치가 부케치를 침식하는 가능성을 배제하고 있으나 이는 다이치를 통한 하급무사지에 대한 쵸닝치의 부케치 침식을 간과한 결과이다.

실제로 히요케치를 설정하고 이에 상응하는 토지인 다이치를 부여하기 위하여, 다이치를 조성하는 과정은 에도가 거대도시로 확대하는 하나의 요인으로 작용하였다.

[62] 內藤昌,『江戸と江戸城』, 鹿島出版会,1966, 83쪽

05
쵸닝치의 지배구조

쵸닝치의 지배구조

에도의 쵸는 마치부교의 지배를 받는다. 나누시名主는 쵸의 대표이자 마치부교의 가장 말단에 해당한다. 에도 쵸가 성립할 무렵에는 하나의 쵸에 한 명의 쵸닝 즉, 나누시가 지배하였다. 그러나 에도 내 쵸의 수가 증가하고, 쵸 내에 나누시를 담당할 쵸닝의 수가 모자라자 한 명의 나누시가 지배하는 쵸의 수도 증가하였다. 근세 중기 이후 토지소유자 즉 지주가 다른 곳에 거주하게 되며, 쵸닝치의 지주 부재가 증가한다.

나누시의 지배하에 있던 쵸가 수용되어, 다이치가 주어질 때, 나누시의 지배에는 어떠한 변화가 보이는지, 나누시가 다이치와 같은 특수한 쵸를 지배하면서 지배구조에는 어떠한 확장을 가져왔는지를 살펴본다.

이를 위해 본 장에서는 당시 나누시에게 있어서 다이치의 인식과 나누시 지배의 변화를『에도쵸감江戶町鑑』을 통하여 검토할 것이다. 또한 다이치에 의한 나누시 지배의 유형, 나누시 지배의 확장, 나누시 조직의 변화 분석으로 다이치를 통한 '지배나누시화'에 관하여 고찰한다.

다이치와 나누시

다이치의 인식

에도에는 쵸의 실질적인 행정町政을 담당하는 200명이 넘는 나누시가 존재하였다. 나누시는 쵸의 대표이자 마치부교의 말단에 위치하며, 세 명의 마치도시요리町年寄로부터 지시를 받아 쵸를 관리하였다. 나누시와 나누시의 지배 쵸가 기입된 『에도쵸감』은 나누시 조직이 편성된 1722년享保7 이후부터 존재한다.

『에도쵸감』은 1729년享保14에 처음 『만세쵸감万世町鑑』이란 제목으로 간행되었고, 그 이후에 몇 차례 개정되었다. 본 장에서는 1738년元文3과 1774년安永3年의 쵸감을 이용하여 다이치를 지배하는 나누시에 관하여 분석하였다.

나누시 조직이 편성된 후 처음으로 간행된 1729년의 『에도쵸감』에는 다이치라는 명칭이 존재하지 않는다. 쵸닝치가 수용되어 다이치가 주어진 것은 겐록기元禄期, 1688~1704이며, 『에도쵸감』이 간행된 것은 1729년이다. 히요케치火除地 정비를 위해 빈번하게 주어졌던 다이치가 초기 『에도쵸감』의 기록에서 찾아볼 수 없는 것은 어떤 이유일까?

1733년享保18에 간행된 쵸감에는 몇 개소의 다이치가 발견되나, 실제 다이치 수에는 미치지 못한다. 본 장에서 분석의 대상으로 하고 있는 1738년元文3의 『에도쵸감』에도 다이치를 포함하는 쵸명은 거의 등장하지 않는다. 1757년宝暦7에 간행된 『에도쵸감』에는 다이치가 점차적으로 증가하는 것을 확인할 수 있다.

『도쿄시사고』에 기록된 다이치가 주어진 연도를 확인한 결과, 1729년에는 대부분의 다이치가 주어졌음에도 불구하고 『에도쵸감』에 기재되어있지 않은 이유로는 두 가지 가능성이 있다. 첫째, 실제 주어진 다이치로 전부 이동하지 않았기 때문에 나누시가 관리할 정도는 아니었다는 가능성. 둘째, 다이치로 이동한 것은 사실이나 당시 모토치와 다이치는 하나의 쵸로 취급되었다는 가능성을 제시할 수 있다.

1774년 간행된 『에도쵸감』의 사료에 의하면 칸다 사쿠마쵸1쵸메**神田佐久間町一丁目**의 쵸닝은 다이치가 수로로부터 떨어져 있어 생활이 불편하다 호소하며, 다이치와 모토치의 10칸을 교환하고자 청원한다.[1] 이상의 사료로부터 실제로 쵸닝이 다이치로 이동했던 정황을 확인할 수 있다. 따라서 후자인 다이치로 이동하였으나, 다이치는 모토치와 함께 하나의 쵸로서 관리되었을 가능성이 더 유력하다. 이후 쵸감에 다이치가 서서히 등장하고 있는 사실로부터, 모토치의 일부로 관리되던 다이치가 점차 하나의 쵸로서 독립하고 모토치와 다이치는 두 개의 쵸로 분리되었음을 확인할 수 있다. 쵸감에는 쵸마다 각기 다른 시기에 다이치라는 용어가 등장하고 있다. 모토치와 다이치가 하나의 쵸로 관리되다 두 개의 쵸로 분리되던 시기가 쵸마다 달랐던 것으로 추측된다.

[1] 원문: 「右元地ニ相離候儀町人共一同難儀仕候ニ付,有来間数右裏行之内河岸元地江拾間通御割替奉願候儀ニ御座候得者」『에도쵸감』上, 東京都公文書館, 1990, 155쪽

나누시 지배쵸의 변화

본 장에서는 쵸감에 다이치가 등장하기 시작한 1738년에 간행된 『만세쵸감』과 1774년에 간행된 『에도쵸감』을 통하여 나누시 지배쵸의 변화를 검토한다.

요시다 노부유키는 에도 초기부터 중기에 걸쳐 나누시의 성격이 변화한 것을 쵸 기구의 변화와 관련지어 '쵸의 나누시'로부터 '지배나누시'로 변화된 것을 지적하였다.[2] 겐록기1688~1704에 발생한 '지배나누시'가 그 이후, 안에이기**安永期**, 1772~1780까지 자신의 지배 영역을 어떻게 증가시켰는지 살펴보자.

[2] 吉田伸之, 「名主」, 『日本都市史入門』キーワード,東京大学出版会, 1990

1738년과 1774년의 『에도쵸감』을 비교하면, 나누시 지배에는 쵸 수의 증가, 면적의 증가와 이에 따른 수입의 증가 등이 있다.

나누시의 지배쵸가 증가하게 되는 요인으로는 아래의 다섯 가지를 들 수 있다.

1) 부재 나누시의 증가에 따른 지배쵸의 증가

요시다는 '쵸의 나누시'로부터 '지배나누시'로 전개되는 것을 이하의 두 가지 이유로 설명한다.[3] 첫째, 쵸의 대표인 쵸의 나누시를 선정하려고 해도 쵸 내에는 대표가 될 만한 쵸닝이 극소수만 거주하고 있어 쵸의 자치권한의 대부분을 사실상 '지배나누시'에게 위임하였다. 둘째, 쵸의 성립 시, 직인쵸職人町는 직인 조직과 쵸공동체가 결합되어 있었다. 그러나 직인 조직과 쵸공동체가 해체되며, 직인의 대표가 '쵸의 나누시'였던 체계가 소멸되었다. 이러한 두 가지 이유로 쵸의 지배는 근린에 있는 나누시에게 위임되며, 결과적으로 나누시의 지배 영역은 확대된다.

[3] 吉田伸之, 「名主」, 『日本都市史入門』キーワード, 東京大学出版会, 1990

2) 지샤부교의 지배를 받던 쵸의 편입

카타쿠라 히사코片倉比佐子의 연구에 의하면 1662년寛文2에 지샤몬젠쵸寺社門前町를 마치부교 지배하로 편입시키려는 법이 공포되었으나 실시되지 못한 점, 마치부교 지배하에 들어온 시기가 지역에 따라 다른 점을 지적하고 있다.[4] 실제로 사원영역伝通院領을 예로 살펴보면, 일부는 1612년慶長17에 쵸 성립이 인정되어, 1657년明曆3에 마치부교 지배를 받았다. 일부는 1623년元和9 사원영역이 되어 메이레키 화재 전에 쵸닝치를 허가받고 1745년延享2에 마치부교 지배가 되기도 하였다. 그리고 일부는 1737년元文2에 마치야를 허가받고, 1745년에 마치부교의 지배를 받게 된다. 즉, 사원영역을 검토하면, 1662년의 마치부교 지배의 편입령이 일괄로 행해지지 않고, 지역별로 몇 단계에 걸쳐 편입되었다는 점을 확인할 수 있다. 결국 1745년에는 크고 작은 지샤몬젠쵸가 지샤부교와 함께 마치부교의 지배를 받게 된다. 이때, 마치부교 지배에 편입된 지샤부

[4] 片倉比佐子, 『大江戸八百八町と町名主』, 吉川弘文館, 2009, 147~148쪽

교 지배하의 쵸들, 지샤몬젠쵸는 445쵸에 이른다.[5] 이와 같이 지샤부교의 지배를 받던 쵸가 마치부교 지배로 편입되는 것은 '나누시 지배'의 확대로 이어진다.

[5] 片倉比佐子, 『大江戸八百八町と町名主』, 吉川弘文館, 2009, 147~148쪽

3) 다이치에 의한 지배 영역의 증가

다음은 모토치의 일부분으로 취급되었던 다이치가 서서히 하나의 쵸로서 지배 대상이 되며 지배 영역을 증가시키는 경우를 검토하자. 다이치의 기본 유형인 원래의 토지 일부분이 수용되고 일부분만 다이치로 이전한 경우로, 남겨진 모토치元地와 다이치代地로 구성된 유형을 살펴보자. 다이치는 원칙적으로 수용된 토지와 같은 면적이므로, 지배 면적은 변화하지 않고, 지배쵸의 수만 증가하게 된다. 그러나 실제로 다이치는 변형된 도시공간을 만들며 면적을 늘려간다.

『에도쵸감』에 기록된 사쿠마쵸4쵸메佐久間町四丁目를 예로 검토해 보자. 먼저, 사쿠마쵸4쵸메는 기존에 사쿠마쵸4쵸메와 카시치河岸地 수로에 면한 공지로 구성된다. 이후 사쿠마쵸4쵸메는 히요케치로 설정되면서 다양한 토지로 구성된다. 『에도쵸감』에 기록된 사쿠마쵸4쵸메 관련 목록은 사쿠마쵸4쵸메 잔지, 사쿠마쵸4쵸메 모토치, 사쿠마쵸4쵸메 다이치, 사쿠마쵸4쵸메 뒤쪽의 창고지 등 4개소이며, 이외에 부속적으로 사쿠마쵸4쵸메 상납지와 카

그림 1 사쿠마쵸4쵸메의 공간구성

시치가 존재한다. 우선 사쿠마쵸4쵸메가 히요케치로 설정될 때 북측에 다이치가 주어졌으며, 불타고 남은 사쿠마쵸4쵸메 잔지가 존재하였다.[6] 이후 북측에 주어진 다이치로부터 창고지藏地가 파생된다.

사쿠마쵸의 쵸닝은 수로변의 카시치에서 목재에 관련된 일에 종사하였으나,[7] 다이치가 수로변에 있는 모토치와 멀리 떨어지게 되어 생업에 불편함을 호소한다. 쵸닝의 호소에 의해 결국 모토치의 8칸 도로를 모토치의 창고지로 허가받는다.[8] 모토치의 창고지가 사쿠마쵸 모토치라 불린다. 다이치가 모토치에서 멀어져 불편을 호소하며 또 다른 창고지를 허가 받는데 이를 모토치 뒤쪽의 창고지라 한다.[9]

사료를 통해 사쿠마쵸4쵸메는 사쿠마쵸4쵸메 잔지佐久間四丁目残地, 사쿠마쵸4쵸메 모토치의 창고지佐久間四丁目元地, 사쿠마쵸4쵸메 뒤쪽의 창고지佐久間四丁目裏町, 사쿠마쵸4쵸메 다이치佐久間四丁目代地, 사쿠마4쵸메 상납지, 카시치로 구성되었다.

『에도쵸감』에는 쵸의 연혁뿐 아니라 세금 명목이 기록되어 있는데 이에 따르면 잔지와 다이치는 공역금公役金을, 모토치는 상납금上納金 만을, 모토치 뒤쪽의 창고지는 공역금과 상납금을 납부하고 있다.[10]그림1 사쿠마쵸4쵸메를 구성하고 있는 각 토지의 성격에 따라 납부하는 세의 종류가 달라짐을 확인할 수 있다.

사쿠마쵸4쵸메는 모토치가 잔지 이외에는 전부 유소되어, 다이치가 주어진 시점에는 불타기 전에 소유하던 토지와 같은 면적이 된다. 그러나 히요케치로 설정된 모토치의 일부분을 창고지로 사용하는 것이 허가되고, 그 후 또 뒤쪽에 창고지로 사용을 허가받으며, 기존의 면적보다 증가하게 된다. 창고지는 히요케치가 변화한 형태로 토지는 막부의 소유이고 관리는 나누시가 하며, 쵸닝이 막부에게 상납금을 납입하는 토지이다. 이러한 창고지는 다이치로 이전한 쵸닝이 청원하며 발생한 경우가 많다.

[6] 원문: 「右四町目残地之儀者,享保三戌年類焼之節焼残り候ニ付,類焼之場所計切地ニ代地被下置,相残り候地所ニ御座候,」『에도쵸감』上, 東京都公文書館,1990, 153쪽

[7] 『에도비고御府内備考第』1, 「大日本地誌大系14」, 雄山閣, 1958, 170쪽

[8] 원문: 「右佐久間町四町目元地之儀者,享保三戌年已前迄者柳原土手下ニ有之候町屋ニ御座候処,同年類焼ニ付火除地ハ被召上,代地柳原土手内ニ而被下置候得共,元地相放レ難儀仕候ニ付,其後蔵地ニ御願申上候地所ニ御座候,」『에도쵸감』上, 東京都公文書館,1990, 153~154쪽

[9] 원문: 「右佐久間町四丁目裏町之儀者, (中略)其後右家主共御願申上候町屋地尻ニ而,又候元地借元店之者も一同御願申上被仰付候地所ニ御座候,」『에도쵸감』上, 東京都公文書館, 1990, 154쪽

[10] 『에도쵸감』上, 東京都公文書館, 1990, 153~154쪽

또『에도비고御府内備考』에 기재되어있는 사쿠마쵸1쵸메를 검토하면, 다이치에 의해 생겨난 상납지의 존재도 눈에 띈다. 쵸닝은 하천변에 있는 마치야지의 안길이가 짧으므로 상납지로 증지해줄 것을 청원하고, 막부는 이를 허가한다.[11]

사쿠마쵸의 공간구성 변화에 따른 나누시 지배의 변화를 살펴볼 때, 다이치 및 다이치에 의해 발생한 상납지 및 창고지 또한 같은 나누시의 지배를 받게 된다.[12]

이상과 같은 히요케치 조성을 위해 수용되고 대신 주어진 다이치로 이전한 쵸닝은 청원을 통해 점점 자신의 영역을 확장하였다. 이에 따라 나누시의 지배 영역 또한 증가한다.

[11]
원문:「享保一九寅年三月廿八日,町内河岸通町屋奥行短く辨利悪敷候ニ付,是迄拝借裏行三間通の上,三尺增地被仰付,三間半通拝借地ニ被成候様,尤上納金差上可申旨奉願,」『에도비고』1,「大日本地誌大系14」,雄山閣, 1958

[12]
『에도쵸감』上, 東京都公文書館, 1990

4) 배령마치야시키에 의한 지배 영역의 증가

에도의 지도를 살펴보면 쵸닝치 중에 배령쵸가 존재한다. 에도의 쵸닝치 중 배령마치야시키는 누가 배령한 것인가? 마츠가와쵸2쵸메松川町二丁目 배령지의 배령자는 방주이다.[13] 사료에는 배령 이유는 기록되어 있지 않고, 쵸를 운영하는 구성원요리키与力, 도신同心, 오인조五人組, 나누시名主의 입회하에 결정되었다는 배령의 과정만이 기록되어있다. 배령쵸도 공역금을 내며 일반 쵸에 비하면 적지만 나누시 역료도 내고 있다. 배령마치야시키는 쵸닝치가 변한 형태로 그 배령자도 쵸닝이었을 것으로 추측된다.

배령쵸의 경우 쵸와 동일하게 공역금과 나누시 역료를 납입한 것으로부터, 결과적으로 배령쵸를 통하여 나누시의 지배 쵸는 증가된다.

[13]
『선요영구록』公用留66건,「日本近代立法資料叢書32」, 商事法務研究会, 1987

5) 매상지買上地에 의한 지배 영역의 증가

『에도쵸감』에는 2개소의 매상지가 있어, 마츠시타쵸 다이치松下町代地, 누리쵸 다이치塗師町代地, 신시로가네쵸 다이치新銀町代地의 공동 매상지와 코우지마치 히라가와쵸1쵸메 다이치麹町平河町一丁目代地

매상지이다. 마츠시타쵸 다이치, 누리쵸 다이치, 신시로가네쵸 다이치의 매상지는 세 곳의 다이치 뒤편에 있는 아키치로 세 쵸의 가옥소지자家主가 청원하여 1748년寛延元年에 매상지가 되었다.[14] 또 코우지마치 히라카와쵸1쵸메 다이치 매상지는 아키치였으나 1748년 쵸 내부의 인물이 낙찰 받아 코우지마치 히라카와쵸1쵸메 다이치의 매상지가 되었다.[15]

[14] 『에도쵸감』上, 東京都公文書館, 1990, 47쪽

[15] 『에도쵸감』上, 東京都公文書館, 1990, 47쪽

매상지는 공역금을 납입한다. 에도에 존재했던 2개소의 매상지는 다이치와 관계된 곳이다. 따라서 수용에 의해 주어진 다이치의 쵸닝이 아키치를 매상지로 청원하여 허가받은 것으로 추측된다.

이처럼 나누시의 지배 영역의 증가 원인 중에서 다이치와 관련이 있는 것으로 보이는 것은 다이치에 의한 증가와 매상지의 증가로, 쵸닝은 아키치의 성질을 변용해가며 본인의 영역을 확장했으며 이에 따라 나누시의 지배 영역도 증가했다.

다이치와 '지배나누시'

다이치의 나누시 지배 유형

쵸닝이 살던 쵸닝치가 수용되고 대신의 토지인 다이치가 주어질 때 다이치의 나누시 지배는 어떻게 달라질까? 다이치가 근린에 주어진 경우, 다이치는 기본적으로 모토치의 나누시 지배하에 놓이게 된다. 그러나 다이치가 원거리에 주어진 경우 나누시 지배에는 어떠한 변화가 나타날까? [표1]은 토지 수용의 형태와, 모토치와 다이치의 나누시 지배 형태에 따른 구분이다. 모토치가 일부 수용된 유형과 모토치가 전부 수용된 유형이 존재하며 각각 주어진 다이치를 모토치의 나누시가 지배하는 지배지속형과 타 나누시로 지배가 변화하는 지배변화형이 있다.

[표1] 나누시의 다이치 지배 유형(나누시 미상은 미포함)[16]

	동일 나누시의 지배	타 나누시의 지배
모토치의 일부가 수용된 경우	129	50
모토치의 전부가 수용된 경우	60	11

*. 259개라는 다이치 개수 및 표에 산출된 수치는 에도기에 주어진 다이치를 『에도쵸감』를 기준으로 『에도연혁도서』와 『도쿄도시사고』로 보충한 수치이다.

1) 모토치의 일부가 수용된 후 동일 모토치의 나누시가 지배하는 지배지속형이 가장 많다. 259개소의 다이치 중 129개소가 지배지속형에 해당한다. 이는 모토치와 다이치의 기본 유형으로 거리가 떨어져 있어도 다이치 또한 모토치의 나누시가 지배한다.

[16] 『에도쵸감』上, 東京都公文書館, 1990

2) 모토치의 일부가 수용되어 타 쵸의 나누시 지배하에 놓이는 지배변화형은 50개소이며, 전체의 1/4에 해당된다. 이는 다시 세 개의 유형으로 분류된다. 첫째, 거리가 떨어져도 처음에는 모토치의 나누시 지배하에 있다가 서서히 다이치가 위치한 근린의 나누시 지배하로 변화되는 경우. 둘째, 복수의 다이치가 모여 새로운 쵸를 형성하여, 처음부터 근린의 새로운 나누시 지배하에 놓이게 되는 경우. 셋째, 쵸명이 쵸명+다이치가 아닌 다이치가 주어진 지역명+쵸명으로 존재하며 다른 나누시 지배하에 놓이게 되는 경우이다. 예를 들어 시로가네쵸銀町의 다이치는 시로가네쵸 다이치가 아닌 다이치가 주어진 지명을 넣어 레이간지마 시로가네쵸霊厳島銀町라 부르며 다른 나누시 지배하에 놓인다.

3) 모토치의 전부가 수용되어 모토치는 없어지고 다이치만 존재하는 유형 중 다이치를 종래의 나누시가 지배하는 유형이다. 다이치만 지배하는 지배형태는 60개소로 1/4을 점유하고 있다. 이 유형

도 일반적으로 거리가 떨어져 있어도 기본적으로는 원래의 나누시가 지배한다.

4) 모토치의 전부가 수용되어 모토치는 없어지고 다이치만 존재하는 유형 중 다이치를 다른 쵸의 나누시가 지배하는 지배변화형은 11개소이다. 이는 거리가 떨어져 있어 이전 초기부터 다른 쵸의 나누시 지배하에 놓이는 경우이다.

이상의 분석으로 다이치의 발생에 따라 24%의 다이치는 나누시가 바뀐다. 그중에는 처음부터 다른 쵸의 나누시 하에 놓이는 경우도 있으며, 서서히 다른 쵸의 나누시에게 위임되는 경우도 있다. 나누시가 쵸를 지배할 때에는 거리가 중요한 요인이긴 하지만 기록에 의하면 대부분의 나누시는 다이치와 거리가 떨어진 곳에 있어도 이를 지배하려는 의지가 강했다.[17]

[17] 『에도쵸감』下, 東京都公文書館, 1990, 144쪽

다이치에 의한 나누시 지배의 확장

앞서 서술한 것처럼 쵸닝은 다이치를 이용하여 토지를 확장했다. 토지 확장이 목적이라기보다는 모토치를 확보하는 것이 목표였으나 결과적으로 사용할 수 있는 토지 면적은 늘어났다. 쵸닝이 본인의 쵸닝치를 확보하는 것이 쵸의 대표자인 나누시에게는 어떠한 영향을 주었을까? 지배 영역의 확장은 나누시에게 있어서 이득이었을까? 나누시는 다이치를 이용하여 지배영역의 확장을 꾀하였을까?
두 명의 나누시를 예로 나누시 지배의 확장을 영역과 수입에 관한 두 가지 측면에서 살펴본다. 이하는 1738년과 1774년의 『에도쵸감』을 중심으로 분석한 내용이다.

1) 다른 쵸의 다이치를 통한 확장

4번조 나누시인 호시노 마타우에몬星野又右衛門이하, 마타우에몬의 지배쵸는 1738년에는 히모노쵸檜物町, 히모노쵸 회소同会所, 우에마키쵸上槇町, 우에마키쵸 회소同会所, 우에마키쵸 신도同新道, 유우□필지祐□屋敷, 도쥬필지道寿屋敷라 기록되어 있다. 1774년에는 히모노쵸, 히모노쵸 회소, 우에마키쵸, 미시마필지三嶋屋敷, 도쥬필지, 스키야쵸数寄屋町, 고아부라야 배차지御油屋拝借地, 키타마키쵸 배령필지北槇町拝領屋敷, 요코야마토에이 배차지横山当永拝借地로 기록되어 있어 지배쵸가 증가하였다.그림2

반면, 반쵸万町, 모토요카이치쵸元四日市町, 니혼바시창고필지日本橋蔵屋敷, 아오모노쵸青物町은 마타우에몬의 지배 쵸였으나 양兩 사료에서는 마타우에몬의 지배 영역에서 빠져있다. 그 과정이 명확하지는 않으나 반쵸, 모토요카이치쵸, 니혼바시쿠라야시키는 1번조

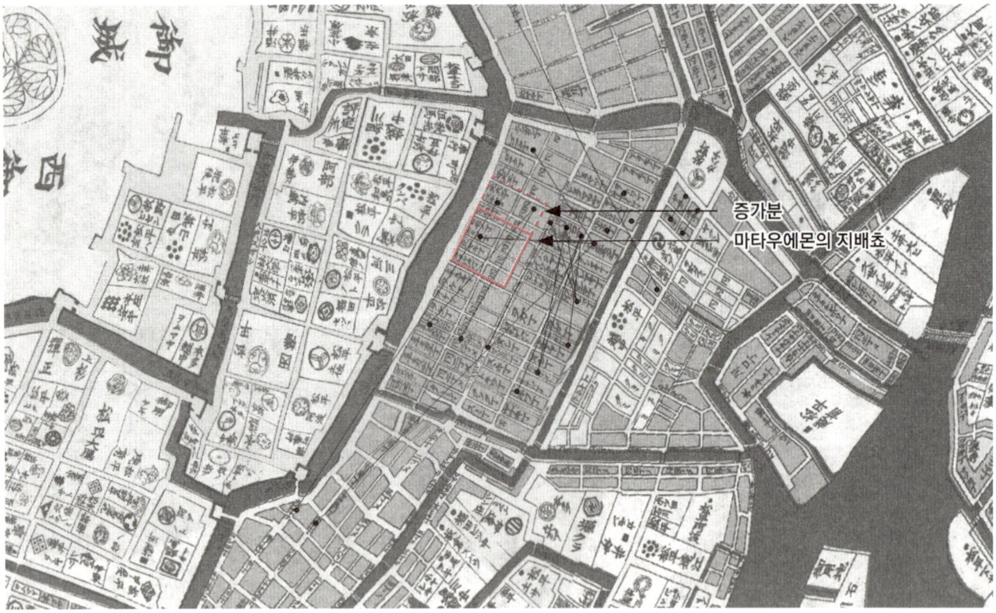

그림 2 나누시 마타우에몬又右衛門의 지배쵸

의 시나가와쵸의 나누시인 로쿠우에몬六右衛門의 지배로, 아오모노쵸는 4번조의 니시카시쵸西河岸町의 나누시인 키요우에몬清右衛門의 지배로 기록되어 있다.

지배나누시가 바뀐 시점은 명확하지 않으나 쵸감이 처음 발간된 1729년 이전이다. 증가한 쵸를 확인하면, 미시마필지, 도쥬필지, 스키야쵸, 오아부라 배차지, 키타마키쵸 배령필지, 요코야마토에이 배차지로, 히모노쵸의 북측의 공지가 쵸닝치가 될 때, 좌측의 반이 마타우에몬의 지배하에 놓인다. 그 중 스키야쵸는 스키야바시数寄屋橋 남측에 있던 쵸였으나, 겐록기1688~1704에 일대가 히요케치로 수용되어 다이치가 이 지역에 주어졌다.[18]

[18] 『에도연혁도서』에 의하여 1698년(元禄11)에 작성되었다.

모토치가 수용되어 다이치가 주어졌을 때, 근린의 나누시인 마타우에몬의 지배에 놓이게 된 예로 마타우에몬의 입장에서 보면 결과적으로 다른 쵸의 다이치로 인하여 지배역이 확장되었다. 그러나 겐록기1688~1704에 주어진 다이치가 40년 후의 자료에 기록되어 있지 않은 것은 어떻게 설명할 수 있을까? 스키야쵸의 옆에 있는 도쥬필지는 기록되어 있고 스키야쵸와 미시마필지가 기록되지 않은 것은 기재누락으로 생각하기는 어렵다. 앞서 검토한 바와 같이 겐분기元文期, 1736~1740의 시점에 스키야쵸는 모토치와 하나의 쵸로 취급하여 모토치의 나누시 관리 하에 있었던 것으로 추정된다.

이상과 같이 지배 영역의 측면에서 검토한 결과, 나누시의 지배쵸는 면적 면에서 확실히 증가하고 있으나 실제 다이치에 의한 확장을 조사하기 위해 나누시의 수입인 나누시 역료를 검토하였다. 우선 증가한 쵸에 대한 역료는 40량 30분 1주로, 감소한 쵸에 대한 역료는 50량 30분으로 실제 수입은 10량 정도 감소하고 있다.

나누시 마타우에몬은 조금 떨어진 곳으로 이전한 반쵸, 모토요카이치쵸, 니혼바시쿠라야시키, 아오모노쵸의 지배를 다른 쵸의 나누시에게 위임하고, 새롭게 인근 공지에 조성된 쵸를 지배하게 된다. 여기서 다른 나누시에 위임한 시기와 새로운 쵸의 지배를 시

[표2] 나누시 마타우에몬의 지배쵸와 나누시 역료 [19]

지배쵸명	쿄마京間 이나까마田舎間	쵸의 칸수 小間間数	역의 종류	나누시 역료 名主役料
檜物町	쿄마京間	194間壱1尺9寸	국역国役	金36両2分1朱
同会所	쿄마京間	16間3尺	공역금公役金	金 2両2分3朱
上槇町	쿄마京間	186間1尺2寸5分	공역금公役金	金21両2朱
증가분				
北槇町	쿄마京間	6間	공역금公役金	金13両2分1朱
三嶋屋敷	쿄마京間	23間3尺5寸5分	공역금公役金	金 5両1分
道寿屋敷	쿄마京間	10間6尺2寸	공역금公役金	金 3両2分1朱
中橋広小路之内 山添屋敷	쿄마京間	6間	공역금公役金	金 1両3分2朱
中橋広小路之内 浅田竹三郎拝借地	쿄마京間	10間	공역금公役金	金 5両2分2朱
数寄屋町	쿄마京間	125間4尺2寸6分	공역금公役金	金10両3分3朱
감소분				
万町	쿄마京間	62間 半	공역금公役金	金15両
元四日市町	쿄마京間	17間 半	공역금公役金	金22両3分
日本橋蔵屋敷	이나까마田舎間	21間 1尺 5寸	공역금公役金	金 4両
青物町	쿄마京間	94間	공역금公役金	金 9両

작한 시기인 1698년元禄11의 전후가 파악되지 않으나 나누시의 지배 쵸를 둘러싼 어느 정도의 조정이 있었던 것으로 추측된다. 마타우에몬의 경우 지배쵸가 교체되면서도 일정의 수입을 유지하였던 것을 살펴 볼 수 있다.

[19] 「나누시역료서名主役料書上」, 『旧幕府引継書』, 国立国会図書館所蔵와 『에도쵸감』, 東京都公文書館, 1990을 이용하여 작성한 표이다.

2) 해당 쵸의 다이치를 통한 확장

7번조 나누시인 나가사와 카자에몬永沢嘉左衛門이하, 카자에몬의 지배쵸는 1738년 『에도쵸감』에 의하면 나가사와쵸永沢町, 사이와이쵸幸町, 마츠야쵸松屋町, 히비야쵸日比谷町, 나가시마쵸永島町으로 기록되어 있다. 이것이 1774년 『에도쵸감』에는 사이와이쵸, 나가사와쵸, 나가시마쵸永島町, 마츠야쵸松屋町, 마츠야쵸 다이치松屋町代地, 마츠야쵸 이토 배령지同所伊藤宗印拝領屋敷, 마츠야쵸 상납지松屋町続上納地 3

개소로 지배 쵸가 약간 증가하고 있으나 큰 변화는 없다. 그러나 『에도연혁도서』의 겐록기1688~1704 지도를 검토하면, 사이와이쵸와 히비야쵸는 당시 신바시 남쪽에 있었으나 1690년元禄3에 아키치로 수용되며 핫쵸보리에 다이치가 주어진다. 그 후 핫쵸보리 다이치의 근린에 있는 나가사와쵸와 마츠야쵸, 나가시마쵸도 지배하게 된다.[20] 이 경우는 사이와이쵸 전체와 히비야쵸 일부가 히요케치로 설정되고 대신 핫쵸보리 지역에 다이치가 주어지며 핫쵸보리 인근으로 지배 영역이 확장되었다. 그 이후 다이치의 이전지인 핫쵸보리 인근의 마츠야쵸의 다이치와 상납지, 배령지를 통하여 지배 영역을 확장하였다.그림3

[20] 『東京都の地名』, 「日本歴史地名大系第一三巻」, 平凡社, 2002, 282쪽

이상에서 검토한 것과 같이 나누시 카자에몬의 지배쵸의 개수는 증가하고 있으나 실제의 다이치에 의한 확장을 비교하기 위하여 나누시의 수입인 나누시 역료를 검토해 보자. 나누시 카자에몬의 경우, 사이와이쵸와 히비야쵸의 다이치가 해당 지역인 핫쵸보리

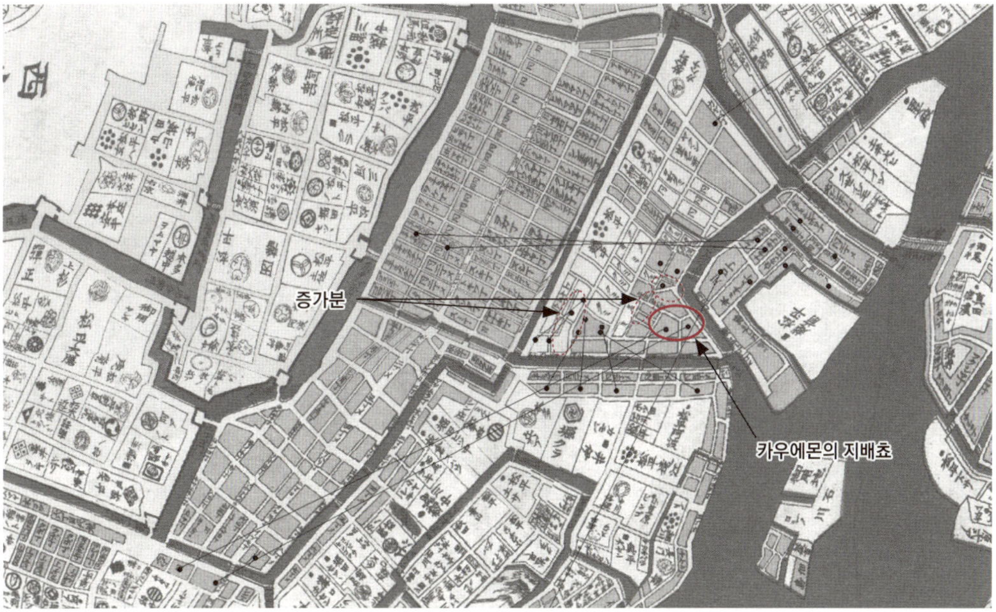

그림 3 카우에몬嘉左衛門의 지배쵸

[표3] 나누시 카자에몬의 나누시 역료 [21]

지배쵸명	쿄마京間 이나까마田舎間	쵸의 칸수 小間間数	역의 종류	나누시 역료 名主役料
幸町	쿄마京間	九拾弐間弐尺弐寸九分	공역금公役金	金拾五両
日比谷町	쿄마京間	九拾六間四尺弐寸九分	공역금公役金	金拾五両
증가분				
長沢町	쿄마京間	八拾間	공역금公役金	金九両
永島町	쿄마京間	七拾間	공역금公役金	銭拾八貫
松屋町	쿄마京間	六拾三間三尺六寸五分	공역금公役金	金拾壱両壱歩
松屋町上納地	쿄마京間	미상	상납금上納金	金三両三歩
此下屋敷	쿄마京間	미상	미상	金壱両壱歩
□島町一丁目	쿄마京間	미상	미상	金弐拾三両弐分
同町二丁目	쿄마京間	미상	미상	金六両壱歩
합계				金八拾五両

[21]
주19와 동일

에 주어지면서 지배 영역을 확장하고 있으므로 겐록기1688~1704 이후의 증가분을 조사하였다. 겐록기1688~1704를 기준으로 하면 나가사와쵸, 나가시마쵸, 마츠야쵸를 시작으로 마츠야쵸로부터 발생한 마츠야쵸 다이치, 상납지 등이 증가분에 해당한다. 나누시 역료는 금 30량에서 85량으로 55량이나 증가하였다.

다이치를 통한 나누시의 지배 영역의 확장은 두 가지 측면에서 나타난다. 1) 타 나누시의 지배하에 있던 다이치를 이용한 확장, 2) 지배하던 쵸의 다이치가 타 지역에 주어지며 그 근린의 쵸를 지배하게 되는 확장이다. 이와 같은 두 가지 확장 유형과 확장의 시기, 지역, 나누시 역료를 검토한 결과, 다이치를 통한 나누시의 지배 확장을 통하여 두 가지 사실을 읽어낼 수 있었다.

첫째는 다이치를 통한 나누시의 지배 영역의 확장과 지역의 관계이다. 두 경우 모두 다이치의 이동에 있어서는 비교적 초기인 겐록기1688~1704에 확장되었다. 겐록기1688~1704는 다이치의 이동으로 보면 비교적 이른 시기이나 나누시의 지배 영역 확장에 있어서는 가장 활발하게 일어난 시기이다. 그러나 1)의 경우는 나누시의 지배 영역을 둘러싸고 어느 정도 조정하며`확장이 이루어진 반면, 2)의 경우는 1)의 경우보다는 제한 없이 확장되는 것을 살펴볼 수 있다. 이러한 결과는 지역의 차이로 판단된다. 1)은 쵸닝치 중에서도 가장 밀도가 높은 지역으로 지배 영역의 확장에 있어서도 나누시 간의 조정이 필요했다. 반면, 비교적 에도의 외곽으로 부케치가 많이 존재했던 핫쵸보리 지역을 쵸닝치로 대체하는 경우에는 나누시의 지배 영역 확대는 1)에 비하여 자유롭게 이루어졌다.

둘째, 지배 영역과 나누시 수입의 관계이다. 나누시는 전업제로 지배쵸로부터 징수하는 역료를 주된 수입으로 하고 있다. 나누시 역료는 쵸의 지주가 그 소유 필지의 규모에 따라 납입하는 쵸운영비町入用[22] 중에서 지불되었다. 즉, 나누시는 나누시라는 권위를 막부로부터 보장받았으나, 금전적으로는 쵸의 지주에 의해 유지되었다.[23] 따라서 나누시에게 지배 영역의 확장은 나누시의 수입 증가에 직접적으로 연결되었으며 나누시에게 지배 영역의 확장은 중요한 사안이었다.

[22] 쵸운영비(町入用)란 쵸닝의 지연적 공동체인 쵸의 관리, 운영, 부담, 배분에 대한 수입과 지출 회계에 해당한다.

[23] 加藤貴, 「寛政期江戸名主の経済状況」, 『日本史攷究』, 文献出版,1981, 314쪽

나누시의 역할과 다이치

앞서 나누시는 자신의 수입에 직접 영향을 미치는 지배 영역을 확장하려고 한 가능성에 관하여 검토하였다. 그렇다면 나누시의 지배영역에 다이치가 포함되며 지배 영역이 증가됨에 따라 나누시의 업무는 어떻게 변화하는지 살펴보자.

1) 나누시의 역할

나누시의 기본적인 업무는 징세 업무, 마치부레의 전달, 토지 매매와 상속에 관한 업무, 인별장人別[24] 개정, 마치부교소로의 출두 등이다.[25] 미나미텐마쵸南伝馬町의 나누시인 다카노高野가의 일기는[26] 쵸에서 일어나는 여러 가지 사건을 기록한 것이다. 이를 통

[24] 인별(人別)이란 에도시대의 호적이다. 에도 막부 초기에는 부국강병을 위하여 인별 조사를 실행했으나 쿄호기 이후에는 인구조사, 특히 농민의 이동방지를 목적으로 6년마다 관내의 인별장을 작성하였다.

[25] 片倉比佐子, 『大江戸八百八町と町名主』, 吉川弘文館, 2009, 112~122쪽

[26] 『미나미텐마쵸 나누시 다카노가 일기 南伝馬町名主高野家日記言上之控』, 東京都公文書館, 1994

하여 결락欠落, 재판, 범죄 등의 사건이 일어날 경우 사건의 관리, 조사 및 처리, 마치부교소에 신고 등도 나누시의 업무임을 확인할 수 있다. 반면 다이치에 관한 특별한 기록은 보이지 않는다. 쵸의 종류가 다이치라고 하여 나누시의 업무가 증가하지는 않았다.

2) 다이치에 있어서 나누시의 업무

다이치를 둘러싼 몇 가지 소송을 발견할 수 있다. 도오리3쵸메 다이치通三丁目代地와 미나미텐마쵸 간의 쵸운영비를 둘러싼 문서가 있다.[27] 문서의 내용은 1710년宝永7 도오리3쵸메 다이치가 미나미텐마쵸의 영역으로 이전하여 쵸운영비 등 각 역을 미나미텐마쵸에 부담해야 한다고 소송을 제기하여, 1712년正徳2에 '합의和睦'에 이른다. 나누시 다카노에게는 미나미텐마쵸2쵸메의 영역에 도오리3쵸메 다이치가 이전하여 하나의 쵸가 되기까지 각 소송에 대응하는 업무가 증가하고는 있으나 이외는 다이치라 하여 나누시의 업무가 특별히 증가하는 경우는 보이지 않았다. 이러한 다이치를 통한 영역의 확장은 나누시에게 있어 결과적으로 이익이었을 것으로 판단된다.

[27] 『선요영구록』公用留 26건 · 44건 「日本近代立法資料叢書32」, 商事法務研究会, 1987

다이치와 나누시 조직

다이치를 지배 영역에 포함시키는 것으로 나누시는 이익 확대를 실현했으나 나누시 조직에는 어떠한 영향을 주었을까? 1번조와 5번조를 예로, 다이치가 나누시 조직에 어떠한 변화를 가져왔는지 검토해 보자.

검토를 위해 『에도쵸감』을 중심으로 하여, 『에도연혁도서』와 『도쿄도시사고』를 이용하여 모토치와 다이치의 이동을 추적하여 분석하였다.그림4, 그림5

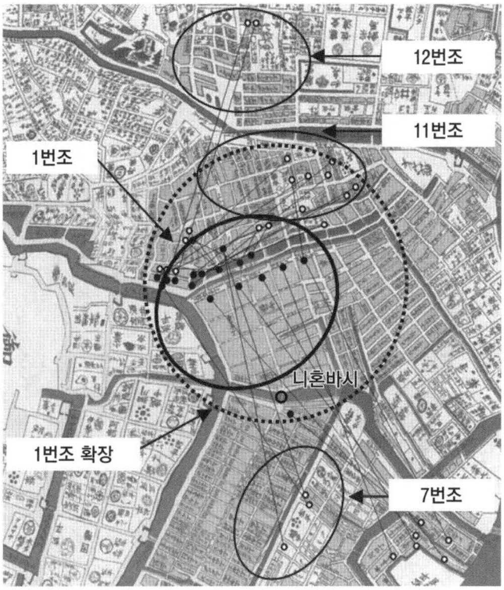

그림 4 1번조의 영역

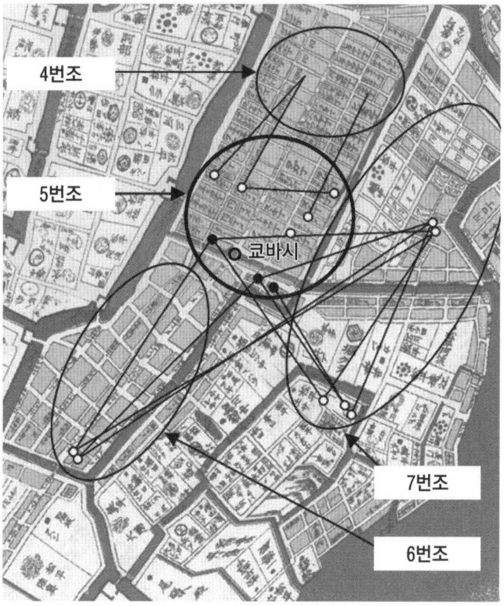

그림 5 5번조의 영역

1번조의 영역은 니혼바시 북측 일대에 위치하나 다이치는 11번조와 12번조, 7번조 내에 주어진다. 1번조는 비교적 거리가 떨어진 곳에 다이치가 주어졌으나 모두 기존의 나누시가 지속적으로 지배하고 있다. 결과적으로 11번조의 경계로까지 1번조의 영역이 확장되는 모습을 살펴볼 수 있다. 7번조와 12번조에 주어진 다이치의 경우도 나누시 조직은 변화하지 않으며 동일하게 1번조의 지배하에 놓인다.

5번조의 영역은 쿄바시 북측 일대이다. 다이치는 6번조와 7번조 내에 주어지며, 나누시 조직을 바꾸지 않으며 지배를 지속하고 있다. 그러나 5번조 중 4번조에 모토치를 갖는 다이치가 다수 보이나 본래는 4번조의 다이치이나 나누시 조직을 바꾸어 5번조가 된 쵸가 보인다.

이상의 두 가지 나누시 조직의 예로부터 다이치에 있어서 나누시 조직의 변화는 다음과 같이 정리할 수 있다.그림6

다이치 1: 나누시 조직이 특정되지 않는 경계 지역에 다이치가 주어지는 경우, A번조의 영역이 그 영역을 포함하도록 확장한다.

다이치 2: A번조에 있는 모토치가 B번조로 다이치가 주어지면, 다이치는 B번조의 나누시 조직에 흡수된다.

다이치 3: A번조에 있는 모토치가 수용되어 C번조에 다이치가 주어질 경우, 조직을 바꾸지 않으며 지속적으로 A번조에 포함된다.

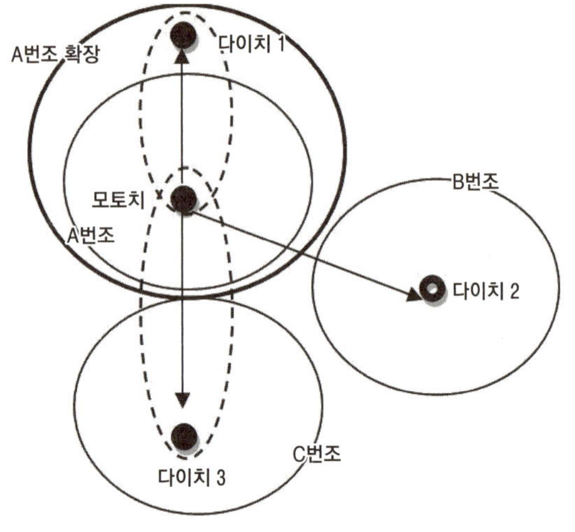

그림 6 나누시 조직과 다이치

오노 쇼코大野祥子의 연구[28]에 따르면 에도의 쵸는 나누시 조직 내에서 서로 결속하며 "조합組合内"이라는 의식을 강하게 가진다. 더 나아가 이러한 나누시 조직을 간단하게 바뀌지 않는 단단한 조직으로 정의하고 있다. 「나누시부名主取締之部」[29]에 따르면 1843년天保14의 시점에 복수의 나누시 조직에 걸쳐 쵸를 지배하고 있던 것은 하치자에몬八左衛門 단 한명으로 파악된다. 나누시의 지배쵸가 두 개의 조직에 걸쳐있는 경우, 각각의 조직을 구별하여 쵸를 지배하였음을 알 수 있다.[30] 실제 지배는 '나누시 지배 영역'에 따라 나누시 조직별로 업무를 행한 것을 확인할 수 있다. 그러나 다이치를 통한 나누시 조직의 변화를 검토하면서 또 다른 결과를 얻을 수 있다. 다이치를 통한 '나누시 지배 영역'은 나누시 조직이라는 공간영역을 넘어서고 있다. 또한 다이치는 나누시 조직의 경계를 변화시키거나, 나누시 조직을 바꾸거나, 사회적으로 나누시 조직을 바꾸지 않고 공간적으로 다른 조직에 속하는 세 가지 유형으로 나타났다. 이러한 현상으로부터 나누시 조직은 단단하게 고정되어 있었던 것이 아니라 다이치를 매개로 변동하였음을 알 수

[28] 大野祥子, 「江戸における名主の性格とその意義一名主組合を中心にして一」, 『論集きんせい』14, 近世史研究会, 1992.5.

[29] 『大日本近世史料, 市中取締類集八』, 「名主取締之部」4, 167건, 東京大学出版会, 1969.

[30] 원문: 「右八左衛門儀, 拾九番組之内芝二本榎承教寺門前・同所上行寺門前右弐ヶ寺門前地兼帯支配仕候, 尤弐ヶ寺門前ニ御用向有之候節者, 拾九番組名主八左衛門与相認メ申候, 都而御触并被仰渡其外組合名主共申合通達等之儀者, 其組合限りニ取計来申候間, 御差支之儀ハ無御座候(後略)」『大日本近世史料, 市中取締類集八』, 「名主取締之部」4, 167건, 東京大学出版会, 1969.

있다. 나누시 조직보다는 다이치를 지배하고 있는 나누시가 몇 번 조직에 소속되는가가 중요하며, 나누시조직이라는 커다란 틀 속에서 다이치는 나누시에 의하여 유연하게 변동하였음을 알 수 있다.

다이치로 살펴 본 쵸닝치의 지배 구조

본 장에서는 다이치가 주어질 때, 나누시의 지배가 어떻게 변화하였는지 살펴보았다.

사료에서 다이치의 등장을 조사하면, 실제로는 다이치가 주어진 시기보다는 늦게 등장한 것을 알 수 있다. 여기서 모토치와 다이치가 지배의 관점으로는 하나의 쵸로 취급되었으며, 서서히 다이치가 독립적인 쵸로 인식되었다. 1738년, 1774년에 나누시 지배 쵸의 변화는 다이치에서 파생하는 창고지, 상납지, 매상지 등으로 그 지배 영역이 확장되었다. 이는 나누시의 의지보다는 수용된 필지 소유자인 쵸닝이 새롭게 주어진 다이치에 대한 불만으로 본인의 토지를 확보하고자 했던 의지의 결과이다.

다이치를 통한 나누시 지배 유형은 크게 본래의 나누시가 다이치를 지배하는 지배지속형과 다른 나누시가 다이치를 지배하는 지배변화형이 있으며, 지배변화형은 다이치의 259개소 중 61개소에 지나지 않으며 대부분이 지속형에 해당된다. 나누시의 지배에 있어서 거리가 중요하나 다이치의 경우에는 당연하게도 지배를 지속하려는 관성의 힘이 컸다.

이와 같이 다이치에 의하여 나누시의 영역이 확장될 때에는 두 가지 유형이 나타난다. 첫째, 다른 지역의 다이치를 지배에 포함시키며 확장하는 유형, 둘째는 지배하의 쵸가 다른 지역에 다이치를 부여받아 이전하여 이를 통하여 인근의 다른 쵸를 지배 영역으로 확장하는 유형이다. 양측 모두 다이치에 의해 나누시의 지배 영역이 확장되었다.

나누시의 지배 영역의 확장은 나누시에게 있어서 이익이었을지 나누시 수입과 나누시의 업무를 비교해 본 결과, 다이치에 의한 지배쵸의 확대는 나누시의 이익 확대를 가져왔다. 다이치에 의한 나누시 지배 영역의 확장은 나누시 조직에는 어떠한 변화를 가져왔는가. 이는 나누시 조직의 경계를 변화시키거나, 나누시 조직을 바꾸거나, 사회적으로 나누시 조직을 바꾸지 않고 공간적으로 다른 조직에 존재하는 세 유형으로 나타났다.

나누시에게 있어서 다이치는 어떠한 존재였는가?
우선, 다이치가 기존의 지배 영역에서 거리가 떨어진 곳에 부여받아도 76%는 지배를 지속하였다. 나누시의 업무는 모토치와 관계의 측면에서 소송에 관련된 업무가 증가하기도 하나 동시에 수입도 증가함으로 결과적으로는 다이치에 의한 지배의 확장은 이익이었다. 나누시의 권위라는 것이 실제적으로 쵸의 지주에 의해 유지되었으므로 나누시에게 있어서 지주의 증가는 그 권위를 강화하는 데 도움이 되었다.
이와 같이 다이치에 의한 영역 확장은 쵸닝 개인의 영역 확장으로부터 나누시 지배 영역의 확장까지 소유의지와 그에 따른 이익의 결과로서 이해된다. 또한 다이치에 의하여 나누시의 지배 영역은 물론 나누시 조직도 변화하였다. 다이치는 에도의 도시공간 뿐만 아니라 그 지배 관계에 있어서도 재편성을 가져왔다.

06
쵸닝치의 공간구성

쵸닝치의 공간구성

에도는 화재의 도시라 불릴 만큼 화재가 빈번하였다. 반복되는 화재로 에도는 방화도시로서의 면모를 갖추어 갔다. 화재로 유소한 쵸는 막부가 수용하여 히요케치로 설정하고 그 대신 다이치라는 새로운 토지가 주어진다. 이렇게 에도는 화재를 계기로 설정된 히요케치와 다이치代地, 그 외의 모토치元地, 잔지殘地, 창고지蔵地 등 다양한 토지가 공존하는 복잡한 도시가 되어간다.

본 장에서는 사쿠마쵸佐久間町를 소재로 아키치, 모토치, 다이치의 공간구조-토지와 건축-에 관하여 살펴본다.

칸다 사쿠마쵸의 아키치 · 모토치 · 다이치 형성과정

아래의 사료를 통해 겐록기元禄期, 1688~1704로부터 쿄호기享保期, 1716~1735에 걸친 칸다지역의 사쿠마쵸의 변화를 살펴보자.

[1]
『에도쵸감安永三年小間附北方南方町鑑』上, 東京都公文書館, 1990, 154쪽

[2]
안길이(裏行, 우라유키)란 필지의 정면에서 뒷면까지의 길이이다.

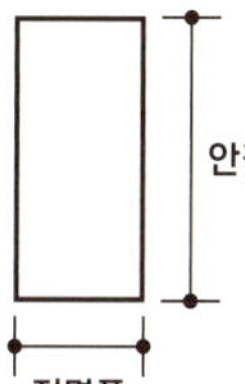

[사료1] 칸다 사쿠마쵸1쵸메에 관한 기록.[1] 1774년 작성.

하나. 칸다 사쿠마쵸1쵸메 나누시 니자에몬
기준 단위 쿄마 21칸 1척 다만, 공역은 납부.
사쿠마쵸1쵸메의 모토치는 수로변에 있었으나 다이치가 북측으로 약 80칸 떨어져서 주어진다. 과거 안길이[2] 21칸 5척 9촌이 수로변에 면하고 있었는데, 수용되어 남기지 않고 북측으로 밀려서 다이치가 주어졌다. 모토치에서 멀어진 쵸닝 모두는 생업이 어려워져 종전의 칸수만큼 수로변 모토치에 10칸을 교환하고자 청원한다. 허가한다면 한 필지가 두 필지가 되어 다이치라 칭하고, 이 지역을 조사할 때 계산하여 21칸 1척 이외에는 다이치라 칭하지 않는다. 이에 따라 공역은 납부 칸수도 앞에 기록한 모토치를 센 칸수를 기준으로 납부한다.

一, 神田佐久間壱町目 名主 仁左衛門
小間京間弐拾壱間壱尺 但, 公役銀相勤申候,
右佐久間町壱町目之儀者, 河岸元地より代地迄者凡北之方江八拾間隔り有之候得共, 古来之裏行弐拾壱間五尺九寸ニ而右河岸通ニ有之候処, 先年御用地ニ被召上, 不残北之方江跡しさりニ代地被下置候, 右元地ニ相離候儀町人共一同難儀仕候ニ付, 有来間数右裏行之内河岸元地江拾間通御割替奉願候儀ニ御座候得者, 一屋敷之者二屋敷ニ相成候間, 代地与申唱, 其地所御尋之節計申上候, 其外之義者代地与申唱者不仕候, 依之右公役銀相勤候間数も前書元地計ノ間数ニ而相勤候義ニ御座候,

[사료2] 사쿠마쵸1쵸메에 관한 기록.[3]

사쿠마쵸1쵸메 (중략)

하나. 상납지 488평 6합 3작.

(다이치의 10칸과) 쵸 내 수로 측 끝단에 있는 마치야지(10칸)를 교환하였다. 1734년 3월 28일, 쵸 내 수로 측 마치야지의 안길이가 짧아 사용에 불편하여, 지금까지 안길이 3칸만큼의 토지를 빌렸는데, 이에 3척을 더 증가시켜 3칸 반이 배차지가 되었으며, (이에 따른) 상납금을 내겠다고 청원한다. 동 12월 24일 오오오카 에치젠노카미가 번소에 이를 청하여 명령과 같이 다음 해인 1735년 2월 23일에 본 토지를 넘겼다.(후략)

佐久間町一丁目(中略)

一, 上納地 四百八拾八坪六合三勺

右は町内河岸通地尻二有之, 長屋并前書町家迁(ママ)替二申上候通, 享保一九寅年三月廿八日, 町内河岸通町屋奥行短く辨利悪敷候二付, 是迄拝借裏行三間通の上, 三尺増地被仰付, 三間半通拝借地二被成候様, 尤上納金差上可申旨奉願, 同十二月廿四日大岡越前守様御番所二而願之通仰付, 翌二十卯年二月廿三日御地渡有之候, (後略)

[3] 『에도비고御府内備考』1, 「大日本地誌大系14」, 雄山閣, 1958, 170쪽

[사료3] 사쿠마쵸1쵸메에 관한 기록.[4] 1720년 작성.

(전략) 1719년, 1720년 아키치로 명해져,

야나기하라 이즈미바시 밖

사쿠마쵸1쵸메

사쿠마쵸2쵸메

마츠나가쵸

우에노쵸 내의 아키치

위 아키치 내에 히라카와쵸1쵸메 다이치, 시바신마장 도보쵸 다이치 그 외 궁장인배령필지 등이 주어진다.(후략)

(前略)享保四亥年同五子年明地二被　仰付候

柳原和泉橋外

[4] 『교호선요유집享保撰要類集』「아키치부明地之部」(上ノ下) 26건

佐久間町壱町目
同弐丁目
松永町
上野町之内 明地
右明地内二平川町壱丁目代地芝新馬場同朋町代地其外御弓師拝領
屋鋪等被　仰付候(後略),

[사료1]과 [사료3]에 의하면 사쿠마쵸1쵸메는 1719년享保4에 히요케치로 수용되고 북측에 다이치가 주어진다. 이미 북측에는 쵸가 존재하였기 때문에 북측에 있던 원래의 쵸도 일괄적으로 북측으로 더 후퇴하여 주어진다. 사쿠마쵸1쵸메의 쵸닝들은 하천변에서 목재 관련 일[5]에 종사하였는데, 다이치가 하천과 80칸, 즉 160m 떨어진 곳에 주어지자 생업의 곤란함을 호소하고 있다.

[5] 『에도비고』1, 「大日本地誌大系14」, 雄山閣, 1958, 168쪽

다이치로 이전한 쵸닝은 생업의 위협을 받자 1725년享保10에 다이치의 10칸과 모토치의 하천변 10칸을 교환하고자 청원하여 허가받는다. 또, [사료4]에 의하면 가옥소지자 쵸닝 일동이 사쿠마쵸1쵸메의 서측에 미즈노水野隼人正 택지가 공지가 되어 쇼군의 행차시 쵸의 뒷골목이 보이며, 특히 다이치와 카시치河岸地가 멀어 관리가 어렵다는 내용의 청원을 낸다.

이러한 문제 때문에 사쿠마쵸1쵸메의 쵸닝들은 하천 주변의 공지를 임대하여 3칸의 나가야長屋[6]를 만들고 대나무 울타리 혹은 판자로 담을 쌓도록 허가해 줄 것을 청원한다. 그렇게 하여 허가받은 아키치의 3칸 반의 토지는 상납지로 토지를 임차하여 쓰고 상납금을 부담하게 된다.

[6] 나가야(長屋)란 복수의 주호가 수평방향으로 연속되어 벽을 공유하는 건축물이다.

이러한 일련의 과정을 통해, 사쿠마쵸1쵸메는 모토치와 다이치, 상납지, 카시치로 구성된다. [그림1]는 겐록기1688~1704와 쿄호기1716~1735의 사쿠마쵸1쵸메와 그 주변의 움직임을 나타낸 것이다.

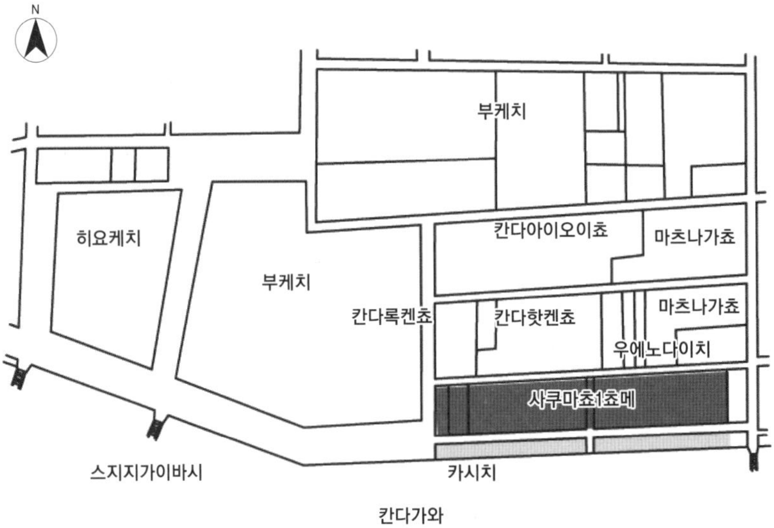

1700년元禄13

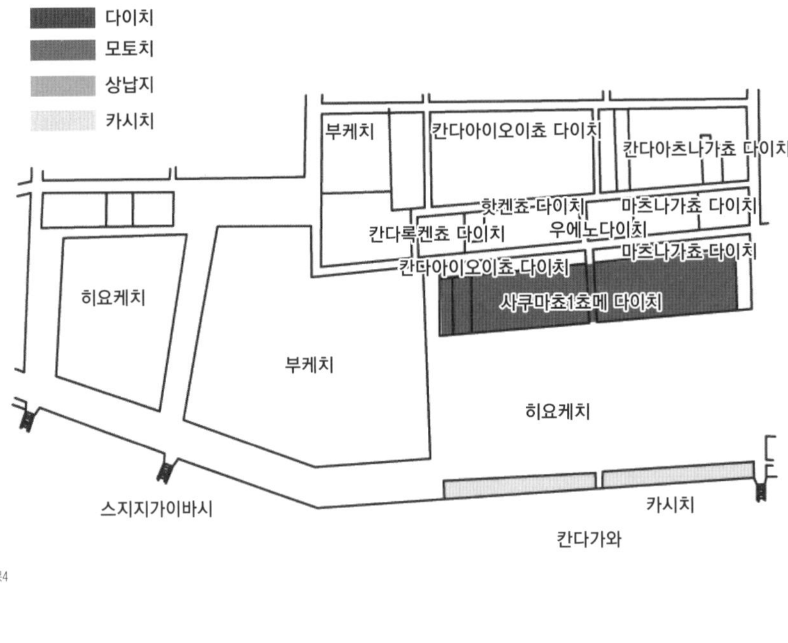

1719년享保4

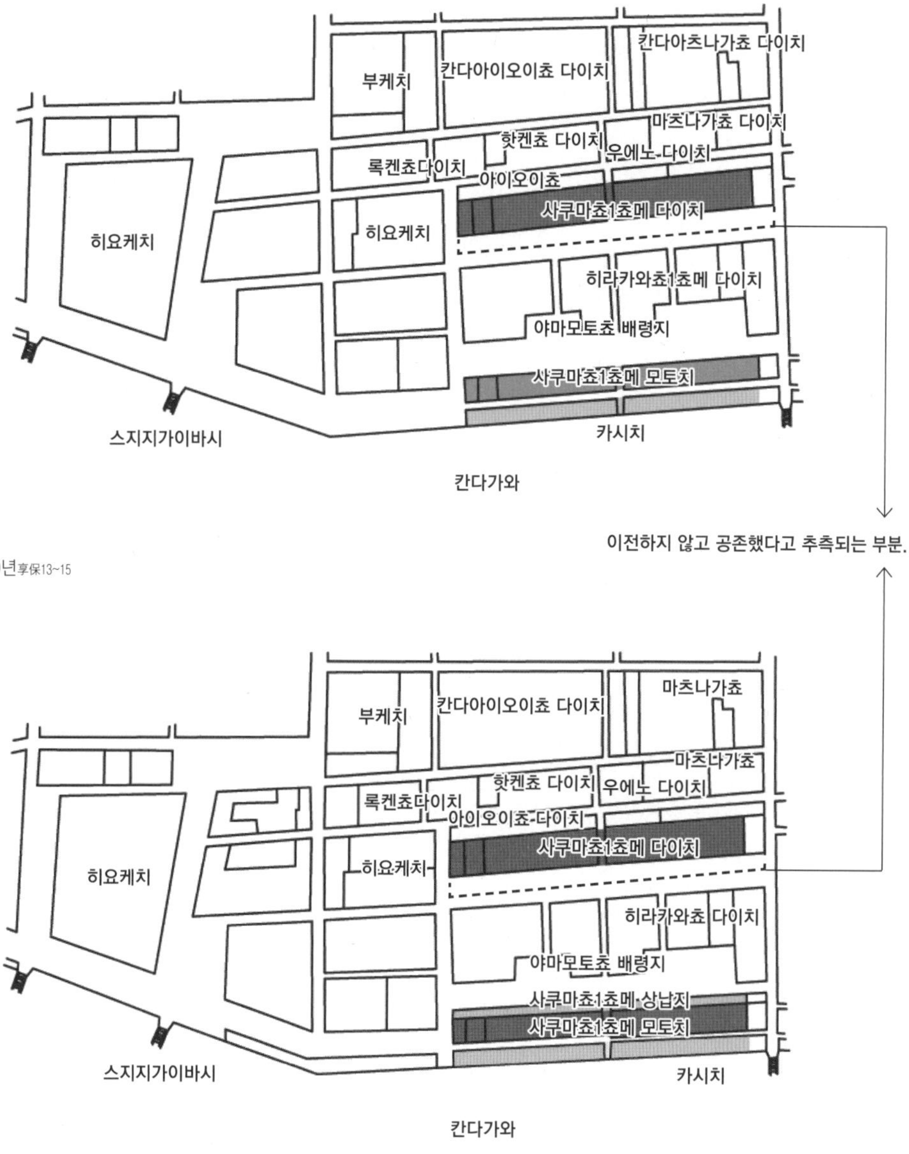

1731~1735享保16~20

그림 1 사쿠마쵸1쵸메의 히요케치 · 모토치 · 다이치의 변천 (『에도연혁도서』를 바탕으로 표시한 지도)

앞서 사쿠마쵸 쵸닝의 청원으로 다이치 10칸과 하천변에 위치한 모토치의 10칸을 교환한 사실을 언급하였다. 본래 모토치로부터 이전한다는 전제하에 부여되는 것이 다이치이므로 모토치 10칸을 받으면 다이치의 10칸을 반환해야 한다. 하지만 이 경우에는 다이치 10칸도 지속적으로 사용한다. 결과적으로 동일 쵸닝이 다이치 10칸과 모토치 10칸에 해당하는 두 개의 필지를 점유하게 된 것이다. 두 개의 필지를 점유하지만 공역은[7]은 모토치에 해당하는 칸 수만큼만 납부하여도 좋다고 기록되어 있다.

이와 같이 사료에 다이치로 '이전'한다는 기록이 있어도 실질적으로 모토치와 다이치의 토지 모두 사용하기도 하였다. 이러한 현상이 사쿠마쵸에 국한된 현상이라고 보기는 어렵다.

에도에는 이와 같이 지도에 보이지 않는 점유 공간이 다수 존재했다는 점에서 흥미롭다.

[7] 공역은(公役銀)이란 에도시대, 막부가 에도의 쵸닝에게 부과했던 부역이다. 후에 은납으로 변화한다.

칸다 사쿠마쵸의 토지와 건축

이하의 사료로부터 사쿠마쵸 주변의 도시공간 구조를 읽어보자.

[사료4] 칸다 사쿠마쵸에 관한 문건.[8] 1726~1727년 작성.

칸다 사쿠마쵸
수로변 대나무 울타리 설치를 청하는 문서

칸다 사쿠마쵸1쵸메, 2쵸메, 3쵸메, 4쵸메
가옥소지자 쵸닝 일동

쵸닝 일동의 청원은 아래와 같다. 과거 어용지로 수용되어 뒤쪽에 다이치가 주어졌는데 당시 2쵸메부터 4쵸메까지는 모토치 내에 8칸 창고지를 남기고 다이치가 주어졌다. 1쵸메는 남기지 않고 모두 수용되어 뒤쪽에 다이치가 주어졌다. 1쵸메의 쵸닝 일동은 지난해에 청하여 다이치 10칸과 수로변 모토치의 10칸과 교환하며, 회를 칠한 건축물로 지었다. 그러나 사쿠마쵸의 수로변

[8] 『교호선요유집』 「아키치부」(上ノ上) 9건

에 판매용 대나무, 장작을 두는 것이 금지되어 차지(임대지)의 임대자는 모두 타소로 이전하여 과반의 토지가 비었다. 따라서 쵸역 등도 수행하기 어려워 궁핍함을 호소하였다. 이에 따라 이번에 창고지가 있는 수로변에 판매용의 대나무, 장작을 약간 놓을 수 있도록 청원한다. 또한 대나무는 세워두고, 장작은 높이 3척에 한하여 쌓아두며, 만일 화재 시에도 대나무, 장작에 불이 절대 옮기지 않도록 하겠다고 청하였다. 위의 사실을 조사하였는데 수로변 상업의 대나무, 장작 등을 놓지 못하여 상업이 불가하고 때문에 토지임대자도 없어 힘든 것이 사실이다.(중략) 9월

오오오카 에치젠노 카미

위의 서류는 도면 한 장을 첨부. 9월 26일 미즈노 이즈미노 카미 도노에 올라감.

(답변서)「질의와 같이 지시를 전달 받음. 10월 3일

오오오카 에치젠노카미」

사쿠마쵸 쵸닝 일동의 거택 뒤편 배차지에 관한 문건.

문서

사쿠마쵸1쵸메 가옥소지자 쵸닝 19인

위의 쵸닝 모두 다이치의 10칸을 반납하고 모토치의 수로변에 안길이 10칸의 누리야[9]로 짓는 것을 지난 10월에 청하여 허가받았다. 점점 가옥을 짓고 같은 곳의 서쪽에 미즈노 하야토노카미의 필지였던 곳도 마치야를 지었다. 남은 과반은 빈 토지로 쇼군 행차시 길에서 누리야의 뒷길이 훤히 보이나 다이치의 쵸닝은 거리가 떨어져 경계 등이 어렵다. 부디 별지 도면과 같이 누리야의 뒤편에 3칸 도시형가옥과 배차지를 청하고, 그 주변에 대나무 울타리 혹은 판자울을 대고자 청한다. 쵸닝 일동의 청원에 대한 허가의 여부, 더 나아가 지장의 여부, 판자울의 설치 여부를 묻는다. 허가하면 대나무 울타리가 적당하다 생각된다. 도면 한 장을 올리니 검토 바란다.

2월

오오오카 에치젠노카미

스와 미노노카미

△(평의서)

코비키쵸4쵸메 쵸닝 일동은 과거 청원과 같이 모토치로 돌아갔으나 뒤편 공지가 된 곳의 경계가 힘들어 9척 대나무 울타리를 청하여 청원과 같이 허가된 예가 있다.(중략)

3월 3일

오오오카 에치젠노카미

스와 미노노카미

[9]
누리야(塗家)란 건물의 정면이 토벽으로 칠해진 마치야(町屋)나, 토벽의 두께가 본격적인 도죠즈꾸리(土蔵造)보다 얇으며 개구부에도 방화호가 들어있지 않은 건물이 많다.(大島信道,「東京人」91, 1995, 69쪽)

神田佐久間町

河岸通竹木薪差置候願之儀申上候書付,

神田佐久間町 壱町目弐丁目三町目四丁目
家持 町人共

右之もの共相願候者去ル亥子両年二御用地二被　召上跡しさり二代地被下置候, 其節弐町目より四丁目迄之儀元地之内二而八間通蔵地御残被下置, 壱町目之儀者不残跡しさり二罷成候故壱町目之もの共去暮相願, 代地拾間通差上, 河岸元地江御引替被下置候二付, 塗屋造り二仕候, 然処右町々河岸通商売之竹木薪差置候儀不罷成候故, 借地之もの共他所江引越過半明地二罷成, 町役等も難相勤躰二而至極困窮仕候, 依之此度右蔵地河岸通江商売之竹木薪少々宛差置候儀御免被成下候様相願申候, 尤竹木者立置薪之儀ハ高サ三尺限り差置万一出火等御座候而茂, 竹木薪江一切火移シ申間鋪旨相願之候, 右吟味仕候処, 河岸通商売之竹木薪等差置不申候而者, 商売無御座, 夫故地借等も無之迷惑仕候段相違無御座候, (中略)

九月

大岡越前守

右書附絵図壱枚相添, 午九月廿六日水野和泉守殿江上ル,

(付紙)「伺之通可申付旨被仰渡奉畏候　午十月三日大岡越前守」

佐久間町町人共居宅裏拝借地之儀申上候書付,

覚

佐久間町壱町目
家持町人
拾九人

右之者共代地之方拾間通り差上, 元地河岸通り二而裏行拾間塗家造り之儀去午十月願之通被 仰付候故, 段々家作仕候, 就夫同所西之方水野隼人正上り地跡町屋二被 仰付候, 残り過半明キ地二而, 御成御道筋より右町人共塗家裏通御目通二罷成, 其上代地之方より者, 余程隔用心等悪敷御座候間, 何卒別紙絵図之通塗家裏通三間長町並二拝借地奉願候, 尤惣廻り竹矢来二成共又者板塀二成共可仕旨相願申候, 右町人共願之通可被 仰付候哉奉伺候, 尤障儀無御座候併板塀之儀者如何二御座候間, 弥可被 仰付候ハゝ, 竹矢来二(△)申付可然奉存候, 則絵図壱枚奉懸御目候以上,

二月

大岡越前守
諏訪美濃守

△下ヶ札

木挽町四丁目町人共儀, 去々巳年願之通, 元地江御返シ被下候処, 裏之方明キ地不用心ニ付, 九尺通り竹矢来之儀相願候処, 願之通被仰付候例も御座候, (中略)

未三月廿三日

大岡越前守
諏訪美濃守

[10]
『쿄호센요루이슈』「아키치부」(上ノ上) 15건

[사료5] 사쿠마쵸2쵸메. 3쵸메에 관한 문건.[10] 1728년 작성.

사쿠마쵸2쵸메, 3쵸메 쵸닝 일동의 청원 문서

칸다 사쿠마쵸2쵸메, 3쵸메 쵸닝 일동

(전략)(이제까지) 창고를 지을 때 9척씩 벌려 지었다. (그러나 이제부터) 9척씩 벌리지 않고 창고를 연속으로 짓고자 청원한다. (중략) 이번에 공지 내에 코우지쵸, 히라카와쵸 다이치에 주어도 문제가 없으므로, 사쿠마쵸2쵸메 수로변에 창고가옥을 청하여 1쵸메 옆에 후퇴하여 창고가옥을 9척씩 벌리지 않고 연속하도록 지어도 지장 없다. (중략)

6월

오오오카 에치젠노카미

△평의서(답변서)

「창고 사이 9척씩 벌려 건축하는 것은 과거 어용지로 몰수되어 모토치 내에 창고가옥 건축을 청원할 당시 창고와 창고 사이 9척씩 벌리도록 하는 명에 따라 지금까지 9척씩 벌리고 있다.(후략) 」

佐久間町弐丁目三丁目町人共町並願之儀申上候書付

神田佐久間町弐丁目町人共
同町三町目町人共

(前略)蔵造之間九尺宛明ヶ候而家作仕候, 此九尺宛之明キ地相止メ蔵造建続候様ニ仕度奉存候, (中略), 右場所明地之内, 今度麹町平河

町代地ニ茂相障不申候, 佐久間町弐丁目河岸蔵造町屋願之通壱町目並ニ跡志さり其上蔵造之間, 九尺宛之明キ相止メ建続ニ罷成何之相障候儀無御座候, (中略)

六月

大岡越前守

△下ヶ札(付紙)

「此蔵之間九尺宛明キ有之候儀者, 先年御用地ニ上候節, 元地之内ニ而蔵造町屋ニ相願候ニ付, 蔵と蔵との間九尺宛明ヶ候様ニ被 仰付, 只今迄九尺宛明キ有之候, (後略)」

[사료4]와 [사료5]를 통하여 아래의 6가지 사항을 확인할 수 있다.

(1) 히요케치로 설정하기 위하여 쵸닝치가 수용될 때 이에 대한 다이치가 주어진다.사료4

(2) 쵸닝은 다이치로 이전하여도 모토치에 창고지를 청원하여 모토치의 일부를 확보하였다.사료4

(3) 다이치의 일부분을 반납하고, 모토치의 일부를 교환하여 모토치를 회수하였다.사료4

(4) 모토치를 청원하여 허가받은 창고지에 세워진 건축의 모습을 기록으로 확인할 수 있다.사료4, 사료5

(5) 다이치에서 모토치로 돌아간 사례가 존재한다.사료4

(6) 히요케치에 다른 쵸의 다이치를 부여받기도 하였다.사료5

(1)과 (2)로부터 히요케치가 설정되면서 생겨난 다이치, 모토치, 창고지, 상납지가 존재함을 확인하였다. 특히 하천변에서 생업에 종사하는 쵸닝은 다이치와 카시치 간의 거리가 멀다는 이유로 히요케치로 설정된 모토치를 창고지로서 사용하기 위한 허가를 구한다. 여기에서는 모토치로부터 다이치로 이전하여도 수로변의

카시치의 사용권은 지속되었던 것으로 확인된다. 또 (2)에서 카시치의 경계가 어렵다는 이유로 3칸의 상납지를 청원하고 있다. 결국, 히요케치로 설정되었던 부분이 창고지와 상납지로 채워진다.

(3) 다이치와 모토치 간의 교환이 가능하였음을 시사하는 부분이다. 창고지를 청원하면서 다이치의 10칸을 반납하고 모토치의 10칸과 교환한 것으로 앞서 서술한 것과 같이 반납하려고 한 다이치의 10칸도 그대로 사용하고 역도 부담하지 않아도 되었다.사료1 이는 쵸닝에게 굉장한 이득으로 작용하였다.

(4)에서 창고지에 세워진 건축물의 모습을 확인할 수 있다. 우선 히요케치에 창고지를 허가할 때, 방화를 위하여 회칠한 건물을 지을 것과 대나무와 장작을 쌓을 때 3척을 넘지 않는 것을 조건으로 하였다. 또, 누리야의 뒷골목에 안전을 위하여 대나무 울타리 혹은 판자로 담을 두르는 것을 청원하여 허가받았다. 창고와 창고의 사이는 9척272.7㎝씩 벌려서 세우라는 마치부레가 1728년享保13에 없어지며 에도의 수로변에는 창고가 연속적으로 세워지는 풍경이 연출된다.그림2

(5) 사쿠마쵸 이외의 지역이긴 하나 모토치에 되돌아온 예가 기록되어 있다. 마지막으로 (6)에서는 히요케치로 설정된 부분이 다른 쵸의 다이치로 주어지면서 에도의 도시공간이 재편된다.

(1)~(6)을 통하여 히요케치로 지정될 때 만들어진 여러 유형의 도시공간과 건축에 관하여 검토하였다. 이와 같은 다양한 유형의 토지가 다른 성질의 토지로 교체되면서 에도의 도시공간은 형태뿐만 아니라 그 성질도 바뀌었다.

예를 들어 쵸닝치는 히요케치로, 부케치는 다이치 혹은 쵸닝치로, 다시 히요케치는 창고지, 상납지, 다이치를 포함한 쵸닝치로 변화된다. 토지의 용도 변화는 소유자는 물론, 역과 조세에도 변화를 가져온다. 이러한 현상은 화재라는 재해를 계기로 히요케치라는 막부가 의도한 도시 인프라 구축의 논리와 쵸닝의 소유의지가 충돌하는 지점에서 나타났다.

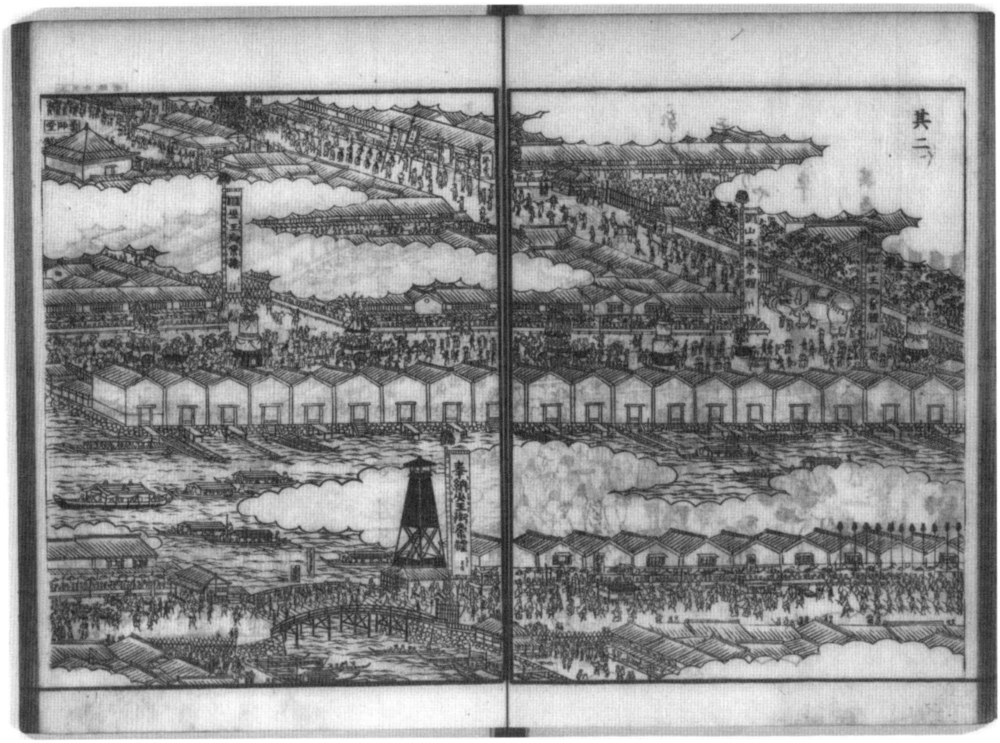

그림 2 카시치의 창고건축, 「江戸名所図会」(国文学研究史料館蔵)

07
쵸닝치의 사회구조

쵸닝치의 사회구조

같은 공간에서 같은 공동체로 생활하던 하나의 쵸가 화재가 나면 모토치와 다이치로 공간이 분리된다. 모토치의 쵸닝과 이전한 다이치에 거주하게 된 쵸닝은 어떠한 관계 속에서 생활했을까? 본 장에서는 다각적인 측면에서 모토치와 다이치에 거주하는 쵸닝의 사회적 관계를 살펴보고자 한다. 앞서 언급한 다이치의 유형 중, 모토치와 다이치 양자가 존재하는 경우에 주목하였다.

본 장에서는 첫째, 모토다이쿠쵸元大工町의 다이치인 미나미다이쿠쵸南大工町의 역부담과 노관람御能拝見을 통한 모토치와 다이치의 관계. 둘째, 도오리3쵸메 다이치通三丁目代地의 어용마御伝馬에 대한 국역금伝馬役金, 그 외의 쵸역금, 키도木戸의 위치로 본 다이치와 주변 쵸와의 관계를 살핀다.

본래 다이치는 모토치에 역을 부담하였으나 1722년享保7 마치부레를 통하여 다이치의 공역은 모토치로서가 아닌 다이치가 독립적으로 부담하는 것으로 바뀐다. 그러나 미나미텐마쵸의 나누시인 다카노高野의 일기[1]를 보면 마츠가와쵸松川町는 모토치에 대한 역부담이 소멸되지 않고 지속적으로 나타나고 있다. 역부담을 매개로 한 모토치와 다이치의 관계는 마치부레에 의해 어느 한 시점에 갑자기 끊어지지 않고 유지되었던 것이다. 쵸닝이 다이치로 이전할 때 실제로 모토치와 어떠한 관계 속에서 생활하였는지 살펴보자.

[1] 다카노(高野)가는 南伝馬町二町目, 同三町目, 同三町目新道, 南塗師町, 南鞘町, 松川町一町目・二町目, 通三町目다이치, 南伝馬町三町目에 下町로 赤坂伝馬町五町・赤坂田町五町를 지배한 나누시 집안이다.
『다카노가일기高野家日記』는 겐록기(元禄期)에서 쇼토쿠기(正徳期)까지의 나누시의 기록이다.

모토치와 다이치의 사회구조: 미나미다이쿠쵸를 대상으로

1774년安永3 에도에는 시나가와를 포함한 23개의 나누시 조직이 있고, 그 아래 1708개의 쵸가 있었으며 그 중 다이치는 137개 존재하였다. 실제로 모토치에서 다이치로 이전한 쵸닝의 생활은 어떠하였을까? 미나미다이쿠쵸를 예로 쵸의 성립과 역부담을 둘러싼 모토치와 다이치의 관계, 노관람을 둘러싼 모토치와 다이치의 관계에 관하여 검토한다.

미나미다이쿠쵸의 모토치와 다이치

아래의 사료로 모토다이쿠쵸와 미나미다이쿠쵸의 이동을 살펴보았다.

[2]
『에도쵸감』(下), 東京都公文書館, 1990, 24쪽

[3]
기준 단위(小間, 코마)란 에도시대 막부가 쵸닝의 필지에 대하여 공역을 부과할 때 기본이 되는 면적이다. 20평을 기준 단위로 한다.

[사료1] 미나미다이쿠쵸에 관한 문건.[2] 1774년 작성.

하나, 미나미쵸1쵸메, 2쵸메
(첨지)근래 키타므라에게 미나미다이쿠쵸라는 한 개의 쵸 명목으로 제출
기준 단위,[3] 쿄마 96칸 2척 9촌 5분.
단, 92칸 5척 7촌 5분은 국역인 목공으로 부담.
3칸 3척 7촌은 미나미다이쿠쵸라 칭하였으나, 원래 마츠쿠라쵸의 자투리 토지로 미나미다이쿠쵸의 역은 부담하지 않고, 모토치인 마츠가와쵸에 부담.
해당 쵸는 과거 모토다이쿠쵸의 남측이 어용지로 수용되어 다이치는 오케쵸 뒤편 히로코우지에 주어졌다. 그 다이치를 미나미다이쿠쵸라 이름 붙였다. 그러나 다이치가 69칸 4촌 5분 부족하여, 그 부족분은 나누시 마고자에몬의 지배 당시 오또와쵸 내에 24칸 1척, 코마츠쵸 내에 26칸 3척 5촌 3분, 마따에몬 지배 당시 후쿠시마쵸 내에 9칸 2척 2촌 4분, 카즈에 지배 당시 마사키쵸 내에 4칸 6척 4촌 3분으로 총 4개의 쵸에 주어진다. 특히 국역인 목공에 대한 역은 비율에 따라 미나미다이쿠쵸에 제출한다. 또한 미나미다이쿠쵸에 포함되어 있는 마츠가와쵸의 자투리 토지는 당시 미나미다이쿠쵸라 명하였으나 역에 관해서는 마츠가와쵸에 공역을 제출한다.

一, 南大工町壱町目・弐町目
(附札)「近来喜多村江ハ南大工町与計一町之銘目ニ書出申候」
小間京間九拾六間弐尺九寸五分
但, 内九拾弐間五尺七寸五分者御国役大工相勤申候,
三間三尺七寸者南大工町与唱候得共, 元来松倉町之切レ地ニ而南大工町之御役者相勤不申, 元地松川町江相勤申候,
右町内之儀, 先年元大工町南側御用地ニ被召上, 代地者桶町後江広小路ニ而被下置, 其代地ヲ南大工町与唱候得共, 右代地ニ而者六拾九間四寸五分不足ニ付, 右不足地之分者, 名主孫左衛門支配当時音羽町内ニ而小間弐拾四間壱尺, 当時小松町之内ニ而弐拾六間三尺五寸三分, 又兵衛支配当時福島町之内ニ而小間九間弐尺弐寸四分, 主計支配当時正木町之内ニ而小間四間六尺四寸三分, 右之通四ヶ町ニ而被下置候, 尤御国役大工者割合を以四ヶ所より南大工町江差出申候, 且又南大工町入組有之候松川町切地之儀者当時南大工町与唱, 御役者元地松川町江出銀仕候而相勤申候,

사료에 따르면 미나미다이쿠쵸는 모토다이쿠쵸의 다이치이다. 모토치의 이름은 다이쿠쵸였다. 다이쿠쵸의 다이치가 주어질 때 그 명칭은 다이쿠쵸 다이치가 되는 것이 일반적이다. 여기서 명칭을 언급하는 이유는 다이치에 이름이 붙여질 때 패턴과 과정을 시사하기 때문이다. 이 경우, 다이쿠쵸의 일부가 히요케치로 수용되고 다이치를 부여받을 때, 다이치가 모토치의 남측에 있다하여 앞에 미나미南를 붙여 미나미다이쿠쵸南大工町라 하고, 기존의 쵸는 '본래'라는 의미인 모토元를 붙여 모토다이쿠쵸元大工町라 이름 붙였다.

모토다이쿠쵸는 1690년元禄3에 쵸의 남측이 어용지로 수용되어, 오케쵸桶町의 남측에 있는 공지広小路에 다이치가 주어진다. 그러나 모토다이쿠쵸의 다이치가 이곳에 주어질 때 면적이 부족하여, 보충지足し地[4]로 마사키쵸, 후쿠시마쵸, 코마츠쵸, 오또와쵸의 4개소에 해당 면적을 나누어 추가로 주어진다.

[4] 보충지(足し地)란 쵸가 수용되어 다이치가 주어질 때 부족분 만큼 다시 주어진 토지이다. 보충지의 경우 여러 쵸의 보충지를 합하여 하나의 쵸가 성립된다. 쵸명은 하나이지만 역등 쵸닝의 생활 전반은 각각의 모토치를 바탕으로 이루어진다.

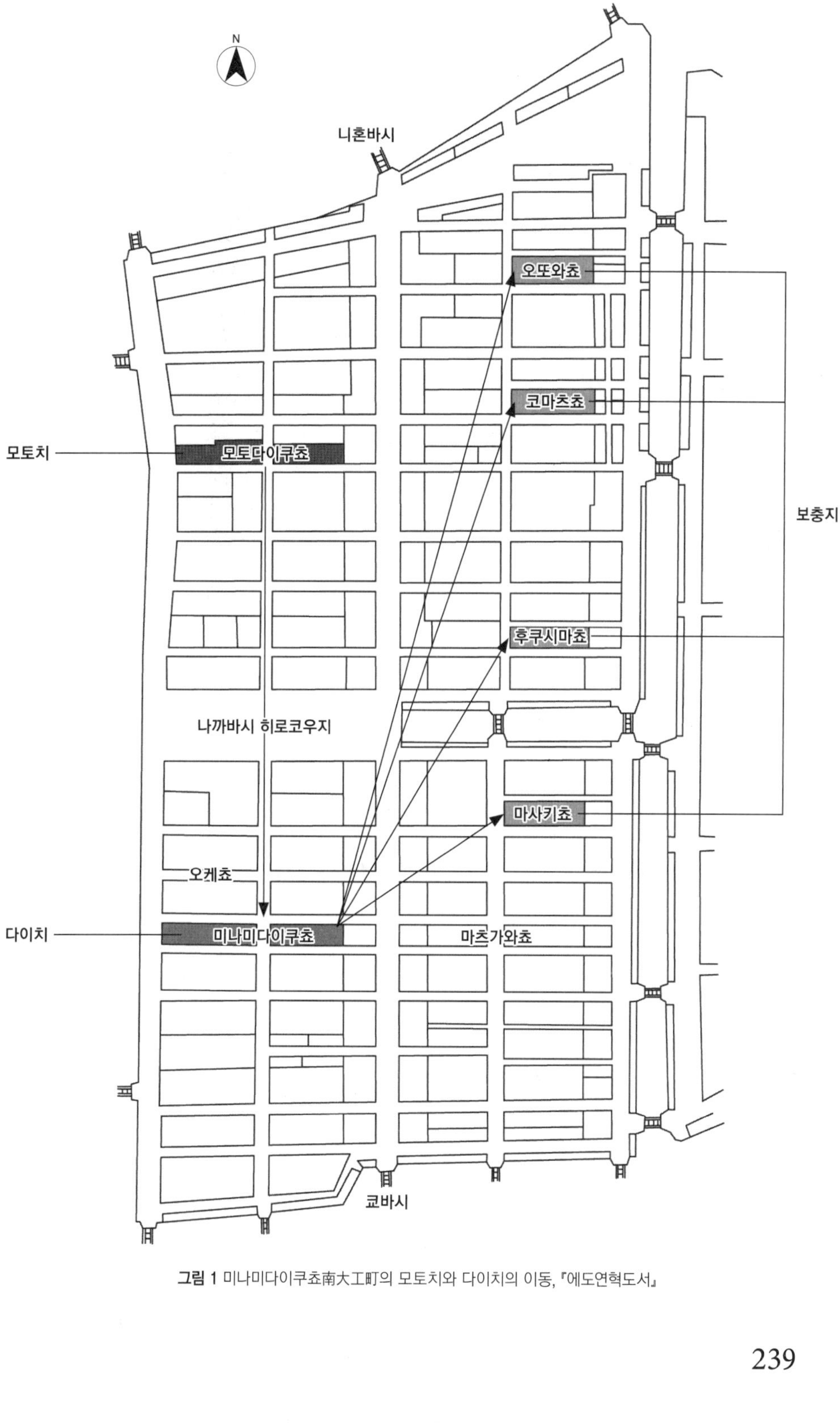

그림 1 미나미다이쿠쵸南大工町의 모토치와 다이치의 이동, 『에도연혁도서』

이 4개소는 1690년 수로를 매립하여 조성한 토지로, 주변에 위치한 쵸의 보충지가 모여 쵸로 성립된다. 모토다이쿠쵸, 미나미다이쿠쵸, 마사키쵸, 후쿠시마쵸, 코마츠쵸, 오또와쵸의 쵸닝은 본래 하나의 쵸공동체의 구성원이었으나, 히요케치 조성을 위하여 수용된 후 공간적으로 6개소로 분리된다. 하물며 위의 6개의 쵸는 [사료1]에서 보는 것과 같이 각각 다른 나누시의 지배하에 놓이게 된다.

같은 공동체를 형성했던 쵸닝은 도시공간과 지배가 분리된 후 어떠한 생활을 영위했을까? 여전히 하나의 쵸로서 기능할 수 있었을까? 공간의 분리가 쵸의 기능에는 어떠한 영향을 미쳤는지 살펴보자.

역부담으로 본 모토치와 다이치

근세의 쵸는 하나의 공동체를 기반으로 한다. 막부에게 쵸란 에도 시정을 통치하기 위한 최소의 행정 단위이다. 동시에 쵸닝에게는 기본 생활을 영위하는 공간이자, 공동체 자체이다. 쵸공동체는 근세 쵸의 탄생으로부터 그 기원을 찾을 수 있다.

에도성 건설 초기 막부 측은 직인 집단을 확보할 필요가 있었다. 에도의 쵸는 시책 측이 토지를 구획한 후 대표자에게 쵸의 개발권을 위임하며 성립되었다. 이때 대표자는 막부 측이 필요한 물품의 생산 혹은 부역을 담당할 전문가로 선정되었다. 특히, 건축과 무기 관련 직인쵸가 많이 건설된다. 대표자는 쵸의 구성원을 같은 업종의 직인 혹은 상인으로 구성하고, 막부에게 할당받은 토지를 구성원에게 나누어주었다. 대신에 막부에게 부여받은 국역의 의무를 부여 하였다.

근세 쵸를 기반으로 시작된 직인 혹은 상인의 공동체는 공통적으로 국역을 부담하되 쵸닝으로서 특권을 누릴 수 있는 계층으로 자리 잡았다. 쵸 구성원은 함께 국역을 부담한다는 행위가 쵸 공동체를 유지하는 명분이 되었다. 그러나 시간이 흐르면서, 직인 및 상인의 공동체仲間가 별도로 조직되며, 직인과 상인이 쵸를 중심으로 형성했던 공동체는 점차 와해된다. 따라서 같은 직업을 영위하던 쵸닝들은 꼭 같은 공간에 국한되어 거주할 필요가 없어진다. 이러한 상황 속에서 쵸닝의 역부담은 모토치와 다이치 간에 어떠한 관계를 보이는지 살펴보자.

[사료2]는 1722년에 포고된 마치부레로 모토치와 다이치 간의 역부담의 방법이 확인된다.

[5]
『에도마치부레집성江戸町触集成』 4권5830건, 近世史料研究会編, 1996, 132~137쪽

[사료2] 모토치와 다이치의 역부담에 관한 문건.[5] 1722년 작성.

문서(전략)
하나, 지금까지 곳곳의 다이치는 대부분 모토치에 역을 부담하였으나 지금부터는 모토치에 역을 부담하는 것을 멈추고, 해당 쵸에 역을 부담한다.
하나, 지금까지 모토치에 역을 부담하던 다이치 중, 모토치가 국역인 경우, 지금까지와 동일하게 모토치에 국역을 부담한다.
하나, 지금까지 모토치에 역을 부담하던 다이치 중, 연공을 납부하던 쵸닝은 지금까지와 동일하게 모토치에 납부한다.(중략)
(첨지)
하나, 오또와쵸 총 규모 쿄마 36칸 9촌 5분
그 중 쿄마 24칸 9촌 5분 국역
1년간 15번 부담할 예정
인부 37인 반, 다만, 5칸에 인부 1인.
임은 75돈, 다만, 인부 1인에 은 2돈 씩.
해당 칸수 중, 쿄마 24칸 9촌 5분은 모토치인 미나미다이쿠쵸에 국역을 부담, 남은 쿄마 12칸은 1년분의 인부, 임은을 서면과 같이 상납할 것. 이외에 어용에 속하여 현재 인부역을 부담하고 있지 않더라도 임은은 1년에 3번 상납할 것, 이상.
하나, 코마츠쵸 총 규모 쿄마 42칸 1척 8촌
그 중 쿄마 26칸 1척 8촌 국역
1년간 15번 부담할 예정

인부 45인, 다만, 5칸에 인부 1인.
임은 90돈, 다만, 인부 1인에 은 2돈 씩.
해당 칸수 중, 쿄마 26칸 1척 8촌은 모토치인 미나미다이쿠쵸에 국역을 부담, 남은 쿄마 16칸 8분은 1년분의 인부, 임은을 서면과 같이 상납함. 이외에 다른 어용에 해당하여 현재 인부역을 부담하고 있지 않더라도 임은은 1년에 3번 상납할 것, 이상.(후략)

覚(前略)
一, 只今迄所々代地之分, 大方元地江役相勤候, 自今ハ元地江役相勤候儀相止, 其町ニ而役可相勤候事
一, 只今迄元地江役相勤候内, 元地国役町之分ハ, 只今迄之通, 元地江国役可相勤候事
一, 元地江役勤候内, 年貢差出候者, 只今迄之通元地江役可相勤候事(中略)
(付紙)「右割付, 左ニ有之手前支配之分追加」
一, 音羽町 惣間数京間三拾六間九寸五分
内京間廿四間九寸五分　国役
壱ヶ年拾五篇勤之積り
此人足三拾七人半 但五間口壱人役
此賃銀七拾五匁 但人足壱人銀弐匁ツ,
右間数之内, 京間廿四間九寸五分は元地南大工町江国役相勤, 残京間拾二間より壱ヶ年分之町人足賃銀を以, 書面之通上納可致候, 此余は如何様之御用ニ而も, 自今役人足不相懸筈ニ候, 賃銀之儀は壱ヶ年三度ニ上納可致候, 以上
一, 小松町 惣間数京間四拾弐間壱尺八寸
内京間弐拾六間壱尺八寸　国役
壱ヶ年拾五篇勤之積り
此人足四拾五人 但五間口壱人役
此賃銀九拾匁 但人足壱人弐匁宛
右間数之内, 京間廿六間壱尺八寸は元地南大工町江国役相勤, 残京間拾六間八分より壱ヶ年分之町人足賃銀を以, 書面之通上納可致候, 此余は如ヶ様之御用ニ候共, 自今役人足不相懸筈ニ候, 賃銀之儀は壱ヶ年三度ニ上納可致候, 以上,(後略)

1722년에 역부담에 관련된 마치부레가 공포된다. 그 중 모토치와 다이치에 관한 항목은 아래와 같다.

(1) 지금까지 다이치에서는 모토치에 역을 상납하였으나, 이후는 다이치에 역을 상납한다.
(2) 국역의 경우, 이전과 같이 모토치에 역을 상납한다.
(3) 연공의 경우, 이전과 같이 모토치에 역을 상납한다.

본 절에서는 모토다이쿠쵸의 다이치인 미나미다이쿠쵸의 역을 검토하는 것으로 모토치와 다이치의 역부담을 둘러싼 관계를 분명히 하고자 한다.
[사료1]과 [사료2]에 따르면 모토다이쿠쵸의 다이치로 미나미다이쿠쵸에 92칸 5척 7촌 5분이 주어졌으나 69칸 4촌 5분만큼의 면적이 부족했다. 여기서 보충지로 오또와쵸 내에 24칸 1척, 코마츠쵸 내에 26칸 3척 5촌 3분, 후쿠시마쵸 내에 9칸 2척 2촌 4분, 마사키쵸 내에 4칸 6척 4촌 3분이 다시 주어진다.
마치부레에 따르면 모토다이쿠쵸의 쵸닝은 국역을 부담하므로 다이치인 미나미다이쿠쵸의 쵸닝은 모토치인 모토다이쿠쵸의 쵸닝과 함께 국역을 부담하게 된다. 그러나 [사료 2]에 따르면 보충지는 다이치로 주어진 면적의 비율에 따라 미나미다이쿠쵸와 함께 역을 부담하고 있다. 본래의 모토치인 모토다이쿠쵸가 아닌 제1 다이치인 미나미다이쿠쵸와 함께 역을 부담하고 있는 것이다. 모토다이쿠쵸와 미나미다이쿠쵸는 국역을 부담하는 쵸임에도 불구하고, 역부담의 측면에 있어서는 분리되어 독립적으로 역을 부담하였다.
여기서 더욱 복잡해지는 것은 미나미다이쿠쵸에 주어진 3칸 3척 7촌의 마츠가와쵸의 자투리 토지의 존재이다. 이 자투리 토지는 마츠가와쵸에 공역을 부담하고 있다. 마치부레의 개정으로 모토

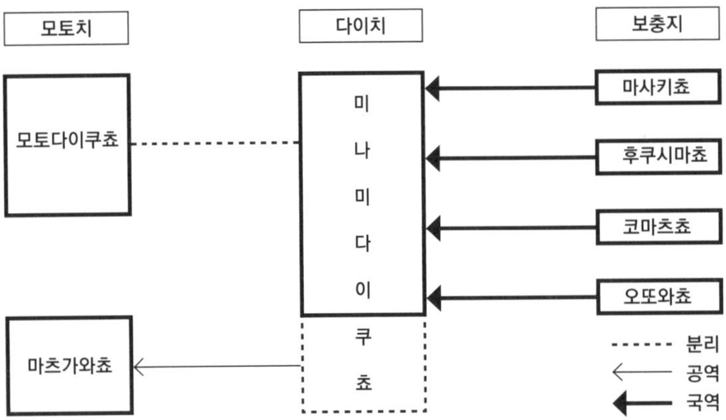

그림 2 미나미다이쿠쵸의 모토치와 다이치 간의 역부담 관계

치에 공역을 납부할 필요가 없어졌음에도 불구하고 마츠가와쵸 자투리 토지의 경우는 모토치에 공역을 부담하고 있다.

[그림2]는 미나미다이쿠쵸를 둘러싼 역부담 관계를 표시한 다이어그램이다.

1722년 역부담에 관한 마치부레가 포고되나, 실제로 모토치와 다이치는 마치부레와는 다른 역부담 양상을 보인다. 역부담에 관련된 마치부레가 포고된 시기는 다이치가 양산된 직후인 1722년이다. 이 마치부레는 모토치와 다이치가 증가함에 따라 늘어난 역부담 분쟁을 정리하기 위한 수단으로 파악된다. 그러나 역부담의 체제는 막부의 마치부레만으로는 간단히 정리되지 않았다. 다이치의 쵸닝이 기존대로 모토치에 역을 부담하고자 하는 쵸닝공동체의 지속성은 쵸를 중심으로 역을 부여하려는 막부와 충돌한다. 또한 이 충돌은 모토치와 다이치에 관련된 쵸닝 간의 영향력과 그들의 결속력에 의해 주도되었을 가능성을 시사하고 있다. 모토치와 다이치의 역부담에 있어서 쵸라는 공간적 틀을 뛰어 넘는 쵸닝 간의 결속력이 쵸공동체의 사회구조를 유지시키는 역할을 하였다.

노관람御能拝見으로 본 모토치와 다이치

노能란 일본의 전통 예능인 능악의 한 분야이다. 쵸닝의 노관람町入能[6]이란 에도시대 쇼군이 명을 내리거나 혼례, 탄생 등 중요한 일에 의식적으로 행해지는 노로 에도 쵸닝에게 관람을 허락하였다. 에도성 혼마루 다이쇼인의 남측 정원에서 행해졌으며, 1일차에 2교대로 5천여 명이 관람하는 행사였다.[7] 한정된 쵸닝이기는 하나 쇼군과 이들이 교류하는 행사에 해당된다.[8] 막부 측은 에도의 전통 쵸古町의 쵸닝을 에도성 혼마루에 초대하여, 노공연 당일에 과자와 술, 우산을 하사하였으며, 다음날에는 1인당 은 1관문씩 나눠주었다.[9] 그렇다면 에도의 전통 쵸란 어디를 칭하는 것일까.

에도의 전통 쵸란 에도의 성립기부터 존재하던 쵸로 그 기준은 칸에이기寛永期, 1624~1644까지 성립된 쵸이다. 전통 에도의 쵸는 약 300쵸이다.[10] 1774년 에도 전역의 쵸 수가 1,708개였으니 에도에서 전통 쵸라 불린 수는 그리 많지 않았다.

본 장에서 특히 노관람을 살펴보는 이유는 노관람은 전통 쵸의 쵸닝에게 부여된 특권이었고, 다이치로 이전하여도 그 특권이 지

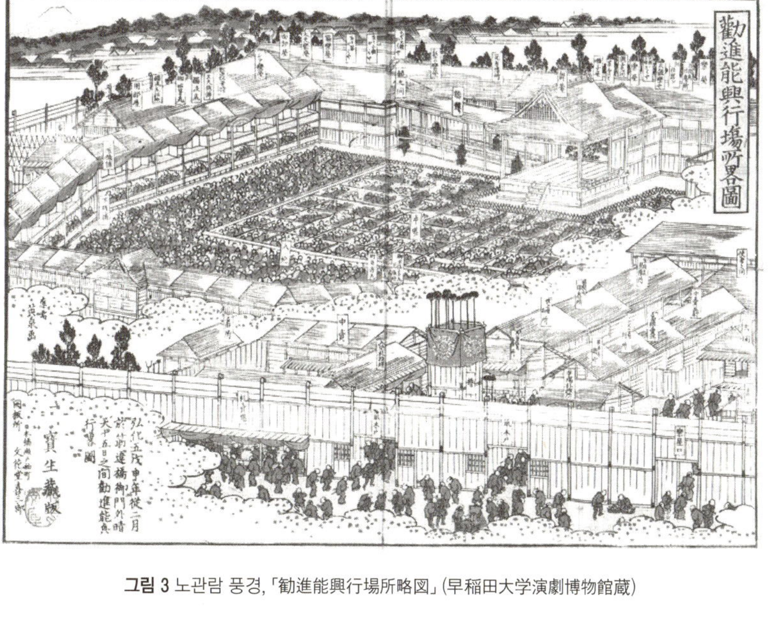

그림 3 노관람 풍경, 「勧進能興行場所略図」(早稲田大学演劇博物館蔵)

[6] 에도성 안에서 개최된 쵸닝 초청 노를 말한다.

[7] デジタル大辞泉, ジャパンナレッジ (オンラインデータベース), <http://www.jkn21.com>
久留島浩, 「近世における祭りの「周辺」, 『歴史評論』439, 1986.11.

[8] 久留島浩, 「近世における祭りの「周辺」, 『歴史評論』439, 1986.11.

[9] 青木宏一郎, 『江戸庶民の楽しみ』, 中央公論新社, 2006.
川崎房五郎, 「江戸の古町の町々と御能拝見」, 『選挙』37, 1984.1, 18~22쪽
久留島浩, 「近世における祭りの「周辺」」, 『歴史評論』439, 1986.11.

[10] 片倉比佐子, 『大江戸八百八町と町名主』, 吉川弘文館, 2009

속되었기 때문이다. 전통 쵸였던 모토다이쿠쵸의 다이치인 미나미다이쿠쵸의 노관람이 어떻게 이루어졌는지 검토한다.

[사료3] 미나미다이쿠쵸의 노관람에 관한 문건.[11] 1763년 작성.

1763년 5월 22일 키타므라를 통하여 나누시에 전달됨.
노관람에 참석할 때, 돈을 하사받는 쵸 중, 모토치의 인원수에 다이치의 인수를 포함하여 관람하는 경우, 예로부터 타 쵸의 인수에 포함되어 관람하는 쵸가 있는지 조사한다. 25일까지 작성하고 나누시가 취합하여 제출한다.(중략)
하나, 미나미다이쿠쵸는 일시는 확실치 않으나 과거 모토다이쿠쵸1쵸메, 2쵸메 모두 양측이 어용지로 수용되어 다이치가 오케쵸 뒤편의 히로코우지에 주어진다. 미나미다이쿠쵸라 칭하였으나 다이치의 부족분이 있어 이는 보충지로 마사키쵸, 후쿠시마쵸, 코마츠쵸, 오또와쵸 4개소에 규모 정면폭 64칸 2척 2촌, 안길이 12칸이 주어졌다. 또 노관람 인원수는 총 34명으로 하며, 모토다이쿠쵸와 미나미다이쿠쵸에 한 장의 초대권이 주어져 각 쵸에서 17명씩으로 한다. 나눠받은 돈도 이에 준하여 나눈다.
노관람 명수.
하나, 17인.
중 7인, 다이치 코마츠쵸, 오또와쵸, 후쿠시마쵸, 마사키쵸에서 참석.
단, 미나미다이쿠쵸는 전술한 바와 같이 어용지로 수용되어 다이치의 부족분이 코마츠쵸, 오또와쵸, 후쿠시마쵸, 마사키쵸에 주어져, 노관람시에도 미나미다이쿠쵸 인수에 코마츠쵸에서 3인, 오또와쵸에서 2인, 후쿠시마쵸에서 1인, 마사키쵸에서 1인이 모토치인 미나미다이쿠쵸에 포함되어 참석한다. 또 부여되는 돈 18관문에 대해서도 1관문은 가츠교지분으로 하고, 나머지를 보충지인 쵸의 비율에 따라 나눈다.
질문에 위와 같이 답변함.
1763년5월

미나미다이쿠쵸 가츠교지 이치로베 나누시 토고로
코마츠쵸 가츠교지 이치로베 나누시 마고자에몬
오또와쵸 가츠교지 이치로자베 나누시 마고자에몬
후쿠시마쵸 가츠교지 나누시 마따에몬
마사키쵸 가츠교지 나누시 카즈에

서류를 작성함.(후략)

[11] 『에도마치부레집성』6권7613건, 近世史料研究会編, 1996, 260~264쪽

宝暦十三年五月廿二日　喜多村ニ而年番名主江被申渡
御能拝見ニ罷出, 御銭被下候町々之内, 元地之人数江代地之人数加り, 拝見ニ出候分并訳ニ而も有之, 古来より他町之人数之内江加り, 拝見ニ出候町々も有之候哉, 尤右ニ準し候類ニ而も有之候分,
右之趣御能拝見ニ出候町々江斗, 組合中不洩様被申継, 有之分は書付ニ致, 来廿五日迄ニ銘々可被差出候, 尤無之分は返答書, 組合切ニ年番江取集メ, 是亦廿五日迄可被差出候, (中略)
例有之処より書付差出候儀承り書留
以書付申上候, (中略)
一, 南大工町之儀は年月不相知, 先年元大工町壱町目弐町目共ニ両側御用地ニ被召上, 為代地桶町後広小路ニ而被下置, 夫より南大工町と唱申候, 然処右代地不足故, 足シ地正木町, 福島町, 小松町, 音羽町右四ヶ所之内ニ而, 間口六拾四間弐尺弐寸, 裏行拾弐間被下置, 尤御能拝見人数礼之儀は高三拾四人ニ而, 元大工町南大工町壱紙ニ被下置候而, 右之内壱七人宛両町より罷出申候, 御銭之義も右ニ準し, 罷出候人数,
御能拝見ニ罷出候人数
一, 拾七人
内七人, 代地小松町, 音羽町, 福島町, 正木町より罷出申候
但, 南大工町之儀は前書申上候通, 御用地ニ被召上, 代地不足地之分小松町, 音羽町, 福島町, 正木町ニ而被下置候ニ付, 御能拝見之節も, 南大工町人数江小松町より三人, 音羽町より弐人, 正木町より壱人, 福島町より壱人, 元地南大工町江相加り罷出申候, 尤御銭拾八貫文被下置候様, 壱貫文月行事分引, 残而拾七貫文之内, 右足シ地町々江六拾四間余, 割合を以割渡申候
右之通御尋ニ付申上候, 巳上
宝暦十三年未五月

南大工町 月行事 市郎兵衛 名主 藤五郎
小松町 月行事 市郎兵衛 名主 孫左衛門
音羽町 月行事 市郎左兵衛 名主 孫左衛門
福島町 月行事 利兵衛 名主 亦兵衛
正木町 月行事 藤右衛門 名主 主 計

以書付申上候(後略)

우선, 마치부교는 키타무라喜多村를 통해 넨반나누시年番名主[12]에게 노관람에 참가할 때 모토치와 다이치의 쵸닝이 함께 참가한 적이 있는 쵸를 조사하고 있다. 제1조는 마치부교의 질문에 대한 대답으로 미나미다이쿠쵸의 성립 경위와 함께 노관람의 인원 분배가 기록되어 있다. 마지막으로 미나미다이쿠쵸에 분배된 17인의 내역이 쓰여 있다.

[12]
넨반나누시(年番名主)란 일 년에 한 번 씩 교대로 근무하는 나누시를 칭한다.

앞서 살펴본 역부담에 있어서 보충지인 4개소의 모토치는 모토다이쿠쵸가 아닌 미나미다이쿠쵸가다. 모토다이쿠쵸의 일정 부분이 수용되어 미나미다이쿠쵸로 다이치가 주어진 시점에 모토치와 다이치의 쵸닝 간의 관계는 사라진다. 미나미다이쿠쵸는 독립된 쵸이며 부족분에 관한 4개의 쵸는 모토다이쿠쵸가 아닌 미나미다이쿠쵸의 다이치로 취급된다.

그러나 사료에서 노관람에 한해서는 모토다이쿠쵸와 미나미다이쿠쵸가 함께 등장하고 있다. 다이쿠쵸는 노관람에 최대 34인의 관람이 허락된다. 이를 모토다이쿠쵸와 미나미다이쿠쵸가 균등하게 17인씩 나누며, 미나미다이쿠쵸의 보충지인 4개소의 쵸에 있어서도 면적에 따라 인원수를 정하고 있다. 또 막부 측으로부터 나눠받은 증금贈金[13]인 18관문의 돈도 나누시를 보좌하는 담당자 가츠교지月行事[14]의 할당 금액을 뺀 17관문을 면적에 따라 나누고 있다.표1

[13]
증금(贈金)이란 하사받은 돈을 칭한다.

[14]
가츠교지(月行事)는 나누시를 보좌하는 역할을 한다.

본 사료로 아래와 같은 사실을 도출하였다.

(1) 모토치와 다이치는 한 조가 되어 노를 관람하였다.
(2) 노관람의 분담 인수는 쵸의 면적으로 결정되었다.
(3) 노관람의 증금도 면적에 따라 나누었다.

[표1] 면적에 따른 관람인수와 증금액. 『에도쵸감』,『에도마치부레집성』를 바탕으로 작성

쵸명		쵸의 총칸수 町総間数(京間) / 다이치代地 · 보충지足地分(京間)		보충지의 면적 비율	관람인수	추정 증금액
모토치	모토다이쿠쵸 元南大工町	全体	165間3尺5寸		17	8貫500両
		代地	·			
다이치	미나미다이쿠쵸 南大工町	全体	96間2尺9寸5分		10	5貫
		代地	92間5尺7寸5分			
보충지	코마츠쵸 小松町	全体	42間1尺8寸8分	0.41	3	1貫500両
		足地	26間3尺5寸3分			
	오또와쵸 音羽町	全体	36間9寸5分	0.37	2	1貫
		足地	24間1尺			
	후쿠시마쵸 福島町	全体	39間3尺9寸5分	0.14	1	500両
		足地	9間2尺2寸4分			
	마사키쵸 正木町	全体	44間3寸	0.08	1	500両
		足地	4間6尺4寸3分			
합계				1.00	34人	17貫文

모토치와 다이치의 사회구조: 도오리3쵸메 다이치를 대상으로

나누시 다카노 신에몬高野新右衛門과 그 지배쵸에 관하여

나누시 다카노 가문은 미나미텐마쵸2쵸메, 1쵸메南伝馬町二丁目, 同一丁目격년 연번 지배, 3쵸메 신도同三丁目新道, 미나미누리쵸南塗師町, 미나미사야쵸南鞘町, 마츠가와쵸1쵸메, 2쵸메松川町一 · 二丁目 그 외에 아카사카 텐마쵸赤坂伝馬町, 아카사카 타쵸赤坂田町를 지배하였다.[15] 다카노는 1606년慶長11의 도시계획 이래로 막부에 어용마와 이에 따른 노동에 종사하는 사람을 제공하는 국역伝馬役에 대한 보상으로 미나미텐마쵸2쵸메를 배령하였다. 그 후 1689년元禄2 미나미누리쵸, 미나미사야쵸는 나누시를 할 만한 쵸닝이 쵸 내에 존재하지 않는다는 이유로 인근의 나누시인 다카노가 지배하게 된

[15] 吉田伸之, 『近世巨大都市の社会構造』, 東京大学出版会, 1991, 294쪽

다. 마츠가와쵸1쵸메 · 2쵸메는 1691년元禄4에 카와세이시쵸川瀬石町, 미나미아부라쵸南油町의 남측 반이 어용지로 설정되면서 이들의 다이치가 매립지에 주어졌고, 다이치는 인근의 나누시인 다카노가 지배하게 된다. 니혼바시3쵸메日本橋通三丁目 가옥소지자家持 6인의 토지는 1691년 어용지로 수용되며 도오리3쵸메 다이치通三丁目代地가 미나미텐마쵸2쵸메 앞 아키치에 주어지게 되는데 이 또한, 인근의 나누시 다카노의 관리하에 놓인다.[16] 이와 같은 과정을 통해 나누시 다카노가 지배하는 쵸는 서서히 증가하였다.

[16] 원문: 「其後廿六年已前未ノ年日本橋通三町目御用地ニ被召上家持六人分為代地右弐丁目広小路ニ而被下置又候」『선요연구록』公用留35건, 「日本近代立法資料叢書32」, 商事法務研究会, 1987

쵸역금을 통해 살펴본 모토치와 다이치

『선요영구록』의 공용서에는 도오리3쵸메 다이치와 미나미텐마쵸의 운영에 필요한 비용 및 임무를 둘러싼 한 건의 문서가 들어 있다.사료4

[사료4] 도오리3쵸메 다이치가 2쵸메에 포함될 때 필요비용 제출의 건.[17]

1710년 9월 29일 니와 토오토우미노카미[18]를 만나러 미나미텐마쵸의 쵸닝이 출두한다. 미나미텐마쵸의 쵸닝은 도오리3쵸메 다이치의 가옥소지자 6인이 미나미텐마쵸에 들어와 역 등을 부담하여야 한다고 소송하였다. 사실 관계를 조사하여 같은 해 12월 16일 매매증서를 수정하고 요리키의 필요비용에 있어서 모든 비용은 필지 규모로 조정하고, 이듬해 역의 취급에 관하여 합의하도록 요구하였다. 1712년 9월 4일 매매증서를 수정하고 나까무라 지로자에몬, 이소가이 토베, 이나사와 야이치베를 시켜, 동역 삼인이 참가한다면 이전의 설명서의 내용에 대해 부교에서 당연하게 생각하므로 합의 소송에 출두할 것을 명받는다. 9월 12일 토오토우미노카미에게 가서 설명서와 합의서를 올리러 출두한다면, 오는 27일에 회의에 쌍방이 출두하도록 명한다. 설명서는 아래와 같다.

아래와 같은 문서로 아뢴다.

하나, 과거 1710년 8월 미나미텐마쵸1쵸메, 2쵸메, 3쵸메와 도오리3쵸메 다이치를 미나미텐마쵸의 쵸공동체로 삼고 싶다고 소송을 하여, 매매증서를 수

[17] 『선요연구록』公用留26건, 「日本近代立法資料叢書32」, 商事法務研究会, 1987

[18] 당시 니와 토오토우미노카미(丹羽遠江守)는 키타마치부교(北町奉行)로 근무했다.

정하고 요리키에게 명하여 지금까지 조사하였다. 그러나 이번에 나누시들이 쌍방이 화해를 하였으므로 이 문서를 올린다.
하나, ①금 10량, 이는 어용마 비용으로 매해 텐마쵸에 도오리3쵸메 다이치가 제출한다. 다만 모토치 출금과의 차액을 계산하면, 일 년에 금 10량 1분, 은 9문 5분 6리로 다이치는 24칸의 득이 된다.
하나, 다이치의 가옥소지자 6인은 텐마쵸2쵸메에 속하게 되며 규모 104칸을 소지한 6인이 ②모든 사항에 있어서 쵸공동체로 가츠교지를 근무하며, 더 나아가 마치부레를 배부하는 일, 2쵸메 나누시 담당일 때는 가츠교지로 아카사카에 마치부레를 전달하는 업무를 담당한다. 1쵸메, 3쵸메 나누시 담당일 때는, 이 쵸들의 가츠교지가 아카사카에 전달하는 업무를 담당한다. 어용마의 업무는 일절 하지 않는다. 이는 기존 텐마쵸 3개쵸가 담당한다. 가츠교지를 향후 그만 둘 때에는 텐마쵸의 쵸닝들이 서로 도와준다.
다이치로부터 텐마쵸에 매년 쵸역 분배 제출 은에 관한 것.
하나, 산노제례의 각 필요비용, 하나, 묘진제례의 각 필요비용, 하나, 텐노제례의 각 필요비용, 하나, 미타이나리제례의 각 필요비용, 하나, 첫 수확, 하나, 6개소 키도 초소 및 화재 망대 파손 시 수리 비용, 하나, 6개소 키도 파수꾼의 임금, 하나, 3개소 초소 각 비용 및 지붕수리비, 하나, 빗물받이, 계단 손잡이, 등롱, 촛불, 지필 비용
총 9개 항목, 출은 1관 201문 9분 4리 ③이는 텐마쵸에 다이치가 배분하여 내며 이는 텐마쵸에게 이득이 된다.
금 총 20량 은 1문 9분 4리
하나, 연초 헌상물 출은, 하나, 쵸 운영금, 하나, 경돌비, 하나, 인부금, 하나, 칸다 상수 청소비, 상수관공사비용, 타마가와강 조수 비용, 하나, 요리인 임금, 하나, 수관리원 임금, 하나, 쓰레기비
총 8개 항목 ④이는 다이치 24칸이 텐마쵸에 속하게 되면서 나눠 내며, 규모별로 나눈 것.
이 밖의 쵸의 각 역과 출은도 다이치에 포함하도록 합의하였다.
위와 같은 내용을 쌍방 쵸닝에게 전하면 쌍방 쵸닝은 명심한다. 요리키에게 문서를 제출하고 청원과 같이 명하면 나누시, 쵸닝 모두 감사한다.
1712년 9월

미나미텐마쵸 가츠교지 츄베, 소에몬
도오리3쵸메 다이치 가츠교지 겐자에몬
나누시 슈케, 젠에몬, 신에몬

9월 27일 노토노카미는 내부 회의에서 토오토우미노카미 담당일 때, 일동 참

석하여 쌍방이 이야기하여, 화해하였으므로 해결의 증문을 올렸다. 출두하면 설명서의 내용이 합당하므로 쵸닝 모두에게 명심시키고 후일 언상장에 기록하였다. 해결 증문은 토오토우미노카미에 올려 허가받았다. 같은 날 아래와 같이 올렸다.(증문 생략)

마치부교에게

같은 해 10월 2일 토오토우미노카미 마치부교소로부터 나까무라 이헤도노를 시켜 미나미텐마쵸 나누시, 가츠교지, 도오리3쵸메 다이치 나누시, 가츠교지에게 언상장에 쓰인 내용을 명심시키고 일동 출두하여 아래와 같이 기록하였다.(언상장 생략)

같은 해 10월 3일 마치도시요리 3인에게 ⑤도오리3쵸메 다이치가 미나미텐마쵸에 속하며 쵸명도 미나미텐마쵸라 향후 수정하며, 쵸공동체로서 역의 의무를 수행하도록, 3인의 나누시는 텐마쵸의 가츠교지 다이치 쵸닝 모두에게 전달하였다.

다만, 도오리3쵸메의 나누시 토우지로에게는 가츠교지 겐자에몬이 알려, 미나미텐마쵸 가츠교지 키치조도 참가하여 ⑥다이치가 미나미텐마쵸에 속해 쵸역을 담당하므로 모토치와 분리되어 향후 청할 수 없음을 겐자에몬의 입회하에 전달하였다.

通三丁目代地之者弐丁目加り入用差出候一件

宝永七寅年八月廿九日丹羽遠江守様江南伝馬町之者罷出, 通三町目代地家持六人南伝馬町江相加り御役等相勤候様被仰付被下候様, 御訴訟申上候得共, 追々御吟味有之, 同十二月十六日沽券改与力衆掛り二而, 諸入用小間割等調有之, 翌卯年中同役取扱和談致候旨申立置候処, 正徳二辰年九月四日沽券改中村次郎左衛門殿, 磯貝藤兵衛殿, 稲澤弥一兵衛殿与使二付, 同役三人参候得者, 先達而取扱書面之趣, 御奉行方尤二被思召候間, 勝手次第済口御訴訟二可罷出旨被申候二付, 同月十二日遠江守様江罷出取扱書差上済口證文差上申度, 御前江罷出申上候得者, 来ル廿七日御内寄合江, 双方可罷出旨被仰渡候, 取扱書左之通,

乍恐書付を以申上候

一, 去々年寅八月南伝馬町壱丁目弐丁目参丁目町中与, 通三丁目代地南伝馬町並二仕度旨御訴訟申上候処二, 沽券御改御与力様方江被仰付, 只今迄御吟味之候, 然ル処此度名主共取扱申候二付, 双方和睦仕候間以書付申上候,

一, ①金拾両　是者御伝馬金として毎年伝馬町江通三丁目代地より出シ申候, 但元地出金と差引仕候得者, 壱ヶ年ニ金拾両壱分銀九匁五分六厘代地弐十四間之徳用ニ罷成候,
一, 代地家持六人伝馬町弐丁目江相加り間数百四間之処六人として②諸事町並之通月行事相勤, 尤御触事御配符之儀, 二丁目名主当番仕候節者, 其町月行事赤坂江触送り世話可仕候, 一丁目三丁目名主当番仕候節者, 其町々之月行事赤坂江触送り世話可仕候, 御伝馬御用之儀者一切構不申候, 伝馬町三町ニ而相勤候, 月行事向後相止申候ニ付, 伝馬町之者共助ニ罷成候,
代地より伝馬町江毎年町役割銀出候分
一, 山王御祭禮諸事入目, 一明神御祭禮諸事入目, 一天王御祭禮諸事入目, 一三田稲荷御祭禮諸事入目, 一諸初尾, 一六ヶ所木戸辻番所火之見櫓破損修復入目, 一六ヶ所木戸番人中番人賃銭, 一三ヶ所自身番諸事入目屋根番銭, 一水溜階子手桶挑灯蝋燭紙筆代,
〆九口 此出銀壱貫弐百壱匁九分四厘③是者伝馬町江代地より割合出シ申候ニ付, 伝馬町徳用ニ罷成候,
金〆弐拾両銀壱匁九分四厘
一, 御年頭獻上物出銀, 一晦日銭, 一鏡突銭, 一砂利人足, 一神田上水惣浚賃, 上水戸樋桝普請入目玉川助水賃銀, 一料理人賃銀, 一水役人給金, 一芥捨銭
〆八口 ④是者代地弐拾四間伝馬町江相加り割合出シ申候ニ付, 小間割増申候分,
此外町並之諸役之儀并出銀共代地相加り申候様ニ申合候,

右之通双方町人共ニ為申聞, 私共取扱申候得者, 双方町人共得心仕候ニ付, 御与力様方江書付差上置申候, 弥奉願上候通被為仰付被下候ハヽ, 名主町人共ニ難有可奉存候, 以上,
正徳二年辰九月

南伝馬町月行事 忠兵衛 惣右衛門
通三丁目代地月行事 源左衛門
名主 主計 善右衛門 新右衛門

九月廿七日能登守様御内寄合江遠江守様御掛りニ而, 一同罷出双方相談之上, 致和睦候間, 済口之御願申上候段, 御前江罷出申上候得者, 取扱書趣, 尤ニ被思召候, 弥町人共双方得心之上者勝手次第可仕

為, 後日言上御帳二付置可申段被仰渡候, 済口證文者遠江守様江差上候被仰渡候, 同日差上候左之通,
(差上申済口證文之事は省略)
御番所様
同十月二日遠江守様御番所より中村伊兵衛殿御使二而南伝馬町名主月行事通三丁目代地名主月行事言上御帳二付候, 其心得二而可罷出旨被仰渡候二付, 一同罷出候得者, 左之通御記被置候, (言上帳省略)
同十月三日町年寄衆三人江⑤通三丁目代地南伝馬町江入, 町名茂南伝馬町与向後相改, 町並之役儀相勤申候段, 名主三人伝馬町月行事作兵衛代地町人権兵衛共二御届申候,
但, 通三丁目名主藤次郎方江月行事源左衛門相届申候, 南伝馬町月行事吉蔵も罷越, ⑥代地之儀南伝馬町江相加り, 町役相勤申候, 依之元地与之割, 向後請申間敷段, 源左衛門与立合断申届候,

1710년宝永7 도오리3쵸메는 어용지로 수용되며 다이치가 미나미텐마쵸의 한가운데에 주어진다. 미나미텐마쵸 쵸닝은 도오리3쵸메 다이치의 쵸닝이 쵸운영의 필요비용을 미나미텐마쵸에 내야 한다고 호소하였고 1712년正徳2에 결국 합의和睦에 이른다.

1) 어용마에 대한 국역금에 관하여

[사료4]의 제2조의 ①에 의하면 도오리3쵸메 다이치는 텐마쵸에 어용마에 대한 국역금으로 금 10량의 정액을 제출하게 되어있다. 이는 모토치에 출금하고 있는 공역금인 금 10량 1분보다 9문 5분 6리 싼 금액이다. 따라서 도오리3쵸메 다이치는 텐마쵸에 제출하는 것이 이득이라고 기록되어 있다.

2) 그 외의 쵸역금의 비율에 대하여

도오리3쵸메 다이치의 24칸이 미나미다이쿠쵸2쵸메 한가운데에 입지하며 미나미텐마쵸2쵸메는 공간적으로 분리됨과 동시에 총 104칸이 된다. 따라서 해당 쵸의 운영 비용, 즉 쵸역금을 도오리3쵸메 다이치에 해당하는 24칸도 합하여 나누어 부담해야 한다고 호소하고 있다. [사료4]의 4번째와 5번째에 따르면 도오리3쵸메가 미나미텐마쵸에 매년 내고 있는 쵸역에 대한 비용을 9개의 항목과 8개의 항목으로 나누어 그 내용과 금액을 기록하고 있다. [사료4]③에 따르면 9개 항목의 쵸역금에 해당하는 은 1관 201문 9분 4리를 도오리3쵸메 다이치가 텐마쵸에 제출하면 미나미텐마쵸는 이득임이 기록되어 있다.

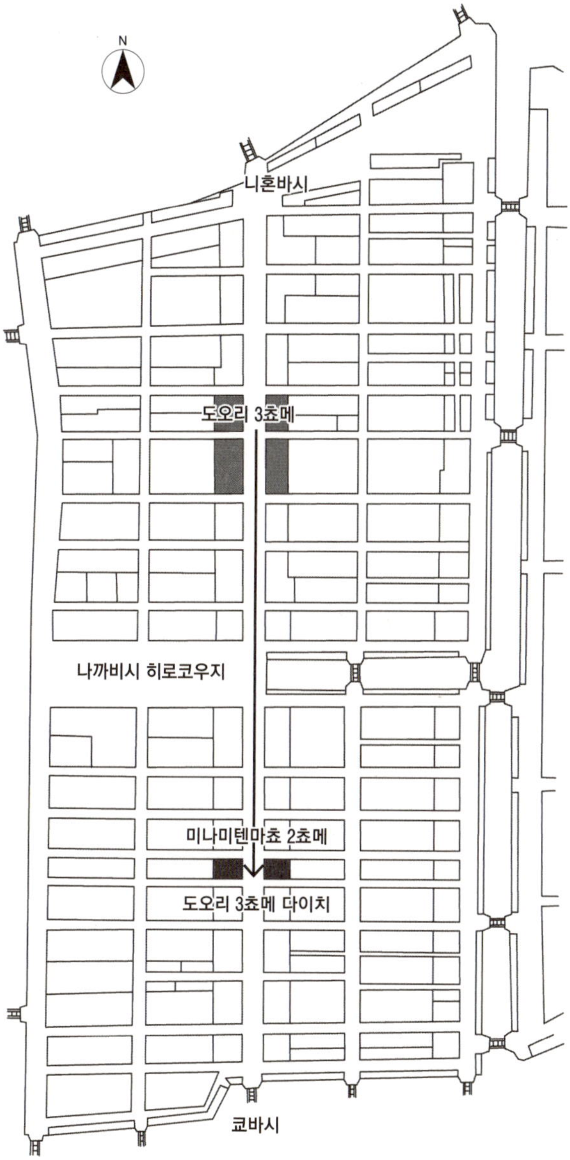

그림 4 도오리3쵸메通三丁目의 모토치와 다이치
『에도연혁도서』로 작성

3) 나누시 보좌 담당에 관하여

도오리3쵸메 다이치가 미나미텐마쵸에 포함되며 각 역에 대하여 출금 이외에 나누시 보좌 임무도 나누어 이행할 것을 지적한다. [사료4] ②에 따르면 해당 쵸의 나누시가 마치부레를 전달하는 당번일 때, 아카사카텐마쵸에 마치부레를 전달하는 임무를 도오리3쵸메 다이치도 나누어 담당해야 한다고 쓰여 있다.

이상과 같이 어용마에 대한 국역금, 쵸역금, 나누시 보좌 임무의 세 가지에 있어서 미나미텐마쵸와 도오리3쵸메 다이치는 쌍방의 이해를 바탕으로 마치부교의 내부 회의에서 3인의 나누시主計·善右衛門·新右衛門가 출두하여 합의和睦에 이른다. [사료4]⑤에서 쵸닝들은 도오리3쵸메 다이치의 명칭도 미나미텐마쵸로 변경하려는 움직임이 포착된다. 이러한 미나미텐마쵸2쵸메와 도오리3쵸메 다이치의 합의건은 이해관계가 있는 나누시와 임무가 부여될 쵸닝들의 이해를 구하며 해결된다. 도오리3쵸메 다이치가 완전하게 미나미텐마쵸에 공간적으로나 공동체적으로 포함되며, 모토치에 납입하고 있던 공역금의 제출은 그만둔다. 이후 경과를 확인할 수 있는 사료는[19] 1721년享保6의 기록이다. [사료4]가 기록된 당시인 1712년에는 쵸역금은 칸수로 나누어 두 쵸가 균등하게 제출하였으나, 어용마에 대한 국역금은 면적과 무관하게 일괄적으로 정액 10량을 제출하였다. 이것이 1721년의 기록에 의하면 국역금도 쵸역금과 마찬가지로 칸수에 의해 균등하게 나누고 있어, 두 쵸가 분쟁을 거쳐 하나의 쵸가 되었음을 확인할 수 있다.

[19] 원문: 「此度,双方相談之上,右出し切ニ仕候御伝馬役,町役共ニ相勤申候,極メニ仕候,尤月行事之儀も弐丁目中相廻し三町一同ニ罷成候間,右之通被仰付被下候様ニ名主町人共奉願上候」『선요연구록』「마치부레집성」44건, 「日本近代立法資料叢書32」, 商事法務研究会, 1987

키도木戸를 통해 본 모토치와 다이치

미나미텐마쵸2쵸메와 도오리3쵸메 키도에 관련된 1716년享保元年의 문서가[20] 있다. 키도란 에도 시정의 치안을 위해 만들어진 쵸의 경계에 설치된 나무문이다. 「고켄즈」에 그려진 키도를 통하여 에도 쵸의 경계를 확인할 수 있다.

1657년明暦3 미나미텐마쵸의 키도가 있었던 장소에 20칸의 도로가 아키치로 변하며 키도의 위치는 쵸의 내측으로 옮겨진다. 이후 1690년 도오리3쵸메가 어용지로 수용되며 6인의 토지가 미나미텐마쵸 내부의 아키치에 다이치로 주어진다. 이때에 키도는 [그림5]와 같이 도오리3쵸메 다이치와의 경계선으로 위치를 바꾼다. 미나미텐마쵸2쵸메의 한 가운데에 도오리3쵸메 다이치가 위치하며 미나미텐마쵸와는 별도의 쵸로서 키도도 두 쵸의 경계에 설치된다.

[20] 원문: 「町内木戸之儀先年共桶町通南鍛冶町通両木戸付置申候,然ル処六拾年已前両側弐十間通り御用地ニ被召上広小路ニ罷成候,其節両木戸共ニ町内中程江引直し只今迄差置申候」『선요연구록』「마치부레집성」35건, 「日本近代立法資料叢書32」, 商事法務研究会, 1987

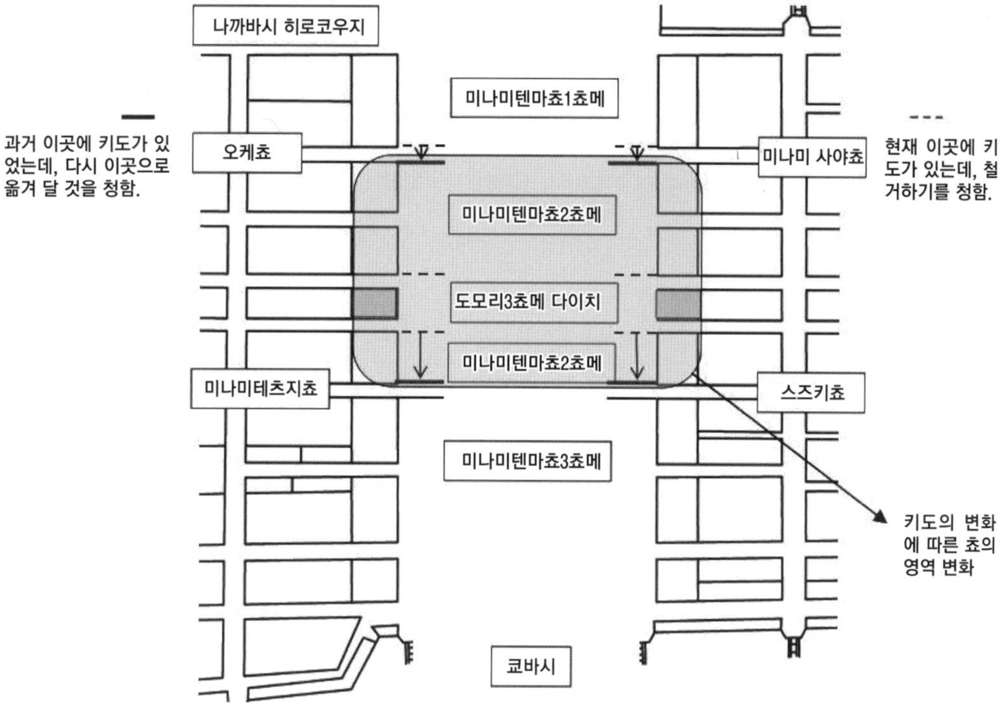

그림 5 미나미텐마쵸와 도오리3쵸메 다이치의 키도 위치(『선요영구록』작성)

[사료4]에도 기록되어 있듯이 1710년 부터는 도오리3쵸메 다이치가 미나미텐마쵸2쵸메에 포함되며 각 역도 함께 부담하게 된다. 이와 같이 두 쵸가 하나의 쵸공동체로 합의한 이후 도오리3쵸메 다이치의 쵸닝 6인은 키도의 위치를 오케쵸측과 미나미테츠지쵸南鍛冶町 측 도로로 이동하고 싶다고 청원한다. 키도의 위치 이전으로 쵸의 경계가 변하였고 쵸닝은 출입 관리가 용이해졌다.

이 문서로부터 다이치가 주어짐에 따라 쵸의 경계에 설치되어 있던 키도의 위치가 어떻게 변화하였는지 살펴보았다. 쵸 내에 아키치가 생기며, 일차적으로 아키치를 포함하지 않도록 키도의 위치를 바꾸었으나, 그 아키치에 도오리3쵸메 다이치가 주어지며 다시 도오리3쵸메 다이치와 미나미텐마쵸2쵸메의 경계에 두 쵸를 분리하도록 키도를 이동시킨다. 결국 도오리3쵸메 다이치가 미나미텐마쵸에 포함되며, 키도의 위치를 바꾸어 하나의 쵸로 경계를 표시하려고 하는 동향을 살펴 볼 수 있다. 도오리3쵸메 다이치는 미나미텐마쵸2쵸메에 각 역과 운영에 필요한 비용을 제출하고, 미나미텐마쵸2쵸메는 쵸 경계를 표시하는 키도를 이동하여 도오리3쵸메 다이치의 공간을 포함하는 쌍방이 하나의 쵸가 되는 과정을 살펴볼 수 있었다.

[사료5] 미나미텐마쵸2쵸메 키도 위치의 변경.[21]

하나, 미나미텐마쵸 나누시와 다이치의 6인이 아뢰길, 쵸 내 2쵸메의 중간에 있던 20칸 도로 남측이 60년 전에 어용지로 수용되어 아키치가 되었을 때, 2쵸메 북단에 있던 키도를 중간으로 옮겨 설치하였다. ①26년 후 니혼바시 남단에 있는 도오리3쵸메가 어용지로 수용되어 가옥소지자 6인의 다이치가 2쵸메 아키치에 주어지며 주거지가 되었다. 이때 키도는 다시 사방 모서리로 옮겨 설치하였다. 그러나 7년 전 미나미텐마쵸2쵸메의 쵸닝이 마치부교 니와 토오토우미에게 호소하여 도오리3쵸메 다이치를 미나미텐마쵸에 넣어 쵸 내의 각역을 부담시키고자 소송하여 취급에 관하여 쌍방이 명심하고 미나미텐마쵸에 다이치가 하나되어 어용마에 대한 국역금, 그 외 각 역의 비용 등을 제출함으로 합의하였다. ②이때 키도는 과거와 같이 북단과 남단에 있는 오케쵸도로와 미나미테츠지쵸도로로 옮겨 설치하기로 한다. ③키도는 과거와 같이 남단과 북단으로 이동하면 쵸 내 관리에 있어서도 좋을 것으로 생각된다.

二丁目木戸場処替乍恐以書付申上候
一南伝馬町名主并代地六人之者共申上候, 町内二丁目中程二而表弐拾間通り南側を六拾年已前酉ノ年御用地二被召上広小路二罷成候二付, 其節弐丁目北南二御座候木戸真中江引寄セ指置申候, ①其後廿六年已前未ノ年日本橋通三町目御用地二被召上家持六人分為代地右弐丁目広小路二而被下置又候町家二罷成候, 其節木戸右有之候四ツ角江引返シ可申候所二右代地ヲ南伝馬町与ハ不申, 通三町目代地与申別町二而罷在候故, 其分二木戸数年差置申候, 然ル処二七年已前寅ノ年南伝馬町三町目之町人共丹羽遠江守様御奉行之節御訴訟申上, 右通三町目代地を南伝馬町分江入れ町内諸役相勤させ度段御

[21] 주19와 동일

訴訟申上候二付, 私共取扱双方得心仕, 南伝馬町江代地相加り申候, 依之御伝馬御用相除其為町内諸役入用二町目並二指出シ可申段相極双方得心之上和睦仕候二付, 其段申上候得者, 御内寄合へ被召出言上御帳二付相済申候, ②其砌与右之木戸先年之通北南桶町通南鍛冶町通江引申候様二御訴訟可申上旨申合置候, 此度弥以右之木戸引申度由, 代地之者共願申候, ③木戸先年之通北南江引申候得者, 町内もしまり用心等二も宜奉存伝馬町之者共も一同二奉存候間, 木戸引申度奉願候二付, 為窺申上候被仰付候下候ハ々難有可奉存候已上,
享保元年申九月晦日

御奉行所様

南伝馬町弐丁目 久右衛門 源左衛門 武兵衛 亦市 藤兵衛 治郎兵衛
名主 新右衛門 主計 善右衛門

다이치로 살펴 본 쵸닝치의 사회구조

아키치의 설정과 다이치의 부여로 모토치와 다이치가 공간적으로 떨어지게 되는 물리적인 환경 속에서 쵸닝간의 사회적 관계가 어떻게 변화하는지 살펴보았다. 또한 본 장에서 고찰한 미나미다이쿠쵸와 도오리3쵸메 다이치를 통해서 모토치와 다이치 사이에 발생되는 다양한 사회적 관계를 살펴보았다.

우선 모토다이쿠쵸와 미나미다이쿠쵸는 이전할 다이치의 토지가 부족하여 보충지라는 변형적인 공간을 발생시킨다. 보충지는 미나미다이쿠쵸에 국역을 부담하고 있으나, 모토다이쿠쵸와 미나미다이쿠쵸는 국역의 부담으로부터 독립되어 있다. 그러나 노관람에 있어서 모토치와 다이치가 하나의 쵸로서 참가하였다. 모토다이쿠쵸의 다이치인 미나미다이쿠쵸와 보충지인 마사키쵸, 후쿠시마쵸, 코마츠쵸, 오또와쵸는 모토다이쿠쵸 다이치가 아닌 쵸 이름을 바꾸어 독립한다. 모토치인 모토다이쿠쵸는 국역을 부담하고 있으며, 모토다이쿠쵸와 미나미다이쿠쵸는 행정적으로 구별되는 별도의 두 개의 쵸였으나 보충지의 역부담의 형태나 미나미텐마쵸의 일부분에 다이치를 두고 있는 마츠가와쵸의 역부담의 형태, 또 노관람이라는 몇 가지 쵸닝 사이의 사회적인 관계가 여전히 지속되는 면모를 보인다.

다음은 도오리3쵸메 다이치의 예를 검토하였다. 쵸명으로 보아 도오리3쵸메 다이치는 모토치인 도오리3쵸메와 하나의 쵸이었음을 추측할 수 있다. 그러나 도오리3쵸메 다이치는 공간적으로 미나미텐마쵸2쵸메의 한가운데 위치한다. 처음에 미나미텐마쵸2쵸메와는 별개의 쵸로 모토치에 공역을 부담하였고 키도 역시 두 쵸의 경계에 설치되었다. 그러나 미나미텐마쵸의 쵸닝은 도오리3쵸메 다이치와 하나의 쵸가 될 것을 청원하였고 결국, 1721년에 두 쵸는 합병된다. 도오리3쵸메 다이치의 경우는 다이치가 주어진 위치가 다른 쵸의 한 중간이 되며 모토치와는 분리되고 이전지의 쵸에 하나의 쵸로 흡수되는 독특한 유형을 보여준다.

모토치에서 이전한 다이치의 쵸닝은 모토치와 종래의 사회관계를 유지하거나, 이전지의 사회관계에 흡수되거나 새로운 사회관계를 구축하는 등 다양한 유형의 관계를 보여준다. 근세의 쵸는 역부담으로 결속되어 있다. 도오리3쵸메 다이치도 모토치의 공역을 부담하지 않게 되고, 미나미텐마쵸에 국역금, 쵸역금, 나누시 보좌 임무를 부담하는 것으로 완전하게 미나미텐마쵸2쵸메의 일원이 된다. 모토치와 다이치의 사회관계를 규명할 때, 역부담이라는 층위는 두 쵸를 가장 강하게 묶어주는 요인임에 틀림없다. 그러나 모토치와 다이치의 쵸닝 간 관계는 이 이외에도 다양한 층위가 겹쳐져 구성되어 있으며 그 중에는 노관람과 같은 사회관계도 하나의 층위를 이루고 있다.

08
다이치로의 필지 이동

다이치로의 필지 이동

에도의 도시사연구는 공간사와 사회사의 두 가지 측면에서 연구되었으며, 일본 근세 역사학자인 요시다 노부유키吉田伸之는 사회=공간구조라는 개념을 제시하여 사회구조와 공간구조의 불가분성을 주장하였다. 앞서 모토치와 다이치의 역과 노관람의 분석을 통해 모토치와 다이치의 사회적 관계에 대하여 고찰하였다.

쵸닝은 쵸라는 공간을 넘어서 역을 부담하였으며, 한 조를 이루어 노를 관람하기도 하였다. 그렇다면 쵸 단위의 이동 속에서 보다 상세한 필지 단위의 이동은 어떻게 이루어졌을까? 1744년延享元年에 그려진 에도 쵸의 「고켄즈沽券図」[1]를 이용하여 수용된 토지가 다이치로 필지 이동하는 과정을 살펴본다.

에도의 「고켄즈」는 마치부교가 쵸의 관리를 위하여 나누시에게 두 차례에 걸쳐서 지배 쵸닝치의 상황을 그리게 한 현재의 지적도를 말한다. 에도 전 지역에 걸쳐 조사하여 그려졌으나 현재는 몇 점밖에 남아있지 않으며 당시 쵸의 실상을 알 수 있는 소중한 자료이다. 이 중 같은 시기 모토치와 다이치의 「고켄즈」가 남아있는 지역은 미나미텐마쵸3쵸메 신도南伝馬町三丁目続新道와 미나미핫쵸보리1쵸메南八丁堀一丁目에서 5쵸메五丁目까지이다. 따라서 미나미핫쵸보리 지역을 대상으로 모토치에서 다이치로 이동하는 것을 구체적으로 검토하고, 필지 이동의 과정을 밝혀 다이치가 갖는 쵸의 성격을 살펴본다.

[1] 「연향원년의 쿄바시 일대 고켄즈, 延享元年三月京橋水谷町同所金六町南八町堀四町分絵図」

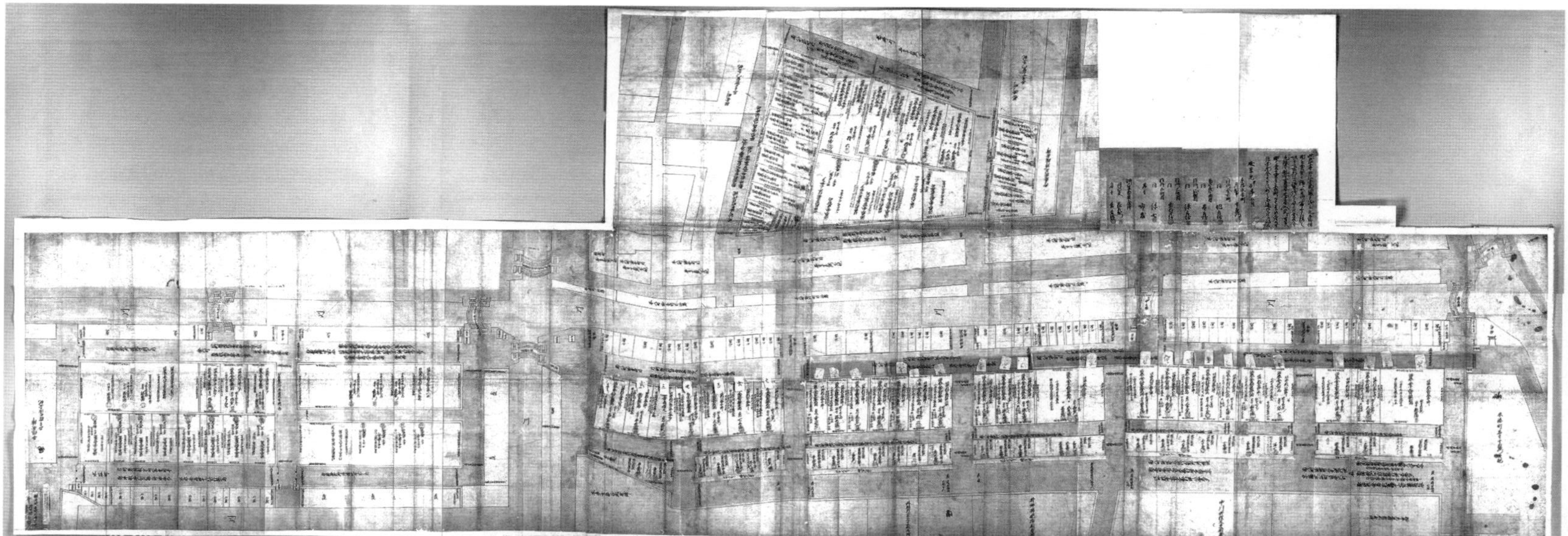

그림 1 연향원년교바시일대고켄즈, 「延享元年三月京橋水谷町同所金六町南八町堀四町分絵図」(国立国会図書館蔵)

미나미핫쵸보리쵸의 다이치를 중심으로

미나미핫쵸보리쵸의 형성과정

미나미핫쵸보리는 1721년享保6 1월 8일, 고후쿠쵸呉服町의 화재로 유소되어사료1 1개월 후인 2월 8일에 히요케치로 설정되며 토지가 수용된다.사료2 수용된 면적은 미나미핫쵸보리1쵸메에서 5쵸메까지로 5,251평 7합에 이른다.사료3

수용한 부분에 대한 다이치를 부여하기 위하여 키타핫쵸보리北八丁堀의 무사필지吉良左京大夫屋敷, 日向靭負屋敷, 日向左京屋敷, 伊丹覺左衛門屋敷 4개소를 선정하고 먼저 무사필지를 다른 곳으로 이전시킨다. 그리고 무사필지가 있던 곳에 2,475평 7합이 미나미핫쵸보리의 다이치로 주어진다. 수용된 면적은 5,251평 7합으로 2,776평의 토지가 부족하여, 당시 부여되지 못했던 면적의 다이치가 같은 해 5월 9일 히요케치로 설정되었던 모토치에 창고지로 주어진다.사료4

창고지는 토지의 한 종류로 막부로부터 사용을 허가받은 쵸닝이 사용료를 내고 임대하여 다른 쵸닝에게 재임대할 수 있는 토지였다. 시기는 명확하지 않으나 창고지가 1736년延享元年에는 쵸닝의 소유지로 변화되었다.그림2

1735년享保20에 핫쵸보리를 시작으로 마츠야쵸松屋町, 칸다 사쿠마쵸神田佐久間町 주변의 히요케치를 상납지로 사용하는 것을 허가한다.[2] 또 1735년에는 상납지 이외에도 공지로 설정했던 모토치를 배차지拝借地로 사용하고 있는 경우가 보인다. 미나미핫쵸보리의 상납지에 관한 직접적인 사료는 보이지 않으나, 1735년에 모토치였던 공지를 상납지로 허가하였다는 다른 지역의 기록을 참고할 때 이러한 동향에 편승한 결과라 추측된다. 이러한 쿄호기享保期, 1716~1735 전반에 조성된 히요케치는 1735년에 들어서며 서서히 쵸닝치에 의해 침식되어갔다.

[2]
「쿄호선요유집」「蔵地商床道舗下水之部并高積之事」 37건 · 40건 · 41건

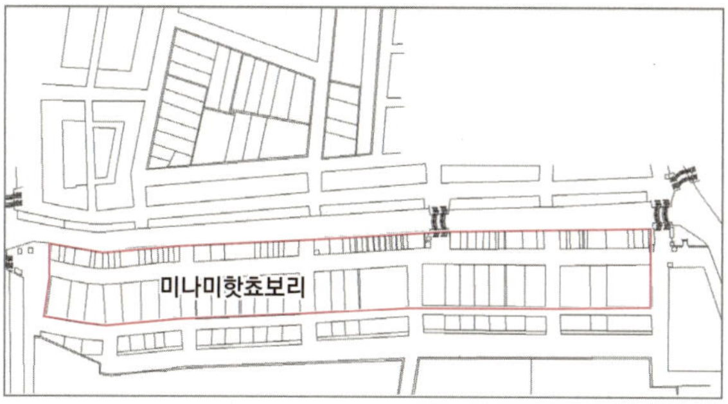

①1721년 이전

②1721년 1월 화재로 히요케치로 설정, 키타핫쵸보리에 다이치 부여

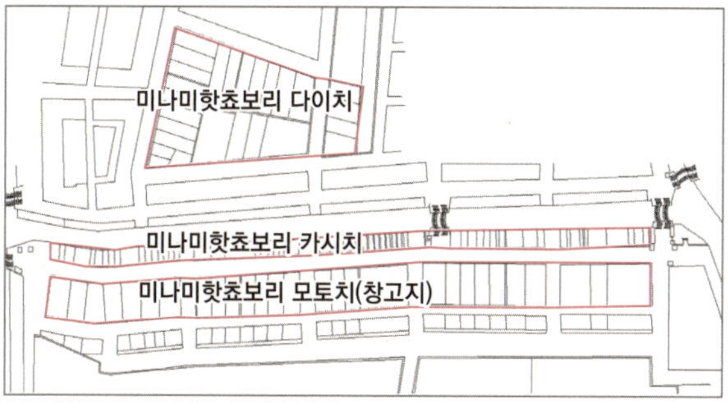

③1721년 5월 모토치에 창고지 부여

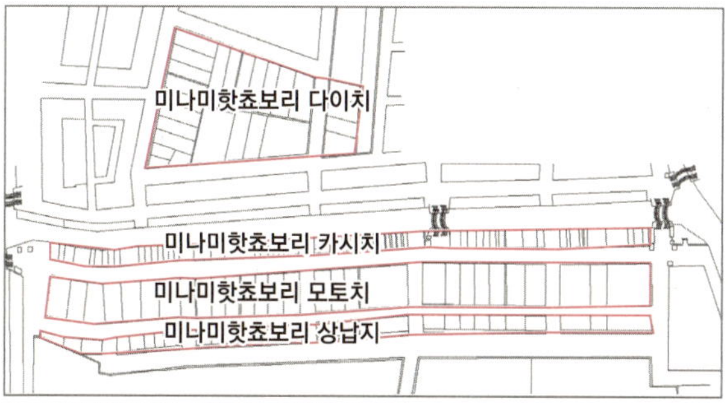

④1736년 창고지가 쵸닝치로 전환되어 있음

그림 2 미나미핫쵸보리의 공간구성

1744년에 작성된 「고켄즈」에 나타나는 미나미핫쵸보리는 모토치元地, 다이치代地, 상납지, 카시치河岸地로 구성되어 있다.

[사료1] 대화재.[3]

1721년 1월 8일

하나, 4시경 고후쿠쵸의 화재가 서북대풍에 의하여 도오리1쵸메에서부터 쿄바시까지 (번졌으며 여기에 포함된 마을이) 대부분 유소된다. 혼자이모쿠쵸, 사카모토쵸, 핫쵸보리무가쵸, 마츠야쵸, 혼핫쵸보리, 미나미핫쵸보리, 코비키쵸, 텟뽀즈 츠키지까지 유소되고, 이나리바시와 이나리샤다카하시도 유실, 카메지마바시는 반이 유실, 레이간지마 시로가네쵸까지 유실된다.

大火

享保六年一月八日

一, 今書四時頃呉服町より出火有之西北大風二而通壱丁目より京橋迄本材木町不残坂本町, 八町堀武家町, 松屋町, 本八町堀, 南八町堀, 木挽町, 鐵砲洲築地迄類焼, 稲荷橋并稲荷社高橋焼失, 龜嶋橋ハ半分焼失, 霊厳島銀町迄類焼.

[3] 『선요영구록』「마치부레집성」19권 1건, 도쿄도공문서관 소장

[사료2] 핫쵸보리 일대 히요케치 설정.[4]

1721년 2월 8일

하나, 당해 1월 8일 유소된 쵸 중, 사카모토쵸 · 마츠야쵸 · 혼핫쵸보리1쵸메 · 미나미핫쵸보리4쵸메와 다이묘 호소가와 소지의 필지는 히요케치로 수용되어 (중략) 후신부교의 마루모 미노노카미와 마치도시요리인 나라야 이치에몬이 담당한다.

八丁堀火除地設定

享保六年二月八日

一, 當正月八日類焼町々之内, 坂本町・松屋町・本八町堀壱丁目・南八町堀四町分地尻, 并細川越中守様御所持町屋鋪火除為御用地被召上候(中略)右御普請奉行丸毛美濃守様御掛り, 町年寄奈良屋市右衛門様御掛り,

[4] 『선요영구록』「마치부레집성」19권 4건, 도쿄도공문서관 소장

[5]
『구막부인계서』「필지도면증문屋鋪渡預絵図証文」, 국립국회도서관 소장

[사료3] 다이치의 설정.[5]

키타핫쵸보리 미나미핫쵸보리 다이치 평수 2,315평 9합.
동 미나미핫쵸보리 다이치 평수 150평 8합.
이번에 미나미핫쵸보리1쵸메부터 5쵸메까지의 쵸닝치 5,251평 7합의 토지를 어용지로 수용하였다. ①수용한 쵸닝치 만큼의 다이치로 키타핫쵸보리 지역의 부케치를 수용하여 합이 2,475평 7합의 토지를 부여했다. 사방 칸수 평수에 도면과 같이 말뚝을 박는다. 모토치 내에 창고지 2,716평은 후일 양도한다. 이는 후일을 위해 기록해둔다.
1721년 3월 4일

나까야마 이데노카미조 요리키 이시도 헤이다유 인
오오오카 에치젠노카미조 요리키 오기노 스케하치로 인

마루모 미노노카미 내 사이토 야자에몬, 아시카와 세이에몬, 쿠츠키 단고노카미 중 관리자 외 입회하지 않음. 입회 후 수정하여 전달함.

代地の設定
北八町堀 南八町堀町屋代地 坪数弐千三百拾五坪九合.
同 南八町堀町屋代地 坪数百五拾坪八合.
今度南八町堀壱町目より五町目迄町屋五千弐百五拾壱坪七合, 就御用被召上, ①町屋分為代地北八町堀ニ而吉良左京大夫殿・日向靭負殿・日向左京殿上ケ地并伊丹覺左衛門殿上ケ地之内, 合弐千四百七拾五坪七合御渡し被成, 四方間数坪数, 右御絵図之面御定杭之通, 相違無御座請取申候.元地之内にて蔵地弐千七百七拾六坪者, 追而請取可申候, 為後日仍如件.
享保六辛丑年三月四日

中山出雲守組与力 石堂平太夫印
大岡越前守組与力 荻野助八郎印

丸毛美の守内斎藤彌左衛門, 石川清右衛門, 朽木丹後守内役人外御用ニ付立合無之, 右立合相改渡之.

[사료4] 모토치에 창고지 설정.[6]

미나미핫쵸보리 창고지 평수 560평.
동 창고지 평수 560평.
동 창고지 평수 536평.
동 창고지 평수 560평.
동 창고지 평수 560평.
미나미핫쵸보리1쵸메부터 5쵸메까지의 쵸닝치 5,251평 7합이 어용지로 수용되어 쵸닝치만큼의 다이치인 2,475평 7합은 키타핫쵸보리에 당 3월 4일에 양도하였다. 창고지로 모토치 내에 2,776평도 오늘 양도, 사방 칸수 평수를 도면과 같이 말뚝을 박아 확인한다. 위의 두 지역의 토지로 원래의 평수만큼 다이치를 양도한다. 이는 후일을 위해 기록해둔다.
1721년 5월 9일

나까야마 이데노카미 요리키 스즈키 이츠야 인
오오오카 에치젠노카미 요리키 니스기 코우에몬 인

元地に蔵地設定
南八町堀 蔵地 坪数五百六拾坪.
同 蔵地 坪数五百六拾坪.
同 蔵地 坪数五百三拾六坪
同 蔵地 坪数五百六拾坪.
同 蔵地 坪数五百六拾坪.
南八町堀壱町目より五町目迄之町屋, 五千弐百五拾壱坪七合御用地ニ被召上, 町屋分之代地弐千四百七拾五坪七合ハ於北八町堀當三月四日請取申候.為蔵地元地之内ニ而弐千七百七拾六坪今日御渡, 四方間数坪数, 御絵図之面, 御定杭之通, 相違無御座請取申候.右両所ニ而元坪之通代地請取申候処, 紛無御座候.為後日仍如件.
享保六辛丑年五月九日

中山出雲守組与力 鈴木逸八印
大岡越前守組与力 仁杉幸右衛門印

[6]
『도쿄시사고 시가편』20권, 東京市役所, 1911, 344~345쪽

1) 다이치로의 이동 과정

필지가 실제로 주어진 다이치로 이동할 때의 과정을 살펴보자.

사료에 따르면, 미나미핫쵸보리 다이치는 미나미핫쵸보리1쵸메 다이치, 미나미핫쵸보리2쵸메 다이치라 기입되어 있어, 쵸 단위로 영역이 결정되어 있는 것처럼 기록되어 있다. 그러나 「고켄즈」에서 필지의 이동을 추적하면 쵸별로 이동하지 않았음을 확인할 수 있다.그림3 즉, 미나미핫쵸보리1쵸메에서 5쵸메까지의 필지들이 쵸라는 묶음으로 이동하지 않고 필지별로 이동한 것이다.

한편, 1774년의 『에도쵸감』을 살펴보면 미나미핫쵸보리1쵸메 다이치는 공역금을 같이 부담하는 하나의 쵸로 인식된다.[7] 이와 같이 다이치는 공간적으로 산재되어 있어도 하나의 쵸로서 역을 부담하였다. 다이치에 있어서 쵸란 공간보다는 쵸의 필지를 소유하고 있던 쵸닝에 의해 유지되었다.

[7] 원문: 「南八丁堀一丁目代地,小間京間四拾八間,但,公役金相勤申候,右町内之儀者本八丁堀裏通りニ而代地被下,当時者元地与地所隔候得共,諸事一躰ニ相勤壱町ニ御座候,」『에도쵸감安永3年小間附北方南方町鑑』

[사료3]①에는 미나미핫쵸보리 다이치 위치수용된 무사필지와 총면적만 기록되어 있다. 즉, 미나미핫쵸보리1쵸메부터 5쵸메까지의 다이치가 하나의 영역에 주어진다. 다이치의 위치와 면적만 기록되어 있고, 쵸 내의 필지 분할과 이동에 관해서는 명확하게 언급되지 않았다.

하나의 영역이 주어지면 마치부교의 하부기관인 필지분할담당地割役에 의해 필지가 분할되었다.

필지분할담당은 쵸닝치의 구획정리 및 토지의 양도에 관련된 일을 담당하였다. 필지분할담당은 필지를 쵸 단위로 이동시킬 수 있었을 텐데, 실제로는 쵸의 영역과 무관하게 다이치를 부여하였다.

모토치의 필지가 다이치로 이동할 때의 규칙을 확인하기 위하여 필지 간 위치관계를 검토하였다. 같은 지역의 쵸닝치라면 주요 도로에 면한 필지가 가치가 높으며, 특히 두 면을 도로에 면하고 있는

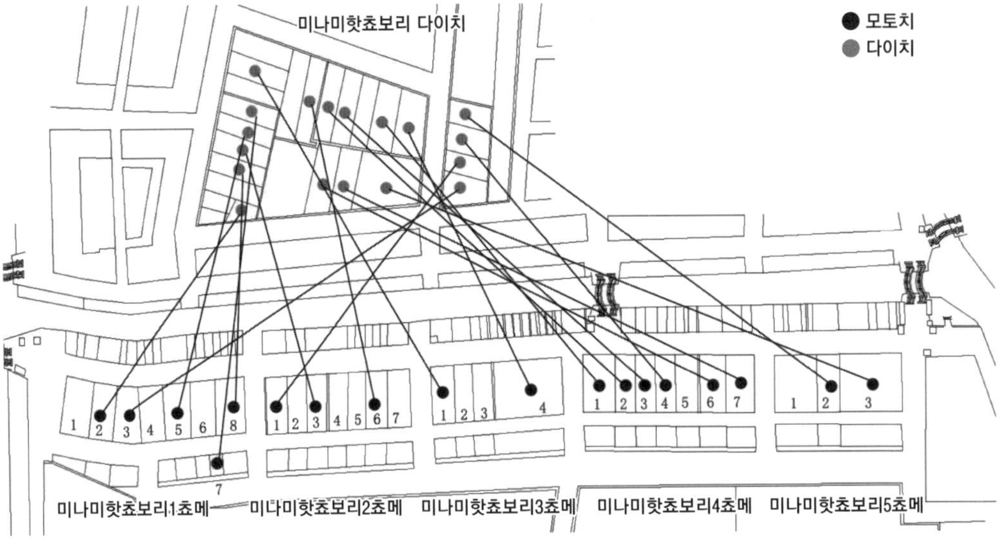

그림 3 미나미핫쵸보리 다이치로의 필지 이동

*. 필지에 기입되어 있는 번호는 [표2]와 일치한다.
*. 표시되어 있지 않는 필지는 모토치와 다이치의 지주가 일치하지 않아 이동지가 불분명한 경우이다.

카도야시키의 가치가 높다. 여기서 가치의 판단은 지가, 즉 토지매매가를 기준으로 한다. 따라서 모토치의 카도야시키가 다이치로 이동할 때 어떠한 위치로 이동했는지를 조사한 결과, 다이치가 주어진 카도야시키 7개소 가운데 2개소만이 카도야시키가 주어졌다. 필지 분할과 이동의 과정에서 위치관계에 의한 분쟁이 있을법한데, 최우선적으로 면적이라는 최소한의 조건만을 일치시켰다.
이와 같이 기존의 모토치와 새롭게 주어진 다이치의 위치 관계로부터 다이치가 주어질 때, 막부 즉 시책 측은 면적을 가장 우선시하여 다이치를 부여하였다.

2) 다이치의 공간과 사회구성의 변용

[그림3]의 모토치로부터 다이치로 이동하는 상황을 검토하면, 모토치와 다이치의 필지 개수가 일치하지 않는다. 모토치의 필지는 29개소이고 다이치의 필지는 26개소이다. 그리고 다이치의 필지 26

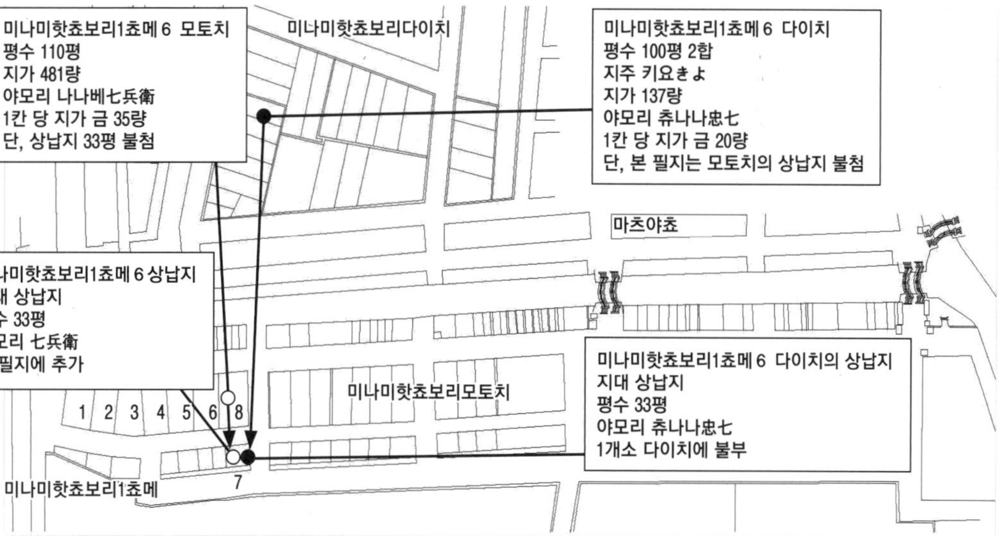

그림 4 미나미핫쵸보리1쵸메의 모토치와 다이치의 필지 변용

*. 「延享元年沽券図」의 붙임지에 쓰인 내용

개소 중 8개소2개소는 판독불가가 모토치의 소유자 혹은 야모리家守가 일치하지 않는다. 미나미핫쵸보리지역은 1721년 1월, 대화재로 불타 전 지역이 히요케치로 수용된다. 이후 수용된 면적의 반만 키타핫쵸보리에 다이치가 주어진다. 그리고 같은 해 5월에 나머지 반에 해당하는 다이치가 히요케치로 설정되었던 모토치에 주어진다. 이 과정에서 다른 지주가 유입되었을 가능성도 있지만 사료의 한계로 이를 실증하기는 어렵다. 그러나 [그림4]의 「고켄즈」에 기록된 상납지에 관한 정보를 통하여 다이치의 필지 매매 과정을 읽을 수 있다.

모토치인 미나미핫쵸보리1쵸메의 6번 모토치는 1721년 1월에 유소하여 전역이 히요케치로 수용되고 모토치 면적의 반에 해당하는 다이치가 미나미핫쵸보리1쵸메의 6번 다이치에 지주명은 기록되어 있지 않으나 야모리가 나나베七兵衛이다.

그 후 같은 해 5월에 남은 반의 다이치가 [그림4]의 미나미핫쵸보

리1쵸메 6번 모토치에 주어진다. 미나미핫쵸보리1쵸메 6번 다이치와 미나미핫쵸보리1쵸메 6번 다이치의 상납지에 적혀있는 기록을 보면, 각각 '단, 본 필지는 모토치의 상납지 불첨払添', '일 개소 다이치에 불부払附'라 기록되어 모토치의 소유자가 다이치의 소유자에게 상납지를 판 것이 확인된다. 모토치인 미나미핫쵸보리1쵸메 6번 모토치의 지주는 미나미핫쵸보리1쵸메 6번 다이치를 '키요きよ'에게 매매하고 그 후, 사용을 허가받은 상납지도 나누어 미나미핫쵸보리1쵸메 7번을 다이치에 매매한 과정을 확인할 수 있다.

이러한 매매과정으로 모토치와 다이치의 지주는 일치하지 않게 된다. 모토치와 다이치의 소유주 또는 야모리의 일치는 매매를 통하여 붕괴되었으며 모토치와 다이치로 짝을 이루고 있던 공간구성도 변용되었다.

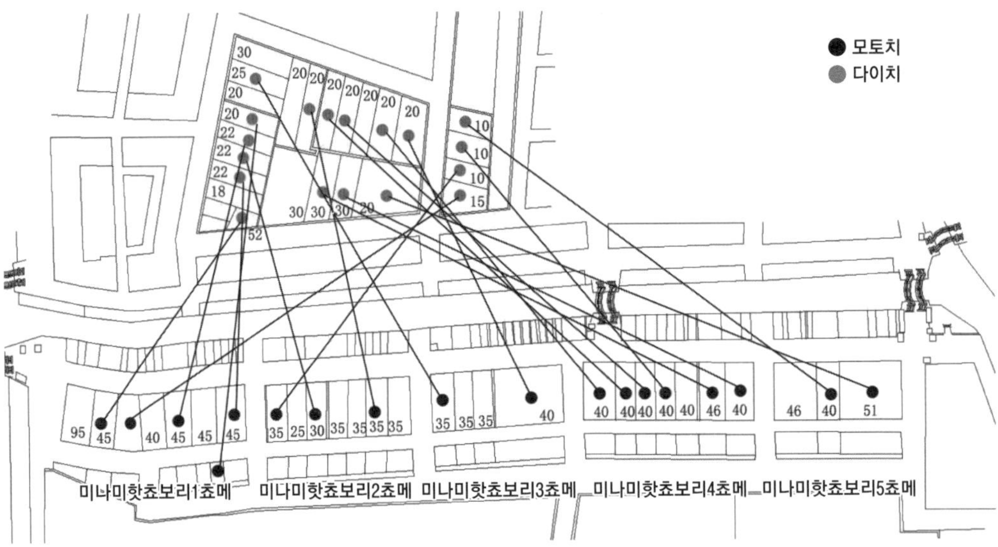

그림 5 미나미핫쵸보리의 모토치와 다이치의 지가(단위:량)

모토치와 다이치의 가격

[그림5]는 [표2]를 기준으로 한 칸에 해당하는 지가를 표시한 것이다. 일본 근세에 세금과 지가는 정면폭 한 칸을 기준으로 상정된다. 모토치와 다이치의 한 칸에 해당하는 지가를 비교하면 다이치의 지가는 모토치의 지가의 반 정도에 해당한다. 이러한 현상은 왜 일어나는가?

우선 [그림5]에서 미나미핫쵸보리1쵸메에서 미나미핫쵸보리5쵸메까지의 모토치와 다이치의 한 칸에 해당하는 지가의 특징을 분석한다. 모토치에 있는 카도야시키의 지가는 높고, 카도야시키 이외의 필지의 지가는 다리에 가까워 교통이 편리한 순으로 높았다. 다이치의 한 칸 당 지가는 전체적으로 모토치보다 대체로 낮았으며 그 중에서는 카도야시키의 지가가 조금 높았다. 또 필지가 면하고 있는 도로에도 등급이 있어 필지가 어떤 도로에 접하고 있는가에 따라 지가가 달랐다.

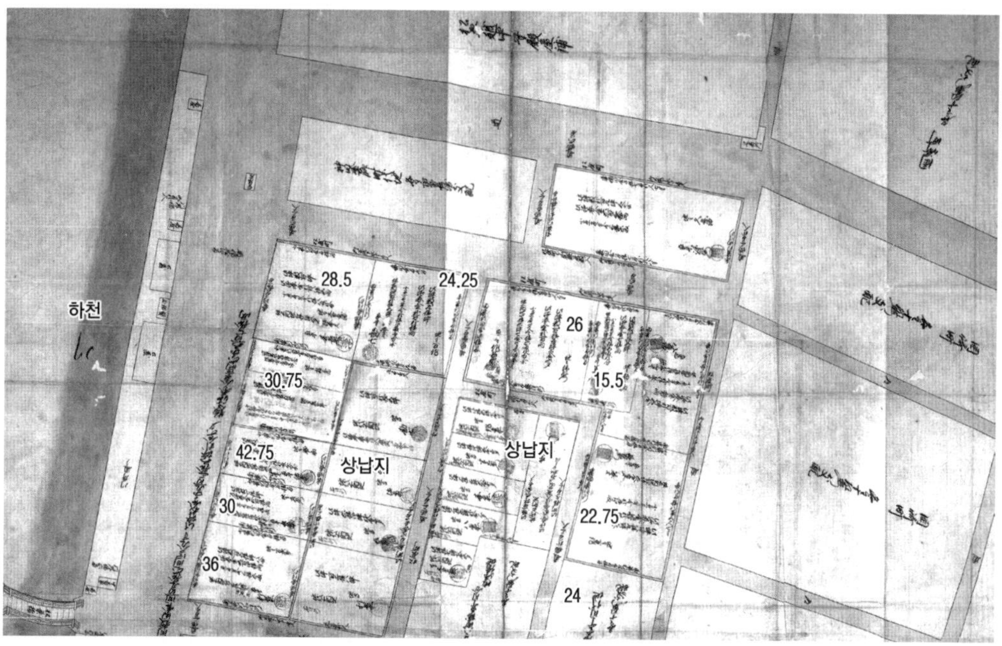

그림 6 마츠야쵸의 지가(단위:량) (国立国会図書館蔵)

다이치가 모토치의 지가보다 낮았던 것은 왜 일까? 다이치의 지가는 왜 낮게 측정되었을까? 사실 여부를 확인하기 위하여 미나미핫쵸보리 다이치에서 서쪽에 위치한 동 시기의 마츠야쵸松屋町의 지가를 검토하였다.그림6

마츠야쵸는 미나미핫쵸보리의 부근으로 수로변에 위치하고 있으며 토지가 수용되어 다이치를 부여받았다는 점에서 미나미핫쵸보리 상황과 조건이 유사하다. 이런 점에 근거하여 마츠야쵸의 지가를 검토하는 대상으로 삼았다. 검토 결과, 마츠야쵸의 하천변의 카시치를 가진 필지의 경우, 한 칸 당 지가가 30량에서 40량 정도로 높은 편이며, 하천가가 아닌 미나미핫쵸보리 다이치와 같은 조건의 필지는 약 20량이었다.

미나미핫쵸보리와 마츠야쵸의 한 칸에 해당하는 지가를 검토한 결과, 모토치와 다이치라는 이유로 지가의 차이가 나타나지는 않았다. 토지의 지가는 토지의 입지 즉, 토지가 가지는 조건에 의해 결정되었다. 따라서 다이치가 어느 장소에 주어졌는지는 한층 중요한 문제였을 것이다. 예를 들어 미나미핫쵸보리의 쵸닝은 원래 한 칸 당 지가가 40량의 토지를 소지하며 살고 있었다. 그러나 다이치가 키타핫쵸보리北八丁堀의 남측에 주어지게 되면서 한 칸 당 지가가 20량인 토지를 소유하게 된다. 어떻게 보아도 쵸닝은 불만이 있을 법하다. 이 불만이 후에 히요케치로 수용된 모토치에 상납지를 허가받는 것으로 해소되었는지 의문으로 남는다. 다이치의 입지에 관련된 불만은 쵸닝의 청원을 통하여 검토하고자 한다.

쵸닝의 청원에 의한 다이치의 이동

앞에서 검토하였던 미나미핫쵸보리 다이치의 경우, 모토치에서 다이치로 필지가 이동하게 되면서 필지의 지가가 반으로 줄었다. 이러한 상황을 쵸닝은 어떻게 받아들였을까?

『구막부인계서』의 「쵸닝청원부」에는 다이치에 관한 기록이 쿄호기享保期, 1716~1735에 3건, 텐뽀기天保期, 1830~1844에 1건 존재한다. 미나미핫쵸보리 다이치를 둘러싼 쵸닝의 직접적인 청원서는 발견되고 있지 않으나 쵸닝의 청원이 쵸닝의 의견을 읽어내는 데 중요한 정보이므로 키타곤야쵸北紺屋町의 쵸닝이 제출한 청원서를 대신하여 다이치로 이동한 쵸닝의 의견이나 동향을 살펴본다.

[8] 『쿄호선요유집享保撰要類集』「쵸닝청원부町人諸願之部」 2건

[사료5] 키타곤야쵸 가옥소지자 16인의 청원서.[8]

키타곤야쵸 가옥소지자 16인의 소지 필지는 여러 번 어용지로 수용되어, 일정 장소에 배차지를 청원하는 문서.

키타곤야쵸 가옥소지자 쵸닝 16인

키타곤야쵸 가옥소지자 23인 중 7인은 봄에 시바구치고몬 내에 장소 교환을 요청하여 허가받았다. 남은 16인이 이번에 청하는 것은 아래와 같다. ①7년 전 모토치인 쿄바시가 어용지로 수용되고, 츠키지에 주어졌다. 츠키지의 다이치 또한 4년 전에 어용지로 수용되어 핫쵸보리에 다이치가 주어졌다. ②다이치가 수로변의 장소에 주어지지 않아 수년 동안 행한 가업이 어려워졌다. 더욱이 핫쵸보리로 이전할 당시 배차금도 있는데 다시 유소하였고, 과거 쿄바시에서 유소했을 때 배차미도 받아 매년 납입하고 있다. 핫쵸보리가 번창하는 곳이 아니라 과반이 아키치로 비어있어 두 번의 배차금을 반납하기 어려워 곤란하다. ③따라서 같은 쵸 내의 7인이 시바구치 지역으로 필지를 교환하였으므로, 남은 터 300평을 20년간 빌리고 싶다. 만약에 가능하다면 상납금도 밀리지 않고 납입하겠다고 청한다. 이에 따라 선례가 있는지 물어, 조사를 신청하였다. (조사 결과) 1698년 카네쿠라 수로변으로부터 스키야바시까지 수로변의 도로 확폭을 명받아 쵸닝치의 앞쪽을 어용지로 수용하였다. 그에 따른 다이치가 곳곳에 주어졌는데, ④그 중 니시곤야쵸는 국역으로 염색을 담당하였기 때문에 특별히 청원하여 다이치 이외에 후카가와지역 키타가와쵸에 약 260평의 조성지를 빌렸다. 선례도 있으므로 7인이 옮기고 남은 터 300평을 빌리고 싶다고 청원한다. (니시곤야쵸의 조성지 선례는 중략)

1724년 11월

오오오카 에치젠노카미

스와 미노노카미

(답변서)「키타곤야쵸는 여러 번 어용지로 수용되어 장소를 이동하였으므로 청원과 같이 배차지를 명한다. 이상.

12월 23일

오오오카 에치젠노카미

스와 미노노카미」

위의 내용은 11월 26일 미즈노 이즈미노카미도노에 올라감.

12월 23일 서면과 같이 허할 것을 이즈미노카미도노에게 지시받아 24일 승낙서를 인정하고 올림.(후략)

北紺屋町家持拾六人所持之屋敷度々御用地ニ被召上代地被下置候得共場末ニ付 拝借地相願候事

北紺屋町家持町人 拾六人

右北紺屋町家持弐拾三人有之候内, 七人ハ当春芝口御門内江願ニ付所替被仰付, 残而拾六人之もの共今度相願候者①七年以前元地京橋ニ而御用地ニ被召上築地ニ而被下, 四年以前又々御用地ニ被召上八町堀ニ而代地被下置候得共, ②河岸付之場所ニ而無御座, 数年致来候家業成兼難儀仕候, 尤八町堀江引移候時分拝借金も被仰付候得共, 間もなく類焼仕, 其上先年京橋ニ而類焼仕候節拝借米被仰付, 右之通納金も年々相納申候, 八町堀之義不繁昌之所故ニ今過半明地有之両度之拝借金返納可仕方便無御座迷惑至極仕候, ③依之同町之内七人芝口江所替仕候, 立跡ニ而三百坪之処弐拾ヶ年之間拝借仕度候, 左候得者, 右上納金も無滞相納候様ニ, 仕度旨相願申候, 依之ヶ様之先例も有之候哉, 承合可申出旨申渡候処, 元禄十一寅年鎌倉河岸より数寄屋橋迄, 河岸通道幅広く被仰付候ニ付, 町屋表御用地ニ被召上, 代地所々ニ而被下置候, ④右之内西紺屋町之儀国役御染物いたし候故, 別段ニ相願, 代地之外ニ深川北川町ニ而弐百六拾坪余之割余地助成屋敷ニ致拝借候, 如此古例も御座候間, 右七人之立跡ニ而三百坪之場所拝借仕度由相願申候(西紺屋町之助成地を古例は中略)

享保九年辰十一月

大岡越前守

諏訪美濃守

(付紙)「北紺屋町之儀者度々御用地ニ上り, 所替もいたし候間, 願之通拝借屋敷可申付旨被仰渡奉畏候, 以上

辰十二月廿三日

大岡越前守

諏訪美濃守」

右辰十一月廿六日水野和泉守殿江上ル

辰十二月廿三日書面之通可申付旨和泉守殿被仰渡候翌廿四日承書認上ル（後略）

1) 다이치로 이동한 키타곤야쵸

키타곤야쵸의 다이치 이동을 추적해보자.사료5① 쿄바시에 있었던 키타곤야쵸는1717년享保2에 어용지로 수용되어 츠키지에 다이치가 주어진다.그림7 그 후 다이치로 주어진 츠키지도 1720년享保5에 수용되어 다시 핫쵸보리로 이동하게 된다. 본 사료에서는 세 가지 이유를 언급하며 궁핍함을 호소하고 있다.사료5② 첫째, 하천 부근의 토지가 다이치로 주어지지 않아 수년간 운영하던 가업이 곤란하다. 둘째, 두 번의 잇따른 수용으로 인한 이사로 배차금과 배차미가 있어 그 변제의 부담이 크다. 셋째, 현재 다이치로 주어진 핫쵸보리가 번창하지 못하여 토지의 과반이 비어있다.

같은 쵸 내의 7인이 시바구치로 다이치의 장소를 교환하였으므로 철거하고 난 토지 300평을 20년간 빌리고 싶다고 청원한다.사료5③ 에도시대의 마치부교의 행정에 있어서 청원이 있을 때 판단 기준이 되는 것은 선례에 대한 조사이다. 이때 선례로 니시곤야쵸西紺屋町의 조성지를 들고 있다. 니시곤야쵸는 국역을 부담하고 있기 때문에 다이치 이외에 조성지를 부여하였다.사료5④ 청원에 대한 결과는 마치부교南·北町奉行을 통하여 로쥬인 미즈노 이즈미노카미水野和泉守가 300평 토지의 임대를 허가한다.

키타곤야쵸는 모토치가 쿄바시에 있었으나, 세 차례에 걸친 다이치의 이전으로 다이치가 산재하는 형태로 존재하게 된다. 그러나 핫쵸보리는 모토치와는 다르게 수로에 면하고 있지 않으며, 번창하지 않는 장소였다. 다이치로 이동한 쵸닝의 청원서를 통해 확인 할 수 있는 내용은 다음과 같다.

(1) 키타곤야쵸의 쵸닝 중 7인은 시바구치로 장소를 이전하였다.
(2) 다이치의 위치를 바꾸지 않았던 쵸닝은 7인의 쵸닝이 이전하고 남은 토지를 배차지로 사용하였다.

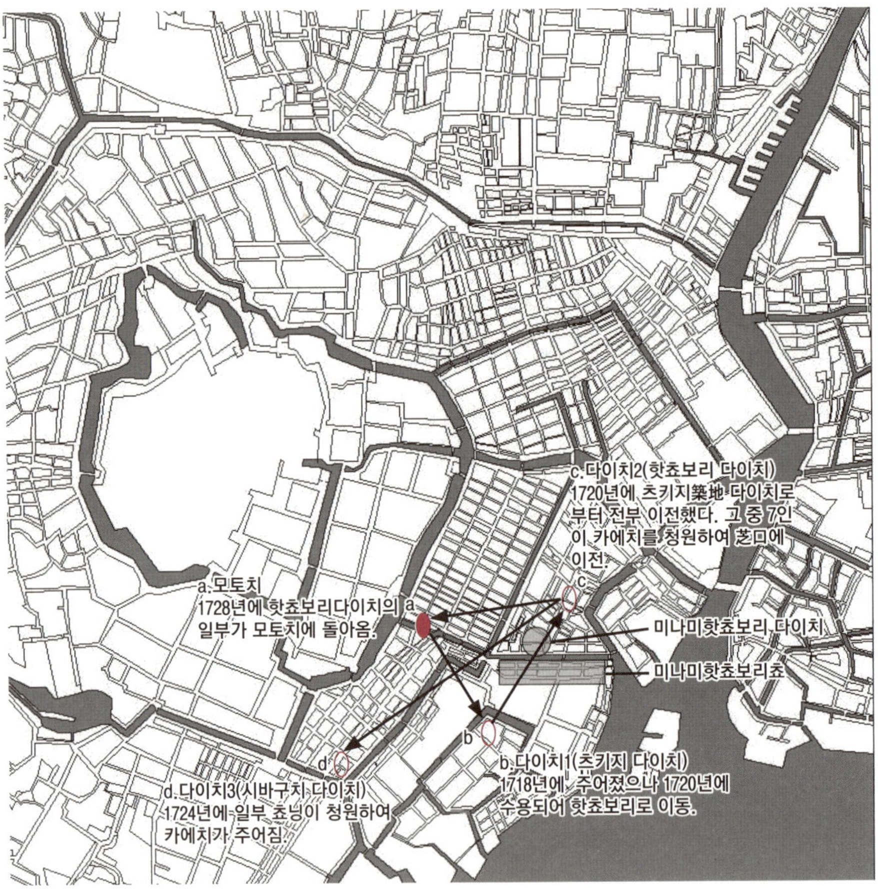

그림 7 키타곤야쵸의 다이치의 이동

「天保図改正御江戸大絵図」(人文社에 의한 복각판)을 밑그림으로 하여 사료2 내용을 작성위에서 검토한 청원 내용이 다이치로 이동한 모든 쵸닝의 의견이라고 말할 수는 없으나 다이치로 이동한 쵸닝은 다이치의 위치에 따른 약점을 다양한 방법으로 보충하기 위하여 청원을 통하여 토지 상황을 바꾸어 갔다.

2) 키타곤야쵸의 예로 본 미나미핫쵸보리 다이치

특히 [그림7]에서 키타곤야쵸의 핫쵸보리 다이치는 본 장의 분석 대상인 미나미핫쵸보리 다이치의 북측에 위치한다. 키타곤야쵸의 핫쵸보리다이치가 처한 불황이라는 상황은 미나미핫쵸보리 다이치에 있어서도 다르지 않았다.

현 단계에서는 미나미핫쵸보리 다이치로 이동한 쵸닝의 청원은 발견되지 않으므로 근처의 다른 쵸의 쵸닝의 청원을 통하여 미나미핫쵸보리 다이치의 상황을 추측할 수밖에 없다. 미나미핫쵸보리 다이치와 같이 모토치에 비하여 현저히 다이치의 지가가 감소한 경우, 쵸닝은 다른 장소로 토지의 교환替地을 요구하거나, 다른 이용 가능한 토지의 임대를 요구했다. 미나미핫쵸보리 다이치의 경우 모토치에 상납지를 허가받은 것으로 다이치의 입지로 인한 손해를 보충했을 것이라고 본다.

1744년의 「고켄즈」를 이용하여 미나미핫쵸보리 다이치의 필지 별 이동을 추적하고 『구막부인계서』의 「쵸닝청원부」를 이용하여 미나미핫쵸보리 인근에 위치한 키타곤야쵸의 다이치로 이동한 쵸닝의 청원을 검토하였다.

이처럼, 다이치로 이동한 필지의 분석을 통하여 쵸가 가지는 성질을 읽어낼 수 있었다. 에도 쵸의 성격은 단순히 쵸를 이루고 있는 공간을 중심으로 결성된 조직이 아니라 하나의 사회 조직으로서 의미를 지닌다. 이 때문에 원래의 쵸에서 이동하여 공간이 분리되어도 쵸닝은 새로운 쵸에 편입되지 않고 원래의 쵸공동체로 유지되는 모습을 보인다. 쵸라는 틀 속에서 다이치가 설정되나 실제로 필지의 이동이나 청원을 보면, 쵸닝 혹은 필지별로 이동한 것이 확인된다.

미나미핫쵸보리를 검토한 결과, 쵸의 영역이 모토치, 다이치, 상납지, 카시치와 같이 공간적으로 산재하여 존재하여도, 하나의 쵸로서 인식되었다. 쵸닝치가 수용되어 다이치가 주어질 때의 규칙을 살펴보면, 필지 이동의 최저 조건은 면적의 일치였다. 시책 측이 다이치의 위치와 면적을 결정하고, 필지분할담당을 통하여 필지를 나눌 때에 필지의 입지 관계보다는 면적을 우선하여 배분하였다. 시책 측에 의해 주어진 다이치를 쵸닝은 청원을 통하여 재이전 혹은 다른 토지의 확보 등의 방법으로 다이치의 입지가 가지는 약점을 극복하였다.

[표1] 미나미핫쵸보리의 모토치와 다이치의 상세 내용
「연향원년 쿄바시 일대 고켄즈」로부터 읽어낸 내용

		분류	모토치	다이치	상납지
미나미핫쵸보리 1쵸메	1	지주(야모리)	八兵衛(善三郎)	無し	·(□三郎)
		평수	70坪2合6夕		40坪
		지가	834両		·
		한 칸 당 지가	95両		·
	2	지주(야모리)	上免 (平兵衛)	上免 (平兵衛)	·(平兵衛)
		평수	35坪	36坪2合8夕	22坪
		지가	197両	□0両	·
		한 칸 당 지가	45両	52両	·
	3	지주(야모리)	·（清左衛門）	·（清左衛門）	·（清左衛門）
		평수	64坪3合3夕	52坪9合6夕	44坪
		지가	沽券金高無之	110両	·
		한 칸 당 지가	·	15両	·
	4	지주(야모리)	茂葉（四郎左衛門）	無し	·（四郎左衛門）
		평수	69坪3合3夕		41坪3合
		지가	345両		·
		한 칸 당 지가	40両		·
	5	지주(야모리)	伊左衛門（太兵衛）	伊左衛門(太兵衛)	·（太兵衛）
		평수	81坪	73坪8夕	48坪5合
		지가	405両	78両	·
		한 칸 당 지가	45両	22両	·
	6	지주(야모리)	·（七兵衛）	無し	·（七兵衛）
		평수	110坪		33坪
		지가	481両		·
		한 칸 당 지가	45両		·
	7	지주(야모리)	無し	きよ（忠七）	·（忠七）
		평수		100坪2合	33坪
		지가		137両	·
		한 칸 당 지가		20両	·
	8	지주(야모리)	八右衛門（與右衛門）	八右衛門(與右衛門)	·（與右衛門）
		평수	136坪	121坪7合7夕	81坪5合
		지가	995両	130両	·
		한 칸 당 지가	45両	22両	·

		분류	모토치	다이치	상납지
미나미핫쵸보리2쵸메	1	지주(야모리)	·（幸次郎）	·（幸次郎）	·（幸次郎）
		평수	31坪	30坪3合4夕	19坪5合
		지가	136両	43両	·
		한 칸 당 지가	35両	10両	·
	2	지주(야모리)	平兵衛（源兵衛）	無し	·（源兵衛）
		평수	94坪		58坪7合
		지가	294両		·
		한 칸 당 지가	25両		·
	3	지주(야모리)	·（甚右衛門）	·（甚右衛門）	·（甚右衛門）
		평수	104坪	94坪3合	65坪
		지가	390両	100両	·
		한 칸 당 지가	30両	22両	·
	4	지주(야모리)	甚右衛門（源右衛門）	無し	·（源右衛門）
		평수	66坪		41坪
		지가	290両		·
		한 칸 당 지가	35両		·
	5	지주(야모리)	·（吉右衛門）	無し	·（吉右衛門）
		평수	62坪		39坪
		지가	270両		·
		한 칸 당 지가	35両		·
	6	지주(야모리)	市次郎（ 権六）	市次郎（ 権六）	·（ 権六）
		평수	130坪	119坪5合7夕	83坪
		지가	570両	117両	·
		한 칸 당 지가	35両	20両	·
	7	지주(야모리)	庄吉衛（ 庄次郎）	無し	·（ 庄次郎）
		평수	72坪6合		45坪3合
		지가	318両		·
		한 칸 당 지가	35両		·
미나미핫쵸보리3쵸메	1	지주(야모리)	安兵衛(九右衛門)	安兵衛(九右衛門)	·(九右衛門)
		평수	74坪5合	132坪□合5夕	46坪5合
		지가	325両	163両	·
		한 칸 당 지가	35両	25両	·
	2	지주(야모리)	丈八(源兵衛)	無し	·(源兵衛)
		평수	74坪5合		46坪5合
		지가	325両		·
		한 칸 당 지가	35両		·
	3	지주(야모리)	丈八(源兵衛)	無し	·(源兵衛)
		평수	79坪		49坪4合
		지가	345両		·
		한 칸 당 지가	35両		·
	4	지주(야모리)	九郎兵衛（嘉右衛門·五兵衛·甚兵衛）		·（嘉右衛門·五兵衛·甚兵衛）
		평수	308坪	283坪7合5夕	192坪5合
		지가	1540両	212両	·
		한 칸 당 지가	40両	20両	·

		분류	모토치	다이치	상납지
미나미핫쵸보리4쵸메	1	지주(야모리)	枚浦弥重郎奥方（吉郎兵衛）	·（吉郎兵衛）	·（吉郎兵衛）
		평수	179坪	153坪2合9夕	111坪9合
		지가	895両	273両	·
		한 칸 당 지가	40両	20両	·
	2	지주(야모리)	半三郎（長右衛門）	半三郎（長右衛門）	·（長右衛門）
		평수	67坪□合	54坪1合	38坪3合
		지가	306両	60両	·
		한 칸 당 지가	40両	20両	·
	3	지주(야모리)	·（三郎右衛門）	·（三郎右衛門）	·（三郎右衛門）
		평수	51坪	45坪4合	33坪
		지가	255両	50両	·
		한 칸 당 지가	40両	20両	·
	4	지주(야모리)	小兵衛（金十郎）	小兵衛（金十郎）	·（金十郎）
		평수	48坪	39坪9合	30坪
		지가	240両	55両	·
		한 칸 당 지가	40両	10両	·
	5	지주(야모리)	与兵衛（小兵衛）	無し	·（小兵衛）
		평수	45坪		33坪1合
		지가	225両		·
		한 칸 당 지가	40両		·
	6	지주(야모리)	やち（善兵衛）	やち（善兵衛）	·（善兵衛）
		평수	97坪	89坪7合9夕	60坪6合
		지가	558両	136両	·
		한 칸 당 지가	46両	30両	·
	7	지주(야모리)	嘉右衛門（弥七）	嘉右衛門（弥七）	·（弥七）
		평수	80坪	64坪6合	50坪
		지가	400両	118両	·
		한 칸 당 지가	40両	30両	·
미나미핫쵸보리5쵸메	1	지주(야모리)	平左衛門（源蔵）	無し	·（源蔵）
		평수	208坪		130坪
		지가	1196両		·
		한 칸 당 지가	46両		·
	2	지주(야모리)	文次郎（久右衛門）	文次郎（久右衛門）	·（久右衛門）
		평수	71坪	37坪2合4夕	25坪6合
		지가	200両	52両	·
		한 칸 당 지가	40両	10両	·
	3	지주(야모리)	彦左衛門（惣兵衛）	彦左衛門（惣兵衛）	·（惣兵衛）
		평수	311坪	285坪9合	百九拾四坪
		지가	1982両	520両	·
		한 칸 당 지가	51両	20両	·

09
카이쇼치 개발과 다이치

카이쇼치 개발과 다이치

본 장에서는 초기 에도의 쵸닝치 계획 당시, 도시의 빈 공간으로 계획되었던 카이쇼치가 에도의 인구 과밀화에 따라 필지沽券地로 전환되는 과정을 고찰하고자 한다. 필지가 된다는 것은 배령지拝領地 혹은 마을 공용지로서 존재했던 공지인 카이쇼치가 매매 가능한 토지로 변화하는 것을 의미한다.

에도 초기 쵸닝치의 계획은 1603년慶長8 도쿠가와 이에야스에 의한 매립공사로부터 시작되었다. 니혼바시와 쿄바시를 거쳐 신바시까지 쵸닝치가 성립되었다. 이 시기의 주요 도로는 니혼바시도오리日本橋通り와 혼쵸도오리本町通り로, 이 두 도로와 평행하거나 직교하도록 질서 정연한 도로가 구획되었다. 또한 쵸닝치의 기본 단위인 블록은 사방 60칸京間 즉 120m의 정방형으로 구획되었다. 한 블록은 사방이 도로로 둘러싸이게 되는데, 도로에 면한 부분에는 20칸의 마치야町屋敷를 조성하였다. 필지로 둘러싸인 중심에는 사방 20칸 즉 40m에 계획된 공지明地를 두게 되는데 이를 카이쇼치会所地라고 한다.

본 장은 앞서 언급한 에도시대의 계획공지인 카이쇼치가 필지가 되는 과정에서 만들어진 신도新道[1]에 대해 살펴보고, 신도의 형성으로 잘려나간 토지의 카에치替地[2]의 이동 경로를 추적한다. 마지막으로 모토치元地와 카에치가 구축하는 쵸町으로서의 관계와 그에 따른 역의 부담[3]을 분석하는 순으로 기술할 것이다. 막부에 의해 계획된 공지가 필지로 전환되는 과정을 고찰하여 에도의 중심 시가지의 도시화 현상과 그 실태를 살펴본다.

[1]
신도란 필지 사이에 난 좁은 골목길로 에도시대에 회소를 개발하기 위해 가설한 폭 3칸의 새로운 도로이다.「明治沽券図」에 보이는 신도의 모습은 [그림2]와 같다.

[2]
카에치(替地)란 국가에서 개인 소유의 토지를 수용할 경우 그에 상응하는 대신의 필지를 부여하는데 그때의 대신의 필지를 칭한다. 다이치는 카에치를 포함한다.

[3]
근세 에도의 역에는 연공역(年貢役), 공역(公役)을 큰 축으로 여러 가지 역이 존재한다. 교호6년부터는 쵸를 상중하로 나눠 그에 따라 금전화된다. 여기서는 역을 모토치의 명목으로 부담하는지 다이치의 명목으로 부담하는지에 관해 살펴보겠다.

카이쇼치와 신도: 니혼바시 일대를 중심으로

카이쇼치는 누군가에게 배령한 경우도 있으나 대부분은 막부가 계획적으로 비워놓은 공간이었다. 이러한 카이쇼치가 점차 필지로 전환되어 소유할 수 있는 토지가 된다. 에도 후기까지 카이쇼치가 공지로 남아있던 곳은 혼쵸本町, 혼고쿠쵸本石町 주변 및 칸다가와 내측 공간 등의 극소수이다.그림1

선행연구에 의하면 카이쇼치는 코우기치라는 막부 소유의 토지였으나 실질적으로는 카이쇼치를 둘러싸고 있는 4개 마을이 하수, 우물, 쓰레기 등을 놓아 공용공간으로 사용하였다.[4] 18세기에 들어 에도의 인구가 급증함에 따라 카이쇼치에서는 유력상인에 의한 차가借家 경영이 일반화되었다.

니혼바시, 쿄바시 등의 중심지에서는 블록 내부의 공지를 효율적으로 이용하기 위해서 신도를 가설하는 방법으로 카이쇼치를 개발하였다. 결국 니혼바시 일대의 카이쇼치를 제외하고서는 1706년 宝永3까지 점차적으로 개인 소유화 되었다.[5]

[4] 玉井哲雄, 『江戸町人地に関する研究』, 近世風俗研究会, 1977, 30쪽

[5] 伊藤 毅, 『図集日本都市史』, 東京大学出版会, 1993, 22쪽
玉井哲雄, 『江戸,失われた都市空間を読む』, 平凡社, 1986, 120~122쪽

그림 1 칸에이에도도, 「武州豊嶋郡江戸」 (国立国会図書館蔵)

신도의 조성

사방 60칸의 정방형의 블록에 신도가 어떻게 조성되었는지 알아보자. 에도 쵸닝치의 마치부레집성町触에 따르면 신도를 만들 때 도죠가 있으면 길과 겹치는 부분은 철거하고 조성하도록 되어 있다.[6] 또 신도는 3칸이므로 신도 조성시 양측의 지주가 신도의 반인 1.5칸씩 내어 조성하도록 하였다.[7] 신도는 기본적으로 신도 양측 지주의 토지를 반씩 내는 것을 원칙으로 하고 있어서 건물이 있는 부분에도 신도가 가설되었다.

[6]
원문: 「一新道ニ当り切申候土蔵之分,壱町之内ニ何ヶ所有之候由,或何尺或何寸ッヽ新道ニ当り申候旨銘々ニ書付,明早朝奈良屋所江持参加被申候,少シも油断有間敷候,以上,　　卯十月三日　町年寄三人」『정보사록正宝事録』346쪽

[7]
원문: 「一新道作り候儀は,其所道はゝ半分宛向輪と出合,道作り可申事,卯十一月廿三日」『정보사록正宝事録』349쪽

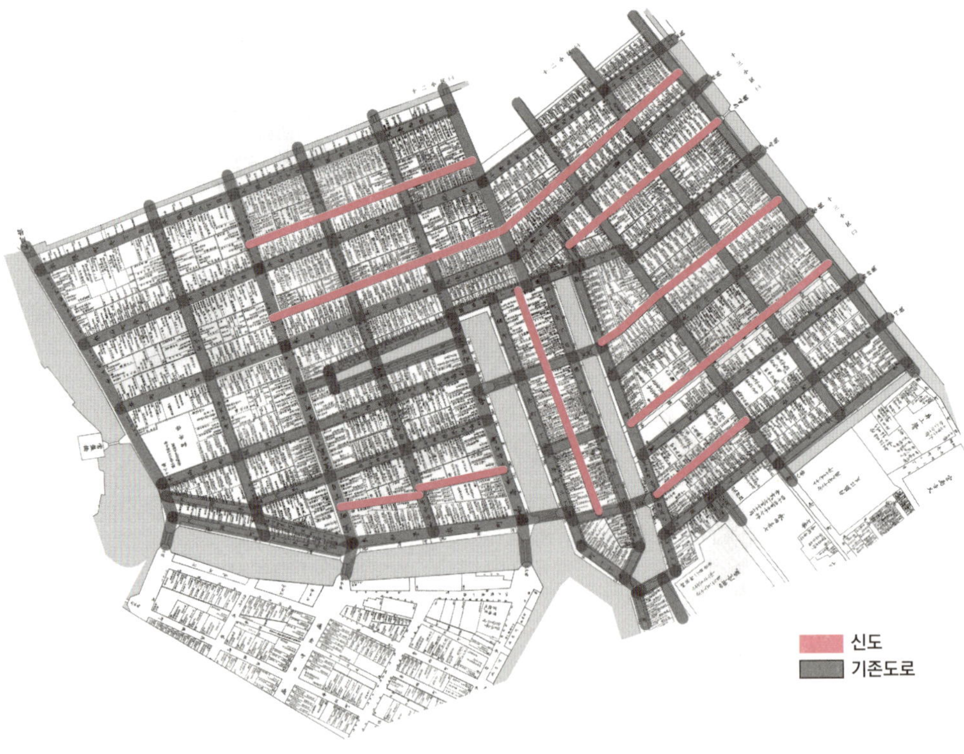

그림 2 니혼바시 일대의 기존도로와 신도

1) 계획적인 신도 건설의 가능성

카이쇼치를 필지로 전환하기 위해 정방형이었던 블록에 신도가 가설된다. 신도는 새로운 도로라는 의미로 필지 사이에 놓인 좁은 골목길에 해당한다.그림2 이런 신도의 가설에는 일정한 규칙[8]이 있었던 것으로 보이며 도시계획의 일환으로 조성되었다고 추측된다. 신도 건설이 계획성을 가지고 이루어졌는지 여부는 신도의 변천과정을 살펴봄으로써 검증해보려고 한다.

2) 신도의 변천과정

니혼바시 일대의 엔뽀기延宝期, 1673~1681부터 1861년文久元年까지의 도로상황 및 블록구획의 변화를 살펴보자. 이 시기 중 신도에 변화가 있었던 시기는 엔뽀기1673~1681로부터 호우에이기宝永期, 1704~1710까지로, [그림3]을 보면 신도의 변화과정을 알 수 있다.

1632년의 「칸에이에도도」그림1를 살펴보면, 아직 신도가 형성되지 않은 채 한 블록이 정방형으로 존재하는 것을 알 수 있다. 반면 [그림3]의 엔뽀기에는 신도가 가설되어 있었다. 연구 대상 지역인 니혼바시의 사료는 아니지만 미나미텐마쵸南伝馬町三丁目를 관리하고 있던 나누시인 다카노 신에몬高野新右衛門의 기록을 보면 1663년寛文3 미나미텐마쵸에 3칸의 신도가 가설된다.[9] 신도라는 용어가 『정보사록正宝事録』에 처음 등장하는 것도 같은 해인 1663년으로, 이 시기에 카이쇼치를 개발하기 위하여 신도를 가설했다고 추측할 수 있다. 이 때 가설된 신도는 텐나기1681~1684에 전부 폐지되었다.[10] 그리고 불과 20년 후인 1704년宝永元年에 신도가 다시 가설된다.표1

[8]
원문: 「三町目新道新規出来ニ付証文仕進ニ候手形之事一,今度我等共町内西輪ニ三間之突抜御明ケ被成候ニ付,道筋三間之分大溝埋申ニ付両角之家主御公儀様江手形指上被申候ニ付,貴殿茂加判被成候,右三間之通大溝埋候而も我等共大下水掃除仕候様ニ少も成不申候為,後日連判仕遂候,以上,
寛文三年　卯之三月十二日
南伝馬町三町目
喜左衛門 · 治郎左衛門 · 又右衛門 · 八左衛門 · 左兵衛 · 七左衛門」
高野新右衛門『선요연구록』「마치부레집성」1권 5건, 東京都公文書館所蔵
도로 폭은 대부분 3칸이며 또 인접한 신도와 연속적으로 가설되어져 있는 예가 많아 이를 규칙적이라고 언급한 것이다. 신도의 도로 폭은 「칸뽀고켄즈寛保沽券図」에 기술되어 있다.

[9]
주8 참고

[10]
원문: 「第二地域(대상지역중 일부지역 사료에 해당)
右地所の内,大伝馬町一丁目より通油町迄北裏通道式,竝大伝馬塩町 · 鉄砲町境道式,小伝馬町二丁目 · 三丁目北裏通道式は,延宝之頃より有レ之,貞享元子年差塞ぎ,宝永元申年,又候道式に成,當時迄引続有レ之.」『에도연혁도서』5쪽

그림 3 니혼바시 일대의 신도의 변천과정(『에도연혁도서』의 내용에 의거하여 작성)

[표1] 신도의 변천

그림3의 시기 구분	신도의 상태	변화의 시점
1632년(寛永9)	신도 없음	-
1673~1681(延宝)	신도 있음	1663년(寛文3)
1681~1684(天和)	신도 폐지	1684년(貞享元年)
1704~1710(宝永)	신도 개설	1704년(宝永元年)

3) 신도의 폐지

[표1]에서 보듯이 신도가 일시적으로 폐지되고 20년 후 다시 개설된 것은 분명한 사실이다. 보통 도시의 조직으로 존재하는 길은 쉽게 없어지거나 생기는 것이 아니다. 그러나 실제로 신도는 폐지와 개설을 반복하는 특이한 도로이다. 이러한 특이성을 밝히기 위해 신도의 폐지와 개설의 과정을 살펴본다.

신도가 가설됨으로써 입구가 생기게 된 카이쇼치의 출입은 신도의 폐지 후 어떻게 가능하였을까? 이를 알아보기 위해 카이쇼치에 생긴 필지会所屋敷의 지주를 확인해 볼 필요가 있다. 그러나 지주가 기재되어 있는 가장 빠른 시기의 자료는 1744년寛保4 작성된 「고켄즈」로 이 자료는 신도가 개설되고 40년 이후의 것으로 그동안 지주가 바뀌었을 가능성이 높다. 또 남아있는 「고켄즈」는 본 연구 대상 지역의 폐지된 8개소의 신도 중 4개소만 존재하여, 모든 카이쇼치 필지의 지주 확인은 불가능하다.그림4 이 두 가지 점을 감안하며 「고켄즈」에 등장하는 지주를 조사했다.

[표2] 폐지된 신도에 면한 카이쇼치 필지의 지주

토지 소유 형태	인접 필지 지주소유	카이쇼치 필지만 소유	불명
필지수	7/14	3/14	4/14

그 결과 카이쇼치 필지 14개소 중 인접 필지의 지주가 소유하고 있는 필지는 7개소였다.표2 카이쇼치 필지의 반은 신도가 폐지되었어도 인접한 필지로부터 접근이 가능한 상태였다. 이러한 사실은 신도에 면하고 있는 카이쇼치 필지가 주점포로 사용되었을 가능성보다는 창고와 같이 주도로에 면할 필요가 없거나 주도로에 명하는 필지의 부가적인 기능을 갖는 건물이나 공지로 구성되었을 가능성을 시사한다.

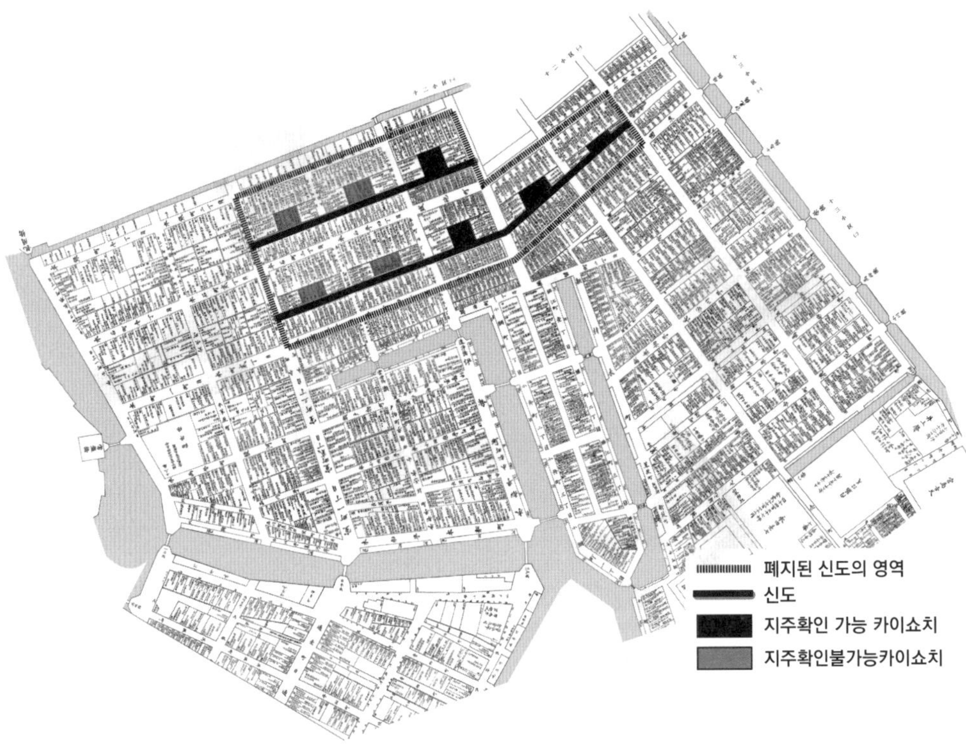

그림 4 폐지된 신도에 면한 카이쇼치 필지 (『에도연혁도서』에 의거하여 작성)

카이쇼치에 주어진 카에치: 미나미텐마쵸를 중심으로

미나미텐마쵸 신도의 형성 과정

1장에서는 에도의 쵸닝치에 존재하던 카이쇼치를 필지로 전환하기 위해 신도를 가설한 사실에 관해서 살펴보았다. 본 장에서는 미나미텐마쵸3쵸메 신도南伝馬町三丁目続新道의 형성 과정을 사료를 통하여 검증해보려고 한다.

도쿠가와 이에야스는 1606년慶長11 즈음부터 쵸닝치를 조성하였다. 일반 서민의 거주지였던 외측수로 지역에 있던 촌락[11]을 니혼바시, 쿄바시 방면으로 이전하였다. 이때 어용마에 대한 국역伝馬役[12]을 담당할 3개소의 텐마쵸伝馬町[13]도 이전시켜 국역을 부담하게 하였다.[14] 미나미텐마쵸1쵸메는 나누시 슈케主計, 2쵸메는 나누시 신에몬新右衛門, 3쵸메는 나누시 젠에몬善右衛門이 지배하였으며 본 장의 대상 지역인 미나미텐마쵸

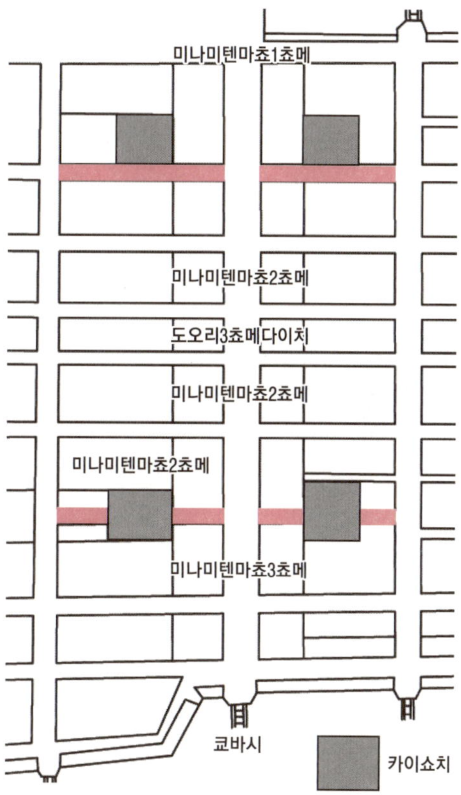

그림 5 미나미텐마쵸1쵸메와 3쵸메에 설치된 신도

[11] 므라타촌락(室田村)과 치요다촌락(千代田村)

[12] 공무여행자나 공적인 물건의 수송을 위한 부역을 칭한다.

[13] 에도에 어용마의 국역을 담당한 세 개의 쵸는 오오텐마쵸, 고텐마쵸, 미나미텐마쵸가었다. 니혼바시 오오텐마쵸에는 므라타촌락의 마고메 카게유(馬込勘解由)와 사쿠마 젠파치(佐久間善八)가 이전하였으며 북측의 고텐마쵸에는 치요다촌락(千代田村)의 주민이 이동하였다. 또 니혼바시로부터 쿄바시까지의 큰 도로에는 미나미텐마쵸가 위치하였으며 므라타촌락(室田村)의 요시자와 (슈케吉沢主計)와 다카노 신우에몬(高野新右衛門), 치요다촌락(千代田村)의 오미야 젠우에몬(小宮善右衛門)이 이주하였다.

[14] 『미나미텐마쵸 나누시 다카노의 일기南伝馬町名主高野家日記言上之控』, (이하 다카노일기라 함) 東京都公文書館, 1990, 408쪽

3쵸메 신도는 각 쵸의 나누시인 슈케, 신에몬, 젠에몬이 번갈아 가며 지배하였다.[15]

1663년寛文3 미나미텐마쵸3쵸메에 3칸의 신도가 가설되었다.[16] 또 신도 가설을 위해 수용된 토지에 대해서는 그에 상응하는 토지가 부여되었다. 결과적으로 카이쇼치를 필지로 만들기 위하여 신도를 가설하였고, 신도를 위해 수용한 토지를 카이쇼치에 필지로 부여하였다. 신도의 카에치로 부여된 카이쇼치 필지는 미나미텐마쵸3쵸메 신도라는 이름의 새로운 쵸로 탈바꿈한다.

[15]
원문: 一南伝馬町三丁目
小間京間百四拾六間
但,御伝馬役間勤申候,
右三町之儀一体名主三人ニ而御座候得共,壱町目名主主計,弐町目新右衛門,三町目善右衛門与相分相勤申候,
一同三町目続新道
小間京間拾五間二尺
但,御伝馬役相勤申候,
右者三人月番持ニ而相勤申候,

[16]
다카노 신우에몬, 『선요연구록』「마치부레집성」, 東京都公文書館所蔵

카에치로의 이동

카에치의 이동과 역부담

『선요영구록撰要永久録』과 1744년에 작성된 「고켄즈」의 기록을 통하여 신도를 가설하기 위해 수용된 토지의 카에치가 어디로 이동하였는지 추적해보았다.표3 그림7 이 두 종류의 사료에는 쵸의 이름, 필지 규모, 지주명, 신도의 규모, 카에치의 위치 및 규모, 역의 부담 등이 기술되어 있다. 이를 토대로 미나미텐마쵸1쵸메와 3쵸메의 경우 카에치가 부여된 위치에 의거해 다음의 세 가지로 유형화하였다.

(1) 미나미텐마쵸1쵸메에 신도가 가설되었을 때 수용된 토지가 다른 쵸의 카이쇼치에 카에치로 부여된 경우
(2) 미나미텐마쵸3쵸메에 신도가 가설되었을 때 수용된 토지가 같은 쵸의 카이쇼치에 카에치로 부여된 경우
(3) 다른 쵸의 신도로 수용된 토지의 카에치가 본 미나미텐마쵸3쵸메의 서측 카이쇼치에 부여된 경우

[표3] 『선요영구록』과 「고켄즈」(1744년)로 추정되는 신도분의 카에치의 규모와 위치

번호	지주	위치		규모(정면 폭×안길이)	
		신도의 위치	카에치의 위치	수용된 신도의 규모	카에치의 규모
①	伊兵衛	南伝馬町一丁目	通四丁目東新道会所	3間×20間	5間×18間半
②	清左衛門	南伝馬町一丁目	弥兵衛町大坂町会所	3間×20間	6間×町並
③	徳左衛門	南伝馬町三丁目	南伝馬町三丁目会所	2間半×20間	14間×5間半
④	五郎右衛門	南伝馬町三丁目	南伝馬町三丁目会所	半間×20間	2間×7間半
⑤	六左衛門	南伝馬町三丁目	南伝馬町三丁目会所	1間×20間	4間×7間半
⑥	三郎兵衛	室町	南伝馬町三丁目西側会所	半間×町並	4間×7間
⑦	忠次郎	本町四丁目岩附町	南伝馬町三丁目西側会所	3間×9間	3間×7間
⑧	喜兵衛	桶町一丁目	南伝馬町三丁目西側会所	1間×8間	2間2尺×7間

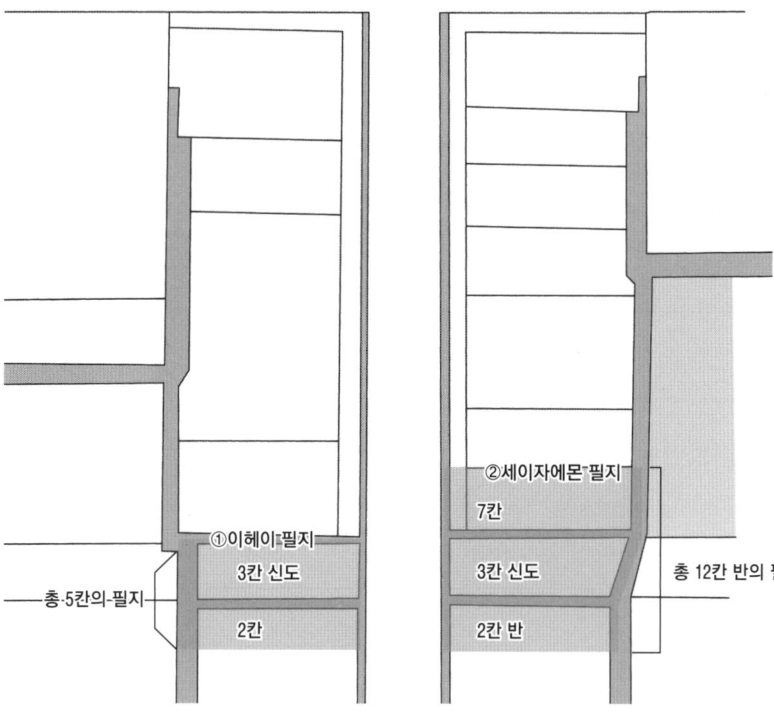

그림 6 미나미텐마초1초메의 고켄즈(1744)

유형(1): 본 쵸의 신도 가설로 수용된 토지의 카에치가 다른 카이쇼치에 부여된 유형을 필지별로 자세히 살펴보자.

미나미텐마쵸1쵸메의 이헤이伊兵衛는 정면 폭 5칸의 필지를 소지하고 있었으나 필지 내에 3칸의 신도가 가설되며 필지가 잘려나간다.표3①[17] 이 잘려나간 3칸의 카에치는 스야도쿠호회소すや徳甫会所 장소 비정 불가에 5칸×18칸 반[18]의 필지로 부여된다.

미나미텐마쵸1쵸메의 세이자에몬清左衛門은 정면 폭 12칸 반의 필지를 소지하고 있었으나 필지 내 신도가 가설되면서 필지의 3칸이 잘려나간다.표3②[19] 이를 대신하는 카에치가 야헤이쵸弥兵衛町와 오사카쵸大坂町 사이에 존재하는 카이쇼치에 정면 폭 6칸의 필지로 부여된다. 이 경우 역町役[20]은 모토치 필지의 칸 수만큼 부과한다고 기술되어있다. 이때 모토치의 역 부담만 기술되었고 카에치에 대한 역 부담에 관해서는 명시되지 않았다. 시기는 다르나 1744년의 기록을 보면 모토치에만 역을 부담하며, 다이치[21]에 대해서는 역부담이 없다고 기술되어있다.[22] 이 두 기록의 차이가 시대에 따른 변화에 의한 것인지 전술한 사료에 카에치에 관한 언급이 없을 뿐인지는 이 기록만으로는 판단하기 어렵다.

유형(2): 본 쵸의 신도 가설로 수용된 토지의 카에치가 본 카이쇼치에 부여된 유형을 필지별로 자세히 살펴보자.

미나미텐마쵸3쵸메의 도쿠사에몬徳左衛門은 정면 폭 6칸 반의 필지를 소유하고 있었으나 필지 내에 2칸 반의 신도가 가설되며 필지가 잘려나가게 된다.표3③[23] 이로 인하여 카에치가 같은 쵸 내의 카이쇼치에 4칸×5칸 반의 필지로 부여된다.

미나미텐마쵸3쵸메의 고로우에몬五郎右衛門은 정면 폭 3칸의 필지를 소유하고 있었으나 신도 가설로 필지의 반이 잘려나가 같은 곳의 카이쇼치에 2칸×7칸 반의 카에치를 부여받게 된다.표3④[24]

마지막으로 미나미텐마쵸3쵸메의 로쿠사에몬六左衛門은 정면 폭 2

[17]
원문:「南伝馬町一丁目
①一,本間口五間之屋敷　　伊兵衛
内三間口新道ニ切,此替地之すや徳甫会所ニ而表五間口裏江拾八間半替地ニ被下候,町役之儀者右之本間口五間之役儀相勤申候」
(高野新右衛門,『撰要永久録』公用留1권 8건, 壱町目三町目新道替地書上, 東京都公文書館所蔵)

[18]
정면 폭×안길이

[19]
원문 :「南伝馬町一丁目
②一,本間口拾弐間半屋敷
清左衛門
内三間口新道二切,此替地弥兵衛町与大坂町合之会所ニ而表六間口裏江町並ニ替地被下候,町役之儀者右本間拾弐間半之役儀相勤申候」(사료출처 주18과 동일)

[20]
여기서의 역은 어용마 역(伝馬役)인 국역에 해당한다.

[21]
여기서는 카에치로 해석해도 무방함

[22]
원문 :「南伝馬町一町目新道
②一新道　此新道三間之所代地之分通四町目東側新道ニ而被下置候由申伝候,役銭之分ハ此方ニ而相勤申候,尤代地より役儀不仕候,家守權左衛門」(南伝馬町一丁目西側の新道)(『旧幕府引継書』「沽券図」(国立国会図書館所蔵)

[23]
원문: 「南伝馬町三丁目
③一,本間六間半屋敷 徳左衛門
内弐間半口新道ニ切,則地尻会所ニ而表拾四間裏江五間半被下候,町役之儀者右本間六間半之役儀相勤申儀」 (사료 출처 주18과 동일)

[24]
원문: 「南伝馬町三丁目
④一,本間口三間屋敷　五郎右衛門
内半間口新道ニ切,則地尻会所ニ而表弐間口裏江七間半替地被下候,町役之儀者右本間三間之役儀相勤申候」 (사료 출처 주18과 동일)

[25]
원문: 「南伝馬町三丁目
⑤一,本間口拾弐間屋敷 六左衛門
内壱間口切,替地右同前ニ而表四間口裏江七間半替地被下候,町役儀を右本間拾弐間之役儀者相勤申候」 (사료 출처 주18과 동일)

칸의 필지를 소지하고 있었으나, 필지 내 1칸의 신도가 가설되며 필지의 일부가 잘려나가게 된다.표3⑤[25] 이로 인하여 미나미텐마쵸3쵸메의 카이쇼치에 4칸×7칸 반의 필지가 카에치로 부여된다. 세 필지 모두 역은 모토치인 미나미텐마쵸3쵸메에 본래의 칸 수만큼 부담하게 되어 있다.

유형(3): 다른 쵸의 신도 가설로 수용된 토지의 카에치가 본 카이쇼치에 부여된 유형을 필지별로 자세히 살펴보자.

유형(2)에서 부여받은 카이쇼치 필지는 미나미텐마쵸3쵸메 카이쇼치라고 표현하고 있다. 또 유형(3)에서 부여받은 카이쇼치 필지는 미나미텐마쵸3쵸메 서측 카이쇼치라고 표현하고 있다. 이 두 장소는 다른 곳일까? 유형(2)와 유형(3)에서 부여받은 카에치의 정면 폭의 칸 수를 사료에서 확인한 결과 [표3]의 필지③은 14칸 반이며 필지④~⑧은 15칸 2척이었다. 『에도쵸감』에 의하면 미나미텐마쵸3쵸메 신도라는 이름의 쵸는 15칸 2척으로 ④~⑧필지의 합과 일치한다. 즉, 서측 카이쇼치의 남측 부분만이 미나미텐마쵸3쵸메 신도라는 것을 알 수 있다. 따라서 정면 폭 14칸 반의 필지③의 카에치는 카이쇼치 북측의 미나미텐마쵸3쵸메에 속해 있었다.

유형(3)의 필지⑥⑦⑧은 모두 다른 쵸로부터 이동해 왔다.

[26]
원문: 「南伝馬町三丁目西之会所
⑥一,表四間口 裏江七間 三郎兵衛
是者本屋敷室町ニ而表半間裏江町並新道ニ切,替地被下候」 (사료 출처 주18과 동일)

우선 [표3]의 필지⑥의 지주는 사부로에몬三郎兵衛이며 무로마치室町에 필지를 소유하고 있었다. 그러나 필지 내에 신도가 가설되면서 필지의 반 칸이 잘려나간다. 그로 인하여 4칸×7칸 규모의 카에치가 미나미텐마쵸3쵸메 서측 카이쇼치에 부여된다.[26]

[27]
원문: 「南伝馬町三丁目西之会所
⑦一,表三間口 裏江七間 忠次郎
是者本町四丁目岩附町分ニ付申候屋敷三間ニ九間新道ニ切申候,替地ニ被下候」 (사료 출처 주18과 동일)

또, 혼쵸4쵸메本町四丁目와 이와츠키쵸岩附町에 필지를 소유하고 있는 츄지로忠次郎의 필지에 신도가 가설되면서 3칸×9칸의 토지가 수용된다. 대신 츄지로는 미나미텐마쵸3쵸메 서측 카이쇼치에 3칸×7칸 크기의 카에치를 부여받는다.표3⑦[27]

마지막으로 키헤이喜兵衛는 오케쵸1쵸메桶町一丁目의 카도야시키角屋敷를 소지하고 있었으나, 필지 내에 신도가 가설됨에 따라 1칸×8칸의 토지가 잘려나가게 된다.표3⑧[28] 키헤이는 이에 상응하는 카에치를 미나미텐마쵸3쵸메 서측 카이쇼치에 2칸2척×7칸의 크기로 부여받는다. 이 세 필지는 일인 반분一人半의 부역人足[29]을 부담하도록 기록되었다.[30] 모토치의 필지에 대해서는 이제까지와 동일하게 역을 부담하고 카에치로서 부여된 필지분에 대한 역 부담이 기록된 것으로 판단된다.

지금까지는『선요영구록』에 의거하여 카에치의 이동을 살펴보았다. 이제부터는 1744년의「고켄즈」의 기록을 통하여 검증해보고자 한다.

미나미텐마쵸1쵸메의 서측이 신도 정비로 3칸이 잘려나가면서 도오리4쵸메通四丁目의 동측의 신도에 다이치가 부여된다. 역전役銭은 모토치에 해당하는 미나미텐마쵸1쵸메에 납부하며 다이치에 대해서는 납부할 필요가 없다고 기록되었다. 반면 미나미텐마쵸1쵸메의 동측 3칸의 신도는 예전부터 역을 부담하고 있었으나 다이치분의 역 부담에 대해서는 명확하지 않다고 명시하고 있다.[31]

[표3]을 보면, 수용된 신도분의 토지보다 부여된 카에치의 면적이 큰 것을 알 수 있다. 이는 모토치가 대로변에 접하고 있는 토지였음에도 불구하고 수용된 토지를 대신하는 카에치가 주도로에 면하지 않았기 때문에 모토치의 규모보다 큰 면적을 부여받았기 때문인 것으로 해석된다. 또, 카에치의 위치 배정은 같은 쵸의 카이쇼치에 부여된 경우도 있으나 다른 쵸의 카이쇼치에 부여된 경우도 있다. [그림7]을 통해 모토치로부터 카에치가 어느 정도 떨어져 있는지 거리 분포를 살펴볼 수 있다. 신도로 수용된 만큼의 카에치를 부여할 때 우선 같은 쵸에 위치한 카이쇼치에 부여한 후 부족분을 타 쵸의 카이쇼치에 부여했음을 알 수 있다. 이때 나누시 조직名主番組[32]에서도 벗어나는 지역에 카에치를 배정받기도 했다.

[28]
南伝馬町三丁目西之会所
⑧一,表弐間弐尺　裏江七間
喜兵衛
　是者桶町壱丁目ニ而角屋敷地尻壱間ニ八間新道ニ切申候,替地ニ被下候,
右三人之屋敷ニ而人足一人半之御役相勤申候
寛文五巳年九月
　名主　三人
　月行事　長兵衛
　同　七兵衛
(사료 출처 주18과 동일)

[29]
쵸(町)의 공동체적인 기능을 유지하기 위해 주민에게 부과시킨 청소, 건설, 방범등의 부역에 해당한다.

[30]
주29 참고.

[31]
南伝馬町一町目新道
一新道此新道三間之所古来より役儀相勤申来候,代地之分何方ニ取置候哉不奉存候,家守忠兵衛(南伝馬町一丁目東側の新道)(사료 출처 : 주18과 동일)

[32]
에도의 모든 쵸는 나누시가 관리하였다. 초기 에도에서는 한명의 나누시가 한 개의 쵸를 관리했었으나 이는 점차 지배나누시화 되어가며 한 명의 나누시가 몇 개의 쵸를 관리하였다. 이런 나누시는 지역별로 23개 나누시 조직에 편성되어 있다.

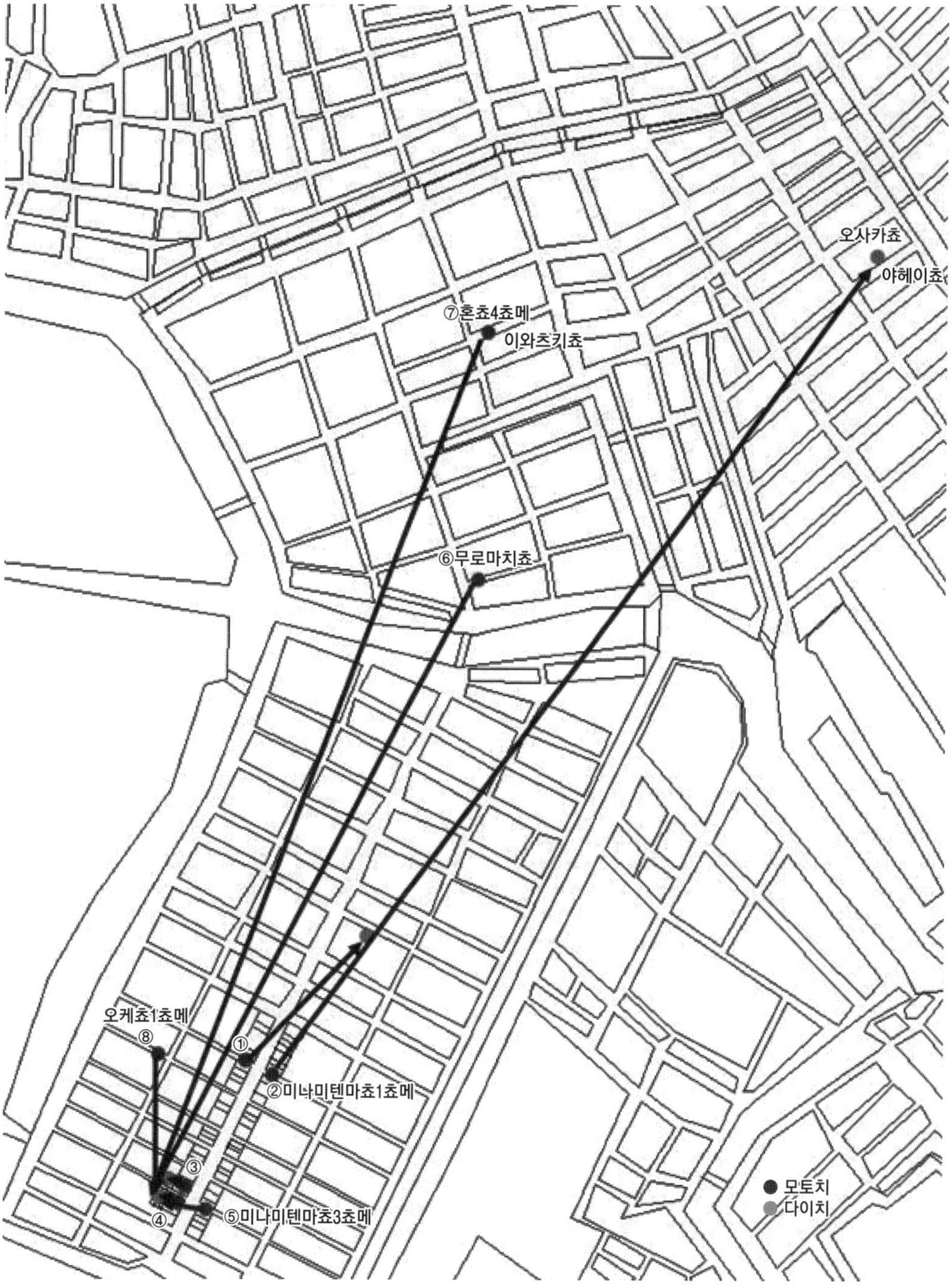

그림 7 미나미텐마쵸1쵸메와 3쵸메의 신도분의 다이치 이동([표3]에 의한 위치 비정)

카이쇼치 개발로 주어진 다이치

본 장에서는 신도 정비를 위해 수용한 필지에 대한 카에치가 카이쇼치에 부여된 사례를 통하여 모토치와 카에치의 이동을 살펴보았다. 분석 대상으로 삼은 사료는 미나미텐마쵸1쵸메와 3쵸메였으나 해당 카이쇼치에 부여된 카에치는 더 많은 쵸가 관련되어 있다. 즉 카이쇼치의 개발을 목적으로 신도가 가설될 당시, 수용한 만큼의 토지에 대한 카에치는 에도 각지의 카이쇼치에 부여되었다. 여기서 논점으로 떠오르는 것은 부여된 카에치가 어느 쵸에 속하게 되는지, 또 모토치와 카에치 사이의 역부담은 어떻게 이루어지는가이다.

본론에서 검토한『선요영구록』에는 미나미텐마쵸에 부담할 역만이 명시되어 있었다. 앞서 서술한 바와 같이 미나미텐마쵸의 예는 신도의 수용분이 카에치의 위치에 따라 다른 쵸의 카이쇼치에 부여된 유형, 같은 쵸의 카이쇼치에 부여된 유형, 다른 쵸로부터 해당 쵸의 카이쇼치에 부여된 유형이 보이며 유형에 따른 동향이 파악되었다. 이 세 가지 유형의 역부담의 실태를 정리하자면 첫 번째, 다른 쵸의 카이쇼치에 부여된 유형은 신도분이 수용되기 전의 정면 폭의 칸수에 준하여 역을 부담하게 된다. 두 번째, 같은 쵸의 카이쇼치에 부여된 유형은 원래의 정면 폭의 칸수에 준하여 역을 부담하게 된다. 세 번째, 다른 쵸에서 해당 쵸의 카이쇼치에 부여된 유형은 다른 쵸에 대한 역부담은 언급되지 않고 해당 쵸에 대한 역부담만 기술되어 있다.

세 번째 유형의 기록을 통해, 첫 번째 유형 또한 미나미텐마쵸에 대해서는 원래의 칸수에 준하여 역을 부담하며, 이전한 다이치에 대해서도 이전한 쵸에서 역을 부담했을 가능성이 제기된다. 그러나 1744년의「고켄즈」의 기록에 의하면 모토치에 대한 역부담만 있으며 다이치에 대한 역은 부담하지 않았다.

이상 검토한 바와 같이 역부담에 있어서는 모토치와 다이치 양쪽에 부담하는 경우, 어느 한쪽에 부담하는 경우가 존재하며 어느 쪽이 일반적인지를 판단하는 것은 어려우며 확실한 것은 모토치와 다이치에 있어서 역부담이 다양한 형태로 나타난다는 것이다.

역을 모토치와 다이치의 양측에 부담하였는지 어느 한쪽에만 부담하였는지는 시대별로 다르다. 전자의 『선요영구록』은 1665寛文5년의 사료이며, 후자의 「고켄즈」는 1744년의 사료이다. 당초 다이치가 부여되었을 1665년에는 쵸의 소속에 있어서도 역부담에 있어서도 정리가 되지 않고 겹치는 경우가 있으나 차츰 쵸의 소속이 결정됨에 따라 역부담도 어느 한쪽으로 정착되었을 것이라는 가능성도 제기될 수 있다. 즉, 모토치에만 역을 부담하고 있는 경우 다이치의 소속은 모토치이며, 모토치와 다이치 양측에 역부담을 지고 있는 경우는 다이치의 필지가 모토치로부터 분리되었다고 판단된다.

또 역부담의 변화가 보이는 예로는 미나미텐마쵸3쵸메 신도라 불리는 새로운 쵸의 성립이다. 카이쇼치에 다이치가 부여된 1665년부터 미나미텐마쵸3쵸메 신도가 쵸로 성립했을까? 미나미텐마쵸3쵸메 신도라는 쵸명은 1700년元禄13 『다카노가의 일기』[33]에서 "미나미텐마쵸3쵸메 신도의 타베점南伝馬町三丁目新道太兵衛店"이라는 기록에 처음으로 등장한다. 아마 1665년에서 1700년의 사이에 성립되었다고 생각되어지나 정확한 시기는 불명확하다. 『선요영구록』의 기록에 의하면 필지⑥⑦⑧은 당초에는 미나미텐마쵸3쵸메에 부역人足을 부담했으나 어느 시점인가부터는 미나미텐마쵸3쵸메 신도라고 명명하며 어용마에 대한 국역을 부담하였다.[34]

이상의 분석에 따르면 수용된 신도의 토지에 대신하여 주어진 카이쇼치에는 세 가지의 쵸와 역부담의 관계가 나타난다. 첫 번째, 모토치와 다이치의 양측에 역을 부담하는 모토치와 다이치가 분리된 유형. 두 번째 다이치로서 부여된 카이쇼치가 새롭게 쵸를

[33] 『다카노가의 일기』, 東京都公文書館, 1994, 13쪽

[34] 『에도쵸감』下, 東京都公文書館, 1990, 20쪽

성립해 새롭게 역을 부담하는 유형. 세 번째, 모토치에만 역을 부담하는 다이치가 모토치의 일부분으로서 존재하는 유형이다.
신도의 건설은 수용의 일환으로 조성되었으며 그에 따른 필지별 카에치가 주어졌다. 이와 같이 신도의 건설과 카이쇼치의 필지화는 에도 쵸닝치의 과밀화에 따른 개발의 필요와 맞물려 나타난 현상이었다.

10
청원서를 통해 본 다이치

청원서를 통해 본 다이치

본 장에서는 다이치로 이동한 쵸닝의 청원서를 통해 쵸닝의 생활을 실증하는 것을 목적으로 한다. 이를 위해 다이치로 이동한 쵸닝의 청원서를 활용하고자 한다. 다이치로의 이주를 겪은 쵸닝이 막부에 탄원한 청원서에는 실제 다이치의 공간적 이동과 다이치로의 이주 후 쵸닝의 삶이 잘 드러나 있다.

본 장에서 주로 다루는 「쵸닝청원부」에 기재되어 있는 다이치에 관한 사료는 쿄호기享保期, 1716~1735에 3건, 텐뽀기天保期, 1830~1844에 1건이 존재한다. 다이치에 관련된 청원서가 4건밖에 존재하지 않으나 거주지의 토지가 수용되고 다이치가 주어지는 일련의 과정에서 다이치를 부여받는 측인 쵸닝의 동향을 파악하는 데에는 적절한 사료이다. 현존하는 사료가 쿄호기에 편중된 이유는 다이치가 주어진 시기가 겐록기元禄期, 1688~1704와 쿄호기1716~1736에 집중되어 있으며, 시기적으로 다이치가 주어진 직후의 쵸닝의 반응이 반영되었기 때문이라고 짐작된다.

이러한 네 건의 청원서를 검토하여 다이치로 이전한 쵸닝의 청원 내용과 청원에 따른 토지의 변화 양상에 주목해, 카에치가 재조정되는 과정과 카에치를 결정하는 주체를 살펴보았다. 수용에 따른 쵸 단위의 이동은 다이치라 칭하나, 필지 단위의 이동은 카에치라 칭한다.

청원서로 본 다이치의 쵸닝

쿄호기 청원으로 본 다이치의 실태

1) 카에치에 관한 청원과 그 경과

쿄호기 다이치를 둘러싼 세 건의 사료로부터 각각의 청원 내용과 그 경과를 검토한다.

[1] 『교호선요유집』 「쵸닝청원부」 1건(『구막부인계서』, 국립국회도서관 소장)

[사료 1] 코비키쵸3쵸메, 4쵸메 내 필지 소지자의 청원.[1]

코비키쵸3쵸메, 4쵸메 내 필지 소지자는 어용지로 수용되고 다이치를 청원함.

후카가와 하마구리쵸3쵸메 젠베점 이야소베
도오리1쵸메 우베점 세이베
동소 세이베
후카가와 모로쵸 로쿠베점 키헤이
동소 에이다이지문전 사헤이지점 칸베이
동소 하마구리쵸5쵸메 나가베점 신베이
코아미쵸1쵸메 가옥소지자 시찌베
후카가와 쿠로에쵸 사우에몬

위의 8인이 청하는 것은 아래와 같다. ①과거 후카가와 코비키쵸3쵸메, 4쵸메 내에 필지를 소지하고 있었는데, 25년 이전 후카가와 츠키지 공사시 어용지로 수용되어 지금까지 다이치가 주어지지 않고 있다. ④코비키2쵸메는 15년 전 츠보우치 노토노카미에게 청하여 후카가와 오우기바시를 다이치로 빌렸으므로, ①위 일동은 상응하는 다이치를 청원하고자 한다.

(평의서)

어용지로 수용한 필지는, 본래 과거 대화재 이후 모든 쵸의 수로변에 목재, 대나무 등을 높게 쌓는 것이 금지되어, 쵸닝 모두 피해를 보았다. 따라서 당시 청원으로 수로변에 있는 34쵸에게 1668년에 후카가와에 목재 두는 곳을 준 것이다. 그러나 모두 목재 두는 곳을 점점 팔아 넘겼는데, 이 8인의 청원자도 모두 이를 매수한 적이 있다. 원래 이 필지는 매매가 불가능 하였는데, 원지주 모두 괘씸하다. 이는 원래 누군가의 필지이므로 다이치로 주는 것은 불가능하다.

위의 내용을 조사하였는데, ②후카가와 츠키지의 공사 시 동소 목재 두는 곳의 쵸닝과 코비키쵸, 핫쵸보리 쵸닝 모두 어용지로 수용되어, 당시 츠키지 내에 다이치가 주어졌으나, 습지여서 난처하므로 몇 번이나 다이치를 거절하였다. 그 중 코비키쵸2쵸메의 쵸닝 7인은 15년 이전 츠보우치 노토노카미의 재임 시절 청원하여 오우기바시 주변에 다이치가 주어졌다. 결국 이 다이치가 주어진 이후 위의 8인도 청원하였다. 과거에 이나 한자에몬이 조사 후 오기와라 오우미노카미가 칸죠부교일 때, 오우미노카미와 회의에 일동을 불렀다. ③한 번 다이치를 부여하였는데 습지라는 이유로 받지 않았다. 따라서 이들에게 다이치를 다시 부여한다면 다이치를 받지 않은 이들이 약 80인 정도가 된다. 이들이 후에 모두 청원한다면 부여할 장소도 없으므로, 8인에게도 다이치를 부여할 수 없다. 과거 오우미노카미와 회의에서 이미 부여할 수 없음을 일동에게 전달하였으나 더 이상 해 줄 수 있는 조치가 없으므로 더 이상 청원하지 못하도록 명해야 할지 질의한다. 또한 코비키쵸2쵸메의 청원자에게 과거 다이치를 부여한 것으로 8인이 청원한 것이므로 위 2쵸메에 한 번 부여한 적은 있었으나 결국 부여하지 말아야 할 다이치였으므로 이번에 지면을 몰수하여 일동에게 다이치를 부여하지 않음을 명해야 할지 질의한다. 이상.

1772년 7월

오오오카 에치젠노카미

(평의서)

츠보우치 노토노카미 과거 질의 후 코비키쵸2쵸메의 쵸닝에게 다이치를 넘겼을 때 조사하여 인지하였으나 문서를 유실하여 당시의 상황을 알 수 없다.

1772년 10월 8일 토다 야마시로노카미에게 올림.

동월 15일 야마시로노카미가 문서를 가지고 과거 명한 것과 같이 다시 다이치를 부여할 수 없으며, 코비키쵸2쵸메 다이치는 몰수하지 않도록 지시하였다. 동 21일 효우죠쇼에 8인 모두 호출하여 문서의 내용을 선고한다.

木挽町三丁目四丁目之内屋敷所持之者御用地ニ被召上候ニ付代地之儀相願候事

深川蛤町三丁目善兵衛店 伊弥惣兵衛

通壱町目友兵衛店 清兵衛

同所 清兵衛

深川諸町六兵衛店 喜兵衛

同所永代寺門前左平次店 勘兵衛

同所蛤町五町目長兵衛店 新兵衛
小網町壱町目家主 七兵衛
深川黒江町 佐右衛門

右八人之者共相願候者、①先年深川木挽町三丁目四丁目之内ニ屋敷所持いたし候処、弐拾五年以前深川築地御普請之節、御用地ニ被召上、今以代地不被下置候、④木挽町弐丁目之もの者拾五年以前坪内能登守江相願、深川扇橋ニ而代地致拝借候、右一統之ものニ候間、①相応之代地相願候之旨申之候

下ヶ札

此御用地ニ上候屋敷之儀、元来先年大火事以後惣而町々河岸江材木竹薪木等致高積候儀、停止被仰付候節、町人共迷惑之由、相願候ニ付而、河岸附之町々三拾四町江寛文八年ニ深川ニ而木置場被下候儀ニ御座候、其節之もの共右木置場を其後段々売渡候儀ニ而、此八人之願人共も段々買受候もの共ニ而御座候、元此屋敷ハ売買ニハ仕間敷筈之処元地主共不埒ニ而御座候、元来ヶ様之屋敷ニ而候間、旁代地被下に者及間敷候、

右吟味仕候処、②深川築地御普請之節、同所木置場町人并木挽町八丁堀町人共大勢御用地ニ被召上、其砌築地之内ニ而代地被下候旨申渡候処、水地之場ニ而迷惑之由被申、何も代地受取不申由ニ御座候、右之内木挽町弐丁目町人七人、拾五年以前坪内能登守勤役之節、願出候付伺之上扇橋辺ニ而代地被下置候、畢竟此代地相渡候以後、右八人之もの共も相願申候、先年伊奈半左衛門方ニ而吟味之上、荻原近江守御勘定奉行之節、近江守内寄合江も右之もの共一統ニ呼出し③一度代地被下置候処、水地之由ニ而不受取候間、此上最早代地不被下候間申渡候由ニ御座候処、今以相願候ニ付猶又段々吟味仕候処、右之通り御座候、此もの共江代地被下候得者、凡八拾人余も未代地不受取候もの御座候間、跡一々可願出可申候、左候而者可被下場所も無御座候ニ付、旁右八人江も代地被下候ニ及申間敷可奉存候、先年近江守内寄合ニ而最早代地不被下候段一統申渡候ニ付弥不成事ニ候間重而不願出候様ニ可申渡候哉、然共木挽町弐町目之もの共江斗先年代地相渡候ニ付而、其以後八人之もの共願出候儀ニ御座候間、右弐丁目江壱度被下候事ニ者御座候得共、畢竟不被下筈之代地に而候間、此度地面取上、一統ニ代地不被下候段可申渡哉奉伺候、以上

享保七年寅七月

大岡越前守

下ヶ札

坪内能登守先年伺之上、木挽町弐丁目之もの江代地相渡候節之儀承合候処、書面共致焼失、其節之様子不相知候由ニ御座候、

寅十月八日戸田山城守殿江上候扣

同月十五日山城守殿御書付を以先年被仰渡候通、代地弥不被下筈ニ候旨并、木挽町弐丁目代地取上ニ不及候旨御下知、同廿一日評定所江八人之もの共呼出し御書付之趣申渡ス

[사료1]은 코비키쵸3쵸메, 4쵸메에 필지를 소지하고 있는 쵸닝 8명의 청원이다. 청원자 8인의 토지는 25년 이전 즉, 1697년元禄10에 츠키지築地의 공사 시 어용지로 수용되었다.사료1① 청원자 8인은 1722년享保7까지 다이치를 받지 못하였으므로 이에 상응하는 다이치를 부여할 것을 청하고 있다. 그러나 1722년 어용지로 수용되었을 때 츠키지에 다이치가 주어졌으나 습지라는 이유로 다이치를 받지 않았다.사료1② 더 나아가 다이치가 주어졌음에도 불구하고 습지라는 이유로 청원을 인정하면 비슷한 경우의 쵸닝이 80명이나 더 있으므로 본 청원은 허가할 수 없다고 설명하고 있다.사료1③ 여기서 파악할 수 있는 다른 사항은 8인의 청원자가 주장하고 있는 다이치의 장소 교환이 이루어진 선례이다. 상세한 문서는 소실되어 당시 상황은 확인할 수 없으나, 코비키쵸2쵸메의 쵸닝은 1707년宝永4에 후카가와深川 오우기바시扇橋로 다이치를 교환하였다.사료1④

[사료1]에 따르면 청원자 8인은 위반행위를 한 사실이 있다. 위반 내용은 후카가와에 목재를 쌓아두는 장소의 매매가 금지되어 있음에도 불구하고 청원자 8인이 그 토지를 매수하였다는 것이다. 청원자 8인의 신분은 점포임차인店借 6명, 가옥소지자家主 1명이며 1

명은 미상이다. 8인의 청원자가 청원하던 1722년에는 점포임차인이 되었다. 그러나 이들은 코비키쵸에 필지를 소지하며 매매가 금지되었던 목재 적재장소의 토지를 매수할 정도로 재력을 가진 쵸닝이었다.

8장에서 논한 [사료5]는 키타곤야쵸의 쵸닝 8인이 배차지를 청원하는 문서이다. 키타곤야쵸의 모토치는 쿄바시에 있었으나 1717년享保2에 수용되고 1718년享保3 츠키지에 첫 번째 다이치가 주어진다. 그리고 1720년享保5에 츠키지 키타곤야쵸가 다시 수용되어 핫쵸보리에 두 번째 다이치가 주어진다. 이와 같은 과정으로 키타곤야쵸는 다이치가 산재하는 형태로 존재하게 된다. 그러나 핫쵸보리 지역은 지금까지의 장소와 다르게 인근에 하천이 없었으며 번창하지도 않은 곳이었다. 게다가 키타곤야쵸는 잇따른 두 번의 이전으로 인한 배차금과 배차미로 궁핍하였다. 본 청원서는 쵸 내의 다른 쵸닝이 시바구치芝口로 이전하고 비게 된 토지를 배차지로 사용하고 싶다는 내용이다. 청원의 결과, 남북의 마치부교를 통하여 로쥬인 미즈노 이즈미노카미水野和泉守가 허가하여 조성지가 부여되었다.

8장의 [사료5]는 1724년享保9의 청원으로, 다이치로 이전한 쵸닝의 반 이상이 1728년享保13에는 모토치로 돌아와 있다. 또 1744년延享元年의 「고켄즈」에 의하면 핫쵸보리 키타곤야쵸에 배차지가 다수 보인다. 모토치로 돌아온 후에도 핫쵸보리 키타곤야쵸를 배차지로 유지하고 있다. 키타곤야쵸는 츠키지의 다이치는 없어지나, 쿄바시의 모토치, 핫쵸보리의 다이치, 시바구치의 다이치가 공존한다. 세 곳 모두 장소가 떨어져 있음에도 나누시조직은 5번조이며 나누시는 모두 도쿠헤이徳兵衛로 같다. 키타곤야쵸는 반복되는 이전으로 배차금이 증가하였으나, 이동에 따른 이용 가능한 토지도 증가하고 있다. 결과적으로 키타곤야쵸는 처음에는 쵸의 영역이 모토치뿐이었던 1717년과 비교하면 1728년에는 그 영역이 두 배 이상 증가했다.

[사료2] 류칸쵸 다이이치 겐스케 소지 필지 교환의 청원 문서.[2]

류칸쵸 다이이치 겐스케 필지 교환의 청원 문서
문서

류칸쵸 다이이치 겐스케

그는 ①과거 오후나쿠라쵸에 387평의 필지를 소지하였으나, 28년 전 어용지로 수용되며 다이치를 후카가와 오우기바시 끝단 수로변에 모토치의 평수만큼 부여받았다. 그러나 수로변에 모토치 평수만큼 받았으나, ②먼 곳이어서 거주가 어렵고, 지금까지 황무지로 두었으나, 매년 80문 씩 연공을 이나 한자에몬에게 상납하고 있어 궁핍하다. ③따라서 위의 지면을 상납하고 칸다 마츠시타쵸 다이치 옆의 소메키 우헤의 몰수지 20평 정도의 토지를 받기를 청원한다. 청원대로 허가해주면, ④현재 연공의 3배인 일 년에 250문씩 상납하겠다고 청하고 있다.

⑤위와 같은 청원에 소메키 우헤의 몰수지를 후신부교에 조사한 결과 본 필지는 무사필지이나 가옥을 지을 자리에 연못이 있어 청원자가 없었으므로 쵸닝치로 하여도 특별히 문제가 없다. 연공에 관해서는 이나 한자에몬에게 질의하였다. 하지만 그 또한 문제없으므로 겐스케의 청원대로 필지 교환을 명해도 될지 질의한다. 청원지의 도면 한 장을 첨부한다. 이상.

정월

위와 같이 정월 14일 질의할 때, 히라카와쵸 다이치에게 후신부교에 의해 위의 장소를 계산해 두게 하여 히라카와쵸 다이치가 얼마 전에 이를 해결하였으므로 겐스케의 청원과 같이 해도 될지 질의한다. 이상.

6월

오오오카 에치젠노카미

(평의서)

오후나쿠라마에쵸의 모토치는 연공지였으나 오우기바시 장소에서도 연공은 모토치와 같이 매년 납입하였다.

하나, 연공지가 어용지로 수용되어 에도의 쵸닝치에 다이치가 주어져 연공을 제출하는 예는 아래와 같다.

하나, 혼죠 나까노고쵸 모토치는 연공지이나, 어용으로 1702년 수용되어 다이치가 아래와 같은 장소에 주어진다.

[2] 『교호선요유집』「쵸닝청원부」4건.

칸다 타쵸 몰수지
요코야마쵸2쵸메 몰수지
마츠에다쵸 몰수지
위의 장소를 조사한 후 다이치로 부여하였음을 1721년 3월 토다 야마시로노카미도노가 명해, 다이치로 넘겼다. 특히 연공을 납입하며, 이 밖에 에도 쵸닝치 내에 연공지로 연공을 납입하는 필지가 있다.
(평의서)
모토치인 오후나쿠라마에쵸와 다이치인 오우기바시쵸 모두 연공을 납입해 왔는데 이번에 청원자가 서면과 같이 연공을 증액하여 납입하겠다고 청원하였다.
위 문서는 1728년 6월 22일 마츠다이라 사콘에노쇼겐에게 올라갔으나 에도 쵸닝치 중 연공을 제출하는 예가 있는지 조사를 명받았고, 연공 제출지의 예를 인정받아, 같은 달 29일 사콘에노쇼겐에 올라갔다. 동 7월 13일 판결을 냈다. 동 14일 겐스케를 호출하여, 후신부교와 협의하여 근일 지면을 넘기기로 하였다.
질의와 같이 명할 것을 전달받음.
1728년 7월 13일

오오오카 에치젠노카미

龍閑町代地源助御引替屋敷相願候儀申上候書付
覚

龍閑町代地 源助

此者①先年御船蔵前町二而三百八拾七坪余之町屋敷致所持候処、弐拾八年以前御用地二被召上代地深川之扇橋末河岸通二而元坪之通被下置候、然共河岸通候而元坪之通被下置候、②然共片遠所故住居難成、今以荒地二仕置、其上壱ヶ年永八拾文程宛御年貢伊奈半左衛門方江相納旁以困窮仕候、③依之此度相願候者、右之地面差上可申候間、神田松下町代地続染木宇兵衛上地弐拾坪程之所被下置候様二相願申候、願之通被仰付候ハヽ、④唯今迄之御年貢三双倍之積り壱ヶ年永弐百五拾文宛上納可仕旨相願申候、
⑤右之通相願候二付、染木宇兵衛上ヶ屋敷之儀、御普請奉行江承合候処、武士屋敷二御座候得共、家作可仕場所二池有之願人無御座候間、町屋二成候而も別而相障申間敷旨二御座候、御年貢之儀、伊奈半左衛門方江相尋候処、是又相障事無御座候旨申聞候之間、源助

願之通御引替可被仰付候哉奉伺候、則願場所絵図一枚奉入御覧、以上
正月
右之通当正月十四日相伺申候節、平河町代地二御普請奉行より右之場所書出し置候由申上候、平河町代地此間相済候間、源助願之通可被仰付候哉、猶又奉伺候以上
六月

大岡越前守

下ヶ札
此御船蔵前町之元地御年貢地二而御座候間、扇橋代地場所二而も御年貢者元地之通年々相納申候
一,御年貢地御用地被召上、江戸町中二而代地被下置御年貢差上候例左之通御座候御年貢地
一,本所中之郷町右元地御年貢地之処、御用二付元禄十五年被召上代地左之場所二而被下候、
神田多町 元御肴請負上地
横山町弐丁目 橋受負上ヶ地
松枝町 御女中岩城上ヶ地
右之所々伺之上、為代地被下之旨、享保六年丑三月戸田山城守殿被仰渡、則代地相渡申候、尤御年貢相納申候、此外も江戸町並之内御年貢地二而、無之場所も御年貢相納候町屋敷御座候、
下ヶ札
元地御舟蔵前町並代地扇橋町共御年貢本書之面相納来申候、此度願候場所者宜候二付、書面之通御年貢相増可納旨相願申候、
右書付享保十三年申六月廿二日松平左近将監殿江上ヶ候処、江戸町中二而御年貢差上候例有之哉与被仰渡候二付、下ヶ札を以、右御年貢差上候例認同廿九日左近将監殿江上ル、同七月十三日御下知相済候二付同十四日源助呼出、御普請奉行申合近日地面可相渡旨渡之伺之通可申付旨被仰渡奉伺畏候以上
申七月十三日

大岡越前守

[사료2]는 류칸쵸 다이치에 필지를 소유하고 있는 겐스케가 1721년享保6에 청원한 문서이다. [사료2]①에 의하면 겐스케는 본래 오후나쿠라마에쵸御船蔵前町에 387평을 소지하고 있었으나, 1700년元禄13에 어용지로 수용되며 후카가와의 다리扇橋 끝 하천변에 다이치가 주어진다. 주어진 다이치가 모토치와 멀어 주거에 적당치 않으며, 지금까지 황무지임에도 칸토군타이인 이나 한자에몬伊奈半左衛門에게 연공을 매년 80문씩 납입하고 있어 궁핍함을사료2② 호

그림 1 겐스케源助의 다이치의 이동 「텐뽀에도도」를 밑그림으로 하여 사료3 내용을 작성

소하고 있다. 이에 칸다 마츠시타쵸 다이치松下町代地 옆 부케치소메키 우헤가 수용되면서 비게 된 20평 정도의 토지를 다이치로 교환해 줄 것을 청원하고 있다.사료2③ 겐스케의 다이치 면적이 387평에서 20평으로 작아짐에도 불구하고 연공은 지금까지의 3배에 달하는 250문을 납입하겠다고 한다.사료2④ 청원의 결과는 마치부교町奉行와 후신부교普請奉行의 합의를 통해 로쥬인 마츠다이라 사콘에노쇼겐松平左近将監이 허가한다. 본 청원에서 쟁점이 되고 있는 것은 첫째, 부케치에 쵸닌의 다이치를 부여해도 되는가. 둘째, 모토치는 연공지이나 다이치가 에도의 쵸닝치에 주어져도 연공을 납입하는 것이 가능한가의 두 가지이다. 첫째, 부케치에 쵸닝의 다이치를 부여하는 점에 관해서는 다음 절에 후술하겠다. 둘째, 연공에 관해서는 모토치인 오후나구라마에쵸도 최초의 다이치인 오우기바시쵸扇橋町도 모두 연공지였으나 이번에 청원하고 있는 다이치의 위치는 에도의 쵸닝치가 둘러싸고 있는 곳이다. 때문에 에도 쵸닝치 중에 연공을 납입하는 연공지가 존재하는 선례가 있는지 로쥬인 마츠다이라 사콘에노쇼겐이 확인하고 있다. 선례로 혼쵸의 나까노고中之郷의 모토치가 1702년元禄15에 어용지로 수용되어 칸다 타쵸神田多町 · 요코야마쵸2쵸메横山町弐丁目 · 마츠에다쵸松枝町에 다이치가 주어진 선례가 있다고 기술하고 있다. 이러한 과정을 거쳐서 로쥬는 본 청원을 허가한다.

본 절에서 검토한 다이치에 대한 세 건의 청원은, 다이치의 장소 변경에 관한 두 건과 조성지 요구에 관한 한 건이다. 세 건 모두 모토치가 수용되어 다이치가 주어짐에 따라 궁핍을 호소하며 다이치의 위치 변경이나 조성지의 지급을 청원한 것이다. 한 건의 위치 변경에 관한 결과는 한 번 주어진 다이치를 재청원하였으며, 출원자가 불법적인 행위를 하였으므로 기각된다. 그 이외의 위치 변경과 조성지 지급 요청에 관하여는 허가한다. 이상의 세 건의 청원의 내용으로부터 읽어낼 수 있는 사실은 다음과 같다.

(1) 다이치는 모토치의 입지적 조건과 일치하지 않는 곳에 주어지는 경우가 많았으며, 그 경우 쵸닝이 스스로 위치 변경을 요구하였다.
(2) 쵸닝은 다양한 방법으로 필지를 집적하였다.
(3) 쵸닝은 모토치가 유소되고 다이치로 이전할 때 배차금으로 이동하여 궁핍한 상태였다.
(4) 쵸닝치의 다이치가 부케치에 부여되기도 하였다.
(5) 에도 쵸닝치의 영역 밖인 연공지의 다이치가 에도 내에 주어졌어도 종전과 같이 연공을 납입하였다.

위와 같이 다이치를 둘러싼 쵸닝의 청원은 쿄호기1716~1735에 집중되어 있다. 쿄호기1716~1736 쵸닝의 청원을 통하여 겐록기1688~1704와 쿄호기에 주어진 다이치로 이전한 쵸닝의 생활을 살펴보았다.

2) 카에치가 주어지는 과정

[사료2]에 의하면 다이치의 입지를 청원의 출원자인 쵸닝이 선택하였다고 추정되는 부분이 있다. 출원자인 겐스케는 주어진 아라카와의 오우기바시쵸의 다이치를 반환하며 칸다의 마츠시타쵸 다이치 부근에 20평 정도의 무사染木宇兵衛가 이전하고 난 토지와 교환하고자 청원한다.사료2③ 겐스케는 청원 당시, 류칸쵸 다이치龍閑町代地에 거주하고 있었다. 류칸쵸 다이치와 마츠시타쵸 다이치는 지리적으로 가까운 곳에 위치하였으며, 류칸쵸 다이치에 거주하고 있었던 겐스케는 마츠시타쵸 다이치 부근의 비어있는 토지를 인식하고 있었다. 이러한 사실은 쵸닝이 스스로 다이치의 위치를 선정하여 변경을 요청하기도 하였음을 시사한다.그림1

[사료1]에서는 오우미노카미荻原近江守가 칸죠부교勘定奉行[3]로 있을 당시 청원에 대하여 당시 관동대군関東郡代[4]인 이나 한자에몬伊奈半左衛門이 조사를 맡았고 이를 심의하기 위해 회의를 열어 칸죠부교,

[3] 칸죠부교(勘定奉行)는 에도 막부의 직제 중 하나로 로쥬(老中)에 속하여 재정과 막부 직할령을 지배하였다.

[4] 에도시대에 막부의 직할지를 다스리던 직명이다.

지샤부교, 마치부교가 청원을 심의하여 거절한다. 이 때, 다이치를 다시 준 사례인 코비키쵸2쵸메木挽町二丁目를 허가한 당시의 미나미 마치부교南町奉行[5]에게 상세한 과정을 물으나 이에 관한 문서를 소실하였다고 로쥬인 토다 야마시로戸田山城에게 보고한다.

[5]
당시 미나미마치부교는 츠보우치(坪内能登)이다.

8장의 [사료5]에서는 청원에 대하여 당시 미나미마치부교인 오오오카 에치젠大岡越前과 키타마치부교北町奉行인 스와 미노諏訪美濃를 통해 로쥬인 미즈노 이즈미水野和泉守가 허가한다.

[사료3]⑤에서는 쵸닝이 청원한 부케치染木宇兵衛屋敷에 대하여 에도의 지면 구획을 담당하는 후신부교에 의견을 구한다. 해당 토지는 부케치로 가옥을 지을 장소에 연못이 있어 다른 출원자가 없으므로 쵸닝치로의 변경을 허하고 연공에 있어서도 칸토군타이인이나 한자에몬에 의견을 구하였으나 지장이 없다고 기록되어 있다. 본 사료는 청원하고 있는 다이치가 관련되어 있는 두 가지 문제점에 관하여 서술하고 있다. 첫째, 청원하고 있는 다이치가 부케치라는 것과 둘째, 모토치가 연공지라는 것이다. 첫째는 에도의 지면 구획을 담당하고 있는 후신부교와 협의하여, 두 번째는 기존의 연공지의 지배자인 칸토군타이인 이나 한자에몬과 협의하여 문제를 해결하고 있다. 이와 같이 다이치가 부케치, 연공지와 관련된 경우 이를 관리하고 있는 후신부교, 칸토군타이이와 협의하여 결정하게 된다.

이상의 사료로부터 다이치의 쵸닝에게 카에치를 부여하는 과정을 검토한 결과, 먼저 쵸닝이 스스로 이전하고 싶은 장소를 물색하여 정보를 취합하였으며, 마치부교는 해당 청원과 관련된 각 기관, 후신부교나 칸토군타이에 의견을 묻고 이를 취합하여 로쥬에게 올린다. 그 후 로쥬와 마치부교가 질문과 답신을 교환하여 로쥬의 지시가 내려온다. 최종적으로 출원자인 겐스케를 불러 후신부교로부터 청원했던 토지를 넘겨받는다.

처음에는 기존 쵸가 유소되어 모토치가 수용되고 다이치가 주어질 때 지배자의 논리에 의해 다이치의 입지가 선정되었으나 그 후 다이치에 대한 카에치를 청원할 때에는 쵸닝이 카에치의 입지를 제안하기도 하였다.

텐뽀기1830~1844의 청원에서 보이는 다이치의 변용

앞서 검토한 청원 세 건은 모두 쿄호기의 것으로, 가장 활발하게 다이치가 부여되었던 겐록기1688~1704와 쿄호기1716~1735 직후의 다이치에 대한 쵸닝의 의견이 읽혀진다. 한편 [사료3]은 쿄호기에서 약 100년 후인 텐뽀기1830~1844의 청원으로 다이치가 '쵸'로서 어떻게 변용되었는지 살펴볼 수 있다.

[6]
『텐뽀선요유집天保撰要類集』「쵸닝 청원부町人諸願之部」10건

[사료3] 혼죠 미도리쵸1쵸메 · 2쵸메, 동소 하야시쵸1쵸메 · 3쵸메 · 4쵸메, 아사쿠사텐노쵸 · 하타고쵸 · 카와라쵸와 분리되어 쵸의 명목으로 노관람을 하고자 청원.[6]

1837년 8월 27일

혼죠 미도리쵸1쵸메 · 2쵸메, 동소 하야시쵸1쵸메 · 3쵸메 · 4쵸메, 아사쿠사 텐노쵸·하타고쵸·카와라쵸와 분리되어 원쵸의 명목으로 노관람을 하고자 오오메츠케에 질의하여 청원과 같이 허가받음.
1837년 8월 19일 오오메츠케 야규 이세노카미로부터 지시
동 20일 질의서를 포함하여, 하부토 쇼자에몬으로부터 받음.

메츠케 츠츠이 이가노카미도노

혼죠 미도리쵸1쵸메 · 2쵸메 가츠교지 사헤
동소 하야시쵸1쵸메 · 3쵸메 · 4쵸메
가츠교지 야스케 겐에몬

①위 쵸닝의 청원은 아래와 같다. 본 쵸는 원래 아사쿠사 하타고쵸1쵸메, 동2쵸메, 동소 카와라쵸, 텐노쵸 동측에 있었는데, 1688년의 오쿠라 화재로 인하여 어용지로 수용되어 다이치가 주어졌다. 쵸명은 혼죠 미도리쵸1쵸메, 2쵸메, 동소 하야시쵸1쵸메, 3쵸메, 4쵸메가라 칭하며 쵸역도 쵸 내에서만 부담

하여 왔으며 노관람에 있어서는 모토치와 한 조가 되어 참석하였다. ②장소가 떨어져 회의 등 전달이 혼잡스러워 이후 모토치 조합에서 독립하여 혼죠 미도리쵸, 하야시쵸 명목으로 노관람에 참석하고 싶다고 청원하였다. ④정월 예식 및 승계 의식 때 특별히 행한 노에 한하여 모토치로부터 출석하였으며 위 청원과 같이 된다면 ③모토치의 쵸닝도 편리하며 지장이 없다. 따라서 아사쿠사 하타고쵸1쵸메, 3쵸메, 카와라쵸, 텐노쵸에서 노관람 인수 중 지금까지 미도리쵸, 하야시쵸와 모토치에 더해져서 출석한 인수만큼, 이후 미도리쵸와 하야시쵸 명목으로 출석하여도 지장이 없는지 질의하며 관람 참석 쵸명 등의 지배자에게 여쭈어도 되는지 질의한다.

텐뽀8년 8월

츠츠이 이가노카미

서면으로 당사자들 모두 지장 없으며, 또한 쵸명을 아뢰지 않아도 됨. 8월 오오사와 슈마, 하부토 쇼자에몬

1837년 8월 27일 츠츠이 이가노카미 내부회의에서 명령한다.

혼죠 미도리쵸1쵸메 · 2쵸메 가츠교지 사헤

동소 하야시쵸1쵸메 · 3쵸메 · 4쵸메

가츠교지 야스케 겐에몬

이들 모두의 청원은 아래와 같다. 본 쵸는 원래 아사쿠사 하타고쵸1쵸메, 2쵸메, 동소 카와라쵸, 텐노쵸 동측에 있었는데, 겐록 원년 오쿠라의 화재로 인하여 히요케치로 수용되어 당시 다이치가 주어졌다. 쵸명은 혼죠 미도리쵸 1쵸메, 2쵸메, 동 하야시쵸 1쵸메, 3쵸메, 4쵸메가라 주창하며 쵸역도 쵸 내에 한하여 부담하여 왔고 노관람시 모토치와 한 조가 되어 참석하였다. 그러나 장소가 떨어져 있어 상의와 전달이 어려워 이후는 모토치와 분리하여 혼조 미도리쵸, 하야시 쵸의 명목으로 노관람을 참석하고 싶다고 청원하였다. 이에 별다른 지장이 없으며 모토치 또한 편리하므로 쌍방이 신청하였다. 청원과 같이 아사쿠사 하타고쵸1쵸메, 2쵸메, 카와라쵸, 텐노쵸 노관람 인원 중 지금까지 미도리쵸, 하야시쵸에서 참석한 인수만큼 빼, 이후는 미도리쵸, 하야시쵸 명목으로 출석할 것을 전하고 서류에 기록한다.

혼죠 미도리쵸1쵸메, 2쵸메 · 동소 하야시쵸1쵸메, 3쵸메, 4쵸메

아사쿠사 하타고쵸1쵸메 · 동소 카와라쵸 · 동소 텐노쵸 쵸역인

위와 같이 선고함. 8월(서류 생략)

天保八酉年八月廿七日
本所緑町一町目・二丁目、同所林町一町目・三丁目・四丁目、浅草天

王町・旅籠町・瓦町之方と相離元町之名目ニ而御能拝見致度旨願出候ニ付御目付衆ニ問合右願之通申渡一件12)

天保八酉年八月十九日御目付柳生伊勢守より達

同廿日挨拶下ヶ札附、羽太庄左衛門より受取

筒井伊賀守殿
御目付衆 筒井伊賀守殿

本所緑町壱町目・弐町目 月行事 佐兵衛

同所林町壱町目・三町目・四丁目 同 弥助 源右衛門

右之ものとも①町内之儀者元浅草旅籠町壱町目同弐町目同所瓦町天王町東側ニ有之候処、元禄元辰年中御蔵火除御用地相成当時之所ニ而代地被下、町名本所緑町壱町目弐町目同林町壱町目三町目四町目与唱、町役をも町内限相勤来り、御能拝見之節者元地江組合罷出候処、②場所隔り申合等行届兼混雑之儀間々有之候付、以来元地組合を離、本所緑町林町名目ニ而御能拝見罷出度段、願出候付相糺候処、④例年正月御禮并御代替御礼之節々別段ニ罷出御能限り元地より出来候ニ而右願之通相成候とも③元地之方おいても弁利ニ有之旨申立、差支之筋も無之間、浅草旅籠町壱町目弐町目瓦町天王町より御能拝見人数之内是迄緑町林町より元地江加り出来り候人数引分、以来者緑町林町名目ニ而差出可申旨存候、右之通取斗候而も御差支無之哉、且拝見罷出候町名等御支配方江被申上候儀にも候哉、左候ハヽ、拙者共よりも一通可申上旨存候、依之及御掛合候

酉八月

筒井伊賀守

書面御掛合之趣拙者とも方ニ而差支之儀無之、且町名申上等不致候、此段及御挨拶候 八月 大沢主馬 羽太庄左衛門

天保八酉年八月廿七日筒井伊賀守内寄合おいて申渡候

本所緑町壱町目弐町目 月行事 佐兵衛

同所林町壱町目三町目四町目 月行事 弥助 同 源右衛門

其方共願出ル者、町内之儀、元来浅草旅籠町壱町目同弐町目同所瓦町天王町東側ニ有之処、元禄元辰年中御蔵火除御用地ニ相成、当時

之処ニ而代地相渡町名本所緑町壱町目弐町目同林町壱町目三町目四町目与唱、町役をも町内限り勤来、御能拝見之節者元地江組合出来ル処、場所隔申相等行届兼混雑之儀間々有之ニ付以来元地組合を離、本所緑町林町名目にて御能拝見ニ罷出度段、願出ルニ付相糺処差障之儀無之元地離候方弁理之由双方申立ル間、願之通り浅草旅籠町壱町目弐町目瓦町天王町御能拝見人数之内是迄緑町林町より出来候人数引分、以来緑町林町名目ニ而罷出ル様可渡、右之段者言上帳江記之

本所緑町壱町目弐町目・同所林町壱町目三町目四町目

浅草旅籠町壱町目弐町目・同所瓦町・同所天王町 右町役人

右之通申渡間其旨可存

酉八月（言上帳写は省略）

우선 혼죠 미도리쵸1쵸메 · 2쵸메, 혼죠 하야시쵸1쵸메 · 3쵸메 · 4쵸메는 아사쿠사 하타고쵸1쵸메 · 2쵸메, 아사쿠사 카와라쵸, 텐노쵸의 다이치이다.사료3① 1688년元禄元年에 어용창고 앞이 히요케치로 수용되며 혼죠에 다이치가 주어진다. 그 당시 쵸명도 혼죠 미도리쵸1쵸메, 2쵸메, 혼죠 하야시쵸1쵸메, 3쵸메, 4쵸메로 바뀌며 역부담도 모토치와 분리되어 다이치 단독의 명목으로 부담하였다. 그러나 노관람御能拝見에 있어서는 모토치와 한 조가 되어 참가하였다. 해당 청원의 내용은 모토치의 공동체로부터 분리하여 혼죠 미도리쵸, 하야시쵸의 명목으로 노관람에 참가하고 싶다는 것이다.사료3② 그 이유로 들고 있는 것이 모토치와 다이치가 떨어져 있어 노관람시 이에 대한 상담이나 전달 등이 어렵다는 것을 들고 있다. 또 모토치의 쵸닝도 노관람 참관 분리에 대해서 상관없으며 더 편해진다는 의견을 표하고 있다.사료3③

본 청원의 허가 과정을 살펴보면 우선, 미나미마치부교南町奉行인 츠츠이 이가노카미筒井伊賀守[7]가 청원을 정리하여 메츠케目付에게 내용에 관해 문의하고 있다. 그 문의에 메츠케인 오오사와 슈마大

[7] 1821년(文政4) 1월 29일부터 1841년(天保12) 4월 28일까지 21년 동안 미나미마치부교(南町奉行)으로 근무하였다.

沢主馬 · 하부토 쇼자에몬羽太庄左衛門은 가능하다는 의사를 표하고 츠츠이는 내부회의에서 출원인에게 허가하고 쵸닝에게 청원에 관련된 서류言上帳[8]를 쓰게 한다.

[8]
언상장(言上帳)이란 마치부교(町奉行所)의 중요한 서류로, 매일의 소송, 서식을 기입하여 매월 한 권의 책으로 조정한다.
南町奉行所与力佐久間長敬, 『江戸町奉行事蹟問答』, 南和男校注, 1967, 人物往来社

앞에서 검토한 청원은 토지의 이동으로 도시계획에 관련된 것이며 이번 청원은 행사의 진행 방법인 사회 시스템에 관한 것으로 로쥬의 허가를 필요로 하지 않았다. 다만 미나미마치부교가 모토치와 다이치의 동의하에 노관람의 출입을 관리하고 있는 메츠케의 허가를 얻어 처리하였다.

지금까지 다이치가 주어지고 약 100년 후인 텐뽀기1830~1844에는 다이치를 둘러싸고 어떠한 청원의 동향이 보이는지 살펴보았다. 본 청원의 대상지역은 혼쵸 미도리쵸와 하야시쵸로 모토치가 어용지로 수용되어 다이치가 주어질 당시 이미 모토치로부터 분리되어 쵸명도 새롭게 개칭된 경우이다. 또 쵸역도 다이치에만 부담하는 것으로 독립하게 된다. 그러나 노관람에 있어서는 청원 당시까지 모토치와 한 조로 참석하였으므로 모토치로부터 독립하여 노관람에 참여하고 싶다고 청원하고 있다. 이는 표면상으로는 거리를 이유로 들고있지만, 그 이면에는 모토치로부터 독립하려는 의식이 깔려 있음을 짐작할 수 있다.사료3④ 이와 같이 다이치는 모토치로부터 완전한 독립을 꾀하고 있다. 이는 대상지역인 혼쵸 미도리쵸와 하야시쵸가 이미 쵸역町役에 있어서 독립했기 때문에 가능하였다.

모토치와 다이치는 당초에는 하나의 쵸였다. 물론 처음부터 완전하게 쵸명, 쵸의 의무와 권리가 분리된 예도 존재한다. 본 청원의 혼쵸 미도리쵸와 하야시쵸는 나누시 지배, 쵸명, 쵸역에 있어서 완전하게 모토치로부터 분리된다. 그러나 본 청원에 의하면 노관람에 있어서는 모토치와 한 조가 되어 입장한 것이 확인된다. 모토치와 다이치는 이러한 다양한 부분에 있어서 기존에 하나의 '쵸'였으나 공간적으로 분리됨에 따라 점차 변용되는 모습을 보인다.

이 청원은 모토치와 다이치가 하나의 '쵸'라는 사회적 관계를 유지하려고 했던 의지가 시대가 지남에 따라 서서히 약해지며 각각 독립적인 쵸가 되는 하나의 사례로 이해할 수 있다.

다이치로 살펴 본 에도의 쵸

1) 다이치 이동의 관할

다이치는 쵸닝치이기 때문에 다이치의 이동 관할은 쵸를 관할하는 마치부교가 맡았다. 마치부교는 이동과 관계가 있는 타 직, 즉 후신부교, 칸쵸부교, 오오메츠케 등과 협의하였다. 그 협의의 내용을 로쥬가 허가하여 이동의 여부 혹은 다른 토지의 부여 등을 결정하였다. 대략적인 에도의 전체상은 막부의 지배 측이 계획하였으나 쵸닝은 청원을 통해 자신들의 의지를 반영하여 이동을 꾀하며 도시공간을 변모시켰다.

2) 다이치로 이동한 주체

본 장에서는 쵸닝의 청원서로부터 모토치와 다이치의 필지 이동과 다이치로 이전한 쵸닝의 청원을 검토하였다. 이러한 내용을 실마리로 다이치에 이전한 사람은 누구인지 추측하였다. 필지에 실제로 살고 있던 주민 중 어느 계층까지 다이치로 이전하였는지 알아보는 것은 어려운 일이다. 여기서 청원서를 통한 출원자의 신분을 조사한 결과 다이치의 이전은 가옥을 소지하고 있던 자만 이동했던 것으로 추정된다.

8장 [사료5]에 이전한 핫쵸보리의 다이치가 번성하지 못하고 비어 있는 토지가 많다고 기록되어 있다. 이를 통해 가옥을 소지하고 있는 자 이외의 주민층은 이전하지 않았음을 추측할 수 있다. 다이치가 주어진 경위를 조사한 결과 쵸닝치가 수용되어 다이치가 주어지기까지 수개월에서 일 년 이상 걸리는 경우도 있었다. 그렇다면 다이치가 주어지기까지 모토치에 거주하고 있던 쵸닝 이외의 주민층은 어떻게 되었을까?

[사료1]에서는 아직까지 다이치가 주어지지 않은 출원인[9]의 출원 당시의 신분을 검토하면 다른 지역의 점포임대자 혹은 가옥소지자임을 확인할 수 있다. 따라서 소지하고 있던 필지가 수용되어 다이치가 주어질 때까지 경제적으로 유복한 쵸닝은 타 지역에 토지를 소유하거나 점포임대인이 되는 경우도 있었다. 가옥소지자 이외의 계층의 주민들은 주어진 다이치와 관계없이 수용된 시점에 타 지역으로 이전하였을 것으로 추측된다. 이와 같이 쵸닝치의 수용으로 인한 다이치로의 이전은 자연스럽게 쵸를 구성하고 있던 사회구성을 변화시켰다.

[9] 모토치에서는 토지소지자에 해당한다.

본 장에서는 쵸닝의 청원서를 이용하여 다이치로 이전한 쵸닝의 청원을 검토하였다.

에도 쵸닝치는 다양한 이유로 끊임없이 토지가 수용되고 다이치가 주어졌다. 또 다이치로 이동한 쵸닝은 청원을 통하여 카에치를 요구하였다. 쵸닝의 청원서에서 카에치를 요구하고 있는 청원은 3건이나 청원서 속 내용을 살펴보면 더 많은 사례가 기록되어 있다. 실제로는 보다 많은 수의 카에치 요구가 있었을 것으로 추측된다. 에도 전체에서 다이치의 이동을 추적하면 다이치가 주어진 약 10% 정도의 쵸가 조건이나 가치가 낮은 지역으로 이전하였다.4장 쵸의 바쇼가라場所柄가 같은 지역으로 이동하였다고 하여도 쵸의 기존 생활에 중요한 입지조건이 맞지 않는다는 이유로 쵸닝은 모토치로 돌아가려고 하거나 다른 지역의 카에치를 요구하고 있다. 청원에 의하여 부케치, 쵸닝치, 다이칸지배의 행정적, 관할적인 의미에서의 지역 구분은 다이치를 매개로 교체되었다. 또한 본 장에서는 다이치로 이동할 때 그 과정 및 관할, 이동한 주체를 고찰하였다.

마지막으로 다이치로 본 근세의 쵸에 관하여 살펴본다. 쵸닝이 청원한 사례로 다이치로 이동한 것은 필지별로 이루어졌다고 생각된다.

실제로 필지의 이동과 청원 내용을 살펴보면 쵸라는 틀을 가진 다이치가 설정되고 나서 쵸닝 단위 혹은 필지 단위로 이동하고 있다. 근세의 쵸는 공간적인 의미보다는 사회집단으로의 의미를 가지며 공간적으로 떨어져 있어도 쵸닝이 어디에 소속되어 있는지가 보다 중요하였다. 공간적으로 산재하더라도 모토치와 다이치를 하나의 쵸로 묶어주는 것이 쵸닝의 의무인 역의 부담이었다. 근세의 쵸는 역부담으로 묶여있었으며 역부담이 구속력을 가졌다. 이러한 역으로 묶여진 모토치와 다이치는 막부 말기에 이르러 역이 붕괴됨에 따라 함께 분리되었다.

11
결론: 확대되는 에도의 도시공간

결론: 확대되는 에도의 도시공간

근세 에도의 아키치는 거주자의 계층에 의한 토지 구분을 넘어섰다. 부케치, 지샤치, 쵸닝치라는 토지유형은 모두 아키치로 전환될 수 있었으며 반대로 아키치는 모든 종류의 토지로 변환될 수 있는 가능성을 가지고 있었다. 이러한 가변성을 가지고 있던 아키치와 그 변용 과정으로부터 발생한 다이치가 에도의 도시공간의 변모와 어떻게 관련을 가지고 있는지 고찰하는 것이 본 연구의 첫 번째 목적이었다.
또 아키치와 다이치가 전개되어가는 배경에는 시책을 계획하는 측의 방법적인 논리와 그 영향을 직접적으로 받는 토지소유자와 거주자의 논리가 존재한다. 이러한 아키치와 다이치의 설정을 둘러싼 시책 측과 시책을 받아들이는 측의 논리를 정리하는 것이 두 번째 목적이었다.
본 연구의 문제의식인 시책 측의 논리에 의해 실행된 토지수용과 대신 주어진 토지를 받아들이는 측의 갈등은 결코 근세 일본에 국한된 현상이 아니며 현재에도 나타나는 현상이다.

근세 에도의 다이치는 대부분 히요케치를 조성하기 위해 수용되며 주어졌다.
근세 에도의 도시사연구에 있어서 다이치라는 쵸닝치의 연구는 어떤 의미를 가질까? 다이치는 쵸닝치의 일부분임에도 불구하고 그 이동은 에도 전체를 통해서 일어났다. 본 연구는 다이치의 이동을 통해 에도의 도시공간의 추이를 읽어낼 수 있다는 점에서 가치가 크다.

아키치와 다이치를 둘러싼 시책 측과 쵸닝의 논리

아키치와 다이치라는 토지제도

에도의 도시개발은 화재를 계기로 새로운 국면을 맞게 되는데 그 중 하나가 본 연구에서 주목한 히요케치 설정과 다이치의 부여이다.

막부는 인구 고밀화에 따라 도시공간이 부족하지만 히요케치를 설정해야 하는 모순에 직면하게 된다. 막부에게 있어서 다이치를 부여하는 수단은 이런 모순적인 상황을 해결할 하나의 방책이었으며 이로 인하여 토지 부족과 히요케치의 확보라는 두 가지의 요청을 동시에 해결할 수 있었다.

한편 다이치 혹은 다이치 조성을 위해 이용된 부케치가 쵸닝치로 그 소유가 이동됨에 따라 에도의 도시영역은 확대되었다. 이러한 히요케치의 설정과 다이치로의 이동이라는 대규모의 전개는 확장되고 있었던 에도의 도시공간을 배면에서 지지하고 있는 논리에 해당한다.

히요케치와 다이치에 관한 시책 측의 논리를 주목해 보면 히요케치와 다이치의 설정은 도시계획이라는 측면을 가지면서도 한편으로는 쵸닝의 청원에 따라 아키치의 용도에 대해 일정 부분 자유도 인정되었다. 이처럼 아키치와 다이치의 토지제도는 유연하게 운용된 과정을 통해 시책과 쵸닝의 대립적인 이해관계를 조정하면서 에도의 도시기능을 유지하고 공간의 지속적인 활용을 촉진하는 일종의 촉매로서 기능했음을 유추할 수 있다.

다이치로 이동하는 주체

쵸닝치가 수용되고 다이치가 주어질 때 새로운 다이치로 이동하게 되는 주민층은 누구일까? 쵸닝치의 수용과 다이치의 설정은 사회 구성원에도 변화를 가져왔다. 본 연구에서 다이치로 어떠한 계층이 이동하였는지 검토하였다. 실제로 다이치로 이전했다고 추측되는 신분은 지주와 야모리로, 다른 주민계층은 제3의 지역으로 편입되었다고 판단된다.

모토치와 다이치에 대한 인식의 변화-마을 공동체의 변용

본 연구에서 다이치의 이동은 주로 겐록기元禄期, 1688-1704와 교호기享保期, 1716-1735를 중심으로 살펴보았다. 다이치에 관한 쵸닝의 청원은 모두 4건이 존재한다. 그 중 세 건은 교호기1716~1735의 것이며 한 건만 텐뽀기天保期, 1830-1844의 사료이다.
텐뽀기1830~1844의 청원서를 통해 모토치로부터 독립하려고 하는 다이치의 동향을 살펴보았다. 다이치가 주어진 당시의 청원과 공지로 설정된 모토치를 획득하려고 하는 쵸닝의 동향으로부터 쵸닝의 집착을 읽어낼 수 있었다. 모토치의 획득에 필사적이었던 이유 중의 하나는 쵸공동체의 유지에 있었다. 그러나 공지 설정을 위해 다이치가 주어진 후 모토치로 돌아간 예는 극히 드물다. 결국, 다이치에 정착하거나 다른 토지를 청해 재차 이전한다.
근세 초기의 쵸는 주민에 의하여 유지되었으며 또 주민의 생활을 규정하는 가장 기초적인 공동체였다. 반면 근세 후기에는 도시민들이 여러 신분으로 분화되었으며,[1] 근세 초기 주민에게 있어서 절대적인 존재였던 쵸는 그 구심력이 점차 소멸되었다.[2] 앞에서 서술한 모토치에 대한 쵸닝의 집착이 다이치에서 정착하는 것으로 바뀌는 양상은 쵸공동체의 위상 변화의 과정으로 해석할 수 있다.

[1] 吉田伸之, 『近世都市社会の身分構造』, 東京大学出版会, 1998

[2] 横山百合子, 明治維新と近世身分制の解体』, 山川出版社, 2005, 8쪽

근세 초기의 쵸닝인 지주는 감소하고 그 대신 야모리로 대체되는 쵸의 주민 구성의 변화와 직업을 통한 새로운 관계망 형성職縁仲間 그리고 조합組合의 등장으로 공동체는 더 이상 쵸라는 범위에 한정될 필요가 없었다.[3]

[3] 吉田伸之,『近世都市社会の身分構造』, 東京大学出版会, 1998

다이치의 이전은 주로 막부와 지주의 논리였다. 쵸 내의 지주의 부재가 점차적으로 증가하면서 근세 중기 이후의 쵸에 있어서 다이치는 서면상의 소유의 이동이었을 뿐 실제로는 아무도 이전하지 않았을 가능성이 대두된다. 근세 중기에 걸친 쵸공동체의 변용과 지주의 부재, 계층의 분화는 모토치와 다이치가 공간적으로 떨어져도 쵸로 존립 가능하게 만들었다.

후지타 사토루藤田覚는 영주의 이해를 단순히 우선하지 않고, 이해관계자의 합의를 전제로 하는 원칙이 막부 행정의 특징임을 지적하였다.[4] 히요케치의 설정과 다이치의 이동은 막부의 각 기관[5]과의 의견 조정에 의하여 결정되었다. 그러나 히요케치를 설정한 후 히요케치의 사용에 관한 변용에는 쵸닝이 관련되어 있으며, 또 다이치의 이전에 있어서도 막부의 각 기관과 이해관계가 있는 쵸닝의 조정으로 결정되었다.

[4] 藤田覚,「幕府行政論」,『日本史講座』6권, 近世社会論, 東京大学出版会, 2005

[5] 마치부교, 지샤부교, 후신부교, 칸죠부교 등

확대되는 에도의 도시공간

앞서 서술한 것과 같이 히요케치의 설정과 다이치로의 이동은 단순한 쵸닝치에서의 이동이 아닌 부케치, 지샤치의 토지 구분을 넘어서며 이루어졌다. 이러한 히요케치의 설정과 다이치로의 이동은 에도의 도시공간이 거대해지는 하나의 양상으로 읽어낼 수 있다.

17세기부터 18세기 중기에 걸쳐서 근세의 삼도三都, 교토 · 에도 · 오사카는 거대화된다. 선행연구에 의하면 신지개발과 재개발로 삼도의 거대화와 도시영역의 확대를 설명하는 견해도 있다. 그 중에 이토 다케시伊藤毅는 에도의 재개발을 '단순한 시가지를 교외로 확대시킨 것뿐만 아니라 기성 시가지의 고밀화를 촉진시켰다'고 설명한다.[6]

본 연구에서는 히요케치의 설정과 다이치의 이동은 교외로 확대, 내부적인 고밀화의 연동작용으로 보았다. 겐록기1688-1704에는 후카가와 · 혼죠에 수많은 다이치가 주어져 교외로 확대했으며, 쿄호기1716-1736에는 외측수로 내부에 산재해 있던 무사필지를 외연부로 이전시키고 그 터를 다이치로 전환하는 내부의 고밀화라는 두 가지 수법으로 에도는 확대되었다.

또 히요케치가 설정되고 다이치로 이동함에 따라 에도의 도시공간은 거대화되는 동시에 재편성되었다. 시책 측이 히요케치 조성을 위해 토지를 수용하고 그에 대신하는 다이치를 설정하며, 또 다이치를 조성하기 위해 쵸닝치에 산재해 있던 부케치를 후카가와深川, 혼죠本所, 아자부麻布 주변으로 이전시켰다. 그 부케치는 다이치라는 쵸닝치로 전환되었다. 히요케치로 설정되었던 토지가 다시 쵸닝치로 변화하면서 에도의 도시공간은 끊임없이 재편되었다. 히요케치와 다이치로 살펴본 에도는 거주자의 계층에 의한 토지 구분이 고정되어 있던 도시가 아니라 유연성 있는 도시였다.

요컨대, 시책 측과 쵸닝의 이해관계에 의해 에도의 도시공간은 히요케치와 다이치의 설정이라는 이동을 통해 토지 구분을 넘어서면서 재편되고 확대되었다.

[6]
高橋康夫 · 吉田伸之 · 宮本雅明 · 伊藤毅, 『図集日本都市史』, 東京大学出版会, 1993, 214~215쪽
본 연구에 따르면 내부로부터의 재개발로 카시치의 이용, 신도를 통한 카이쇼치의 쵸닝치화, 수로 매립을 통한 쵸닝치화, 히요케치의 쵸닝치화가 언급되었다.

부록

근세 도시사 용어집

에도의 토지유형 관련 용어

용어		의미	관련 쪽
죠카마치	城下町	근세의 대표적 도시유형으로 영주의 성을 중심으로 그 주위에 부케치, 지샤치, 쵸닝치로 둘러진 도시형태를 칭함. 신분에 따라 거주지가 구분되었음	18, 46
부케치	武家地	무가가 소유한 저택지	45, 66, 80, 81, 82
카미야시키	上屋敷	번주(번의 영주)의 거소	81
나까야시키	中屋敷	은퇴한 번주와 그의 가족이 거주	81
시모야시키	下屋敷	교외의 별장, 유원遊園 혹은 카미야시키·나까야시키가 화재로 소실되었을 때 피난소로 사용	81
쿠라야시키	蔵屋敷	수운의 결절점에 위치하여 본국으로부터 온 물자를 저장하고 관리하는 역할을 한 토지	81
배령지	拜領地	막부로부터 하사받은 토지. 막부소유의 토지로 부케치의 경우 배령지에 해당	181
지샤치	寺社地	사원과 신사가 지배하는 토지로 근세 도시에서 사사가 집중하는 구역에 해당. 지샤부교의 지배를 받음	45, 66, 83
지샤몬젠쵸	寺社門前町	유력한 사원과 신사의 주변에 형성된 쵸. 대규모로 많은 참배자가 모이는 사원과 신사 앞에 사사관계자 및 참배자를 상대로 상공업자가 모이며 시가지가 형성됨	60, 83, 199
쵸닝지	町人地	상인, 직인, 수공업자 등이 거주 혹은 영업을 하는 곳. 쵸라는 공동체가 모여 쵸닝치를 형성함. 마치부교의 지배를 받음	66, 84
모토치	元地	쵸닝치가 화재로 유소되어 히요케치로 설정되고 그에 대신하는 토지가 주어지면, 수용되기 이전의 토지를 모토치라 칭함	125, 133, 152
다이치	代地	쵸닝치가 화재로 유소되어 히요케치로 설정되고 그에 대신하는 토지가 주어지게 되는데 이를 다이치라 함	24, 152
카에치	替地	다이치가 쵸 단위의 수용과 이전이라고 하면, 카에치는 필지 단위의 수용과 이전을 의미함	24, 288
코우기치	公儀地	공의는 막부를 칭하며, 코우기치는 에도 막부 소지의 토지를 칭함. 에도에 산재해 있던 공지도 코우기치에 속함	66, 112, 156
아키치	明地	비어있는 공지를 의미함. 막부소유의 코우기치에 해당 청원을 통하여 세금을 납부하면 사용권을 얻을 수 있었음	24, 95, 106
카시치	河岸地	수로변을 따라 생긴 공지. 청원을 통하여 세금을 납부하고 사용권을 얻어 쵸닝들이 사용하였음	95, 97, 115
카이쇼치	会所地	사방 60칸의 정방형 블록에서 사면에 20칸씩 필지를 분할하고 중간에 남게되는 사방 20칸의 공지를 카이쇼치라고 함. 소유는 막부였으나 주변의 4개의 쵸에서 쓰레기장 등으로 사용하였음	95, 96, 109, 288
창고지	蔵地(쿠라치)	수로 주변에 막부로부터 토지를 임차하여 창고를 지어 사용하거나 임대함. 창고지에 방화 대책을 한 건물을 세우는 것은 허가함.	114, 131, 159, 166, 200, 266
상납지	上納地(죠노우치)	에도시대에 일쵸의 지대를 상납하고 막부령지를 임대하고 그 토지를 다시 다른 사람에게 지대를 받고 임대하는 토지	125, 166, 200, 223
배차지	拝借地(하이사쿠지)	에도시대에 막부가 무가, 사사, 쵸닝에게 무상으로 빌려준 토지	131, 266, 315
조성지	助成地(죠세이치)	조성금 마련을 위하여 임차한 공지. 쵸닝은 임차한 공지에 가설물을 설치하여 조성금을 마련하고 더불어 공지를 관리함	315
매상지	買上地(카이아게치)	막부 소지의 공지를 청원을 통하여 매수한 토지. 쵸닝치와 마찬가지로 공역 납부	202

에도의 행정체계 관련 용어

용어		의미	관련 쪽
막부	幕府(바쿠후)	일본 근세에 정이대장군 등의 무가의 최고권력자를 수장으로 한 무가정권	12, 79
번	藩(한)	에도시대에 만석 이상의 영토를 보유하는 봉건영주인 다이묘가 지배하는 영역과 그 지배기구를 칭함	12, 79
번주	藩主(한슈)	번의 영주	81
다이묘	大名	막부로부터 만석 이상의 영지를 배령한 번주	18, 77, 79
로쥬	老中	에도 막부의 행정조직 중 하나로 장군 직속으로 행정를 총괄하는 상설직	79, 125
타이로	大老	에도 막부의 직제로 장군의 보좌역, 임시적으로 로쥬의 위에 위치하는 최고직에 해당	79
와카도시요리	若年寄	에도 막부의 직명으로 로쥬 다음의 중직	79
칸죠부교	勘定奉行	막부 재정의 최고책임자로, 막부직할령을 지배함. 지샤부교, 마치부교와 함께 삼봉행 중 하나로 효우죠쇼를 구성함	79, 80
사쿠지부교	作事奉行	막부의 조영 및 수리 관리를 담당	26, 79
지샤부교	寺社奉行	종교행정 기관으로 사사의 영지, 건물, 스님, 신관의 일을 담당하는 무가의 직명	26, 66, 77
후신부교	普請奉行	에도에서 토목과 관련된 각종 사무와 상수의 관리를 담당하는 역할. 지면 구획도 담당함	148
효우죠쇼	評定所	막부 행정의 중요사항, 다이묘, 하타모토의 소송, 복수의 봉행의 관할이 겹치는 문제의 재판을 담당한 기관. 마치부교, 지샤부교, 칸죠부교와 로쥬로 구성	26, 66
오오메츠케	大目付	로쥬의 아래에 소속되어 다이묘, 고가, 조정을 감시하며 막부를 보호하는 감찰관	79
칸토군타이	関東郡代	에도 주변 관동에 설치되어 막부를 대신하여 징세, 사법, 군사 등의 직무를 담당. 지방행정관에 해당	319
다이칸	代官	영주를 대신하여 위임받은 토지의 사무를 담당함	20, 64
마치부교	町奉行	영내의 도시부의 행정, 사법을 담당하는 직명	19, 66, 80, 194
마치도시요리	町年寄	에도시대의 쵸의 행정를 담당하는 직명 중 필두에 위치함	84, 90
나누시 조직	名主番組	에도의 쵸는 나누시名主라는 쵸의 대표가 지배하였고, 마치부교는 에도의 23개 지역으로 나누시조직을 나누어 관리함	90, 155, 167
나누시	名主	쵸에 소속된 쵸닝으로 쵸의 대표이자, 쵸행정기구의 말단. 에도 초기에는 하나의 쵸에는 한명의 나누시가 있었으나, 점점 나누시는 여러 쵸를 지배하게 됨	19, 144, 155, 159, 194
요리키	与力	마치부교를 보좌하여 행정, 사법, 경찰의 직무를 담당함	90
도신	同心	에도 막부의 하급역인으로 각 봉행의 지배하에서 경비를 담당.	90
가츠교지	月行事	나누시를 보좌하는 역할	248
야모리	家守	에도 쵸의 지주 대신 토지나 가옥을 관리하고, 지대, 점포임대비를 징수하는 임무를 수행하는 사람	88, 94, 136

쵸 관련 용어

용어		의미	관련 쪽
쵸	町	쵸는 쵸닝의 거주지로, 하나의 공동체를 이루고 있음. 나누시, 마치도시요리 등의 대표를 중심으로 쵸의 법에 의하여 운영됨	40
쵸닝	町人	근세 죠카마치에 거주하던 특권을 가진 신분으로 상인, 직인, 수공업자 등을 칭함. 죠카마치 내에 거주지를 소유하며 막부에 이 토지에 대한 세와 역을 부담함. 쵸에 필지 혹은 가옥의 소지자	17, 84
마치부레	町触	에도시대 쵸닝에게 포고된 법령	27, 112
마치야시키	町屋敷	쵸의 필지	21, 110
칸	間(캔, 마)	칸은 척관법으로 쓰이는 길이의 단위. 본래 건물의 기둥 간격을 한 칸의 단위였으나 일본에서는 1칸은 길이의 단위로 쓰임. 칸은 에도마(江戸間), 이나까마(田舎間)와 쿄마(京間)가 있음. 관서지방에서 쓰이던 쿄마는 한 칸에 6척 5촌이며, 관동지방에서 쓰이던 에도마는 한 칸에 6척. 1척은 10/33m로 에도마의 한 칸은 약 1.818m	86
소간	小間(코마)	기둥 배열 간격으로 공역의 기준	237
나가야	長屋	복수의 주호가 수평방향으로 연속되어 벽을 공유하는 건축물. 일본의 집합주거의 한 형태	223
마치야	町屋	직업을 가진 무리들로 구성된 생활공동체로 이들이 거주하는 가옥을 말함. 특히 죠카마치의 단책형 상가(상업 활동을 포함하는 상인 혹은 직인의 가옥)	58, 92, 100, 130
가옥소지자	家持(이에모치)	쵸의 가옥을 소지한 자. 즉, 쵸닝	94
토지임차자	地借(치가리)	토지를 임차하여 스스로 가옥을 짓고 거주하는 층. 쵸닝 아님	23, 94
점포임차자	店借(다나가리)	점포를 일부 임차하여 거주하는 층. 쵸닝 아님	23, 94
가옥임차자	借家(카리야)	가옥을 전체 임차하여 거주하는 층. 쵸닝 아님	23, 94
오모테다나	表店	하나의 필지 중 도로에 면한 앞편의 상점	23, 94
우라다나	裏店	하나의 필지 중 도로에 면하지 않은 뒤편의 상점	23, 94
카도야시키	角屋敷	정방형의 블록에 구획된 필지 중 도로에 두 면이 면한 카도야시키. 같은 블록에서 매매가가 가장 비싸며, 3층까지의 건축물을 지을 수 있음	91
도죠	土蔵	방화를 목적으로 벽에 흙이나 회반죽을 발라 만든 창고건축	112
누리야	塗家	건물의 정면이 토벽으로 칠해진 건축물로 토벽의 두께가 본격적인 회벽전통가옥(土蔵造)보다 얇으며 개구부에도 방화호가 들어있지 않은 건물	126, 227
아키나이도꼬	商床	물건을 팔 수 있는 가설물	114
도꼬반	床番	가설 점포	114
타다미도꼬	畳床	가설 점포	114, 131
키도	木戸	지붕이 없는 개폐가 가능한 나무 문. 에도시대에는 쵸의 경계에 위치하여 에도의 치안을 담당	88, 101, 138, 256
다카사츠	高札	법령을 판에 기재하여 도로에 게시하여 민중에게 주지시키는 방법	101
국역	國役(쿠니야꾸)	에도시대의 세금의 일종. 막부가 주로 농민과 직인을 대상으로 부과한 세금	21, 240
공역	公役(쿠야꾸)	에도시대 막부가 에도의 쵸닝에게 부과한 부역으로 나중에 은납으로 변경됨	21, 240
노관람	御能拝見 (오노하이켄)	노란 일본의 전통 예능인 능악의 한 분야. 노관람이란 에도시대 장군이 명을 내리거나 중요한 일에 의식적으로 행해졌으며, 에도 쵸닝에게 에도성 혼마루에서의 관람이 허락됨	245, 326

고켄즈	沽券圖	나누시名主가 본인의 지배지역을 몇 개 쵸의 단위로 작성한 도면. 현재의 지적도에 해당	88, 262
고켄	沽券	토지, 가옥 등의 재산 매매 시 판매자가 매입자에게 주는 증문서.	88
고켄킨	沽券金	토지의 매매가	88
직인·상인공동체	仲間(나까마)	근세 상공업자의 동업조직	241

도시계획 관련 용어

용어		의미	관련 쪽
도시계획	町割(마치와리)	전근대의 도시계획으로 일정 범위의 토지에 복수의 가로를 정비, 토지의 구획을 정비하는 것	75
낙중	洛中(라쿠츄)	교토의 케이다이, 도성내	55
낙외	洛外(라쿠가이)	교토의 경외, 도성 밖	57
수용	收用(쥬요)	막부가 개인의 사유지를 공공의 목적으로 강제로 몰수하는 행위	24

에도시대의 원호

원호		기간
겐나	元和	1615년 9원 5일 - 1624년 4월 17일
칸에이	寛永	1624년 4월 17일 - 1645년 1월 13일
쇼호	正保	1645년 1월 13일 - 1648년 4월 7일
케이안	慶安	1648년 4월 7일 - 1652년 10월 20일
죠오	承応	1652년 10월 20일 - 1655년 5월 18일
메이레키	明暦	1655년 5월 18일 - 1658년 8월 21일
만지	万治	1658년 8월 21일 - 1661년 5월 23일
칸분	寛文	1661년 5월 23일 - 1673년 10월 30일
엔뽀	延宝	1673년 10월 30일 - 1681년 11월 9일
텐나	天和	1681년 11월 9일 - 1684년 4월 5일
죠쿄우	貞享	1684년 4월 5일 - 1688년 10월 23일
겐로쿠	元禄	1688년 10월 23일 - 1704년 4월 16일
호우에이	宝永	1704년 4월 16일 - 1711년 6월 11일
쇼토쿠	正徳	1711년 6월 11일 - 1716일 8월 9일
쿄호	享保	1716일 8월 9일 - 1736년 6월 7일
겐분	元文	1736년 6월 7일 - 1741일 4월 12일
칸뽀	寛保	1741일 4월 12일 - 1744년 4월 3일
엔쿄	延享	1744년 4월 3일 - 1748년 8월 5일
칸엔	寛延	1748년 8월 5일 - 1751년 12월 14일
호레키	宝暦	1751년 12월 14일 - 1764년 6월 30일
메이와	明和	1764년 6월 30일 - 1772년 12월 10일
안에이	安永	1772년 12월 10일 - 1781년 4월 25일
텐메이	天明	1781년 4월 25일 - 1789년 2월 19일
칸세이	寛政	1789년 2월 19일 - 1801년 3월 19일
쿄와	享和	1801년 3월 19일 - 1804년 3월 22일
분카	文化	1804년 3월 22일 - 1818년 5월 26일
분세이	文政	1818년 5월 26일 - 1831년 1월 23일
텐뽀	天保	1831년 1월 23일 - 1845년 1월 9일
코우카	弘化	1845년 1월 9일 - 1848년 4월 1일
카에이	嘉永	1848년 4월 1일 - 1855년 1월 15일
안세이	安政	1855년 1월 15일 - 1860년 4월 8일
만엔	万延	1860년 4월 8일 - 1861년 3월 29일
분큐	文久	1861년 3월 29일 - 1864년 3월 27일
겐지	元治	1864년 3월 27일 - 1865년 5월 1일
케이오	慶応	1865년 5월 1일 - 1868년 10월 23일

성명		직책	재임기간
마츠다이라사콘에노쇼겐	松平左近将監	로쥬老中	1723~1745
오오오카 에치젠노카미	大岡越前守	후신부교 마치부교(남) 지샤부교	1716~1717 1717~1736 1736~1751
이노우 시모츠케노카미	稲生下野守	칸죠부교 오오메츠케 마치부교	-
나카야마 이즈모노카미	中山出雲守	마치부교(북)	1719~1723
아리마 효고토우도노	有馬兵庫頭	장군측근	1716~1732
스와 미노노카미	諏訪美濃守	마치부교(북)	1723~1731
미즈노 이즈미노카미	水野和泉守	로쥬	1717~1730
사카이 사누키노카미	酒井讃岐守	로쥬	1728~1735
니시오 오키노카미	西尾隠岐守	지샤부교 와카도시요리 로쥬	1732~1734 1734~1745 1746~1747
혼다 호우키노카미	本多伯耆守	지샤부교 와카도시요리 로쥬	1688~1696 1696~1704 1704~1711
이타쿠라 사도노카미	板倉佐渡守	지샤부교 와카도시요리 로쥬	1735 1735 1769~1780
노세 비고노 카미	能勢肥後守	메츠케 마치부교(북)	?~1744 1744~1753
바바 사누키노카미	馬場讃岐守	마치부교(남)	1746~1750
카토 비고노카미	加藤備後守	-	-
미즈타니 시나노노카미	水谷信濃守	-	-
마츠다이라 이즈미노카미	松平和泉守	로쥬	-
마츠다이라 시키부노쇼	松平式部少輔近韶	칸죠부교	1859~1860
혼다 한우에몬	本多半右衛門	무사	-
구츠키 단고노카미	朽木丹後守	무사	-
쯔보우치 노토노카미조	坪内能登守	마치부교(남중)	1717~1719
혼다 토노스케	本多唐之助	종4위하従四位下 能登守	-
마루모 미노노카미	丸毛美濃守	후신부교	
니와 토오토우미노카미	丹羽遠江守	마치부교(북중)	1702~1714
나라야 이치에몬	奈良屋市右衛門様	마치도시요리町年寄	-
다카노 신에몬	高野新右衛門	나누시	-
슈케	主計	나누시	-
젠에몬	善右衛門	나누시	-

토다 야마시로노카미	戸田山城守	로쥬	1714~1729
이나 한자에몬	伊奈半左衛門	칸토군타이	1700 전후
오우미노카미	荻原近江守	칸죠부교	1696~1699
스와 미노	諏訪美濃守	마치부교(북)	1723~1731
츠츠이 이가노카미도노	筒井伊賀守	메츠케 마치부교(남) 오오메츠케 격	1815~1817 1821~1841 1853~1859
야규 이세노카미	柳生伊勢守	오오메츠케	1837 전후
오오사와 슈마	大沢主馬	메츠케	1837 전후
하부토 쇼자에몬	羽太庄左衛門	메츠케	1837 전후

참고문헌

高橋康夫 · 吉田伸之編, 『空間 ,日本都市史入門』, 東京大學出版會, 1989

高橋康夫 · 吉田伸之編, 『圖集 日本都市史』, 東京大學出版會, 1993

玉井哲雄, 『江戸町人地に関する研究』, 近世風俗研究会, 1977

玉井哲雄, 『江戸ー失われた都市空間を読むー』, 平凡社, 1986

吉田伸之, 『近世巨大都市の社会構造』, 東京大学出版会, 1991

吉田伸之, 『近世都市社会の身分構造』, 東京大学出版会, 1998

吉田伸之, 『巨大城下町江戸の分節構造』, 山川出版社, 1999

吉田伸之, 「江戸南伝馬町二丁目他三丁目の町制機構と住民」, 『論集きんせい』 第2号, 1979

吉田伸之, 「名主」, 『日本都市史入門』 キーワード, 東京大学出版会, 1990

内藤昌, 『江戸と江戸城』, 鹿島研究所出版会, 1966

伊藤好一, 『江戸の町かど』, 平凡社, 1987

波多野純, 『復元・江戸の町』, 筑摩書房, 1998

波多野純, 「江戸橋広小路の変遷と復元」, 『国立歴史民俗博物館研究報告』 14, 1987

波多野純, 「江戸・深川における河岸地の権利形態について」, 『日本建築学会学術講演梗概集』, 1987

小林信也, 「江戸町方の広小路における店舗営業と助成地経営」, 『江戸の民衆世界と近代化』, 山川出版社, 2002

小林信也, 「近世江戸町方の河岸ちについてー新肴場河岸地を事例に」, 『江戸の民衆世界と近代化』, 山川出版社, 2002

小林信也, 「深川の建築ー河岸地を中心に」, 『深川文化史の研究・下』, 1987

小林信也, 『江戸の民衆世界と近代化』, 山川出版社, 2002

小林信也, 「天保改革と江戸の名主」, 『江戸の民衆世界と近代化』, 山川出版社, 2002

開和彦, 「神田川の開削と河岸地の形成過程について」, 『日本建築学会学術講演梗概集』, 1991

北原糸子, 『都市と貧困の社会史 : 江戸から東京へ』, 吉川弘文館, 1989

黒木喬, 『江戸の火事』, 同成社, 1999

宮崎勝美, 『武家屋敷 : 空間と社会』, 山川出版社, 1994

小川琢治, 『人文地理学研究』, 古今書院, 1928

矢守一彦, 『都市プランの研究ー変容系列と都市空間』, 大明堂, 1970

松本四郎,『日本近世都市論』, 東京大学出版会, 1957

北島正元,『近世の民衆と都市－幕藩制国家の構造』, 名著出版, 1984

北島正元,『土地制度史』, 山川出版社, 1974

高山慶子,『江戸深川猟師町の成立と展開』, 名著刊行会, 2007

幸田成友,「江戸の名主について」,『史学』2－4, 1923

水江漣子,「町名主」, 西山松之助編,『江戸町人の研究』第四巻, 吉川弘文館, 1975

南和男,「江戸名主の代替りについて」,『国学院雑誌』80－11, 1979

中村静夫,「江戸名主の住居」,『古地図研究』11－4, 1980

西山松之助,「江戸の町名主斎藤月岑」, 西山松之助編,『江戸町人の研究』,第四巻, 吉川弘文館, 1975

加藤貴,「寛政期江戸名主の経済状況」,『日本史攷究』, 文献出版, 1981

加藤貴,「江戸の家屋敷売買と名主」,『日本史攷究と歴史教育の視座』, 日本史攷究, 2004

大野祥子,「江戸における名主の性格とその意義—名主組合を中心にして—」,『論集きんせい』第14号, 近世史研究会, 1992

双川喜文,『近世の土地私有制』, 技報堂, 1980

片倉比佐子,『元禄の町』,『都市紀要』28, 東京都, 1981

片倉比佐子,『江戸の土地問題』, 同成社, 2004

岩淵令治,『土地所有史』, 山川出版社, 2002

土方晋,『江戸時代の江戸の税制と明治六年地租改正法公布』, 税務経理協会, 2004

茨志麻氏,「近世前期における江戸の会所地拝領者について」,『建築史学』23, 1994

小出祐子,「都市の拡大－寺社領地開発による鴨東の発展」,『京・まちづくり史』, 昭和堂, 2003

日向進,「近世京都における新地開発」,『京都市歴史資料館紀要』4号, 1987

日向進,「近世京都における新地開発と「地面支配人」－鴨東、川原の開発をめぐって」,『日本建築学会計画系論文報告集』407, 1990

松尾信裕,「近世大坂の町屋－発掘調査の事例から」,『近世大坂の都市空と社会構造』, 山川出版社, 2001

小国喜弘,「幕末江戸周縁部の町・町名主に関する一考察－『辻氏御用留』の分析を中心に－」,『論集きんせい』第12号, 1990

奥村玉華子,『名主惣鹿子名所大全』, 渡辺書店, 1973

登谷伸宏,「公家の替地拝領過程に関する研究」, 日本建築学会学術講演梗概集, 2004

北原系子,「牛込細工町－拝領屋敷と町会所貸付金－」,『都市と貧困び社会史－江戸から東京へ－』, 吉川弘文館, 1995

朝尾直弘,『近世都市論』,『朝尾直弘著作集』第6巻, 岩波書店, 2004

朝尾直弘,「深谷・吉田報告批判」,『歴史学研究』488, 1981

三浦俊明,「江戸城下町の成立過程－国役負担関係を通してみた町の成立について－」,『日本歴史』172号, 1962

西山松之助,「江戸の町名主斉藤月岑」,『江戸町人の研究』第4巻, 吉川弘文館, 1975

吉原健一郎,『江戸の町役人』, 吉川弘文館, 1980

03 에도의 아키치明地

04 에도의 다이치代地

05 쵸닝치의 지배구조

07 쵸닝치의 사회구조

08 다이치로의 필지 이동

09 카이쇼치 개발과 다이치

그림 순서

01 일본의 수도

02 에도의 공간과 사회

03 에도의 아키치

04 에도의 다이치

05 쵸닝치의 지배구조

06 쵸닝치의 공간구성

07 쵸닝치의 사회구조

① 칸다 이마가와바시로부터 혼시로가네쵸로 이어지는 풍경

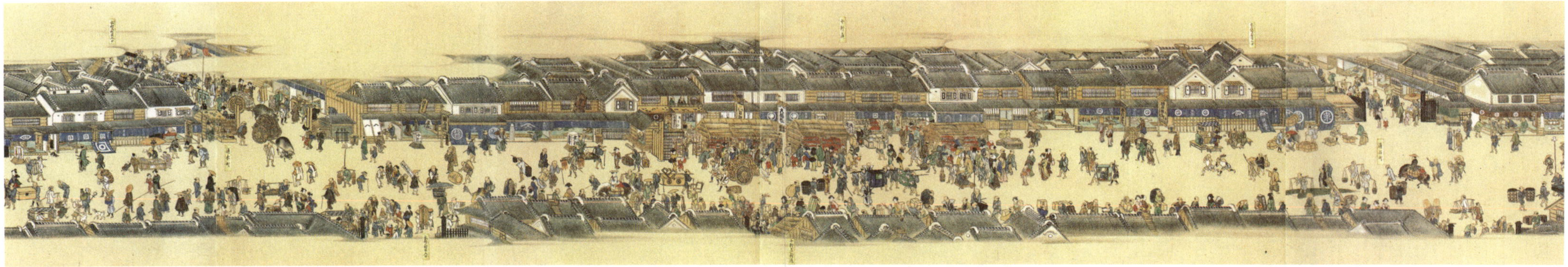

② 쥬켄다나를 지나 혼고쿠쵸의 풍경

③ 무로마치3쵸메와 스루가쵸의 풍경

④ 무로마치에서 니혼바시로 이어지는 풍경

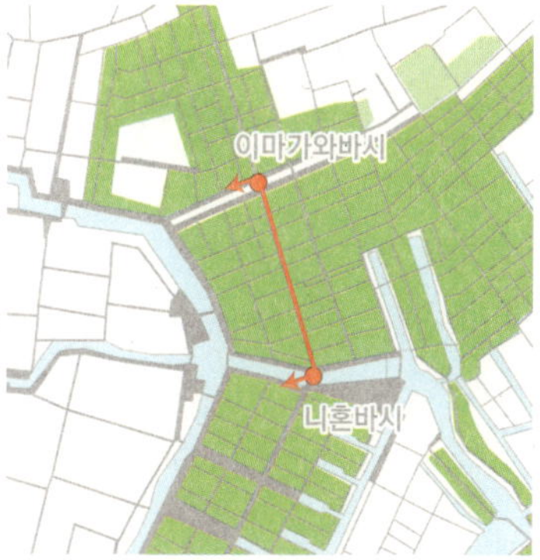

도판보기: ①~④번순

에도의 지역명과 쵸명(관문기1661-1673의 에도도 위에 작성)

성문

ⓐ타야스몬田安門
ⓑ한죠몬半蔵門

다리

ⓒ스지지가이바시筋違橋
ⓓ이마가와바시今川橋
ⓔ니혼바시日本橋
ⓕ죠반바시常磐橋
ⓖ쿄바시京橋
ⓗ시바구치바시芝口橋
ⓘ신오오바시新大橋
ⓙ료코쿠바시両国橋
ⓚ오우기바시扇橋

쵸명

①시타야 스키야쵸下谷数寄屋町
②아사쿠사 하타고쵸浅草旅籠町
③아사쿠사 텐노쵸浅草天王町
④아사쿠사 카와라쵸浅草瓦町
⑤아이오이쵸相生町
⑥마츠나가쵸 다이치松永町代地
우에노쵸 다이치上野町代地
⑦사쿠마쵸1쵸메佐久間町一丁目
⑧사쿠마쵸2쵸메佐久間町二丁目
⑨사쿠마쵸3쵸메佐久間町三丁目
⑩사쿠마쵸4쵸메佐久間町四丁目
⑪큐에몬쵸1쵸메久右衛門町一丁目
⑫칸다 하마마츠쵸神田浜松町
⑬마츠시타쵸1쵸메 다이치
松下町一丁目代地
⑭류칸쵸 다이치龍閑町代地
⑮토미마츠쵸富松町
⑯큐에몬쵸2쵸메 다이치
久右衛門町二丁目代地
⑰하시모토쵸橋本町
⑱나가토미쵸永富町
⑲카마쿠라쵸鎌倉町
⑳혼시로가네쵸本銀町
㉑코덴마쵸小伝馬町
㉒모토다이쿠쵸元大工町
㉓도오리3쵸메通三丁目
㉔도오리3쵸메 다이치通三丁目代地
㉕미나미텐마쵸1쵸메南伝馬町一丁目
㉖미나미텐마쵸2쵸메南伝馬町二丁目
㉗미나미텐마쵸3쵸메南伝馬町三丁目
㉘마츠가와쵸2쵸메松川町二丁目
㉙키타곤야쵸北紺屋町·요사쿠필지
与作屋敷·킨로쿠쵸金六町
미즈타니쵸水谷町
㉚마츠시타쵸 다이치松下町代地
신시로가네쵸 다이치新銀町代地
누시쵸 다이치塗師町代地
㉛핫쵸보리八丁堀 키타곤야쵸
北紺屋町·요사쿠필지与作屋敷
킨로쿠쵸金六町·미즈타니쵸水谷町
㉜미나미핫쵸보리 다이치
南八丁堀代地
㉝혼핫쵸보리1쵸메~4쵸메
本八丁堀一丁目~四丁目
㉞미나미핫쵸보리1쵸메~5쵸메
南八丁堀一丁目~五丁目
㉟코비키쵸1쵸메~7쵸메
木挽町一丁目~七丁目
㊱시바구치 키타곤야쵸芝口北紺屋町
시바구치 킨로쿠쵸芝口金六町
㊲신메이몬젠쵸神明門前町
㊳시바 나나켄쵸芝七軒町
㊴시바 하마마츠쵸芝浜松町
㊵시바 카타몬젠쵸芝片門前町
㊶시바 나까몬젠쵸芝中門前町
㊷코우지마치 히라카와쵸1쵸메
다이치麴町平河町一丁目代地
㊸우시고메 사이쿠쵸牛込細工町
㊹시바 카네스기쵸芝金杉町
㊺이와이쵸岩井町
㊻칸다 미카와쵸神田三河町
㊼모토이와이쵸元岩井町
㊽마츠에다쵸松枝町
㊾마츠야쵸松屋町
㊿혼죠 미도리쵸本所緑町
혼죠 하야시쵸本所林町

*.ⓓ~ⓔ 칸다 이마가와바시에서 니혼바시의 풍경, 「熈代勝覧」

감사의 글

동아시아의 각국 도시들은 서로 많이 닮아 있으면서도 다릅니다. 주례고공기의 이상도시 계획안을 모범으로 하는 도성이 7세기를 전후로 하여 동아시아 각국에 유입됩니다. 이렇게 비슷한 요소들을 기반으로 형성된 고대 도성은 중세를 거치며 각국의 상황에 따라 다른 전개 방식을 보입니다. 일본의 도시는 근세에 접어들며 특히 다른 도시 유형을 창출하게 됩니다. 동아시아 속의 도시 에도의 도시역사를 찬찬히 살펴보는 일은 현재 도시와도 연결되는 시사점을 제공할 수 있습니다.

제가 처음부터 도시의 역사에 관심을 가진 것은 아닙니다. 저의 꿈은 건축가였습니다. 저는 대학교 졸업 후 작은 설계사무소에서 근무하였습니다. 설계사무소에서 접한 크고 작은 프로젝트를 통하여 건축과 도시의 긴밀한 관계에 관해 생각하였습니다. 건축이 건축물로서의 완결체가 아닌 도시 조직 내에서 의미를 가지며 건축물이 놓이는 땅의 과거, 도시의 과거가 궁금해질 때쯤부터 유학을 꿈꿨습니다. 지금 생각해보면 저의 목표가 연구였는지 유학이었는지 불분명합니다. 게다가 건축도시역사라는 전공 또한 굉장한 우연 속에서 결정되었습니다. 건축과 도시의 역사라는 학문의 무게를 전혀 모르는 채 결정한 선택이었습니다.

일본에 가서 지도교수님의 '일본도시사'수업을 들었을 때 너무나도 매력적으로 다가온 것은 일본 고지도 속의 도시공간이었습니다. 현재 도쿄의 전신인 근세의 에도라는 도시는 에도성을 중심으로 주변에는 부케치武家地가, 그 외곽으로 쵸닝치町人地가 배치되어 있습니다. 쵸닝치는 사방 120m로 구획되어 있으며 가로를 면해 필지가 조성되어 있고 한 가운데 40m의 정방형 토지는 비어있었습니다. 이 대규모 공지의 이름은 카이쇼치会所地 입니다. 카이쇼치에 관해서는 많은 연구가 되어 있지 않았으며 실제로 무엇으로 사용되었는지도 추측에 불가했습니다. 근세 에도의 쵸닝치는 현재의 지적도에 해당하는 고켄즈古券圖가 일부 남겨져있습니다. 고켄즈에는 토지 소유자, 야모리(토지 및 가옥 관리자), 토지 규모, 매매가 등이 기록되어 있습니다. 이러한 사료를 바탕으로 막부 소유였던 카이쇼치가 쵸닝의 소유지로 변화하는 과정을 연구하기 시작하였습니다. 카이쇼치라는 공지 이외에도 에도에는 거듭되는 화재에 대한 대책으로 조성된 히요케치火除地가 있습니다. 히요케치로 설정된 토지에는 기존에 거주하던 쵸닝이 존재합니다. 기존의 토지 소유주는 막부에게 대신의 토지인 다이치代地를 부여받게 됩니다. 이러한 토지의 이동, 소유주의 변화는 에도라는 도시 조직에 공간적으로, 사회적으로 어떠한 영향을 끼쳤는지에 관하여 고민하였습니다. 우연한 선택은 그 수업을 계기로 궁금증으로, 다시 궁금증은 연구의 대상이 되었습니다. 고지도로 구현하고 문헌으로 고증한 도시와 건축, 그 위에 겹쳐지는 사람들의 이야기까지 이 책은 우연한 선택으로 시작하였으나 너무나도 즐겁게 진행한 연구의 결과입니다.

이 연구 결과를 책으로 발표하기까지 도움을 주신 분들이 너무 많습니다. 지도교수이신 도쿄대학의 이토 타케시伊藤毅 교수님, 요시다 노부유키吉田伸之 교수님을 비롯하여 진심으로 응원해주신 송인

호 교수님과 심사위원 중 한 분이자 제 책을 누구보다 열심히 읽어주시며 용어 선택 하나까지 같이 고민해 주신 우동선 교수님께 감사의 말씀을 드립니다. 본 연구는 일본 근세 에도라는 막부의 본거지, 행정 수도의 도시사에 관한 내용입니다. 한국이 아닌 일본의 한 시기, 한 지역의 역사에 관한 연구를 책으로 엮을 기회를 주신 심원문화사업회의 이태규 이사장님, 간향미디어랩의 전진삼 대표님, 심사위원 김종헌 교수님, 박진호 교수님, 함성호 선생님께 감사드립니다. 또한 시공문화사의 김기현 대표님과 심현일 대표님이 고생해주신 덕분에 이 책이 출판될 수 있었습니다. 도쿄대학의 이토연구실 선배인 마츠야마 메구미松山惠, 하츠다 코세이初田香成, 김은진金銀眞, 에시다 이치코江下以知子 동료인 이와모토 요우코岩本葉子, 하야사카 유미코早坂由美子, 카와모토 사토시川本智史는 저의 논문이 완성되기까지 많은 도움을 주었습니다. 서울시립대학교 서울학연구소의 박희성 선생님, 김영수 선생님, 이경욱 선생님, 김태윤 선생님, 서주연 선생님, 이수민 선생님은 이 글의 구성을 처음부터 끝까지 고민해 주셨음에 감사드립니다. 항상 연구 활동이 가능하도록 물심양면 지원해주시는 부모님과 동생 승연이에게 감사하며 사랑한다는 말씀드립니다. 또한 영원한 동반자로 응원해주는 이치우와 수근, 주하, 수하에게 감사의 마음 전합니다.

2017년 9월

이 길 훈

일본 근세 도시사
아키치明地와 다이치代地를 통해 본 에도江戸

제8회 심원건축학술상 수상작

심원문화사업회
이사장 이태규
사무장 신정환

ISBN 978-89-5592-389-6

초판 1쇄 2017년 9월 22일

지은이 이길훈
발행인 김기현
디자인 심현일
국문감수 이정범
편집감수 전진삼

발행처 시공문화사
등 록 1993년 3월 12일
주 소 서울특별시 서대문구 독립문공원길 13 (극동프라자 5층)
전 화 02) 3147~1212, 2323
전 송 02) 3147~2626
http://www.spacetime.co.kr spacetime@korea.com

편 집 디자인·현
인 쇄 예림인쇄
제 본 (주)서정바인텍
용 지 (주)대림지업사

정가 20,000원
* 파본은 교환해 드립니다.